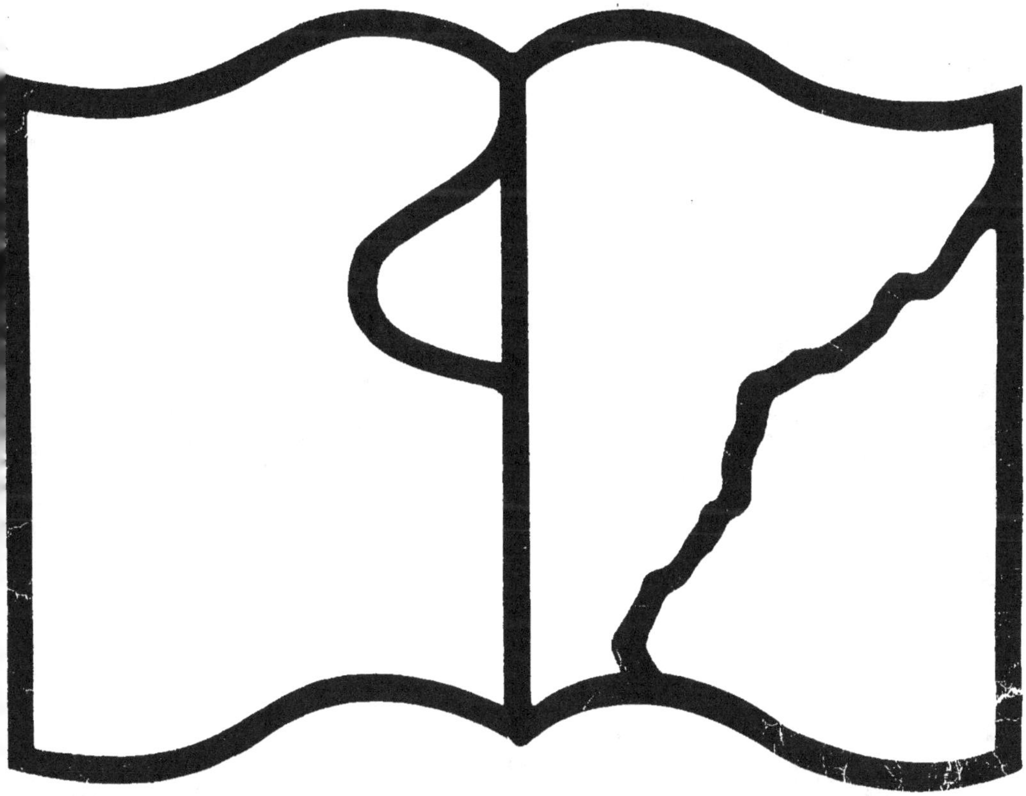

Texte détérioré — reliure défectueuse

NF Z 43-120-11

Contraste insuffisant

NF Z 43-120-14

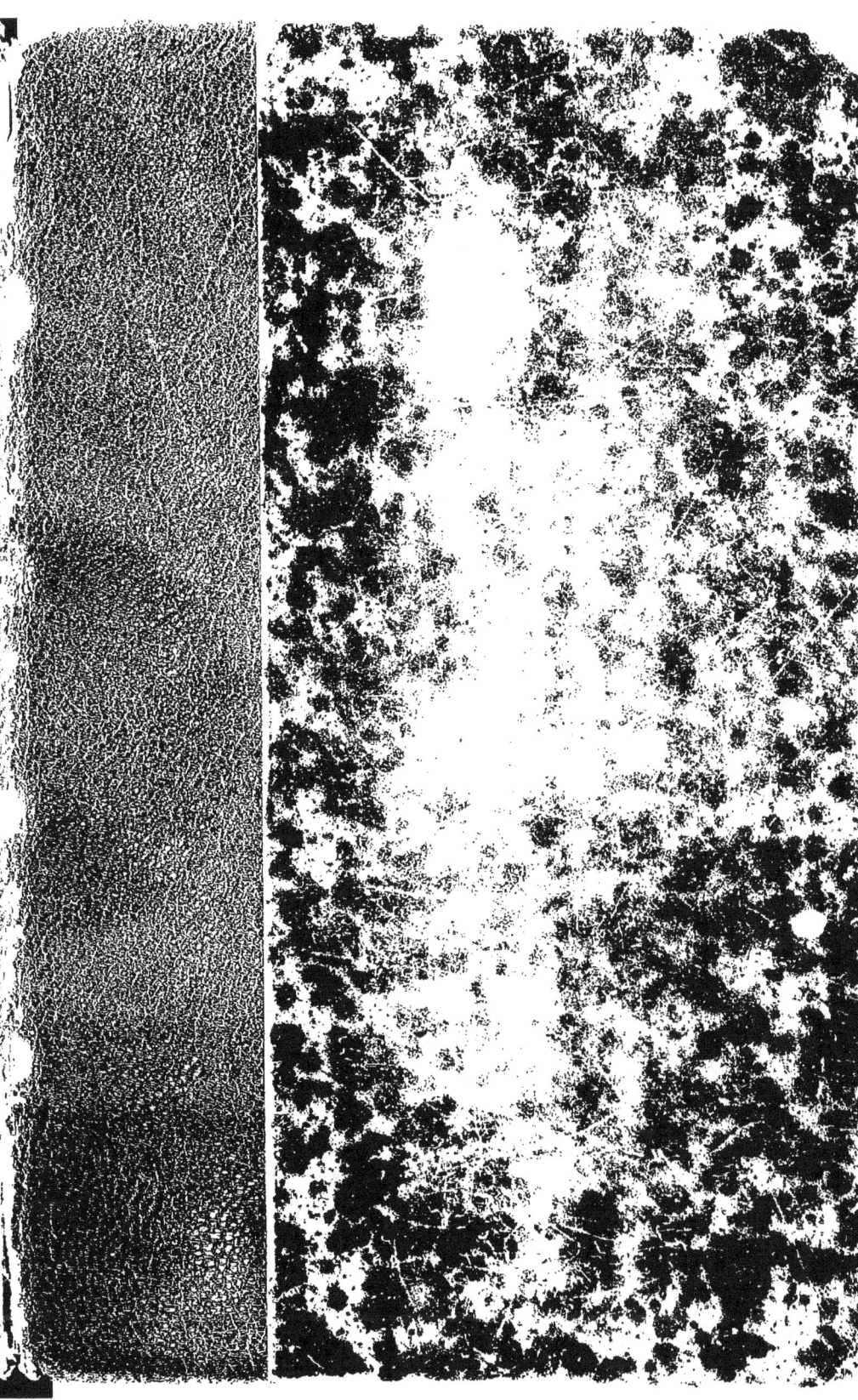

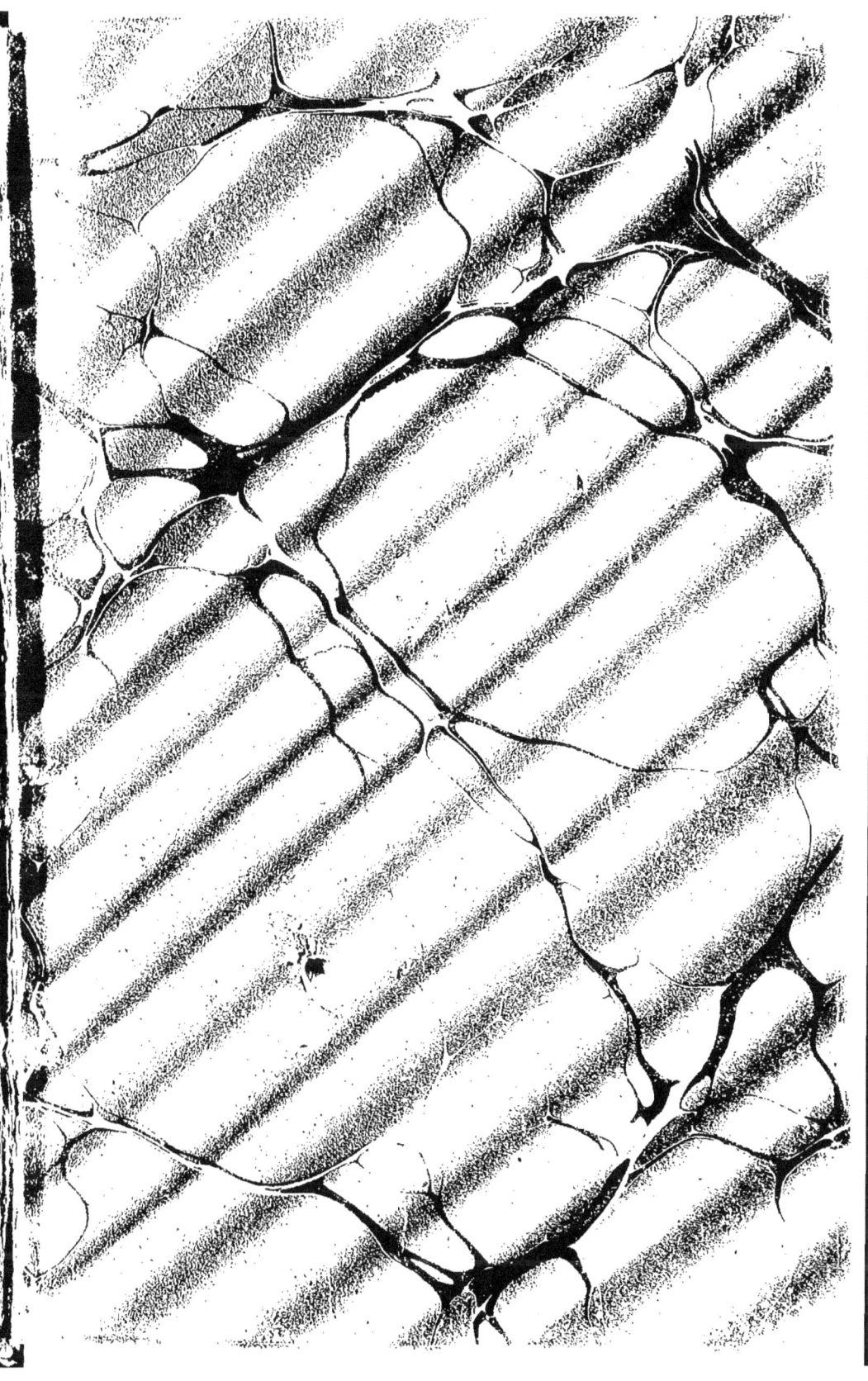

GARIN
LE LOHERAIN

Tous droits réservés.

PARIS. — IMPRIMERIE DE J. CLAYE, RUE SAINT BENOIT, 7

GARIN
LE LOHERAIN

CHANSON DE GESTE
COMPOSÉE AU XIIe SIÈCLE PAR JEAN DE FLAGY
MISE EN NOUVEAU LANGAGE

PAR

A. PAULIN PARIS

MEMBRE DE L'INSTITUT
PROFESSEUR DE LANGUE ET LITTÉRATURE DU MOYEN AGE
AU COLLÉGE DE FRANCE

> Bonne chanson plairoit-vos ouïr,
> De grant esteire et de merveillos pris.
> (*Mss. de L'Arsenal*, n° 180.)

PARIS
COLLECTION HETZEL
— LIBRAIRIE CLAYE, 18, RUE JACOB —

C'est ici l'histoire de la grande guerre des Lorrains contre les Bordelois ; guerre des grands vassaux du nord contre les grands vassaux du midi de la France ; guerre rarement interrompue, et toujours ardente. Elle prend naissance entre Hervis le Lorrain, duc de Mets, et Hardré de Bordeaux, devenu comte d'Artois, de Vermandois et de la province connue depuis sous le nom de Picardie. Elle se poursuit entre les nombreux enfans d'Hardré, et Garin de Mets et Begon de Belin, les deux fils d'Hervis. La troisième génération, la quatrième et la cinquième, nourrissent les flammes de cette lutte implacable et vengeresse qui ne pouvoit et ne devoit finir que par l'extermination complète de la postérité d'Hardré.

Assurément on reconnoît ici la tradition du long antagonisme des Francs et des Aquitains. Toutes nos provinces se partagent entre les deux familles : le roi carlovingien lui-même, quoique plus naturellement porté vers les Lorrains, passe maintes fois d'un camp dans l'autre; souvent, au lieu de préparer la réconciliation, il est entrainé dans les revers ou les heureux succès de ceux qu'il vouloit ou réprimer ou défendre. Deux grandes figures de femmes, telles que deux furies, se chargent, au milieu du récit, de réveiller les haines et d'alimenter de nouveaux incendies. A travers mille tableaux d'une sombre sévérité glissent de fugitives et gracieuses lueurs, et la curiosité est constamment attachée sur cette vaste toile aux lignes terribles et grandioses. Je ne crois pas qu'il y ait un monument aussi hardi, aussi surprenant dans aucune autre littérature.

P. Paris.

Janvier 1862.

GARIN LE LOHERAIN

INTRODUCTION

HERVIS DE METZ

I

LES VANDRES. — LES CLERCS DÉPOUILLÉS.

Écoutez! écoutez! C'est une chanson de fortes races et de merveilleuse histoire. Elle remonte au temps où les Vandres vinrent dans notre pays et désolèrent la Chrétienté. Les François ne pouvoient leur opposer de résistance; la longue guerre de Charles Martel contre Girart de Roussillon les avoit réduits à la plus grande foiblesse. Et puis alors, quand un preudhomme tomboit malade et se couchoit avec la pensée d'une mort prochaine, il ne regardoit ni à ses fils ni à ses neveux ou cousins germains : il faisoit venir les moines noirs de Saint-Benoît et leur donnoit tout ce qu'il possédoit en terre, en rentes, en fours et en moulins. Les gens du siècle en étoient appauvris et les clercs toujours plus riches : aussi les Gaules couroient-elles à leur perte, si le Seigneur-Dieu n'y eût pourvu.

C'est alors que les Payens et les Vandres avoient pénétré au delà de nos marches ou frontières, jetant bas les abbayes, faisant des églises étables pour leurs chevaux. Ils avoient pris Reims, mis à mort saint Nicaise et saint Memmie, martyrisé saint Maurice de Chablais et sept mille de ses compagnons ; enfin, ils alloient mettre le siége devant Paris, quand Charles Martel, ne pouvant plus compter sur le secours de ses barons, tous pauvres et dépourvus, eut recours au Pape ou Apostole de Rome. La grande cité de Lyon sur le Rhône fut choisie pour le siége du concile. On y vit arriver trois mille clercs, vingt mille chevaliers : les premiers, richement fourrés de vair et de gris, montés sur belles haquenées ; les autres n'ayant plus d'autre arme que leur épée d'acier ; sans écus, sans haubert et sans heaume ; dénués de palefrois, de destriers et de bons mulets d'Arabie.

Charles Martel porta la première parole :

« Sire Apostole, au nom du Seigneur mis en croix, ayez « pitié de nous et de vous-même. A vous appartient de « prévenir notre honte commune. Je ne sais quels mé- « créans sont entrés dans ma terre et l'ont mise en char- « bon : ils abattent les châteaux sous mes yeux ; ils attachent « leurs chevaux dans les moutiers où Dieu devroit être « servi ; ils écorchent vifs les prouvaires ; ils n'épargnent « évèques ni archevêques. Que feroient contre eux mes « chevaliers ? ils n'ont armes, palefrois ni roncins. Avisez « donc : faites que nous puissions nous défendre et vous « garantir. Sinon je vous quitte le pays et m'en irai comme « le plus chétif de ceux qui m'entendent. »

Ces paroles furent écoutées avec grande tristesse ; chacun

en étoit troublé, tous les yeux étoient remplis de larmes. L'Apostole, non moins affligé que les autres, se leva de son siége et, prenant les siens à l'écart : « Seigneurs clercs, » dit-il, « voyons ce que vous entendez faire. Ne mettrez-« vous ici rien du vôtre? ne donnerez-vous pas à ces « gens-là les deniers et les chevaux que vous avez en si « grand nombre ? »

« — Non, assurément, sire Apostole, » répondit l'Archevêque de Reims; « loin de nous la pensée de leur accorder « vaillant trois deniers monnoyés : car ils en garderoient « la mauvaise coutume à perpétuité. »

Personne ne répondit à l'Archevêque; les Clercs se séparèrent et l'Apostole revenant au milieu de la grande assemblée : « Charles Martel, mon fils, » dit-il, « je prends « Dieu à témoin que je ne puis obtenir d'eux trois deniers « monnoyés. J'en suis dolent, car, je le prévois, ce sera « la ruine de Sainte Chrétienté. »

Alors se leva le lohérain Hervis, le comte preus et sage, lequel n'étoit pas homme à laisser aux Clercs le vair et le gris, ni les rentes réclamées par les Chevaliers : « Sire « Apostole, » dit-il, « il nous faut d'autres paroles. En Gaule « sont vingt mille chevaliers dont les clercs ont les fours « et les moulins : qu'ils y pensent, ou, par le Seigneur-« Dieu, les choses prendront un autre tour. »

« — Je vous entends fort bien, » dit l'Archevêque de Reims, « mais vous allez aussi m'entendre. Nous sommes « des clercs; notre devoir est de servir Dieu. Nous le « prierons volontiers de vous donner victoire et de vous « défendre de mort. Et vous, chevaliers, Dieu vous a com-« mandé de venir en aide aux clercs et de garantir sainte « Église. Pourquoi tant de paroles? J'en atteste le grand « saint Denis, vous n'aurez pas de nous un angevin. »

« — Sire Archevêque, » reprit l'Abbé de Cluni, « le tort en

« seroit à vous, qui ne tenez pas mémoire des bienfai-
« teurs. Si nous sommes riches (le Seigneur en soit loué!),
« c'est par les bonnes terres que leurs ancêtres nous ont
« léguées. Que chacun de nous aujourd'hui y mette donc
« un peu du sien; il ne faut pas, en refusant tout, nous
« exposer à tout perdre. — Tout ce que vous voudrez, »
reprit l'Archevêque en fureur, « mais avant d'accorder deux
« mailles angevines, je me laisserai traîner à la queue de
« leurs chevaux. »

« — Ah! par saint Sepulchre! » s'écria le Pape indigné,
« il n'en sera pas comme vous l'entendez. Approchez,
« Charles Martel, mon fils. Je vous octroie les fourrures de
« vair et de gris, tout l'or et tout l'argent dont les Clercs
« seront saisis, leurs palefrois, leurs roncins et leurs
« mules. Prenez tout ce qui sera de prise; servez-vous-en
« pour chasser les Vandres et délivrer la terre. Je vous oc-
« troie encore, cher fils, la dîme et la demi-dîme pendant
« sept années, mais, une fois les Sarrasins exterminés, vous
« cesserez de la lever. »

« — Grand merci! sire Apostole, » répondit Charles Martel.
Puis le duc Hervis parlant aux chevaliers: « Voilà tout ce
« que nous demandions. Aux moutiers donc, aux chevaux,
« aux deniers monnoyés! »

On les eût alors vus saisir le vair et le gris, prendre l'or
et l'argent, les riches coupes, les armures dont les Clercs
étoient saisis. On les eût vus endosser les haubers, lacer les
heaumes et dresser les écus. Le nombre des guerriers aug-
mente alors de moment en moment; bientôt on les estime à
quarante mille, tous préparés à bien faire pour défendre le
pays et combattre les ennemis de Sainte Chrétienté.

II

DÉLIVRANCE DE PARIS.

Cependant les gloutons étendoient de trois côtés leurs ravages. Après la destruction de Reims, ils étoient entrés dans Soissons. Plus de cent mille payens environnoient Troyes, cent mille autres étoient aux portes de Paris. C'est alors que Fossés fut ruiné, comme on le voit par les anciennes chansons.

Le roi Charles Martel avoit pris le chemin de Paris, dont il vouloit faire lever le siége. Au point du jour, les bonnes gens de la cité entendent le son des trompes; le bon roi Charles arrivoit. Chacun de le dire à son voisin; un messager vient l'annoncer à la Reine. Les moutiers de la ville mettent leurs cloches en mouvement : « Vive Charles Martel ! » crie-t-on sur son passage; « vive le bon Roi qui vient « en aide à ses hommes ! »

Le camp des Vandres étoit établi le long du bourg Saint-Marceau. Une partie de ces mécréans, gagnant l'autre rive de la Seine vers Saint-Paul, poussa jusqu'à Saint-Denis, dont le moutier opulent leur faisoit envie. Par bonheur, l'Abbé l'avoit fait entourer de larges fossés et de palissades; il avoit armé trois cents de ses moines, si bien qu'il fallut les assiéger en règle. Le Roi, profitant de l'absence de ces gloutons, dit au duc Hervis d'attaquer ceux qui étoient demeurés vers Saint-Marceau. Hervis ne perd pas un moment, il fond sur eux, fait voler les têtes, éventre les chevaux, contraint les Payens d'abandonner leurs pavillons. Ils dépêchent vers Saint-Denis pour avertir leurs amis de revenir en toute hâte, parce qu'ils sont aux prises avec les François. Les gloutons renoncent donc à l'attaque de l'abbaye et reparoissent devant Paris comme le duc Hervis faisoit merveille contre leurs compagnons. Ah! maudite soit leur retournée! ils poussent leurs chevaux, fondent à leur tour sur nos François et font un amas de martyrs. Plus de cent chevaliers tombèrent sous leurs coups pour ne plus se relever.

La mêlée étoit devenue générale, les cris de victoire multipliés de part et d'autre. Il falloit voir, entre tous, le loherain Hervis, frappant à droite, à gauche et devant lui; malheur à ceux qu'il atteignoit! Autour de lui étoit un abatis de poings, de bras et de têtes. Il rencontre Charboucle au moment où ce roi sarrasin venoit de tuer un chevalier de Metz : affamé de vengeance, Hervis broche le cheval, brandit l'épieu, frappe Charboucle, tranche d'un coup son écu, son pelisson gris, lui plante dans la poitrine une pointe d'acier, et l'abat mort à ses pieds. Ce fut le signal d'une plus forte lutte et de croisemens de glaives qui devoient faire, hélas! bien des veuves. Toutefois, la mort de Charboucle décida la défaite des Payens. Hervis les poursuivit à travers champs comme le loup chasse un troupeau de brebis. Parvenus à Choisy, ils y trouvèrent une de leurs batailles; inutile secours! nul d'eux ne devoit revoir son pays; ils n'essayèrent pas même d'arrêter les vainqueurs.

Vers la minuit, quand le sommeil descend sur les Loherains épuisés de fatigue, les Payens qui survivoient gagnent les bords de la Marne; la moitié d'entre eux prend la route de Sens, l'autre passe la rivière et se dirige vers Soissons où séjournoit une autre de leurs batailles. Mais la male aventure les attendoit au pont Gibert, par deçà Lagny : Hervis, averti de leur fuite, les avoit suivis, et, les atteignant au point du jour, il en fit un grand carnage.

Plus de trois mille restèrent étendus sans vie dans la campagne; les Lohérains y conquirent autant de palefrois et de roncins, autant d'or et d'argent qu'ils voulurent. Puis le Duc ramena dans Paris ses hommes; il y fut grandement festoyé, comme on peut le penser, par l'empereur Charles, par la Reine et par Pepinet leur fils.

III

DÉLIVRANCE DE SENS.

Bientôt arrivèrent à Paris nouvelles des Vandres et Esclavons entrés dans la vallée de Soissons, qu'ils mettoient en flammes. Il fallut songer à leur courre sus, et déjà les chevaliers étoient armés, quand voilà de Sens un autre messager : « Riche Roi, » dit-il, « ne perdez pas un moment :
« les hommes de la cité de Sens implorent votre secours :
« ils n'en eurent jamais si grand besoin. — Les mé-
« créans sont-ils nombreux? — Oui, cher Sire, environ
« soixante mille. Ils mettent leurs chevaux dans les églises;
« ils n'épargnent prêtres, femmes ni filles, dont vous ne
« pourriez entendre les cris sans fondre en larmes. — Que
« Dieu, » dit Charles, « nous soit en aide! — Fils de bon
« chevalier, » dit Hervis, « partagez votre armée en deux
« batailles. Je conduirai l'une à Soissons, et vous chevau-
« cherez avec l'autre vers Sens. Combattez hardiment, et
« Dieu sera pour vous. »

Les deux batailles se séparent ; Martel prend le chemin de Sens. C'étoit par une belle journée d'été; les eaux douces rentroient dans leurs lits, les prairies étoient verdoyantes, et dans la ramée on entendoit les oiseaux chanter. Charles atteignit, non sans fatigue, les rives de l'Yonne ; il n'est plus qu'à quatre lieues de Sens, et déjà voyoit la fumée des feux que les gloutons avoient allumés. Le Roi, les montrant à ses François : « Dieu de gloire, » dit-il, « qui vis en tri« nité et qui nous donnes le soleil et le jour, accorde-moi « la force dont j'ai besoin pour réduire à mort tous ces en« nemis de Sainte Chrétienté ! »

Le jour avance, vespres arrivent et le soleil disparoît. Les barons achèvent leur souper et le Roi répartit les sentinelles : il commande au riche baronnage de tenir les chevaux prêts pour minuit. Après deux heures de sommeil, les haubers sont endossés ; on part sans donner du cor ou de l'olifant, pour ne pas avertir ces maudits enfans de chien. Au point du jour, les trente mille compagnons de Charles découvroient les murs de Sens.

Martel alors entouré de ses gens : « Nous allons, » dit-il, « attaquer les mécréans : au nom du Dieu né en Bethléem, « combattez et frappez à mon exemple. Ne vous arrêtez pas « aux chevaux auferans, aux belles armes, à l'or ou à l'ar« gent ; éventrez-les tous, grands et petits. Et si Dieu nous « accorde victoire, on partagera l'échec entre vous ; je n'en « réclamerai pas un denier monnoyé. »

« — Grans mercis ! » répondent les barons. Et chacun alors de se bien poser sur les rapides destriers. Ils chevauchent avec précaution, pour ne pas réveiller les Payens. Bientôt Allemans et Bavarois pénètrent dans le camp, entrent dans les tentes, tranchent les cordes, abattent les pavillons, surprennent les mécréans et les empêchent de fuir. Heureux ceux qui purent regagner leurs auferans ; plus de dix mille passent par le glaive des Chrétiens, et restent morts dans la campagne. Les autres s'enfuient du côté de Troyes, laissant aux mains des nôtres un butin qu'on ne pourroit estimer. Charles Martel, après avoir fait le loyal partage, ne voulut pas dormir avant d'être arrivé dans la campagne de Troyes. Hélas! il ne sait pas qu'il court à sa perte. Puisse le Dieu qui suscita Moyse lui venir en aide!

Mais pendant que Martel, arrêté sur la rivière qui baigne les murs de Troyes, attend pour attaquer les mécréans l'arrivée de tout son baronnage, pendant que saint Loup, le preudhomme, fait des sermons au peuple pour lui donner meilleur courage, nous vous parlerons d'Hervis, le puissant duc, que nous avons laissé s'en allant de Paris à Soissons.

IV

DÉLIVRANCE DE SOISSONS. — LA CROIX DE SAINT-DRAUSIN.

Il avoit conduit par les monts, les puits et les vallées, dix mille guerriers plus hardis que lions, tous impatiens d'en venir aux épées avec les mécréans. Ils s'arrêtent à quatre lieues de Soissons, bannières dressées et gonfanons vermeils développés. Autour des chevaliers se rangent les sergens.

« Seigneurs, » dit le duc Hervis, « à demain le combat :
« le Seigneur-Dieu qui souffrit pour nous la mort sera pour
« nous, contre une race maudite qui ne donneroit pas de lui
« un éperon vaillant. »

La nouvelle se répand de l'approche des François; les Payens s'en émerveillent et tremblent; mais dans la ville on demène grande joie. Toutes les cloches sonnent, les prouvaires et les bonnes gens implorent Dieu pour la Chrétienté. Cependant Hervis a distribué ses gens en dix échelles.

et de chacune d'elles s'élancent et ventèlent pennons et bannières. Les Sarrasins, de leur côté, s'arment à la hâte au son des cors et des trompes; on s'ébranle de part et d'autre. Quel fracas à la première rencontre! Combien d'écus percés, de haubers troués, de chevaliers abattus, de sang répandu, de têtes ouvertes! Parmi les meilleurs bacheliers de la bataille d'Hervis, on remarquoit celui qui avoit la garde de l'enseigne; il étoit du lignage du Duc; on ne l'appeloit que le *vilain* Hervis, parce qu'il étoit bâtard et qu'il avoit été longtemps fort pauvre; mais le Duc l'aimoit sur tous les autres, en raison de sa grande prouesse. C'est avec l'aide de ces hardis bacheliers que le Duc put soutenir toutes les attaques. Il fait quitter le champ à deux batailles; il alloit disperser la troisième quand survint Aucaire, un roi sarrasin que Dieu confonde! De sa bataille partoit une grêle de traits meurtriers. Hervis presse les flancs de son cheval, brandit son épieu, atteint Aucaire, lui perce le cœur et l'abat mort sur le sable. Il falloit voir alors la douleur et l'effroi des Payens : « Où fuir? » disoient-ils, « c'est un « diable à qui nous avons à faire. Nulle arme ne dure contre « son épée. Puisse notre dieu le confondre! »

Les Loherains, toujours plus ardens à la tuerie, avancent encore. Hervis laisse courir son cheval au milieu des rangs ennemis, et les bacheliers se pressent à l'envi pour le défendre. On voit dix, vingt et trente mêlées. C'en étoit fait des Sarrasins, quand un nouveau secours leur arrive. C'est Godin, leur souverain seigneur, Godin qui seul vaut dix chevaliers. Ses armes sont fortes, son cheval vigoureux et rapide. Une tête de mâtin est figurée sur son écu, et trois mille guerriers forment sa bataille. Il s'abandonne sur les compagnons d'Hervis, et là frappe, coupe, éventre et désarçonne. Malheur à qui veut l'attendre! Il immole Gerart, Berenger, Hugon, Landri; enfin, d'un coup d'épée il abat

la tête de Fouchier de Nantes, le cousin d'Hervis. « Ah!
« sainte Marie, » s'écrie le Duc, « reine et mère de Jésus,
« demandez à votre fils qu'il me laisse tuer ce payen, cet
« ennemi de notre loi, qui ne donneroit pas un angevin de
« Dieu ni de son Église. Il a tant tué de mes chevaliers que
« personne ne l'ose plus attendre ; c'est à moi d'aller à sa
« rencontre. Dieu du paradis, à vous je me recommande !
« Vous naquîtes en Bethléem; aussi vrai que vous eûtes
« une Vierge pour mère, défendez-moi du péril de mort! »

Cela dit, il broche le destrier, le fait sortir des rangs, et, brandissant la hante de l'acier poitevin, il va çà et là cherchant l'odieux glouton. « Où es-tu, » crie-t-il, « toi qui jettes « l'effroi sur ton passage, et qui portes une tête de mâtin? « Apprends que Dieu vaut cent fois ton Apolin! » Le mécréant entend ces mots, et tient pour hardi celui qui les prononce. Ils s'élancent l'un contre l'autre : le coup de Godin porte à faux ; le Duc, protégé de Dieu et du Saint-Esprit, l'atteint de plein épieu, perce l'écu, le haubert et la poitrine. L'acier traverse l'échine et ressort de plusieurs doigts ; le géant est jeté mort sur le sable ; Bugibus et Noiron emportent son âme en enfer, et le Duc, tirant son épée, tranche son énorme tête et la donne en garde au vilain Hervis.

A la vue de leur seigneur étendu sans vie, les Sarrasins tournent en fuite, poursuivis par Hervis qui presse contre eux les flancs de son coursier rapide. Il n'est pas de heaume ou de coiffe à l'épreuve de son épée ; l'herbe et les champs rougissent autour de lui, et lui-même, les flancs et la tête de son cheval, le pont d'or fin de son glaive, tout est ensanglanté. La chasse dura plus d'une lieue ; le Duc revient ensuite vers Soissons, où l'on forme un amas de butin à rendre riches tous les gens du pays.

Mais pour refroidir son coursier et laver le sang dont il est couvert, Hervis descend au bord de la rivière, et voilà qu'au milieu des eaux il distingue une croix noire allant d'elle-même, et comme entraînée contre le courant. Elle avoit été jetée par les Sarrasins. « Dieu ! » dit le Duc, « c'est un « miracle qu'il m'est donné de voir. D'où peut venir cette « croix ? Le courant est rapide et l'on ne peut en deviner « la profondeur ; mais j'aurois honte de ne pas aller la « reprendre. » Il broche donc le cheval et s'avance dans le fleuve. Par un deuxième et plus grand miracle, l'eau ne mouille ni les pieds ni le cou ni les flancs du coursier. Hervis au milieu du fleuve atteint la croix, la pose entre ses bras devant sa poitrine, revient, et la porte au moutier de Saint-Drausin. C'est là qu'elle est encore aujourd'hui, comme ne l'ignorent ni vieillards ni jeunes hommes. C'est devant elle que viennent veiller les pèlerins et ceux qui doivent le lendemain fournir bataille en champ clos.

V

DÉLIVRANCE DE TROYES. — LE CRUCIFIX DE SAINT-PIERRE.

Échappés de Paris, de Sens et de Soissons, les Payens et Sarrasins rejoignent comme ils peuvent le gros de leurs compagnons arrêtés devant Troyes. Ils leur racontent comment un diable d'enfer les a presque tous exterminés, et n'a pas craint d'attendre Godin dont il a pris la tête. « Voilà, » disent les Payens, « de bien méchantes nouvelles ! » D'un autre côté, Charles Martel, enfermé dans Troyes, apprenoit la victoire du duc Hervis et la retraite désordonnée des mécréans; il en menoit grande joie, il en rendoit grâces à Dieu et donnoit aussitôt le signal de la reprise d'armes. Les batailles étoient disposées, les bannières élevées, les pennonceaux flottoient dans les airs; il ne restoit plus qu'à faire quelques pas et commencer la mêlée.

Amauri, le seigneur de Nevers, fait avancer le premier sa bataille : il lâche les rênes de son cheval, frappe un payen, perce l'écu, fausse le haubert, et de son roide épieu pénètre dans le corps de son adversaire. « *Nevers!* » crie-t-il en l'abattant de cheval, « frappez, imitez-moi! ces « gens-là sont les ennemis de Dieu, et ne sont venus que « pour prendre tout ce que nous avons. » La mêlée devenue générale dura l'espace de trois grandes journées. Les Payens plus nombreux gardèrent longtemps l'avantage : combien de chevaliers tombèrent devant eux pour ne plus se relever! Bruiant surtout, Dieu puisse l'étrangler! conduisoit une bataille armée de grands arcs turcois qui faisoient dans nos rangs de cruels ravages : le fracas des rencontres étoit entendu de deux grandes lieues; malheur à qui vuidoit les arçons, il étoit bientôt écrasé par le passage continu des chevaux. On remarquoit les belles armes et le grand cheval d'Aleaume, seigneur de Ponthieu, qui conduisoit trois cents chevaliers de sa terre, et plus d'une fois arrêta et fit reculer les Sarrasins. Un peu plus loin, à sa droite, Charles Martel frappoit, éventroit devant lui. Les Payens n'osant attendre son branc d'acier se réfugient sous l'étendart. Marsoufle vint à leur aide, avec les mécréans de son pays; les tambours effraient nos chevaux, les arcs turcois percent nos hommes. Il fallut reculer, et Charles Martel est alors frappé de deux épieus fourbis, dont l'un ouvre son épaule, l'autre pénètre dans sa poitrine. Le cheval tombe mort sous lui, et les sergens de sa bataille ont grand'peine à le défendre et à rester maîtres de son corps. Cependant Hervis arrivoit de Soissons à Troyes. Il entend le bruit de la mêlée et les cris des mourans; il voit rentrer les navrés

dans la ville. « Ah ! » lui crie-t-on, « seigneur Duc, allez
« secourir Martel, le roi de Saint-Denis. Si vous tardez,
« c'en est fait de lui et de saint Loup notre évêque. »
Hervis ne perd pas un moment, il arrive sur le champ du
combat et du premier coup atteint le roi Marsoufle, qu'il
perce de son épieu. Marsoufle mort, le duc Hervis abandonne l'épieu pour frapper de son branc Butor, le seigneur
des Lutis, et le pourfendre jusqu'à l'échine ; en se retournant
il atteint Golias, le roi de Pinconie, et le sépare en deux.
Ce dernier coup jeta l'épouvante dans l'âme des Payens :
« Ne restons pas ici, » disent-ils, « il n'y fait pas bon ; ce
« diable d'enfer n'en laissera pas vivre un seul de nous. »
Quinquenart parvient cependant à les retenir : il fait sonner
les cors et les olifans, les monts et les vallées retentissent,
on eût cru entendre le signal de la fin du monde. C'est
alors que saint Loup de Troyes est mortellement frappé : les
Payens, sous les yeux d'Hervis et par représailles, ramenoient sa tête dans leur camp, tandis que les anges empor-
toient son âme dans le paradis. Mais la vengeance ne se
fit pas attendre : Hervis jeta mort un des plus forts Sarrasins, dont il saisit le cheval pour le présenter à Charles Martel. Hélas ! le Roi ne put le monter, tant il avoit déjà perdu
de sang. « *Metz !* » crie le Duc, plus enflammé de courroux.
« Sire, » dit cependant le vilain Hervis, « je vois un crucifix
« que les Sarrasins tiennent dressé devant leur étendard. Il
« le faut aller reprendre. » Ils arrivent ainsi devant l'étendard. Les Hongres s'y défendent comme lions ; il en fallut
tuer plus de vingt mille avant de décider les autres à l'a-
bandonner. Le crucifix nous est rendu ; Hervis, après l'avoir
confié à des mains sûres, se remet à la poursuite des Payens
et les chasse plus de trois lieues ; même au retour, il trouva
moyen d'en tuer encore. Son premier soin en arrivant fut
d'aller au moutier de Saint-Pierre, et là d'y déposer la croix

avec le crucifix. Elle y est encore, et depuis ce temps-là
n'en est pas sortie.

VI

MORT DE CHARLES MARTEL. — COURONNEMENT DE PEPIN.

Au sortir du moutier de Saint-Pierre, Hervis s'étoit
rendu auprès de Charles qu'il avoit trouvé grandement
affoibli. Il le regretta comme vous allez voir : « Vous fûtes à
« la male heure, ô Roi ! » dit-il : « Gaule est perdue si vous
« lui manquez. Mais au moins, sire, faites couronner votre
« fils, pendant que vous vivez encore. — Je suivrai votre
« conseil, » dit Martel, « dès que vous m'aurez ramené
« dans Paris. »

Le voyage fut pénible. On alla, ce jour, coucher à Sens ;
le matin venu, les clercs de la ville convoyèrent Martel en
priant le Dieu qui fut mis en croix de guérir ses blessures.
A Moret fut leur second gîte, et le lendemain ils entrèrent
dans la cité de Paris où le reçurent en pleurant la Reine
au cler visage et le damoisel Pepin.

On manda pour le Roi les meilleurs mires ; en même
temps on convoqua quatre vingts barons, auxquels on présenta le gentil damoisel Pepin. Hervis lui posa sur le chef
la grande couronne, en dépit des murmures d'un grand
nombre de vassaux, au premier rang desquels étoit le vieux
Hardré de Lens, père de Fromont, et son frère Bernart de
Naisil. Mais Hervis montant sur une table et tenant une
épée nue : « Qui réclame ici, » dit-il, « contre le fils de
« Charles ? Par le Dieu crucifié ! s'il en est un qui ose le
« toucher, lui ou la Reine, sa gentille mère, il sentira le

« tranchant de cette lame, et ses honneurs ne passeront pas
« à ses héritiers. » Tous se turent, et nul n'osa plus résister. Alors appelant le comte Hardré : « Venez avant,
« franc chevalier, je vous donne à garder la personne et la
« terre de monseigneur Pepin. Mes terres sont éloignées,
« j'ai grand intérêt à les visiter; quand j'aurai ordonné de
« mes besongnes, je reviendrai pour entendre les causes et
« maintenir les droits. — Grand merci! » dit Hardré,
« il sera fait comme vous désirez. »

Les mires ne furent d'aucun secours; Charles Martel réclama le Père tout-puissant, se rendit confés, partagea dévotement ses meubles, ordonna de rendre les dîmes aux clercs (ce qui combla de joie les moines), fut malade huit jours, et alla le neuvième à sa fin. On l'emporta au moutier Saint-Denis, et on l'enfouit devant l'autel et le crucifix, ainsi que porte la lettre.

Hervis allant trouver la Reine : « Écoutez-moi, dame : le
« Roi est mort, Dieu lui fasse merci! C'est à vous à bien
« vous maintenir, à gouverner prudemment votre terre.
« Pensez à votre fils. — Que Dieu en prenne le soin, » répond la Reine : « je suis trop dolente pour penser à ce
« que je dois faire. — Eh! mon Dieu, » dit Hervis, « le cha-
« grin prolongé n'a jamais servi de rien. Il ne faut pas
« mettre joie sur joie, ni deuil sur douleur! » Cela dit, il prit congé du petit roi, s'éloigna de Paris et suivit le chemin qui conduisoit à Metz.

VII

MARIAGE D'HERVIS. — SES ENFANS.

Le Duc arriva le lendemain à Châlons où son frère, le sage et bon évêque, le reçut avec joie. D'abord il lui demanda des nouvelles de Pepin ; puis comment étoit mort Charles Martel : « La fin a été bonne, » dit Hervis ; « il a commandé avant de mourir que l'on rendît les dîmes aux clercs. — Et il a bien fait, » dit l'Évêque, « c'étoit un roi preudhomme, qui n'eut pas, depuis sa naissance, un seul jour sans peine. Dieu ait de son âme merci ! »

De Châlons le duc Hervis se rendit à Verdun, dont l'Évêque étoit alors son ami. Puis il entra dans sa terre et vint prendre gîte au couvent de Gorze. Alors, mettant l'Abbé à raison : « Clerc, » lui dit-il, « allez me chercher femme : « mon corps a besoin d'une épouse. » L'Abbé consent à se mettre en quête, dès qu'il saura de quel côté il doit chercher. « Vous irez, » dit Hervis, « trouver le preu Gaudin, « et vous demanderez sa sœur, la bien faite Aélis. Sous le « ciel il n'y a pas de meilleur chevalier que Gaudin, de « plus belle fille qu'Aélis. »

L'Abbé ne perdit pas de temps : il partit dans la compagnie de quinze de ses moines, et de nombreux chevaliers de la mesnie d'Hervis. Les chemins étoient couverts de leurs mules et de leurs palefrois. Un mois lui suffit pour parfaire son message : il revint à Metz avec la pucelle. Le loherain Hervis alla à leur rencontre : « Soyez bien venus ! » dit-il à l'Abbé, et prenant par la main la demoiselle : « Belle « pucelle, » lui dit-il, « par le Dieu qui jamais ne mentit,

« vous êtes bien faite et de corps et de visage : aussi je
« vous rendrai très-riche dame. — Sire, » répondit Aélis,
« ce sera l'effet de votre grâce. »

Hervis la conduisit à Saint-Arnoul, et là, l'épousa d'argent et d'or fin. Les noces furent célébrées au palais seigneurial ; il y eut grande largesse de vair et de gris, de mules et chevaux, de roncins et palefrois. Chacun en prenant congé louoit le bon accueil du duc Hervis.

Dès la première nuit, l'heure fut bonne et la dame conçut un fils. Pourquoi ne pas ajouter tout de suite que la gente Aélis eut l'année suivante un second enfant ? Le premier fut Garin, le bon duc qui souffrit tant d'ennuis et de travaux. Le second fut le preux, le gentil, le renommé Begon, seigneur du château de Belin.

Aélis mit encore au monde sept filles, mariées aux meilleurs barons de la contrée. L'aînée fut la belle Heloys, dame de Peyiers, celle qui éleva la grande tour. Heloys eut deux fils : le bon duc Hernaïs et Odon, qui fut mis aux lettres et qui devint évêque d'Orléans.

Des six autres filles du duc Hervis, la première fut mariée à Basin de Genève, et donna le jour au bourgoin Auberi ; la seconde fut mère de l'allemant Ori ; de la troisième naquit Girart de Liége ; de la quatrième Huon de Cambrai et Gautier de Haynaut ; de la cinquième le comte Joffroi d'Anjou ; de la sixième Huon du Mans et le preux Garnier de Paris. A la race d'Hervis de Metz et d'Aélis de Cologne appartenoit encore Salomon qui tint Bretagne, Hoel de Nantes et Landri son frère. On peut ainsi voir que tant de hauts barons réunis devoient former un puissant lignage.

VIII

LES HONGRES DEVANT METZ. — HERVIS DEVIENT L'HOMME
DU ROI ANSÉIS.

Il faut maintenant vous parler des Hongres, que Dieu maudisse! et qui de nouveau se rassemblèrent en Gaule, pour y continuer leurs ravages. Dans l'espoir de tirer vengeance du duc Hervis, ils allèrent assiéger Metz; le palaisin n'ayant pas à leur opposer assez de chevaliers, s'en vint demander aide et protection au jeune roi Pepin, qu'il trouva non sans peine à Montloon, dans la compagnie d'Hardré et d'Amauri, que Dieu puisse confondre! On pouvoit aller jusqu'à l'eau du Rhin et parcourir soixante pays avant de rencontrer deux pareils félons.

Hervis monta les degrés du palais de marbre; devant lui tous se levèrent, jeunes ou vieux. Le Roi lui-même accourut à sa rencontre : « Soyez le bien venu, gentil Duc. — Sire, « grand merci! Ecoutez pourquoi je suis venu : les Payens « sont entrés dans ma terre, ils malmènent et ravagent le « val de Metz. Je me réclame de vous, gentil empereur, « car Metz est de votre fief; vous devez le garantir, c'est « notre droit de compter sur vous. — J'en parlerai, » répondit le Roi, « sachez que vous êtes le dernier auquel je « voudrois refuser secours. — Sire, grans mercis ! au besoin « reconnoît-on les amis. »

Le Roi se lève et s'en va conseiller avec Amauri, Eudon et le fleuri Hardré. Il n'avoit encore que douze ans et demi : « Maire Hardré, » dit-il, « que pensez-vous de la re- « quête du Loherain, lui qui servit si bien mon père et qui

« m'a fait roi, en dépit de ceux qui ne m'aimoient guères ?
« — Vous lui devez en effet beaucoup ; mais rien ne presse, » répond Hardré, « Hervis est riche d'argent et d'amis, il peut
« fort bien se défendre lui-même. D'ailleurs le royaume est
« en mauvais point ; les longs ravages causés par Girart de
« Roussillon ne sont pas réparés. Demandez un répit au
« Loherain : l'hyver passera ; revienne avril, et vous lui amè-
« nerez secours, s'il en a encore besoin. »

Retournés vers Hervis, ils lui rendent les mêmes paroles, et peu s'en faut que le Duc n'enrage en les écoutant : « Par
« le nom de Dieu ! Sire, » s'écria-t-il assez haut pour être ouï de tous, François, Angevins et Manceaux, « le conseil
« ne vient pas de vos amis. On oublie ce que je fis dans la
« bataille où fut navré le roi votre père ; comment je l'es-
« cortai à Saint-Denis ; comment, en dépit des barons du
« pays, j'ai posé sur vôtre tête la grand' couronne. C'est
« moi qui vous donnai pour maire cet Hardré, que je vois
« là et qui vous conseille aujourd'hui de m'abandonner. Or,
« si vous me faites défaut, je dois chercher secours ailleurs,
« et mettre votre fief en d'autres mains qui sauront mieux
« le défendre. — Nous vous entendons, » reprit Hardré,
« le Roi renonce au fief, à la vue de tous vos amis. — S'il
« est ainsi, je vous en remercie, » fait Hervis, « mais est-il
« bien vrai que vous le me quittiez ? Sire, je veux l'entendre
« de votre bouche. — C'est la vérité, » dit Pepin, « j'en
« prends à témoin saint Denis. »

Le Duc sortit aussitôt de Montloon, sans demander congé. Arrivé dans la nuit à Cambrai, il y trouva son cousin et leurs communs amis, auxquels il raconta comment Pepin avoit refusé de le protéger contre les Payens. « Ne
« vous découragez pas, » dit Garin l'orphenin, « il faut
« sans retard mander nos amis et nos parens. — Oui, » répond Hervis, « mais d'abord je veux aller trouver Anséis ;

« nous ne pouvons chasser les Sarrasins qu'avec son aide.
« — Par malheur, » reprit Garin, « c'est un jeune homme
« qui n'a pas langue en bouche plus que le roi Pepin. — Il
« est mieux conseillé; j'ai de mes amis près de lui. »

Le soir même Hervis reprit le chemin de Metz; et dès qu'il fut arrivé il envoya vers Gerart qui tenoit Liége, pour l'avertir de venir le joindre à Trèves, sur le Rhin. Les bons vassaux se mirent en route; ils arrivèrent ensemble à Cologne, et descendirent chez Bertrand Gosselin, leur hôte. Après avoir mangé, ils montèrent, lui et Gaudin le frère d'Aélis, au palais d'Anséis, accompagnés de nobles chevaliers. Tous, grands et petits, se levèrent quand il entra : « Soyez bien-venu ! » dit le Roi. « — Grands mercis ! » répond le Loherain. Et quand ils furent rassemblés en conseil : « Sire roi, » dit Hervis, « je viens me réclamer de
« vous, à mon grand besoin. J'étois homme du roi Pepin, je
« tenois de lui mon fief et ma terre; il m'a fait vilainement
« défaut; les Sarrasins sont devant ma cité de Metz ; accor-
« dez-moi le secours qu'il me refuse, et nous les mettrons
« à néant. — J'en parlerai, » dit Anséis. Et prenant aussitôt à conseil plusieurs de ses barons : « Que me conseil-
« lez-vous, seigneurs ? Voilà le loherain Hervis qui vient
« me demander aide : ne dois-je pas faire ce qu'il désire?
« — Sire, » répondent les barons, « vous ne devez pas
« l'éconduire; mais si nous recevons dommage en allant
« avec lui, quelle récompense en aurons-nous ? » Le Roi revint alors vers Hervis : « Entendez-moi, beau sire duc,
« nous voulons bien aller avec vous, mais quel fruit nous
« reviendra-t-il de la chevauchée ? »

Le Duc répondit : « Roi, si vous m'aidez, je prétends dé-
« sormais tenir de vous Metz et ma terre. De plus, vous y
« aurez droit à deux mangers par an. — Voulez-vous m'en
« tenir sûr ? — Volontiers; » et soudain, en présence des

barons, le Roi baisa Hervis qui lui jura d'être son homme à l'avenir, et de tenir de lui son fief de Metz.

IX

MORT D'HERVIS. — GARIN ET BEGON A LA COUR DE PEPIN.

Avant de prendre congé, Hervis tint conseil avec Anséis. Il fut convenu que le Duc rassembleroit au plus tôt les hommes de son lignage, et que le roi de Cologne arriveroit avec les siens sans retard. Hervis marqua Anserville pour le rendez-vous commun ; c'est une ville à quatre lieues de Metz. On comptoit dans son ost trois cents chevaliers à écus, et dans celui d'Anséis quatre cents, rassemblés dans les montagnes aiguës qui ferment le val de Metz. Le Duc, averti de leur arrivée, convient avec Anséis de commencer l'attaque. Il fond, au point du jour, sur le camp des Sarrasins ; la foudre n'est pas plus rapide : malheur à ceux qui l'attendent! les Payens fuient devant lui à qui mieux mieux ; ils sont poursuivis durant trois heures. Mais dans cette chasse il arriva qu'un carreau, lancé de loin, vint frapper le Duc en pleine poitrine ; la plaie fut grande et mortelle. On vint l'apprendre à Anséis : « Roi, tout est perdu, c'en « est fait d'Hervis ; il ne restera rien de vos conventions.— « Ecoutez, » répond le Roi, « ce qu'il faut faire : ne perdez « pas un moment, entrez dans la ville ; emparez-vous des « forts et saisissez-vous des portes. »

Ceux de Metz, ne pouvant retenir les Allemans, se contentent de crier : « Trahis! trahis! » Berengier, le maître de Garin et de Begon, entend la clameur, se hâte de faire monter les enfans sur deux bons chevaux, sort de la ville et les conduit à Châlons chez le bon évêque Henri, leur oncle. Ils en furent hautement recueillis, et restèrent là plus de sept années, tandis que le roi de Cologne retenoit la cité de Metz, car personne ne songeoit à la lui redemander.

Garin et Begonnet grandirent, élevés sous les yeux de l'évêque Henri; c'étoient les plus beaux enfans du monde. Un jour de Pentecôte, fête solennelle, Pepin tenant cour à Montloon, Henri résolut d'y conduire ses deux neveux. Il arriva dans la ville, et, dès qu'ils eurent mangé, allèrent voir Pepin qui leur fit grand accueil : « Ces enfans, » dit-il, « qui sont-ils ? — Sire, ils sont fils de mon frère Hervis, que « les Sarrasins tuèrent devant Metz, au grand deuil de toute « Gaule; retenez-les, Sire, en souvenir de leur bon père qui « vous avoit bien servi; ainsi ferez-vous que gentil. — « Très-volontiers, » dit le Roi; « venez avant, Hardré : voici, « par Dieu, chose étrange : on m'amène les enfans du lohe- « rain Hervis, dont Anséis de Cologne a saisi la terre; je « les garderai volontiers, si vous me le conseillez. — Vous « avez bien dit, » répond Hardré; « eux et mes deux fils « seront compains. — Je les retiens donc, » reprit le Roi, « et je les attache au service de mon corps. »

L'Evêque prend congé du Roi et retourne à Châlons. Le petit Begon devint compain de Guillaume, Garinet le fut de Fromont, fils aîné d'Hardré. Le Roi les chérissoit tous quatre; surtout il avoit pris en amour le petit Begon. Quand il dormoit, Begon étendoit sur lui la couverture, et quand il se levoit, l'enfant lui présentoit l'eau et le bassin doré. S'il alloit chasser en bois, il falloit que Begon le suivît et portât son arc. Un jour Pepin étoit dans la forêt de Senlis : après avoir pris trois cerfs, il s'étoit endormi; le petit Begonnet assis à son côté, lui essuyoit le visage d'un bliaud de samit. Voilà qu'au moment de son réveil, un messager arrive de Gascogne, entre sous la tente du Roi, le salue et parle

ainsi. « Le Dieu de vérité vous sauve, Sire! je suis envoyé
« vers vous par ceux de Gascogne; le preux et gentil comte
« Yves est mort. » Le Roi, attristé de ces nouvelles, lui
accorda le dernier regret : « Vous fûtes à la male heure,
« franc chevalier; vous étiez de mes grands amis. —
« Sire, » dit Hardré, « c'est la loi commune; il faut laisser
« le mort à la mort, et penser aux vivans. Donnez le
« fief du comte Yves à quelqu'un dont vous connoissiez la
« fidélité. — Vous avez bien dit, » fait le Roi, et regardant
le jeune Begon : « Approchez, ami, je vous octroie le fief de
« Gascogne. — Grans mercis, Sire! » Ce disant, il tomba
aux genoux du Roi, recueillit le don et devint son homme-
lige. De plus, Pepin voulut que Garin et lui fussent séné-
chaux de toute la France. Il en pesa durement à plusieurs,
et surtout au vieux Hardré : « Sire, » dit-il, « le don
« que vous venez de faire causera bien des maux; ma
« race est de la terre bordeloise, vous auriez dû penser à
« mon fils. — Que Fromondin, » dit le Roi, « n'ait pas de
« regrets : si Dieu me donne vie, il aura la première terre
« qu'il estimera de sa convenance, parmi celles qui me re-
« viendront. — Je ne me plains donc pas, » répondit
Hardré.

A quelque temps de là, un messager, arrivant de Thie-
rache, vint annoncer au Roi que les Flamans d'outre-Rhin
avoient mis le siége devant Montloon. Pepin n'eut pas la
nouvelle pour agréable. « Sire, » dit alors Begon, « nous
« sommes en âge de porter nos armes; faites quatre cheva-
« liers de mon frère Garin, de Fromont, de Guillaume et
« de moi. Nous en avons grand désir. — J'y consens, »
répondit le Roi. Et demandant aussitôt des armes et de
riches vêtemens, il commença par adouber Garin, puis
Begon, puis Fromont et Guillaume. Riche fut la distribution
de vair et de gris, et grande fut la fête. Après le manger,

on sortit du palais, les nouveaux chevaliers montèrent leurs coursiers, prirent les écus et longuement béhourdèrent. Begon, dont l'écu étoit enluminé d'or fin, fournit sa course avec la sûreté rapide du faucon empenné. Tous disoient, vieux et jeunes, qu'il étoit le plus beau des hommes et que s'il vivoit il seroit grandement preudhomme. Après le behourd, ils revinrent à l'hôtel de Begon, le vin fut demandé, puis l'on se sépara pour aller dormir.

L'Empereur fit, le lendemain, sceller ses lettres et mander ses barons. On réunit soixante mille hommes. L'enseigne de saint Denis fut confiée à Garin; Begon, comme sénéchal, eut la charge de ranger et distribuer les batailles. Ils arrivent devant Soissons et dressent leurs tentes le long des prés où, de tous côtés, les denrées arrivent. De Soissons, ils atteignent Bruières où campoit l'armée ennemie. Le Roi fait armer ses hommes, on se prépare à combattre. Vingt mille chevaliers s'élancent sous la conduite de Garin, de Begon, de Fromont et de Guillaume. Le choc est rude, les Flamans ne le peuvent soutenir; ils lâchent pié de tous côtés, laissant un grand butin aux vainqueurs. Le premier honneur de la journée fut donné à Begon, qui, au retour, ne voulut pas entrer au partage de l'échec. On avoit résolu de passer en Flandres, à la poursuite des vaincus, quand les Flamans vinrent s'humilier devant le Roi. « Ayez de nous « merci, gentil Roi, » crioient-ils, « ne portez pas la ruine et « le ravage sur nos terres! » Le Roi ne vouloit rien entendre, mais le duc Begon : « Sire, » dit-il, « laissez-vous fléchir. « Qui demande humblement merci doit l'obtenir. Dieu, qui « doit nous sauver tous, le commande. » Le Roi s'appaisa et consentit à la paix, et tous disoient de Begon : « Si celui-« là vit, il comptera parmi les héros. Puisse-t-il avoir un « jour grand pouvoir! »

Alors Garin s'adressa au Roi : « Sire, écoutez ma cla-

« meur. Le roi Anséis retient mon héritage ; il occupe la
« terre que j'aurois à garder. Cependant le fief relève de
« vous et c'est à vous de le garantir envers et contre tous.
« — Voici, » dit Hardré, « ce qu'il convient de faire : ne
« donnons pas congé à l'ost, conduisons-le devant Metz
« pour répondre au désir de Garin ; quand nous y serons,
« vous avertirez le roi Anséis d'abandonner le pays ; s'il re-
« fuse, nous ne reviendrons qu'après avoir abattu la grande
« tour. — Soit ainsi que vous proposez ! » dit le Roi.

L'ost est averti de se mettre en chemin vers Châlons ; la charge de l'enseigne est donnée à Fromondin. On passe Châlons, on arrive à Verdun, on apperçoit la tour de Metz. Tout aussitôt on environne la ville, on en forme le siége. De son côté, le duc Hardré invite les barons du pays à venir conférer avec lui. Quand ils sont arrivés : « Francs cheva-
« liers, » leur dit-il, « veuillez m'entendre : vous fûtes jadis
« les hommes du duc Hervis ; vous ne devez pas mentir
« votre foi à l'égard de ses deux fils Garin et Begon. Remet-
« tez la terre et le pays entre leurs mains. » Les chevaliers, après en avoir conseillé avec le commun de la ville, tombent d'accord de faire la volonté du Roi, et Garin, devenu duc de Metz, montra sur-le-champ sa gentillesse. Il manda les gens du roi Anséis, les fit revêtir de robes neuves, et les renvoya honorablement dans leur pays. Pendant que le roi de Cologne les recueilloit avec joie, Garin prenoit la féauté de tous les hommes de son père, le bon duc Hervis.

LIVRE I

VALPROFONDE ET LAON

I

LES QUATRE ROIS EN MAURIENNE.

Ici commencent les récits merveilleux.

Les Quatre rois ont passé les ports d'Espagne ; ils se répandent en Quercy, en Auvergne, mettent le siége devant Arles, étendent leurs ravages jusqu'en Maurienne. Le roi Tierri prend le parti d'envoyer ses messagers au roi de France ; c'étoit le preux Joffroi fils de Gaudin, et deux autres chevaliers. Ils quittent Valprofonde, traversent Lyon et ne s'arrêtent qu'à Cluni pour demander nouvelles de Pepin. On leur dit qu'il tient sa cour à Langres, entouré des deux Loherains, d'Hardré, et de Fromondin et Guillaume, les fils d'Hardré. Arrivés à Langres, ils montent les degrés du palais, comme le Roi se mettoit au manger. Joffroi parla pour

être entendu de tous, Angevins, Manceaux, Loherains, Poitevins et Bavarois : « Le Seigneur qui changea en vin
« l'eau claire, aux noces de saint Archedeclin, sauve et
« garde le riche roi et son baronnage ! qu'il le protége
« contre les Payens, les Lutis et les Persans ! Droit em-
« pereur, le riche roi Tierri nous envoie vers vous : les
« Quatre rois ont réuni leurs forces et sont entrés sur
« notre terre. Ils occupent en grande partie la Provence ;
« ils sont arrivés dans la vallée de Maurienne, brûlant les
« églises, abattant les crucifix, faisant des moutiers l'écu-
« rie de leurs chevaux, écorchant les Prouvaires tout vifs.
« Arles, la grande cité de renom, est assiégée. Le roi Tierri
« avoit mandé tous ses hommes pour leur faire barrière ; il
« n'y a pas plus de huit jours qu'il leur livra bataille, mais
« il y perdit beaucoup plus qu'il ne gagna, et maintenant
« il est enfermé par eux dans Valprofonde. Secourez-le,
« droit empereur, il vous le demande au nom du Dieu de
« vérité ; car vous le tenez pour votre ami. »

Le visage du Roi se rembrunit en écoutant ce discours.
« Que pensez-vous qu'il convienne de faire ? » dit-il en regardant Hardré, Fouquier et le comte Amauri. « — Sire, »
répondit Hardré, « nous ne pouvons en conseiller devant
« les messagers. » Ils se retirent donc à l'écart, et Hardré,
le plus félon qu'on pût trouver en cent royaumes, dit : « Sire,
« Charles Martel votre père (Dieu prenne à merci son
« âme !) eut toute sa vie guerre à soutenir contre Girart
« de Roussillon. Leur querelle a fait bien des veuves et bien
« des orphelins. Les pères sont morts, les enfans sont à
« peine des hommes. Puis arrivèrent les Vandres, si bien
« que le royaume est pauvre d'argent et de chevaliers. Que
« l'hyver passe et qu'avril revienne, les champs fourniront
« l'herbe et le fourrage nécessaires aux chevaux. Avec le
« beau temps, vous aiderez le roi Tierri, s'il peut jusque-

« là résister. — Je m'en tiens, » dit Pepin, « à votre
« conseil. »

Ils rentrent dans la grande salle, et le vieux Hardré, au milieu d'un grand silence : « Entendez-moi, seigneurs mes-
« sagers. Notre empereur, que vous venez réclamer, n'est
« pas remis des dernières guerres. Mais l'hyver passera ;
« quand reviendra le mois d'avril, nous irons vous aider
« contre l'effort des Quatre rois. »

« — Au mois d'avril, » répondent les messagers, « nous
« n'aurons plus besoin de vous ; le roi Tierri aura perdu
« la vie. Et nous, malheureux que nous sommes, nous ne
« retrouverons plus nos terres ; nous ne reverrons nos
« femmes, nos filles et nos fils, qu'à la condition de renier
« Jésus, ce que nous ne ferons jamais, dussent-ils nous
« écorcher vifs. Le roi de paradis ait pitié de nous ! »

Cependant à l'hôtel du loherain Garin étoient réunis Fromont, Guillaume, le comte Jocelin, Joffroi d'Anjou, Begon de Belin et plus de trente barons. Ils rioient et passoient joyeusement le temps, quand un écuyer demande à parler à Garin : « D'où viens-tu, bel ami ? — Sire, de ce palais
« où j'ai vu trois chevaliers du roi Tierri venant demander
« secours à l'Empereur contre les Quatre rois. Tant a fait le
« comte Hardré, le père de monseigneur Fromont que j'ap-
« perçois, qu'ils ont été éconduits. — Par le Dieu vi-
« vant ! » dit Garin, « c'est une action vilaine, c'est un
« péché qu'Hardré a commis. Venez avec moi, compain
« Fromont ; allons remontrer au Roi qu'il a besoin d'autre
« conseil, et que le roi Tierri doit compter sur nous. Nous
« sommes jeunes, il nous faut saisir l'occasion de mieux
« valoir ; et si le Roi refuse, nous irons avec tous nos
« amis chercher louange en terre étrangère. — Honni soit
« qui ne vous suivra ! » dit Fromont.

Tous se lèvent et se rendent au palais. Ils montent les

degrés en se tenant deux à deux par la main. Begon de Belin chantoit un son, et son compain Guillaume lui répondoit. Sur le seuil de la grande salle ils rencontrent les messagers qui se retiroient le visage baigné de larmes. « Êtes-vous, » leur dit Begon, « des chevaliers? — Oui, « grâce à Dieu; on m'appelle Joffroi, je suis fils du preu « Gaudin. — Vous êtes donc mon cousin? » reprit Begon. — « Ah! sire, nous venions demander secours à « votre roi contre les mécréans. Nous avons été écon- « duis. — Retournez avec nous, » dit Garin; « nous « serions honnis si l'on ne vous portoit secours. » Ils revinrent tous ensemble devant Pepin.

Garin prit la parole : « Écoutez-moi, sire Empereur. Nous « ne trouvons pas bon ce que vous avez fait. Vous au- « riez dû prendre l'avis de vos chevaliers, et non celui des « vieilles barbes blanches qui ne demandent qu'à reposer le « jour, et boire avant le coucher le vin et le claré. Avec de « tels conseillers, vous ne monterez jamais en prix. — « Parlez mieux, » reprit Hardré. « Vous savez que notre « terre est appauvrie et le pays ruiné; les guerres de Gi- « rart de Roussillon et les dernières invasions des Vandres « ont enlevé les meilleurs chevaliers; tel aujourd'hui de- « mande à tout prix la guerre qui, si l'Empereur se trou- « voit en mauvais point, ne lui donneroit pas un denier « monnoyé. — Vieillard, » dit Garin, « vous y mentez, « car c'est de moi que vous voulez parler, et de mes com- « pagnons. Nous sommes jeunes, et partant devons pour- « chasser honneur. Le mois ne passera pas sans que j'amène « à l'ost du Roi dix mille fervêtus; et, dût-il m'en coûter « vingt mille marcs pesés d'or, j'irois secourir le roi « Tierri. » — Fromont à son tour : « Père, » dit-il, « vous « auriez pu mieux parler. Votre place n'est plus à la cour « du Roi; vous n'y pouvez plus servir. C'est à nous, vos en-

« fans, à nous jeunes et forts, de supporter les fatigues,
« à vous de reposer. — Pourquoi, » dit Pepin, « mettre
« toute la charge sur le compte de l'illustre comte Hardré?
« Il suffit de dire, ainsi que vous le voulez; j'irai en Mau-
« rienne. — Sire Roi, » dit Begon, « vous ne pourrez
« mieux faire. Mais si vous en croyez ces vieilles et blanches
« barbes, si vous laissez les Sarrasins prendre un pied sur
« votre terre, vous brasserez la ruine du pays, et vous
« verrez la Bourgogne entière à la merci de ces mécréans
« qui ne laisseront rien debout après eux. Mais vous,
« seigneurs françois, angevins, manceaux, bretons et poi-
« tevins, vous avez entendu l'Empereur, hâtez-vous de
« préparer vos armes, et soyez tous à Lyon pour la fête
« de Pentecôte. Là nous adouberons chevaliers Auberi,
« Huon, l'allemand Ori, Joffroi d'Anjou et Hernaïs d'Or-
« léans; tous sauront bientôt monter en prix. »

Notre Empereur fit aussitôt semondre les Manceaux, les Berruiers, les Flamans, les Avalois d'au delà et d'en deçà le Rhin. D'Aix-la-Chapelle au Puits-Saint-Vincent, pas un homme ne demeure. Ils arrivèrent en bel arroi à Lyon, où les attendoient ceux de Gascogne et le bon duc Begon. De superbes pavillons s'étendent autour de la ville; l'Empereur descend au palais que firent jadis les Sarrasins, et avec lui le Sénéchal et les chambellans. La cour fut grande; après le manger on demanda le vin; Garin en versa dans la coupe du Roi.

On pourvut à l'adoubement des jouvenceaux Auberi, Ori l'allemand, Huon du Maine, Joffroi de la grande cité d'Angers, Hernaïs qu'Orléans avoit vu naître. Ils demandent leurs chevaux, saisissent leurs écus et s'en vont behourder dans la verte prairie. Auberi emporta le prix de la force et de l'adresse. Il étoit grand, élancé, fait au tour, gros des épaules, grêle des flancs : personne ne lui étoit comparable en beauté. A le voir tenir fortement son écu richement peinturé, on eût dit qu'il ne l'avoit quitté de sa vie. Garin, le montrant à Begon : « Frère, » lui disoit-il, « le « Bourgoin, si Dieu lui donne vie, sera compté parmi les « preudhommes. »

Les autres nouveaux chevaliers avoient également pris grand plaisir au behourd, et le Roi lui-même avoit voulu y tenir sa place. Il sortit de la ville sur un cheval de prix, l'écu serré devant sa poitrine ; il courut longtemps, franchissant les haies et les barrières. Or, ce jour-là la chaleur étoit grande et le sable brûlant. Pepin rentra dans le palais, trempé de sueur. Après le manger il sentit un frisson ; on le mit au lit, et le lendemain il n'eut pas la force de se lever.

La maladie se déclara violente, au grand regret de la chevalerie. Pour le viel Hardré, quand il entra dans la chambre du Roi : « Je vous l'avois dit, sire, vous ne pour- « rez supporter les fatigues de la chevauchée. Vous en avez « cru follement ces jeunes fous, Garin, Begon, Bernart et « mes deux fils. Ils ont déjà mis en danger votre santé. — « Il est vrai, » dit le Roi, « et je me sens fort mal. — « Eh bien, sire, il faut maintenant avertir chacun de vos « barons de retourner dans ses terres, et le plus tôt possi- « ble. Qui pourroit maintenant les retenir ? »

L'ordre du Roi, tel que l'avoit proposé le comte Hardré, fut publié, et les messagers de Tierri l'entendirent des premiers ; ne demandez pas s'ils en furent affligés. Ils accourent à l'hôtel du loherain Garin : « Ah ! sire, nous sommes « perdus : le Roi de son lit vient de donner congé aux « Manceaux, Angevins, Avalois et Bretons. — Attendez « un peu, » fait Garin. Et montant aussitôt au palais, accompagné de Begon, de Fromont, de Bernart et de Guillaume, il appelle en latin le portier, qui consent à le laisser passer. Il s'approche du lit du Roi, s'assied sur un banc,

passe la main sur la poitrine et sur les bras du malade :
« C'est une fièvre d'éruption, » dit-il; « en quelques jours
« elle sera passée. Mais que vient-on de nous apprendre?
« vous avez donné congé à tous les barons de l'ost? Ah!
« sire, cela vous couvriroit de honte. Écoutez mieux ce qu'il
« convient de faire : il faut vous reposer ici jusqu'à com-
« plète guérison; près de vous resteront les barbes fleuries,
« tandis que mon frère et moi, Fromont, Guillaume, Huon,
« Ori, Hernaïs, Auberi le bourgoin, nous irons développer
« en Maurienne l'enseigne Saint-Denis. Ainsi délivrerons-
« nous le roi Tierri, que vous devez garantir. — Vous
« parlez bien, » dit le Roi, « je vous confie donc l'enseigne
« Saint-Denis, à vous et à Begon votre frère. Je désire que
« Fromont, Guillaume, Aimon, Bouchart, Bernart de Naisil
« et tous les autres barons, vous suivent et vous portent
« obéissance. Je les en prie, et je leur ordonne. — Nous
« entendons bien, » dit Fromont, « et nous ferons ce que
« vous désirez. »

Aussitôt ils firent crier dans le camp, de par le roi Pepin, que nul n'eût à quitter l'ost, et que chacun se tînt prêt à prendre le chemin de la Maurienne, dès le point du jour et sous la conduite du duc Garin, auquel le Roi confioit l'enseigne Saint-Denis.

II

DÉLIVRANCE DE LA MAURIENNE. — MORT DU ROI THIERRI. —
PREMIÈRE QUERELLE.

Le lendemain, à l'entrée du jour, le loherain Garin revêtit ses armes. Les cors, les olifans, éclatèrent et bondirent; on troussa les sommiers, on chargea les roncins; mille pennons de cendal flottèrent dans les airs, et plus de cinquante mille fervêtus se mirent en marche. Leur premier repos fut sous les murs de Vianne; nos gens se répandirent le long du beau fleuve de Rhône, et le grand marché leur fournit les meilleures denrées. Le guet de la nuit fut confié à Guillaume le marquis, au comte Aimon et aux Bordelois.

La nuit passée, on replia les pavillons; l'armée avança par monts et par vaux au milieu des rochers qui hérissent le pays. De l'un à l'autre pic on vit saillir les singes, et sur la lisière des bois s'arrêter les ours qui tomboient frappés de flèches meurtrières. Puis l'ost arrive à Romans, côtoie la rivière d'Yse au courant rapide, et s'arrête sur l'autre bord, en vue de la Roche-Caïn.

La troisième journée les conduisit à quatre lieues de Valprofonde, dans une belle et verte vallée bientôt couverte de leurs pavillons. Les bacheliers dressèrent la tente du duc Garin à l'ombre d'un verger, près d'un courant d'eau qui tempéroit l'ardeur de l'air. Après avoir dîné, le Loherain tint conseil devant son pavillon : là se trouvèrent Fromont, Guillaume et leur parenté, les hauts chevaliers assis en couronne sur une coute de cendal vermeil, les bacheliers placés derrière eux sur une fraîche jonchée. Les messagers de Tierri s'adressant alors à Garin : « Gentil homme, » dirent-ils, « vous saurez que les Sarrasins sont établis à
« quatre lieues d'ici, et qu'ils entourent la forte cité de Val-
« profonde. Notre roi, qu'ils tiennent enfermé, apprendroit
« avec grande joie l'arrivée des barons de France : ce se-
« roit le présage de sa délivrance et de la déroute des
« Payens. »

Garin se tournant vers Fromont : « Sire compain, main-
« tenant que nous savons où sont les Sarrasins, que de-
« vons-nous résoudre, pour satisfaire à ce que nous devons

« à Dieu et au roi Pepin? — A vous seul, Garin, » lui répond Fromont, « de nous conduire et de nous commander. »

« — Alors, » reprit Garin, « il me semble bon de char« ger plusieurs chevaliers éprouvés d'approcher le camp « des ennemis, d'examiner leurs dispositions, d'estimer « leurs forces et de venir ensuite nous en rendre compte. « — Fort bien! » dit Fromont; « je propose, du côté de « mes amis, Aimon de Bordeaux, le comte Harduin, le « preux Bouchart et mon oncle Bernart de Naisil. De « notre côté, je choisis mon frère Begon, Hervis, son « frère le Veneur, et Tierri des Monts d'Aussay. »

Les barons désignés montent à cheval, laissent leurs écus et ne prennent que leurs lances. Guidés par les paysans, ils arrivent devant des roches aux flancs brunis, du haut desquelles la vue peut s'étendre sur la grande vallée. Puis, à l'autre pied de ces montagnes rocheuses, ils voient commencer le camp des Sarrasins qui paroît remplir un espace de plus de huit lieues. Les hommes sont couverts de fortes armures, leurs chevaux sont ardens et vigoureux. Que ne croient-ils en Jésus-Christ, ils seroient les premiers guerriers du monde. Begon, s'adressant alors à Bernart de Naisil : « Dites-moi, que vous en semble? — Vous allez le « savoir : nous n'avons qu'une chose à faire, c'est de nous « en revenir chez nous. Ils sont pour le moins dix contre « un; il y auroit folie de s'attaquer à eux. »

« — Voici merveilleuses paroles, » répond le duc Begon; « ne voyez-vous pas que c'est une lâche multitude ra« massée çà et là, ne croyant à Jésus ni à Saint-Esprit! « Plût à Dieu que tous les payens du monde fussent ici « réunis! il n'en échapperoit pas un; moi seul j'en tue« rois bien mille. »

Cela dit, ils retournent à leurs chevaux, au bas de la montagne, et reviennent aux François. Les hauts barons les attendoient devant le pavillon de Garin ; mais Bernart ayant pris quelques pas d'avance : « Qu'avez-vous vu, « oncle? » lui demanda Fromont. — « Que l'ost des Sarra- « sins occupe plus de sept lieues de terrain : Aimon, Bou- « chart et Harduin les ont vus comme moi. — Il dit « vrai, » reprend le comte Aimon, « et le mieux que nous « ayions à faire, c'est de ne pas les attendre, bien loin de « songer à les aller chercher ; il n'y a rien à espérer contre « de pareilles multitudes. »

« —Vous mentez! » répliqua le duc Begon, « jamais langue « de preudhomme ne prononça telles paroles. Vos pieds « trembleroient-ils déjà de couardise? A mon avis il faut at- « taquer : je réponds qu'en nous voyant les Sarrasins pren- « dront la fuite et que tout l'or du monde ne les arrêteroit « pas. Nous sommes du même sentiment, Hervis, son frère « le Veneur et Tierri. — Oui, » disent les trois barons, nous « croyons aussi qu'ils n'oseront nous attendre. »

« — Moi, » répond Fromont, « je soutiens que vos paroles « sont merveilleuses, et que vous voulez conduire à la mort « tout l'ost du roi Pepin. Je peux bien en croire le récit de « mon frère et de mes oncles ; je ne serai pas accusé de « la perte des miens ; je n'avancerai pas. — C'est mal « parler, » dit Garin ; « vous êtes mon compain, vous avez « promis au Roi de m'obéir comme votre chef : je vous « somme de tenir votre parole et de me suivre. — Je « ne suis pas fou, je ne marcherai pas ; je ne veux pas « être blâmé d'avoir deshonoré l'enseigne Saint-Denis. — « Et moi, » dit Garin, « j'ai regret de vous entendre ; les « Payens nous en redouteront moins. Mais écoutez-moi : « si Dieu nous accorde la journée contre les Sarrasins, « vous devrez renoncer au partage de la proie. — C'est « entendu, » dit Fromont. Et le duc Begon aussitôt : « Ne

« demandez rien de plus, frère Garin ; nous sommes ici
« mille chevaliers du même sang, nous n'avons pas besoin
« des autres. »

Alors on vit l'ost des Francs former deux grandes batailles. Les vassaux bordelois, au nombre de deux mille, se placèrent à gauche, du côté de Fromont ; tous les autres suivirent l'enseigne Saint-Denis : d'abord le bourgoin Auberi, puis Ori de Cologne, le comte Gerart de Liége et Gautier l'orphelin son frère, Hernaïs d'Orléans, Joffroi d'Anjou, Hoel de Nantes, Salomon de Bretagne, Huon de Troyes qui n'avoit pas encore revêtu ses armes, et enfin Begon, le chevalier remembré. Garin, s'adressant alors aux messagers du roi Tierri : « Seigneurs, vous savez comment
« on peut entrer dans la ville ; allez retrouver Tierri, sa-
« luez-le de par moi, dites-lui qu'un grand secours lui
« arrive et que les François vont fondre sur les Sarrasins.
« Il faut qu'il rassemble ses gens et tente une sortie du
« côté de leur camp : ils ne pourront soutenir notre double
« attaque. »

Les messagers brochent les chevaux de leurs éperons d'or, et gagnent entre deux roches un ancien souterrain qui pénétroit sous les murs de la ville. Arrivés avant la chute du jour, ils sont entourés de leurs parens et de leurs amis, mais ils ne veulent parler qu'au Roi. « Sire, » lui disent-ils,
« vous aurez grand secours ; Garin le duc, son frère Begon,
« le bourgoin Auberi vous l'amènent de par le roi Pepin.
« Le duc Garin vous fait dire de sortir avec tous vos
« hommes et d'attaquer le camp ennemi, pendant que les
« François avanceront dans la campagne. Ainsi pourrons-
« nous déconfire les Payens. »

Le graile retentit aussitôt ; les chevaliers accourent à l'appel du Roi, ils vêtent les hauberts et lacent les heaumes brunis. Tierri à leur tête fait ouvrir les portes, monté sur un coursier de prix dont les flancs, la tête et le poitrail sont couverts d'un paile sarrasinois. Quatre mille fervêtus fondent à l'improviste au milieu des pavillons ennemis, tandis qu'on entend le bruit des Royaux, accourant de l'autre côté, l'enseigne Saint-Denis en tête. C'est le preux Hervis qui la porte, et près de lui chevauchent Begon, Garin, l'allemand Ori, Gerart de Liége, Gautier de Hainaut, Huon de Cambrai, Auberi de Dijon, Hernaïs d'Orléans, Salomon de Bretagne, Hoel de Nantes, Joffroi d'Anjou, Huon du Maine, Garnier de Paris et le preux Jocelin. Ils formoient treize batailles auxquelles se joignit encore, avant qu'on en vînt aux mains, celle du comte Bauduin de Flandres.

Surpris de tous côtés, les Sarrasins reprennent à la hâte leurs armes; ils font bondir dans la vallée les timbres et les olifans. Begon le premier s'élance dans leurs rangs au cri de *Montjoie!* l'enseigne Saint-Denis. Alors on put voir à ses côtés saint Denis lui-même, saint Maurice et saint Georges faire chemin libre de Sarrasins. Nul ne les attendoit, jusqu'à ce que ralliés par les Quatre rois, ils tentent d'arrêter et de repousser l'effort des Chrétiens. Begon reconnut un des rois; il broche son cheval, frappe le payen sur l'écu d'azur, fait tourner son haubert, lui enfonce le glaive dans le cœur et le jette étendu mort à terre. « *Montjoie!* » répète-t-il, « frappez, la journée est à nous! » Le deuxième roi est immolé par Garin; les deux autres, longtemps poursuivis, sont enfin désarmés et confiés aux soins des deux frères Hervis et Do : « Gardez-les bien, chers amis, » leur dit Begon, « nous les présenterons au roi Pepin, dussent « en enrager Fromont et Bernart de Naisil. » Par malheur, au premier retour des Quatre rois, Tierri avoit été frappé d'un carreau; le cercle d'or de son heaume avoit été brisé, le fer avoit pénétré dans la tête. Le bon roi, tombé sans mouvement, fut entouré, relevé; mais on voulut en vain le remonter. Il demanda foiblement à être ramené dans Valprofonde : combien de sanglots et de cris, quand on le vit ainsi revenir sanglant !

Cependant Fromont et Bernart de Naisil suivoient des yeux les François et les Loherains chassant comme troupeaux les multitudes payennes. « Oncle, » dit Fromont, « je « puis vous reprocher notre honte; je ne devois pas vous « croire. Jamais je n'aurai d'honneurs parmi les François ! « — Ne te mets pas en peine, beau neveu ; mais sans perdre « de temps suis-moi. Mettons-nous parmi ces mécréans « fuyars, achevons de les chasser pêle-mêle. » Les Bordelois suivent le conseil et l'exemple de Bernart; puis quand Begon, revenu de la poursuite des Sarrasins, délaçoit son heaume, il voit avancer une nouvelle bataille de fervêtus. C'étoit Fromont, le comte Alori, Aimon de Bordeaux et les autres. « En vérité, frère Garin, » dit-il, « les Payens « reviennent à la charge : voyez-vous briller ces heaumes? » Mais Garin reconnoissant les Bordelois : « Eh! sire compain « Fromont, » dit-il, « depuis quand êtes-vous armé? — « Garin, » répond Fromont, « le cœur ne peut mentir : « pour rien au monde je ne vous aurois fait défaut. »

Le camp des Sarrasins est devenu le camp des François, et Dieu sait combien ils y trouvèrent de charges de pain, de tonnes de vin; qui pourroit estimer les richesses qui leur furent abandonnées! Écoutez ce que fit le duc Garin : En présence des Bordelois, il partagea l'or et l'argent, les palefrois, les mules et les roncins, sans retenir pour lui la valeur d'une maille poitevine. Fromont s'avançant d'un air mécontent : « Et ma part, Garin, et celle de Bernart de « Naisil, où sont-elles? — Que venez-vous demander, « sire compain? ne voyez-vous pas que je n'ai plus rien à « donner? J'ai tout reparti entre les mieux faisans, ceux qui

« avoient à regretter un père, un fils, des oncles, des frères
« ou des cousins germains. — Il suffit, » dit Bernart de
Naisil, « nous ne réclamons rien ici, mais nous pourrons
« en parler ailleurs. »

Cela dit, l'eau fut demandée; et tous prirent place au manger.

III

FIANÇAILLES DE GARIN LE LOHERAIN ET DE BLANCHEFLEUR DE MAURIENNE.

Cependant le roi Tierri, prévoyant sa fin prochaine, s'étoit grandement repenti de ses péchés et les avoit confessés aux moines bénis. Cela fait, on avoit apporté devant lui sur un riche drap le bras de saint Étienne martyr, et les barons du pays réunis à l'entour avoient engagé leur féauté à la jeune Blanchefleur. « Hélas! » dit le Roi, « mon
« âme partiroit plus volontiers, si ma fillette avoit un mari
« qui pût tenir la terre et la défendre des Sarrasins. —
« Sire, » dit alors Joffroi, le fils de Gaudin, « vous pou-
« vez vous arrêter sur vingt chevaliers membrés. Vous avez
« Begon du château de Belin, incomparable en prouesse;
« vous avez son frère Garin, le puissant duc de Metz; vous
« avez Auberi, Gautier de Hainaut, l'allemand Ori, Geof-
« froi d'Anjou, Hernaïs d'Orléans. Tous les preux du
« monde seroient ici rassemblés que vous ne trouveriez pas
« mieux à choisir. Mais avant tout, vous devez penser à
« Begon le marquis et à Garin le duc; car le duc Garin a
« décidé le départ de l'armée qui vous a secouru; sans
« son frère et sans lui, personne ne seroit venu. Mandez
« donc le duc Garin : il n'est pas de plus beau chevalier, et
« le pays a besoin d'un baron de haute prouesse. »

Le Roi donna l'ordre de faire avertir Garin : « Hâtez-vous,
« car je me sens mourir. » Geoffroi et quatorze chevaliers
demandent leurs chevaux, sortent de la ville et gagnent à
force d'étriers la tente de Garin. Le Duc étoit assis au
manger. « Sire gentil homme, » lui dit Geoffroi, « le Roi
« désire vous voir et sans aucun retard, car il se sent
« mourir. — Je vous suis, beau cousin, » répondit le Duc;
« frère Begon, vous resterez pendant que je vais me rendre
« auprès du roi Tierri; vous, mes neveux, le Bourgoin et
« Ori, vous viendrez avec moi. »

Arrivés dans Valprofonde, ils descendirent devant les
degrés du palais, et la presse fut grande à qui tiendroit
leurs chevaux. Quand ils entrèrent dans la salle, tous se
levèrent, grands et petits; le Duc se baissa pour saluer le Roi :
« Franc et noble damoiseau, » lui dit Tierri, « je ne sau-
« rois trop vous aimer, car vous m'avez conservé cette terre.
« Avant de mourir, je veux m'acquitter envers vous : voici
« ma fillette, Blanchefleur au clair visage, je vous la donne. »

La demoiselle n'avoit que huit ans et demi; elle étoit déjà
la plus belle qu'on eût pu rencontrer en cent pays. «Prenez-
« la, sire Garin, et avec elle, l'honneur de ma terre. —
« Sire, » répondit Garin, « je la prends, à la condition que
« l'empereur Pepin ne s'opposera pas. Et s'il ne le trouve
« pas bon, soyez au moins assuré que personne ne fera tort
« à votre fille sans que je ne prenne sur moi la défense
« de son droit. — Grand merci ! » dit le Roi.

Hélas ! la pucelle vint au monde dans une heure mauvaise;
personne ne comptera jamais le nombre des preudhommes
qui devoient mourir à son occasion.

Le roi Tierri fit approcher les reliques : le duc Garin
reçut et donna la promesse qui le fiançoit à Blanchefleur.
« Maintenant, » dit le Roi, « ôtez de ma tête le carreau qui
« me fait mourir. » On obéit; l'âme aussitôt prit de lui congé.

Les cris, les regrets commencèrent; on veilla le corps toute la nuit, on l'ensevelit le lendemain. Garin, après le service célébré, sortit de Valprofonde, retourna vers les siens, rendit compte à son frère et à ses amis de ce qui s'étoit passé; et comment le roi Tierri, avant de mourir, l'avoit fiancé à la demoiselle de Maurienne. Begon s'en réjouit et rendit avec lui grâces au Seigneur Dieu.

Il falloit songer au retour; mais auparavant, Garin eut soin de garnir les marches, de munir les châteaux, de laisser dans le pays bon nombre des siens pour aider à le défendre. L'ost reprit le chemin de Lyon où le roi Pepin n'étoit plus; dès qu'il s'étoit relevé de maladie, il avoit désiré retourner en France et revoir sa chère ville de Laon. Garin eut à regretter de ne pas le trouver à Lyon; il eût obtenu là ce qu'on devoit lui refuser plus tard, et bien des terres n'auroient pas été ravagées, bien des preudhommes n'eussent pas été tués, bien des preudes femmes n'auroient pas été veuves.

Ce fut à Cluni que les barons prirent congé les uns des autres. Le duc Begon s'en alla vers Belin, Aimon à Bordeaux avec son frère Bouchart et le comte Harduin, le marquis Guillaume à Blancafort; Aleaume tira vers Avignon, Fouquerès vers Pierrelate, Alart et Bancelin vers Nevers, l'allemand Ori vers Cologne. Pour Garin et Fromont, ils suivirent le chemin de France, également désireux de voir le Roi et de le rendre juge de leurs démêlés. Durant le voyage, il n'y eut pas entre eux une seule parole de ressentiment ou de dédain. Ils s'arrêtèrent à Langres, entrèrent en Champagne, et tant exploitèrent qu'ils apperçurent les tours de Laon. Le Roi y séjournoit, assez mal entouré; à ses côtés étoient cependant Hardré au poil fleuri, Landri et Joceran.

Pepin fut averti que le duc Garin arrivoit, après avoir vaincu les Sarrasins, tué ou pris les Quatre rois. — « J'en

« aurai, » dit-il, « plus de renom et de puissance. » Le Loherain cependant prenoit hôtel dans la ville; soixante chevaliers formèrent sa maison, et chacun se pressoit autour d'eux pour apprendre nouvelles d'un fils, d'un frère, d'un parent ou d'un ami. Il y eut des larmes versées pour les morts, de joyeux transports pour les vivans. Le Loherain quitta sa vieille robe, en revêtit une nouvelle; puis il monta les degrés du palais du Roi.

IV

MEURTRE D'HARDRÉ.

Dès que le Roi vit Garin arriver des degrés sur le pavement, il vint à lui, le prit entre ses bras et lui demanda comment il se trouvoit. — « Bien, sire, grâce à Dieu ! Nous « avons fait votre commandement, moi et mon frère au « vaillant courage. Les Quatre rois sont vaincus ; deux « sont morts, le premier de la main de Begon, le second « de la mienne. Les deux autres ne tarderont pas à vous « être remis, vous en ferez votre volonté. Tant avons-nous « travaillé des tranchantes épées que tous les Payens sont « exterminés. Mais nous devons regretter le roi Tierri « de Maurienne, au fier courage ; il est mort. Avant de « quitter le siècle, il me fit appeler et me donna sa fille ; « avec elle, l'honneur de sa terre. J'ai reçu le don, sire « empereur, à la condition que vous l'auriez pour agréa- « ble. — Je l'accorde volontiers, » répondit le Roi. « Les « honneurs vous croîtront sans que j'en aie jamais regret; « car vous m'avez loyalement servi, vous, votre frère « et votre parenté. — Grans mercis! » répond Garin,

« j'ai bien fait de vous servir, et je suis prêt à le faire
« encore. »

Cependant Fromont, suivi de la foule de ses parens, avoit
monté les degrés. A ces dernières paroles, il s'avance vivement, la fureur dans les yeux : « Moi, je défends le don.
« Sire, vous chassiez un jour devers Senlis, dans la forêt
« de Montmélian ; il vous plut alors de donner au frère du
« Loherain le duché de Gascogne la grande. En même
« temps, vous avez promis de m'accorder la première terre
« vacante que je demanderois. Il y avoit là plus de cent
« témoins. La Maurienne est à ma convenance, et je la
« réclame. — Vous meprenez, » répondit le Roi ; « ce
« qu'un père à l'heure de la mort donne à son enfant, du
« consentement de ceux de la terre, personne n'a droit de
« le reprendre. Qu'un autre honneur me revienne, si grand
« qu'il soit, je vous en revêtirai. »

« — Non, » dit Fromont ; « l'honneur de Maurienne vous
« est revenu, je le demande et je l'aurai. »

Garin reprit la parole d'un ton doux et modéré :

« Écoutez-moi, sire Fromont de Bordeaux la grande :
« Nous avons été longtemps compagnons d'armes. Je vous
« ai loyalement aimé, et vous m'avez longtemps montré la
« même bonne volonté. Puis, dans ce dernier combat où
« j'ai fait de mon mieux, vous et votre parenté m'avez
« abandonné. Je n'en garde pourtant aucun ressentiment ;
« et si vous m'aviez dit ce matin, quand, seul à seul, nous
« traversions les bois de Val Dormans, que la demoiselle
« de Maurienne vous venoit à gré, j'en jure par le Dieu
« vivant, je vous l'aurois cédée, elle et l'honneur de sa
« terre. Mais, je le vois trop, c'est l'orgueil, la haine et la
« félonie qui vous font parler, n'attendez plus que je vous
« cède la valeur d'un besant. »

Ces paroles firent monter le rouge au visage de Fromont,

et d'une voix haute et fière : « Oui, je suis né des Borde-
« lois, et j'ai dans ce pays mes meilleurs parens ; mais vous
« travaillez à nous en déshériter. Begon a reçu l'honneur de
« Gascogne qui nous devoit revenir, vous pourchassez au-
« jourd'hui celui de Maurienne. Par l'apôtre que les péni-
« tens vont implorer! par la foi que je dois à ma riche
« parenté! six mois ne passeront pas que je serai devant
« Metz, votre meilleure cité, avec plus de chevaliers que
« vous n'en pourrez assembler. Et tout l'or de Bénévent ne
« vous fera pas sortir des murailles. »

Garin à son tour frémit de colère, et s'avançant à portée de Fromont, d'une voix que la rage rendoit plus éclatante : « Ah! fils de putain! ah! traître issu de néant! Garlain « votre ayeul n'en avoit pas tant dit, quand mon père « Hervis, a qui tenoit la Loheraine, lui donna de son poing « parmi les dents! » En même temps il haussa le bras ; mais le roi Pepin le saisit par le manteau et le fit reculer de deux pas.

C'est ici que commence le grand orage qui devoit tomber sur tant de vaillans hommes, détruire tant de châteaux, embraser tant de villes, déshériter tant d'orphelins. Écoutez! écoutez! Jamais meilleure ni plus haute chanson ne vous sera contée.

Le comte Fromont avoit avec lui plus d'amis que n'en avoit amenés Garin. Le Roi étoit encore fort jeune ; ses ordres n'avoient pas de portée, et on n'attachoit pas la moindre valeur à ses paroles.

« Sire Fromont, » continua Garin, refroidi de son emporte-
ment, « j'aurois tort de me plaindre ; vous m'avez traité en ami,
« et ce n'est pas vous blâmer, assurément, de parler de vos
« trahisons. Vous ne voudriez pas dégénérer de votre oncle
« Garlain, quand il tua son parrain dans une église, quand
« il coupa le cou à son lige-seigneur, quand il fit jeter dans

« un sac et noyer le cousin germain dont vous tenez au-
« jourd'hui contre droit le grand héritage. C'est par vous
« que Raimont-Bérangier fut dépouillé de Soissons qui lui
« appartenoit; mais Bérangier étoit mon cousin, je réclame
« son héritage, et je veux en prendre possession. Si je vous
« y trouve, tout l'or du monde, j'en jure Dieu, ne m'em-
« pêchera pas de vous trancher la tête, comme on doit faire
« à qui trahit son droit seigneur. »

Fromont, que la fureur rendoit muet, courut alors sur Garin : celui-ci le prévint en lui assénant sur la tête un grand coup de poing qui l'étourdit et le fit tomber étendu sur le pavé. Les Bordelois quittent alors leurs siéges et viennent soutenir leur seigneur. Ce fut une mêlée générale : tous étant sans armes, on se prit aux cheveux, aux grenons; on lutta des pieds, des poings et des dents; le tout à la vue du Roi, que personne ne vouloit entendre.

Mais durant la plus forte mêlée, le comte Hardré sortit, descendit les degrés et courut à son hôtel. Il avoit au chevet de son lit une forte lame d'acier : il la prend, revient au palais, en fait fermer toutes les issues et reparoit devant les Loherains qu'il glace d'effroi. Quatorze chevaliers tombent mortellement frappés; les autres s'écartent, et cherchent les moyens de fuir : ils trouvent toutes les portes verrouillées et barrées. Pour Garin, retiré dans un angle de la grande salle, il avoit heureusement rencontré sous sa main un échiquier avec lequel il se défendit longtemps contre le vieux Hardré, impatient de lui arracher la vie. Le Loherain résistoit, paroit les coups et se réclamoit de Jésus ; car bien est défendu celui que Dieu protége.

Tout à coup, on entendit un grand bruit aux abords du palais. C'étoit Hernaïs d'Orléans, le neveu de Garin, le frère du bon évêque, le fils de la belle Heluis, celle qui, de concert avec l'Évêque, éleva la grande tour de Peviers; il venoit tranquillement pardevers le roi de France pour relever son fief. Il n'arrivoit pas seul, comme un pauvre berger, mais en baron puissant et fier, dans la compagnie de sept vingts chevaliers montés sur coursiers rapides, et couverts de bonnes armes. Il entend un grand tumulte, et voit sortir un écuyer couvert du sang qui ruisseloit d'une large blessure : « Dieu te guerisse ! » lui dit Hernaïs ; « mais dis« moi : pourquoi ce bruit, ce mouvement dans le palais ? « — Ah ! sire, » répond l'écuyer, « Hardré, Fromont et leurs « amis assomment, egorgent les Loherains ; quatorze che« valiers sont morts, le duc Garin se défend encore, mais « à grand'peine. Malheur à nous tous si nous le perdons ! »

Hernaïs ne peut entendre ces mots sans pâlir. « A pied, « mes chevaliers ! » s'écrie-t-il, « il n'y a pas un instant à « perdre. Je verrai qui fera le mieux ; on veut egorger « mon oncle Garin, il faut lui porter secours. » Tous descendent des chevaux qu'ils donnent à garder aux écuyers ; tous montent les degrés du palais, arrivent aux portes qu'ils trouvent défendues par la barre et les verroux. Une grande pièce de bois étoit devant eux, ils la lèvent et la poussent de grande force contre la porte ; la barre cède, les gonds se brisent et les voilà dans le palais, l'épée au poing, et les Bordelois devant eux.

Hardré fut aisément reconnu : « *Chastel!* » crie Hernaïs, et frappant aussitôt Hardré sur le haut de la tête, il met la cervelle à jour et l'étend mort sur la place. Ce fut alors une vraie boucherie. Les chevaliers à l'envi tombent sur les Bordelois, bientôt percés, mutilés, découpés. Les blessés se cachent sous les tables, dans l'espoir d'échapper : effort inutile, on les suit, on les tire de leurs retraites, on les achève. « Ah ! grand merci, beau neveu, » dit alors le duc Garin, « vous m'avez ôté de grand peril : sans votre « arrivée c'en étoit fait de moi. »

Qu'étoit cependant devenu Fromont? D'abord il eût voulu tenir le branc acéré de son père; puis, quand arrivèrent les hommes d'Hernaïs, et qu'il vit tomber ses compagnons, ses amis, il eut peur, et pour échapper au même sort, il ouvrit une fenêtre, et se glissa dans un verger d'où, sans être vu, il put regagner son hôtel. « Mon cheval! mon che-« val! » cria-t-il; on lui amène, il saute rapidement en selle, et, suivi seulement de quatorze chevaliers, il descend le tertre de Laon, rend grâces à Dieu de vivre encore et chevauche non pas vers sa ville de Soissons, le lieu ne lui paroissoit pas sûr; mais vers Saint-Quentin.

LIVRE II

LA PREMIÈRE GUERRE

I

GARIN PREND SOISSONS QUE LE ROI GARDE.

On jeta dans une large fosse le viel Hardré et les autres Bordelois étendus sans vie sur les carreaux de la grande salle. En même temps Garin mandoit l'Abbé de Saint-Vincent : « Faites, » lui dit-il, « recueillir, couvrir et mettre en « terre les bonnes gens mes amis qui viennent d'être tués. « Je fonderai des rentes pour que Dieu leur fasse merci. » L'Abbé remplit les désirs du duc Garin.

Le preux Hernaïs dit au Roi : « Cher Sire, vous êtes « jeune et nouveau chevalier; apprenez que je suis cousin « germain de Garin; sa sœur Heluis est ma mère. Or, « Hervis, mon ayeul, n'a jamais trahi votre père, comme « avoit fait la race d'Hardré quand ils se donnèrent tous à

« Girart de Roussillon. Vous avez vu que le comte Fromont
« vouloit avancer son mauvais lignage, en faisant mourir
« les barons qui vous avoient le mieux servi. Le moment
« est venu de montrer votre puissance. Allons tous contre
« Fromont ; il n'a pas de cité, de château ni de tour qui le
« garantisse. C'est par Soissons qu'il faut commencer. »

Le Roi s'accorde au conseil d'Hernaïs. Il mande ses hommes ; bientôt, vilains, bourgeois des communes et chevaliers gravissent le tertre de Montloon. Le signal du départ est donné ; les enseignes flottent, les heaumes étincellent, on marche sur Soissons. Fromont n'a qu'à bien se tenir ; s'il est pris, notre Empereur ne le laissera plus échapper.

Les Royaux comptoient cinq cents chevaliers, les uns venus de France, les autres amenés par Hernaïs, sans parler de ceux du Laonnois. Tous, sous la bannière du Roi, alloient précédés des trois cents chevaliers que conduisoit Garin. Ils suivent la voie ferrée, passent devant Chauvignon qui se dresse sur une roche aiguë, et pénètrent dans le val de Soissons.

Les hommes de la ville ne savoient pas qu'on dût les assaillir. Les Loherains trouvent les barres levées, le pont baissé, les postes presque déserts. Ils entrent dans la cité sans rencontrer de résistance. Garin marche sur le château ; les portes en étoient ouvertes. Il saisit le châtelain qu'il fait monter en croupe derrière lui ; les gardiens étoient assis au manger ; il les jette dans la chartre voisine : puis laissant dans le donjon plusieurs de ses chevaliers, il revient à Pepin dont le premier soin fut de prendre les bourgeois sous sa garde, et de défendre de mettre la main sur rien de ce qui leur appartenoit.

« Droit Empereur, » dit Garin, « si vous voulez Soissons,
« la grande cité de prix, je vous l'abandonne. Elle fut de
« l'héritage de mes pères, elle devroit être à moi ; mais le

« lignage d'Hardré nous l'enleva, et je consens aujour-
« d'hui à la tenir de vous. Comme Langres, Soissons sera
« votre chambre ; vous y aurez droit de gîte quand vous
« viendrez de Laon à Paris, ou de Beauvais à Laon. —
« Ah! sire Garin, » répondit le Roi, « ne m'enseignez pas à
« fausser ma foi : je n'oublie pas qu'Hardré la tenoit de
« moi jusqu'à ce jour. — Cela peut être, » dit Garin ;
« mais avant lui elle appartenoit à mes ancêtres : c'est
« pourquoi je la réclame. S'il vous convient de la garder,
« je l'abandonne ; mais, par saint Denis ! vous verrez la
« ville brûler, les moutiers tomber et les crucifix foulés aux
« pieds, si jamais un autre que vous en devient posses-
« seur. »

Le Roi écouta, demanda l'avis de ses hommes, et prit la cité pour lui-même. Il la mit en bon état de défense, fit élargir et creuser les fossés, renforcer les murs, élever les bretèches; puis, ayant mandé les vavasseurs du pays, il en reçut la féauté.

Hernaïs vint ensuite devant le Roi : « Droit Empereur,
« c'est vous qui m'avez fait chevalier, et je suis déjà
« votre homme. Or, mon père est mort, dont grandement
« me pèse, et je viens vers vous pour recueillir mon fief,
« s'il vous plait de m'en revêtir. — Volontiers, » répond
le Roi ; « je vous aime, Hernaïs, pour le grand service
« que vous m'avez fait. A la terre que tenoit votre père
« j'ajoute le don du fief de Montlehery. — Grans mercis,
« Sire ! » dit Hernaïs ; « et puisse Dieu vous récompenser
« de ce que vous faites aujourd'hui pour moi ! » Cela fait, il demanda congé de Pepin, et s'en revint en son pays.

Nous allons maintenant vous parler de Fromont.

II.

MARIAGE DE FROMONT.

Encore éperdu de tout ce qui s'étoit passé dans le palais de Montloon, Fromont arriva dans Saint-Quentin au moment où son cousin, le comte Eudon, se levoit de table. Il descendit au bas du perron, et fut bientôt entouré de gens de tout état. Eudon lui-même vint à sa rencontre. « Cou-
« sin, » lui dit-il, « soyez le bien venu ; pourquoi ne m'a-
« voir pas averti par un message ? Vous auriez été plus
« honorablement servi. — Sire Eudon, merci ! mais je
« ne viens pas ici pour de grands mangers ; j'ai le cœur
« plein de courroux et d'amertume. Je quitte le Roi, irrité
« contre lui, contre Garin de Metz, contre Hernaïs d'Or-
« léans qui, sous mes yeux, a tué mon père, l'oncle que
« vous aimiez et qui vous avoit nourri. — Diable ! » dit
Eudon, « je n'y comprends rien. Quoi ! le Loherain qui
« vous aimoit tant, qui ne pouvoit se passer de votre com-
« pagnie ! Comment, et par quelle aventure ? Quel a été le
« sujet de querelle ? Dites-le-moi, je vous prie. — Je le
« dirai, mais demain, devant tous nos amis. — Cela
« suffit, » répondit Eudon, « et j'attendrai volontiers que
« nous soyions réunis. »

De la journée, Fromont n'approcha pas de ses lèvres une goutte de vin ; il ne ferma pas l'œil de la nuit, mais il envoya vers ses amis les plus prochains. Dreux d'Amiens, qui par bonheur étoit à Chauni, arriva des premiers, accompagné de dix chevaliers, quand Fromont étoit encore à la messe au moutier de la ville. En rentrant au palais, et comme il se mettoit à table, arrivèrent avec Dreux, Herbert d'Hireson, le vieux Alcaume de Ribemont, et Berengier sire de Chauni. Chacun se leva pour aller vers eux ; Fromont seul resta immobile et la tête baissée. « Comment vous « est-il, cousin ? » dit le comte Dreux, « vous me semblez « abattu. — Il me va mal : Hardré aux blancs grenons, « l'oncle qui vous avoit nourri, est mort. — Et qui l'a « tué ? — Hernaïs d'Orléans, le neveu du duc Garin ; il a « été, sous mes yeux, frappé, fendu jusqu'aux dents. — « Sainte Marie! » cria le comte Dreux, « voici merveilles. « Garin n'est pas d'un naturel outrageux, on ne l'a jamais « vu injurier personne : il faut que vous l'ayiez provoqué, « vous dont la parole a toujours été hautaine et médisante. « — Veuillez m'écouter, » reprit Fromont, « et vous saurez « comment la chose est arrivée.

« Vous n'ignorez pas le don que m'avoit fait l'Empereur, « un jour que, chassant dans la forêt de Senlis, il avoit in- « vesti Begon le Loherain du duché de Gascogne. Devant « mille témoins, il avoit promis de m'accorder le premier « honneur vacant, à ma convenance. Le roi Tierri de « Maurienne vint à mourir, laissant une seule fille, Blanche- « fleur, qu'il avoit fiancée au duc Garin. Pepin consentit « au mariage, et avec la demoiselle accorda le fief de Mau- « rienne au Loherain. J'y mis défense, et c'est alors que le « Duc me donna de son poing sur les dents, et qu'ils ont « meurtri mon père et nombre de mes amis. »

« — Vous avez eu tort, sire cousin, » dit le comte Dreux ; « vous vous êtes follement avancé. Aviez-vous donc « peur de manquer de femme ? Quand vous voudrez, au « lieu d'une vous en aurez dix. Je viens justement de m'en- « quérir pour vous d'un grand et beau mariage : c'est avec « la dame de Ponthieu, Helissent, la sœur du comte Bau- « duin de Flandres. Son mari est mort depuis peu : elle n'a

« qu'un tout petit enfant ; une fois mis dans l'héritage,
« vous n'auriez plus à craindre un seul ennemi. »

« — Vous avez bien parlé, » répondit Fromont, « mais
« il faut agir discrètement. Si Pepin le savoit, il trouveroit
« moyen de l'empêcher. — Oui, » dit Dreux, « et surtout
« il convient d'user de grande diligence. Dès demain, je
« me mettrai en chemin ; ou tout de suite, si vous l'aimiez
« mieux. »

Comme ils en étoient là, un messager parti la veille de la grande ville de Soissons, arrive cherchant partout le comte Fromont. On lui dit qu'il est au palais ; il y monte, et salue le Comte. « D'où viens-tu, bel ami ? — Sire, de Sois« sons. — Comment le font mes gens ? — Mal. Le roi de
« France est venu les attaquer ; Garin est entré dans le
« château, le Roi l'a repris, et il a déjà reçu la féauté des
« chevaliers, des bourgeois, et de tous les gens de la ville
« et du pays. »

« — Ainsi, » dit Fromont, « tout se déclare contre moi.
« Je n'ai plus assez de terre pour m'étendre vivant. —
« Pourquoi s'étonner de pareille chose ? » dit Dreux. « Tu
« vins au monde nud et dépourvu ; avec du hardement et
« de la constance, un chevalier peut tout conquérir. Ce
« qu'on lui enlève aujourd'hui, il le reprendra demain. Mais
« je dois aviser à mon message. Vite, un cheval ! » Et quelques instans plus tard, Dreux avoit quitté Saint-Quentin avec six chevaliers seulement ; car, pour être moins empêché, il avoit renvoyé sa mesnie. En approchant d'Aire, il demanda où pouvoit être Bauduin. On lui dit qu'il seroit le lendemain à Saint-Omer ; en effet, il y trouva le Flamand, comme il sortoit du moutier après avoir entendu la messe. Le comte Bauduin reconnut Dreux, alla vers lui et lui mettant les bras au cou : « Soyez, » lui dit-il, « bien venu ! Je ne
« vous avois pas vu, bel ami, depuis longtemps. Auriez-

« vous besoin de nous? — Oui, sire; je vous parlerai
« d'une chose qui ne vous sera pas déplaisante. Mais veuil-
« lez m'écouter à l'écart : le comte Hardré, que vous
« aimiez, vient de mourir. Son grand fief, duquel dépen-
« dent le comté de Brabant, les seigneuries d'Arras, Bou-
« logne, Amiens, Saint-Quentin, Beauvais, Coucy, Roye,
« Ribemont, Montdidier, doit revenir à Fromont. Pour peu
« qu'il vive, Fromont aura l'office de comte du palais :
« je viens vous demander pour lui Helissent au cler visage,
« votre sœur, la dame de Ponthieu. — Je l'accorde vo-
« lontiers, » répondit Bauduin. « Assurément, ma sœur
« est une belle et riche dame; de l'Océan aux bords du
« Rhin il n'en est pas qu'on puisse lui comparer; mais
« le comte Fromont est riche d'avoir et d'amis. — Main-
« tenant, » ajouta Dreux, « il ne faut pas perdre de temps;
« les longs répits sont rarement utiles, et si l'Empereur
« savoit que la terre de Ponthieu est en vacance, il don-
« neroit votre sœur au premier mâtin de sa cuisine qui
« lui auroit fait bien rôtir un paon. — Vous dites la
« vérité. »

Et tout de suite, appelant Landri, Nevelon, Berengier, Guimart et Estourmi : « Allez vers ma sœur en Ponthieu;
« vous lui direz de venir me retrouver samedi, à Amiens,
« chez Dreux que voici. »

Les messagers prennent aussitôt le chemin de Montereuil et de Saint-Valery. Ils demandent nouvelles de la dame : elle étoit à Abbeville, où ils la joignirent le lendemain. Helissent les accueillit courtoisement, et tout d'abord leur demanda des nouvelles de son frère et comment il étoit. « Fort
« bien, dame, » répondit Nevelon; « il vous salue et vous
« invite à vous rendre samedi à Amiens, chez le vaillant
« comte Dreux. — Pourquoi mon frère ne vient-il pas
« ici? » — « Dame, » répondent les envoyés, « il n'en a

« pas trouvé le temps ; après vous avoir vue, son intention
« est d'aller vers le roi Pepin. — Je ferai ce qu'il dé-
« sire, » dit Helissent. Et soudain elle dispose tout pour le
voyage, arrive dans Amiens le vendredi, descend chez Galeran d'Autry, bourgeois riche et bien pourvu, qui lui présente tout ce qu'elle peut désirer pour elle et pour ses
gens.

Dans le même temps arrivoit Fromont accompagné de
sept vingts chevaliers d'élite, armés de bons épieus brunis
et de brillans écus, tous conduisant en dextre de grands
chevaux caparaçonnés. L'entrée du flamand Bauduin ne
fut guère moins belle. Les chevaliers prirent hôtel dans la
ville. Pour Fromont et Bauduin, ils montèrent les degrés
de l'antique palais, et furent reçus par le comte Dreux.

Bauduin fait appeler sa sœur. En la voyant arriver, tous
se levèrent, et chacun admira la noble souplesse de son
corps et la beauté de son visage. Le Flamand, la prenant
par la main : « Ma belle et chère sœur, parlons un peu à
« l'écart. Comment le faites-vous ? — Très-bien, grâce
« à Dieu ! — Demain vous aurez mari. — Que dites-vous
« là, frère ? Je viens de perdre mon seigneur ; il n'y a pas
« un mois qu'on l'a mis en cercueil ; j'ai de son corps un
« beau petit enfant qui doit un jour être riche homme,
« avec la grâce de Dieu. Je dois penser à le garder, à bien
« accroître son héritage. Et que dira le monde si je prends
« si vite un autre baron ? — Vous le ferez pourtant, sœur.
« Celui que je vous donne est plus riche homme que
« n'étoit votre premier mari ; il est jeune et beau : c'est le
« fils de Hardré, le comte du palais ; c'est le vaillant Fro-
« mondin. Hardré vient de mourir ; la terre d'Amiens et
« bien d'autres vont relever de lui. »

Quand la dame entendit nommer Fromont, le cœur lui
changea subitement ; « Sire frère, » dit-elle, « je ferai ainsi

« que vous le souhaitez. » Alors le Flamand appela Fromont : « Venez, venez, franc et noble chevalier ; venez « aussi, Dreux, tous nos autres amis ; » et saisissant la main droite de la dame, il la posa, devant tous, dans celle de Fromont. On ne prit pas un jour, on n'attendit pas une heure ; sur-le-champ on se rendit au moutier ; clercs et prêtres étoient prévenus. Là furent-ils bénis et épousés. Les noces furent grandement célébrées dans le palais ; on y gaba, on y rit, on se divertit de cent manières ; puis quand vint la nuit, le même lit reçut les nouveaux époux, et, si quelqu'un eut envie de se plaindre, ce ne fut pas le comte Fromont. L'heure fut bonne ; la dame conçut un fils qu'en baptême on appela Fromondin. C'est lui qui devoit soutenir tant de combats et prendre tant de villes, contre Girbert de Metz, le fils du loherain Garin.

III

CAMBRAI.

La nuit s'écoule et fait place aux premières lueurs du jour. Fromont quitte la nouvelle épousée, et se rend au moutier pour la messe et les matines. En sortant, il prend le Flamand par la main, et le conduit dans un jardin où vint les rejoindre Dreux d'Amiens. Les trois barons s'assirent sous un pommier, et Fromont s'adressant à Bauduin :

« Sire, » dit-il, « j'ai besoin de m'ouvrir à vous. Nous « voilà maintenant frères, et, grâces au Seigneur Dieu, je « dois vous tenir pour le meilleur de mes amis ; tout doit « être aujourd'hui commun entre nous. Conseillez-moi donc

« au sujet de Garin ; car, apprenez-le, c'est lui qui a tué
« mon père et qui m'a dessaisi de Soissons. »

Le Flamand, à cet aveu non attendu, fut longtemps sans
répondre un mot. Puis, le visage rouge de colère : « Ah!
« Dreux d'Amiens, tu m'as pris en traître : si j'avois connu
« la vérité quand tu vins me trouver à Saint-Omer, je
« n'aurois pas fait le mariage de ma sœur, Fromont m'eût-il
« donné vingt mille marcs d'or fin. Mais il n'y a plus de
« remède, et bon cœur ne peut mentir ; couper son nez
« c'est déshonorer son visage. Je prendrai donc part à vos
« embarras, et j'entends partager toutes les aventures de la
« guerre. »

« — Grans mercis, comte, » répond Dreux. « Votre grand
« sens nous sera d'un puissant secours, et nous suivrons en
« tout vos conseils. Apprenez-nous dès aujourd'hui com-
« ment nous devons nous conduire. »

« — Je vous le dirai, » dit le Flamand. « Il faut retour-
« ner à Saint-Quentin, y rassembler votre ost. Quand tous
« seront venus, vous les conduirez dans le Cambresis, vous
« ravagerez la campagne, désolerez le pays, formerez le
« siége de la ville. Vous savez qu'Huon de Cambrai est ne-
« veu du loherain Garin ; vous pourrez donc prendre, en
« échange de la tête fleurie d'Hardré, la tête de Huon de
« Cambrai, et la possession de la ville vous consolera de la
« perte de Soissons. Puis nous demanderons la paix au duc
« Garin ; un mariage fera la réconciliation. En attendant, je
« retourne dans mon pays de Flandres, je ferai appèl à tous
« ceux qui par delà la Lys sont tenus de moi, et dès
« qu'ils seront venus, je les conduirai, grands et petits, de-
« vant Cambrai. »

Les trois comtes sortirent du jardin pour s'asseoir au
manger. A la chute du jour, le Flamand prit le chemin de
Saint-Omer, Dreux celui d'Amiens ; la dame s'en revint en

Ponthieu, et Fromont se rendit à Guines pour de là semondre tous ses amis et les avertir de se trouver dès qu'ils le pourront à Saint-Quentin, en état d'attaquer et de défendre.

Bientôt la ville et le bourg de Saint-Quentin furent trop petits pour loger et contenir les hommes d'armes qui de tous côtés arrivoient. Les prés à l'environ se couvrirent de leurs tentes et de leurs pavillons.

Les premiers arrivés à l'appel de Fromont furent : Hugon, auquel appartenoit Gournai, le comte de la noble cité de Beauvais, Garnier de Montdidier, et Roger de la forte ville de Clermont ; puis Hebert de Roie, le gentil chevalier ; Perron d'Artois, Dreux d'Amiens et son fils Amauri ; Anjorran de Couci, Robert de Boves, Thomas de Marle, le preux Savari, Clarembaut de Vendeuil, Alcaume le fleuri de Ribemont, Tierri de Nesle, Foucart et Jocelin, Henri de Grantpré et le sire de Chauni.

On attendoit encore Lancelin de Verdun, parent d'Hardré, évêque et comte de la ville ; Bernart de Naisil et deux frères du comte Fromont, le jeune Guillaume de Montclin et Fromont de la Tour d'Ordre, avec son fils, le bon vassal Isoré le gris.

Pendant que le flamand Bauduin marque la cité de Douay pour le rendez-vous général de l'ost, qu'on devra de là conduire en Cambresis, Fromont revenu dans Saint-Quentin donne l'ordre du départ. On se met en mouvement dans la nuit ; on arrive à Crevecœur au moment où l'aube commence à répandre les premières lueurs du jour ; on débarrasse les sommiers et les grands charrois ; chacun reconnoît et revêt ses armes. On lace les chausses, on endosse les hauberts, on attache les heaumes, on ceint les épées, on découvre les écus, on remplace le roncin par le fort et impatient cheval de guerre. Au milieu de tous, sur la grande place de Crèvecœur, se faisoit reconnoître Isoré le gris, monté sur un coursier arabe. Fromont venant à lui : « Neveu, il n'est pas un vassal de ta hardiesse. Porte, je te « prie, mon enseigne. — De grand cœur, » dit Isoré, et « cinq cents mercis! » On se remet en marche, on entre dans le Cambrésis.

Les coureurs et bouteſeux prirent les devants, à leur suite les fourrageurs qui devoient recueillir les proies et les conduire au grand charroi. Les roncins de transport et les sommiers devoient régler leurs pas sur ceux de l'ost.

Voilà le tumulte qui commence : les paysans, à peine arrivés dans la campagne, retournent sur leurs pas en jetant de grands cris; les pastoureaux recueillent leurs bêtes et les chassent vers le bois voisin dans l'espoir de les garantir. Les bouteſeux embrasent les villages que les fourrageurs visitent et pillent; les habitans éperdus sont brûlés ou ramenés les mains liées, pour être réunis à la proie. La cloche d'appel sonne de tous côtés, l'épouvante se communique de proche en proche et devient générale.

Huon reposoit encore dans le palais marberin. Le bruit arrive et le réveille; il appelle son sénéchal, qui s'approchant de la fenêtre, tire à lui, l'ouvre toute grande, avance la tête en dehors de l'embrasure et voit briller des heaumes, flotter les enseignes et des chevaliers parcourir la plaine. Ici l'on fait main basse sur les proies, là on emmène les bœufs, les ânes, les troupeaux. La fumée se répand, les flammes s'élèvent; les paysans, les bergers fuient éperdus de tous côtés. « Levez-vous, sire, » dit le sénéchal, « vous avez « trop dormi. Des milliers d'étrangers sont entrés en votre « terre; je ne sais qui ils sont, mais aux feux qu'ils allu- « ment, au butin qu'ils enlèvent, je reconnois des fourra- « geurs. C'est la guerre qu'on vous apporte. — Eh bien! » répond Huon sans s'émouvoir, « nous allons bien voir

« s'ils retournent avant de montrer ce qu'ils auront pris. »

Le héros est en un instant vêtu : les chausses qu'il lace sont blanches comme la fleur de lis; le haubert dont il couvre son corps est un don précieux de son cousin, Ori l'allemand. Il fixe le heaume sur la ventaille; il ceint l'épée dont la lame étoit un présent du loherain Garin. On lui amène Ferrant, l'ardent coursier nourri dans les pâturages de Cadix, et dont on avoit pris soin de couvrir le cou, le poitrail et la croupe. Huon saute impatient sur la selle richement travaillée à Paris, et, l'écu serré devant sa poitrine, il sort du palais accompagné des sept vingts chevaliers qui faisoient ordinairement séjour dans la ville de Saint-Quentin. Car, en ce temps-là, les chevaliers aimoient à demeurer dans les bonnes villes et dans les châteaux seigneuriaux ; non comme aujourd'hui dans les bourgs, les fermes et les bois, pour y vivre avec les brebis.

Il entend dans la ville les cris des bourgeois, les gémissemens des dames et des pucelles, assez mal préparées à de pareils jeux : « Ne vous désolez pas, » leur dit-il, « sei« gneurs et dames; vous n'avez rien à craindre tant que je « serai en vie; avant qu'on arrive à vous, il y aura bien du « sang versé et le mien jusqu'à la dernière goutte. Rendez-« vous dans les tours et sur les murs; garnissez les mon-« tées; faites amas de pierres pour écraser ceux qui tente-« roient d'avancer; ayez des pieux et de grandes barres de « fer pour les frapper. » Il ordonne ensuite aux bourgeois de fermer et de terrasser toutes les issues, à l'exception de deux portes par lesquelles il pourra fondre sur l'ennemi ou rentrer dans la ville.

Cela fait, on lui ouvre une de ces portes et on la referme sur ses chevaliers, sergens et arbalestiers. Il range les sergens près de là, à droite et à gauche; les arbalestiers, le long de la chaussée, en leur recommandant de ne pas quitter

la porte avant de le voir revenir : s'il est alors entrepris, ils tenteront de le dégager. Des sept vingts chevaliers qu'il avoit, tous bien et fortement armés, il en laisse quatre vingts dans un petit vallon que protégeoit un vieux moulin ; il chevauche en avant avec les autres. Bientôt ils trouvent les boutefeux, et sans donner au premier le temps de l'éviter, Huon lui plonge dans le corps son fer bruni, en criant : « *Cambrai !* mort à ces gloutons, à ces pillards. » Ce fut alors parmi les avant-coureurs un complet désarroi. Ils n'essaient pas de résister : que peuvent en effet les gens désarmés? On les refoule jusqu'aux grands bataillons. Isoré le Gris, les voyant revenir effrayés, broche son cheval rapide et déjà leur servoit de rempart, quand il se trouve en présence du comte Huon de Cambrai, qui l'ayant mesuré de la tête aux pieds : « Est-ce bien Isoré, » dit-il, « qui vient
« contre moi sans m'avoir défié? Dieu me pardonne! mais
« je ne devois pas le craindre. Vous disiez, Isoré, que vous
« n'aimiez personne au siècle autant que moi ; et vous
« auriez eu raison ; car je vous étois venu en aide, quand
« tous vos parens vous abandonnoient : je vous avois alors
« garanti de ruine. Quand le Flamand vous assiégea dans
« Boulogne, mes trois mille servêtus et mes cinq cents ser-
« jans l'obligèrent à prendre la fuite, et depuis ce temps le
« Flamand me hait à la mort. Je suis demeuré cinquante
« jours avec vous : je n'ai pas emporté un denier parisis
« de vos soudées ; maintenant, pour vous acquitter, vous
« venez brûler ma terre, épier et battre mes gens. Com-
« ment ai-je oublié que la félonie est chez vous une vertu
« de famille! Le vilain dit : on a beau la chasser, toujours
« revient nature. Par la foi que je dois à Jésuschrist! si
« jamais je vous tiens en haute cour, vous rendrez raison
« de cette chevauchée. »

« — Huon de Cambrai, » répondit Isoré, « je vous ai

« donné le droit d'ainsi parler, je le reconnois. J'ai mépris à
« votre égard. La faute en est au Flamand, dont on a suivi
« le conseil en entrant sur vos terres. Pour moi, je n'ai fait
« que répondre à la semonce de mon oncle Fromont, lequel
« m'a donné son enseigne et la conduite de ses hommes.
« Mais, j'en prends saint Denis à témoin, jamais je ne por-
« terai les armes contre vous. » Il appelle un écuyer, et
lui tendant son écu : « Arrière ! et tous ceux qui me sui-
« voient. »

Comme Isoré revenoit, Fromont le puissant, avec trois
cents fervêtus, vint croiser sa bataille. « Comment, beau
« neveu, est-ce vous qui fuyez ? — Non, mais j'ai honte
« d'aller à l'encontre de celui qui dans un autre temps m'a
« garanti. Huon m'a protégé quand vous autres m'abandon-
« niez ; jamais je ne lèverai mon écu contre le sien ; et si
« vous étiez tout autre, mon oncle, je passerois de son côté,
« moi et tout mon barnage. »

« — Vous êtes, » reprit Fromont, « un pauvre homme
« de guerre ; mais on ne laissera pas, à cause de vous,
« d'exterminer Huon de Cambrai. — Qui vous en empêche,
« bel oncle ? il est là, le heaume en tête ; c'est la plus belle
« emprise que vous puissiez faire. »

Huon s'étoit fièrement arrêté en voyant approcher Fromont couvert de son écu. Tous deux se heurtent des lances
baissées ; Fromont brise inutilement la sienne sans ébranler
le Cambrésien qui, portant un coup plus sûr, écartèle l'écu,
fausse le haubert de Fromont, et lui plante son fer bruni
dans le côté jusqu'au gonfanon. Soulevé malgré lui, le héros
bordelois quitte les arçons, est jeté sur l'herbe, la tête la
première. Plus de vingt hommes, écuyers et vassaux, vo-
lent à son secours, mais Huon trouve le temps de prendre
le bon cheval par la bride et de le donner à l'un de ses chevaliers. Tout cela se passoit sous les yeux d'Isoré qui,

4.

sous le heaume, ne se défendoit pas de rire. « Mon oncle, » dit-il, « devra reconnoître dans Huon de Cambrai un hardi « vassal; assurément, à nombre égal il ne nous craindroit « guères. »

On présente un nouveau cheval à Fromont qui remonte et court avec ses fervêtus à la poursuite des Cambresiens. Huon étoit trop mal accompagné pour les attendre; mais revenu près du vieux moulin, les quatre vingts chevaliers qu'il y avoit postés le rejoignent et lui font bon secours. Les Bordelois pourtant étoient encore dix contre un; il y eut donc bien des lances brisées, bien des écus fendus. Il falloit voir Huon, l'épée sanglante au poing, frapper à droite, à gauche et devant lui; trancher les heaumes, percer les boucliers, tenir les plus hardis à distance. Ses compagnons le secondoient de leur mieux et combattoient, tout en reculant en bon ordre vers la ville. « Pas à pas! » leur disoit Huon, « c'est le seul moyen de rentrer. » Il avoit déjà vu tomber sous lui trois chevaux arabes; il venoit de monter sur le quatrième, quand ils atteignirent les murailles. Alors se montrèrent les arbalestiers et les sergens postés devant les tourelles. La lutte fut longue et acharnée; les Bordelois, qui d'abord avoient franchi les premiers retranchemens, furent obligés de reculer; la porte de la ville s'ouvrit et les chevaliers cambresiens rentrèrent en louant Dieu, qui les avoit préservés de mort et de prison.

IV

RECOURS AU ROI PÉPIN.

Cependant le Flamand avoit rassemblé sept mille hommes d'armes: il avoit passé l'Escaut et il étoit venu dresser ses tentes et pavillons sur le côté méridional des murailles de Cambrai. Fromont se chargea d'occuper l'autre côté, de façon à former autour de la ville une enceinte complète. Pendant plusieurs jours on vit les écuyers venir reconnoître les lieux, mesurer l'espace et choisir la place où chacun devoit construire un pavillon, tendre un tref et le surmonter de la pomme dorée. Flamans et Bordelois furent maintes fois contraints d'interrompre ou de recommencer leurs premiers travaux de siége. Un jour, Huon de Cambrai fondit à l'improviste sur cent quarante fervêtus de Bauduin, et bien qu'en nombre égal, il parvint à leur faire vuider les arçons, que plusieurs ne devoient jamais reprendre. Quand Bauduin arriva pour les venger, Huon rentroit dans la ville et la porte se refermoit sur lui. Il ne se passoit guères de nuit qu'il ne fît deux, trois et quatre sorties, tantôt par l'une, tantôt par l'autre porte, tantôt par de longs souterrains dont lui seul connoissoit les issues. Les assaillans s'émerveilloient d'être toujours surpris et de ne pouvoir jamais l'empêcher de se dérober à leurs représailles. « Nous « avons, » disoient-ils, « le méchant côté de la guerre. « Huon de Cambrai en sait plus que nous : il ne nous laisse « pas un instant de repos. Par où vient-il? comment « s'échappe-t-il? Il faut qu'il ait pris leçon du diable. »

On étoit au mois de juillet, à la fête de saint Martin le bouillant. De nouveaux renforts arrivoient chaque jour aux assiégeans, qui jouissoient d'un abondant marché de vin, de pain, de provisions de toute espèce. Les sept vingts chevaliers qui défendoient la ville ne pouvoient toujours résister aux douze mille fervêtus qui l'environnoient. Or Huon rentroit un jour dans le palais, après une lutte acharnée contre les Bordelois; il se désarme, prend siége dans la grande salle et mande ses chevaliers. Quand ils furent tous rangés autour de lui : « Seigneurs, » dit-il, « il faut parler

« sincèrement : le comte Bauduin m'a pris en grande haine,
« et les Flamans qu'il conduit ne m'aiment pas plus qu'il
« ne fait. Fromont voudroit que ma tête acquittât le meurtre
« du vieux Hardré. Ne conviendroit-il pas d'avertir mes
« amis et le Roi dont je tiens le Cambresis ? Ils viendroient
« assurément défendre et garantir mon fief. — Vous parlez
« sagement, » répondirent les Chevaliers, « envoyez vers le
« Roi dès ce soir ou demain matin ; il doit être en ce mo-
« ment avec Garin dans sa ville de Laon. »

Huon fit choix d'un messager, et tout le jour fut employé à écrire les lettres, à les sceller. Mais il étoit malaisé de tromper la surveillance des Flamans. Que fit Huon ? Vers le soir, il ordonne que l'on s'arme et fait une sortie bruyante. Les assiégeans courent vers les portes : on croise le fer, on abat plus d'un cheval ; mais à la faveur du tumulte le messager parvint à passer outre, et gagnant aussitôt un bocage qu'il connoissoit fort bien, il se met à l'abri des poursuites, pendant que les chevaliers de Cambrai rentrent dans la ville et referment sur eux la porte.

Tant marcha le messager qu'il entra dans Laon avant l'heure de tierce, la neuvième du jour. Pepin et Garin sortoient du moutier, où ils avoient entendu la messe. Le messager s'avance sur leur passage et s'inclinant : « Le Seigneur
« qui gouverne le monde, fit la mer et la choisit pour la de-
« meure des poissons, vous maintienne en avantage sur vos
« ennemis ! Sire, Huon de Cambresis m'envoie à vous : Fro-
« mont et le flamand Bauduin l'ont assiégé, ils portent le
« ravage dans ses terres. Voici les lettres que je vous en
« apporte. » En même temps, le messager les tend au Roi, qui se tournant vers Garin : « Prenez le bref, » dit-il, « et
« voyez ce qu'il dit. »

Garin avoit été mis à l'école dans son enfance : il entendoit fort bien et latin et roman. Quand il eut rompu la cire,

étendu le parchemin, vu ce que contenoient les lettres :
« Sire, » dit-il, « écoutez-moi. Fromont n'a pas perdu le
« temps. Il a cherché femme et a trouvé la dame de Pon-
« thieu, la sœur du comte Bauduin, par vous revêtu du
« grand fief de Flandres. Fromont et Bauduin, tout d'un
« accord, ont résolu de vous disputer l'honneur de douce
« France; et pour commencer, ils ont mis le siége devant
« Cambrai que mon neveu tient de vous. Huon, votre
« homme, demande que vous défendiez votre fief et que
« vous lui veniez en aide. — En est-il donc ainsi? » dit le
Roi. — « Oui, cher Sire, » répond le messager, « et pis en-
« core; car Fromont a saisi votre meuble, le Ponthieu qui
« vous étoit revenu. — Par saint Jacques! » dit Pepin, « je
« saurai bien l'en faire repentir. Je vais d'abord envoyer
« sommer Fromont et le Flamand de lever le siége de Cam-
« brai, s'ils ne veulent pas m'avoir pour ennemi. — Ils
« n'obéiront pas » dit Garin; « le Flamand est orgueilleux, il
« est tout d'un accord avec Fromont; vos mandemens ne les
« feront pas retourner. Voici ce que je conseille : Mandez
« tous vos hommes, les plus grands et les moindres; que
« nul ne demeure, et que vous sachiez qui tient à vous ser-
« vir et posséder de vous quelque chose. Une fois l'ost ras-
« semblé, vous entrerez sur leurs terres, vous les saisirez et
« jetterez en prison les plus riches. Ainsi doit un roi traiter
« ses vassaux rebelles. »

Et dès ce jour furent écrites et scellées les lettres de semonce; dans le palais du Roi il n'y eut pas un pannetier,
un queux, un échanson, un chambellan qui ne chevauchât
par pays pour porter ces lettres. On convint que les hommes
du Roi et les Gascons du duc Begon se réuniroient dans la
ville de Laon. Mais ici nous laisserons quelque temps les
Lohcrains et le roi Pepin pour vous parler de Bernart de
Naisil.

V

BERNART DE NAISIL EN BOURGOGNE.

Le château de Naisil, bâti sur une montagne aride, étoit enfermé d'un côté par la rivière d'Ornain, de l'autre par un double fossé, des palissades et des barrières. Il défioit tous les siéges, il bravoit toutes les attaques. A défaut de vivres, on pouvoit en introduire par de longs souterrains dont les issues étoient secrètes, tandis que par la rivière on avoit dans tous les temps une provision assurée de bons et nombreux poissons. C'étoit le château du frère d'Hardré, de Bernart au vaillant courage, à l'esprit fécond en ressources, mais le plus rusé, le plus traître des barons de sa race; voisin dangereux, vassal insolent; homme de proies et de voleries; peu soucieux de la foi jurée dès que le parjure pouvoit tourner au profit de sa famille, à l'abaissement et à la ruine de tous les autres.

Je vous ai dit que Fromont avoit envoyé ses lettres à tous ses parens et à tous ses amis, le lendemain de son mariage avec la sœur du flamand Bauduin. Le messager chevaucha plusieurs jours avant de gagner Naisil, où se trouvoit Bernart. Admis dans le château, et conduit au Comte : « Sire, » lui dit-il, « Dieu vous sauve! je viens de par votre puissant « neveu, Fromont de Lens. Voici les lettres qu'il vous en- « voie. »

Bernart les prit et les tendit à son clerc, qui les ayant lues de point en point : « Voici, » dit-il, « merveilleuses « nouvelles. Le comte Hardré votre frère est mort, c'est « Hernaïs d'Orléans qui l'a tué. Fromont, votre neveu, a « pris à femme la comtesse Helissent de Ponthieu, la sœur

« du flamand Bauduin. Tout le pays est durement travaillé;
« Fromont arrivé devant Cambrai vous mande de venir le
« rejoindre avec autant d'hommes que vous en pourrez
« réunir. »

« — C'est fort bien ! » dit Bernart; « je ne désirois rien
« de mieux; ah! mes riches voisins vont savoir comment je
« sais manier le branc acéré; ils n'ont pas à perdre de
« temps pour mettre à couvert leurs belles vaches et leurs
« gros bœufs. Messager, mon ami, retourne à mon neveu
« le puissant Fromont; dis-lui qu'il songe à bien mener la
« guerre : ce n'est pas là jeu d'enfans; il faut se tenir
« éveillé pour la conduire à bonne fin. Mais il a bien assez
« de gens avec lui pour garder le Cambresis ; je vais ail-
« leurs faire ma partie, et, dans tous les cas, il peut compter
« sur moi. »

Bernart ne se contenta pas de semondre avec ses propres vassaux les gens du Bassigni; il leva trois mille soudoyers, tous persuadés qu'avec lui on ne perdoit ni son temps ni sa peine. Il conduisit l'ost sur les marches lohcraines ; les métairies et les bourgs, toute la campagne leur fut abandonnée, il ne trouva de résistance que devant Toul. Le comte Renaut, pris à l'improviste, se défendit longtemps; il y eut sous les murs bien des chevaliers abattus, bien des gens mortellement navrés; mais il fallut enfin céder, et Bernart entra dans la ville, aussitôt livrée au pillage. Le Comte n'y demeura pas longtemps, car il falloit recueillir l'immense proie et la mettre en lieu sûr. On revint donc à Naisil, et l'on eut de la peine à trouver assez de place pour tout ce qu'on ramenoit de chevaux, roncins, bœufs, porcs, moutons, coutes et coussins, draps de laine et de soie. De tant de richesses, le Comte ne voulut rien garder; il partagea le tout entre ses hommes et ses soudoyers. Ainsi doit agir le baron qui veut être bien servi.

A quelques jours de là il fit nouvelle semonce, et plus de vingt mille hommes y répondirent. Ce n'est plus en Loheraine qu'il les conduit, mais en Bourgogne par la route de Langres. La cité, chambre du Roi, domaine de l'évêque, n'essaya pas de les arrêter. Bernart, reçu comme un ami redouté, poursuivit sa route, après avoir envoyé des lettres à Hervis de Lyon, à Jocelin de Macon, à Renaut de Chastel-Baugé, pour les avertir de faire le dégât sur les terres de Guichart de Beaujeu et de venir ensuite le rejoindre sous les murs de Dijon.

Ils passèrent par le chastel de Try, et entrèrent sur les terres du bourgoin Auberi, qu'ils désolèrent jusqu'au fort château de Dijon. Le bourg, la ville et le château furent environnés de toutes parts; Bernart jura de n'en partir qu'après l'avoir réduit. Mais il sera parjure une fois de plus, si Dieu garde les jours de Begon de Belin.

VI

BEGON DE BELIN VA SECOURIR LE BOURGOIN AUBERI.

Begon ignoroit encore et la mort d'Hardré et l'entrée de Fromont dans le Cambresis. Il avoit quitté les François à Cluni, en revenant de la guerre de Maurienne, pour le grand besoin qu'il avoit de se rendre en Gascogne et de recevoir à Belin la foi de ses hommes. La plupart des barons du pays, ennemis naturels des François, ne connoissoient pas les enfans du loherain Hervis, et la race d'Hardré étant de Gascogne, ils pensoient qu'un parent du comte du palais, un de ses frères ou de ses fils, avoit seul droit à l'honneur de la terre. Toutefois leurs regrets s'adoucirent ainsi que leur mauvaise volonté, en reconnoissant la courtoisie, la franchise et la libéralité de leur nouveau duc. D'ailleurs, il y avoit une sorte d'alliance déjà ancienne entre les nombreux enfans d'Hardré et les deux frères loherains : Hervis avoit fait tomber la grande charge de comte du palais aux mains du vieil Hardré, et c'est par le conseil d'Hardré que Garin étoit rentré dans la riche et puissante cité de Metz. Puis Fromont de Lens et son frère Guillaume de Blancafort, établis, le premier sur les marches de Flandre, le second sur celles de Gascogne, avoient été nourris avec Garin et Begon; ils avoient même été compains. Voilà comment les enfans de Garlain et d'Hardré se consoloient de recevoir pour suzerain un baron étranger que sa naissance appelait à gouverner des allemans plutôt que des gascons. Ce fut un moment de bon accord qui devoit être suivi de haines et de vengeances inépuisables.

Le messager du Roi n'alla pas jusqu'à Belin pour trouver le Duc : il étoit à Bordeaux au milieu des frères et des amis de Fromont; le comte Aimon l'accueilloit de son mieux et lui faisoit fête.

Le messager, qui étoit de grand sens, trembla pour Begon en le voyant dans le palais du frère de Fromont; il salua le Duc à voix basse, le tira par son manteau et l'ayant conduit dehors, sous les loges : « Sire, » dit-il, « veuillez un peu m'entendre : de par tous les saints, pour« quoi demeurez-vous ici? S'ils savoient ce qui s'est passé, « ils ne vous laisseroient pas vivre un instant. Apprenez que « le vieil Hardré est mort; votre neveu Hernaïs d'Orléans l'a « tué devant le Roi à Laon. La guerre est déclarée; Fromont « assiège Huon dans Cambrai, et trois n'en rencontrent pas « deux sans les mettre à mort; le Roi vous mande et aussi « votre frère : venez sans retard les joindre avec tous les « hommes que vous pourrez réunir. »

« — Je te remercie, frère, » répondit le Duc. Et faisant appeler le vilain Hervis, son écuyer : « Mon cheval et ma « bonne épée ! Faites monter mes chevaliers ; nous ne « savons ce qui peut advenir. » Le grand cheval est amené, le Duc ceint l'épée, couvre son bras gauche de l'écu d'azur bruni, et rentre au palais : « Seigneurs, » dit-il, « je « suis mandé par Pepin ; quand le Roi parle, il convient « d'obéir. — J'irai donc avec vous, compain, » dit Guillaume. — « Nenni, » répond le Duc ; « demeurez ; je serai « bientôt de retour. »

Il prit congé des Bordelois, sortit de la ville, et avant nones il étoit à Gironville. C'est de là qu'il envoya vers tous les hommes qui, sans être de la parenté de Fromont, tenoient terre de lui, pour les sommer de venir le joindre, les uns à Blaives et les autres à Issoudun. C'étoit Gautier le toulousain, c'étoit le sire de Bigorre, le sire de Castel-Sorin, Guy de Biais, Jocelin d'Avignon, Do le veneur et son frère Hervis, Joffroi d'Anjou, Huon du Mans, Hernaïs d'Orléans, Garnier de Paris, Salomon de Bretagne et Hoel de Nantes.

L'ost, en quittant Blaives, chevaucha sans arrêt jusqu'à Grantmont, où le Duc entendit la messe. C'étoit alors un lieu pauvre et chétif. Ils n'en étoient pas encore loin quand le Duc crut voir à distance un homme à cheval fort embarrassé dans les ravins et les marais qui se trouvoient devant lui. « Voyez-vous là-bas, » dit-il à Hervis, « un écuyer « mal engagé ? allez à son aide, peut-être vient-il de Metz « et de la part de mon frère. » Hervis courut vers l'inconnu : « Que demandez-vous, bel ami ? » lui dit-il. — « Je « demande le duc Begon du château de Belin. — Il est là-« bas, devant vous. » On le conduit à portée du Duc : « Dieu, » dit-il, « qui fut mis en croix vous sauve, sire ! de « par votre neveu, le bourguignon Auberi. — Dieu, frère,

« te bénisse de même ; et comment le fait-il, mon neveu?
« — Ah ! sire, bien mal. Dant Bernart de Naisil est entré
« dans sa terre, il la met à feu et à sang. Voici mes let-
« tres. » Begon les prit et les tendit à son chapelain Henri,
qui les ayant lues sans peine, car il étoit aussi savant que
courtois, dit : « Voilà de fâcheuses nouvelles ! Le Bourgoin
« a grandement à faire ; Bernart de Naisil tient Dijon assiégé.
« — C'est merveilles, » dit le vilain Hervis, « quand on
« voit le roitelet se prendre au grand cygne ! »

« — Mais je suis incertain de ce que je dois faire, » dit le
duc Begon. « Si je vais au secours de mon neveu, ce larron
« de Bernart ne m'attendra pas ; il emportera les proies
« de Bourgogne. Si je vais au mandement du Roi, Auberi
« verra ses châteaux et ses villes tomber au pouvoir de nos
« ennemis. Frère, » reprit-il en s'adressant au messager,
« prens patience jusqu'à Issoudun ; c'est là que je pourrai
« seulement te rendre réponse. — Sire, » dit le messager,
« je n'ai pas de cheval. — Hervis y pourvoira. »

Ils entroient à Issoudun, à la nuit serrée. Les barons
mandés par le Duc les avoient précédés : ils allèrent grands
et petits à sa rencontre. Begon, sans perdre de temps, les
réunit en conseil, et quand il fut assis au milieu d'eux :
« Seigneurs, » leur dit-il, « le Roi m'a mandé qu'il avoit
« guerre à soutenir en France ; d'un autre côté, Auberi
« le bourgoin est mal entrepris et réclame mon secours. Je
« ne puis aller en Bourgogne et en France : conseillez-moi
« donc comme bons et loyaux amis. »

Pas un ne répondit à l'appel du Duc ; ils étoient tous également irrésolus. Alors le bon vilain Hervis prit sur lui de
parler : « Sire, si vous en croyez mon avis, vous n'irez pas
« vers le roi Pepin. Avec ses gens, ceux que lui amèneront
« votre frère, Gerart de Liége et l'allemand Ori, le Roi peut
« soutenir la guerre contre Fromont de Lens ; mais le Bour-

« goin est en grand péril; si vous n'arrivez, il sera dépouillé
« de son fief. Commencez donc par une chevauchée sur les
« gens de Bernart de Naisil; s'ils prennent en Bourgogne,
« nous prendrons sur eux; et quand vous aurez saisi leurs
« châteaux et forcé Bernart à déguerpir, vous irez rejoindre
« en France l'ost du roi Pepin. »

On trouva que le vilain Hervis avoit très-bien parlé, le conseil fut approuvé et la chevauchée fut résolue. Le lendemain, au point du jour, le camp retentit du son des cors et des trompettes; on troussa les sommiers, on disposa le grand charroi; un abondant marché fournit le pain, le vin, les provisions dont chacun avoit besoin; et quand déjà les chemins étoient encombrés des chariots qui devoient ramener la proie, l'ost se mit en mouvement, non pas d'abord vers Dijon, mais dans la direction de la grande ville de Lyon. Le premier repos fut à Bourbon-Lancéis.

VII

CHEVAUCHÉE DE BEGON. — PRISE DE LYON, DE MACON ET DE BAGÉ.
FUITE DE BERNART DE NAISIL.

Bourbon-Lancéis n'étoit pas ruiné comme aujourd'hui : on y trouvoit de grandes étuves, œuvre des Sarrasins compagnons de Julius César. Comme on étoit au mois d'août, plusieurs de nos chevaliers entrèrent dans ces bains, et le lendemain tous remontèrent de grand matin pour ne plus s'arrêter qu'au delà de Beaujeu. Le preux Guichart vint à leur rencontre : « Comment le faites-vous, bel ami? » lui demanda Begon. — « Bien; si Hervis de Lyon, Seguin de
« Hanse et Jocelin de Mâcon n'avoient pas détruit et ravagé

« ma terre. — Patience ! » répondit le Duc, « peut-être
« avant de quitter le pays ne leur laisserai-je pas grand
« sujet de joie. — Dieu vous entende ! » dit Guichart, « et
« me permette de le voir ! »

L'armée choisit pour y dresser ses tentes les vallons de
Belleville ; mais on fit un ban pour défendre de causer aux
habitans le moindre tort. Begon vouloit mettre la nuit à
profit : on donna l'avoine aux coursiers, deux mille chevaliers furent désignés avec mille sergens pour être de la
chevauchée. « Guichart, » dit le Duc, « vous connoissez
« les chemins, vous nous conduirez. Vous, Hervis et Do,
« vous aurez le commandement de l'ost en mon ab-
« sence. »

Bientôt on entend bondir les trompes, c'est le signal
du départ. Les bannières ondoient, et quatre-vingts chariots accompagnent les trois mille fervêtus dont la bataille
est composée. Ils chevauchent toute la nuit ; le lendemain, avant le point du jour, ils descendirent dans le
Pinel, vallée profonde assez voisine de Lyon et d'où l'on
pouvoit entendre les cloches des moutiers. On couvrit les
chevaux, on sortit des chariots les hauberts, et les vassaux
les vêtirent ; puis le Duc chargea les sergens d'aller émouvoir la ville.

Le soleil venoit de se lever, et tout sembloit promettre
une belle journée. La porte de Lyon s'ouvre, et les bourgeois, dans une pleine confiance, lâchent dans la campagne
leur bétail, ânes, porcs, vaches et moutons.

Tout à coup, voilà Guichart de Beaujeu et Renier d'Auvilars qui jettent leurs sergens sur les nombreux troupeaux qu'ils chassent devant eux. Les pastoureaux poussent
de grands cris ; ceux de Lyon s'arment à la hâte et s'élancent au nombre de trois mille à la poursuite des ravisseurs.
Les sergens ne les attendent pas ; mais ils ont soin de se

rapprocher, dans leur fuite, du vallon où les chevaliers de Begon se tenoient prêts à chevaucher. Arrivés à la portée d'un arc, les nôtres fondent sur eux, tuent les premiers, répandent l'épouvante parmi les autres qui, rebroussant chemin, jettent leurs écus, font couler les hauberts de leurs dos et regagnent à qui mieux mieux les portes de la ville. Les chevaliers ne les frappent pas, mais les accompagnent, s'assurent des portes et entrent pêle-mêle avec eux. C'est ainsi que la grande cité de Lyon fut prise avant de savoir qu'elle étoit menacée.

Ce fut alors une merveilleuse aventure; tout fut livré sans résistance à la discrétion des vainqueurs. Aussi, pourquoi Henri de Lyon avoit-il ravagé le Beaujolois? Les palais, les hautes maisons, les grandes salles, les chambres, les écrins, tout fut également vuidé, brisé, dévasté. Les tonneaux sortirent des caves, les farines et les bleds des greniers, les draps, le vair et le gris des riches gardes-robes; tout fut transporté dans le grand charroi, après vingt-quatre heures employées à bien reconnoître qu'on n'avoit rien oublié de ce qui pouvoit être bon à prendre.

Le lendemain, le duc Begon en se levant demanda le feu, qui fut préparé et mis en cent endroits : on ne saura jamais le nombre de ceux qui périrent dans ce grand embrasement. L'ost en s'éloignant put voir de la campagne les tours s'écrouler et les moutiers se fendre; entendre les cris de désespoir des femmes et de toute la menue gent. Telle fut la satisfaction donnée au preux Guichart pour le ravage du Beaujolois.

Avant de rentrer au camp, à Belleville, le duc jugea bon de s'arrêter devant la ville de Hanse, à quatre lieues de Lyon. Il la fit assaillir peu de temps après tierce. On combla de fascines les fossés et l'on appliqua les échelles aux murs. Les habitans surpris essayèrent pourtant de résister, en faisant pleuvoir sur nos chevaliers les pierres et les carreaux. Le bruit des timbres et des tambours, les cris des navrés auroient empêché d'entendre Dieu tonner. La ville fut enfin prise, les murs entièrement rasés, et le Duc partagea le butin recueilli, entre les gens du Beaujolois et les soudoyers de l'armée.

Ne demandez pas si le Duc, en revenant de cette grande chevauchée, fut joyeusement accueilli par ceux qui étoient demeurés à Belleville. Mais comme il vouloit mettre tous les momens à profit, il donna dès le lendemain le signal de la levée du camp, bannières en avant, et l'immense charroi au milieu de toutes les batailles. L'armée marchoit sous la conduite du preux Guichart de Beaujeu auquel Begon avoit donné le commandement de l'avant-garde, tandis que celui de l'arrière-garde étoit confié à Jocelin de Clermont. C'est ainsi que laissant d'abord Mâcon à leur droite, ils arrivèrent à Tournu, riche abbaye dépendant de Cluni. Le Duc défendit de rien y prendre. L'armée se reposa dans les prés verdoyans, et le lendemain matin Guichart et Jocelin conduisirent l'avant-garde dans la direction de Mâcon. Le Duc leur avoit dit : « Ne cherchez pas à combattre ; trou« vez-moi seulement un gîte où je puisse reposer. » Mais ceux de la ville se tenoient en garde : ils sortirent, bien résolus à disputer le pas aux Gascons. Comme ils étoient les plus nombreux, les assaillans, après avoir perdu plus d'un chevalier, se virent contraints de céder le terrain. Quand le Duc apprit le mauvais succès de leur entreprise, il appela Do et son frère Hervis, et leur manda d'aller porter secours à Guichart de Beaujeu. Sept cents bacheliers montèrent alors et n'allèrent pas loin sans rencontrer les sergens qui fuyoient en désordre ; ils les recueillirent et revinrent avec eux à la charge, frappant devant eux et faisant reculer les Mâconnois à leur tour jusqu'à leur ville. Tous pêle-mêle passèrent les portes, et Mâcon fut ainsi livrée aux assaillans. Une partie de ceux qu'on venoit de repousser se réfugièrent dans le château, tandis que les autres continuèrent à se défendre, dans les rues avec des épieux, du haut des maisons avec des pierres et des carreaux. Quand toute résistance eut cessé, Hervis envoya vers le duc Begon, pour l'inviter à venir prendre possession du gîte qui lui étoit préparé; mais il ne jugea pas à propos d'entrer dans la ville. Il tendit son pavillon sur le pré, rassembla ses barons autour de lui, et le lendemain, il ordonna l'attaque du château. On apporta de grandes charges de bois, de fascines et de paille sèche pour combler les fossés; on y mit le feu : la fumée s'éleva, la flamme eut bientôt enfermé le donjon et gagné les créneaux, les bâtimens intérieurs. Les chevaliers qui défendoient le château s'effrayèrent, et, pour éviter de mourir brûlés, ils s'élancèrent du haut des galeries; les autres ouvrirent les portes et se rendirent prisonniers.

Une fois le château détruit et la ville soumise, le duc Begon passa la rivière de Saône et alla attaquer Chastel-Bagé. Les bacheliers et sergens qui le gardoient avoient pris la fuite, il y entra sans résistance, y mit le feu et le renversa de fond en comble. Il détruisit également toutes les maisons fortes des hommes alliés aux Bordelois, et revint au camp avec un riche butin, qu'on réunit à celui qu'avoit fourni la grande ville de Mâcon.

Le lendemain, ils arrivèrent devant Challon; le seigneur étoit homme-lige du bourgoin Auberi; le Duc ordonna de traiter les habitans en amis, et l'ost campa paisiblement autour des murailles. Le jour suivant on dirigea le grand charroi qui transportoit la prise dans les longues vallées, tandis que les hommes d'armes entroient dans les bois, passoient à Chagni, pour s'arrêter deux lieues plus loin autour de la cité de Beaune.

Le lendemain au point du jour, Begon demande son cheval et s'en va faire une course dans les campagnes voisines. Il gravit un tertre et de là regarde le pays ; puis, au retour, comme les tables étoient dressées et qu'il s'asseyoit au manger, voilà qu'un haut baron, entouré de dix chevaliers aux blancs hauberts, aux épées d'acier, entre dans la salle. C'étoit le bourgoin Auberi. Begon se levant aussitôt : « Soyez « bien venu, beau neveu ! » lui dit-il. — « Sire, Dieu vous « conduise dans votre entreprise ! Je viens me plaindre à « vous de Bernart de Naisil qui est entré dans ma terre pour « la détruire, et qui est en ce moment au siége de Dijon. — « Prenez patience, beau neveu, » répondit Begon, « vous « verrez bientôt diminuer le nombre de vos ennemis. »

Ils se replacent à table, y boivent et mangent à leur gré ; puis les nappes sont ôtées, les chevaliers se répandent dans les prés. Mais Begon appelant Hervis et Do : « Barons, » dit-il, « préparez tout pour que l'ost se remette demain « matin en route et prenne le chemin de Dijon. Pour moi, « je partirai dès aujourd'hui avec mon neveu, le Bourgoin. » Ils font alors sonner quatre grêles ; deux mille hommes, à ce signal bien connu, sortent du camp à la chute du soleil, bien armés et montés sur chevaux vigoureux. Conduits par les gens de la contrée, ils passent sous les murs du château de Vergy, pour s'arrêter dans une grande et profonde vallée que quatre lieues séparoient de la forte cité de Dijon.

Or Bernart avoit un espion dans le pays, lequel arrivant à la hâte : « Sire, » lui dit-il, « il n'est pas prudent de de- « meurer ; le duc Begon approche et, avec lui, je ne sais « quels et combien de gens. Il a brûlé Lyon, ruiné Mâcon, « renversé Bagé. » Bernart pense mourir de rage à ces nouvelles ; il appelle à lui Hervis de Lyon, Jocelin de Mâcon, le comte Garnier de Valence : « Que ferons-nous, seigneurs, « contre ce diable qui accourt sur nous avec un ost entier.

« Allons-nous-en, et rentrons dans le château de Naisil. — « Oui, » reprend Garnier, « il faut revenir au lancé ; vrai- « ment, je ne sais plus qui de nous doit rire le dernier. »

En un instant, la nouvelle de la chevauchée de Begon se répandit de proche en proche ; c'étoit à l'heure du manger ; mais ils n'ont plus faim, ils ne pensent qu'à trousser les mules et roncins, qu'à replier les tentes, abattre les pavillons et joncher la terre de tonneaux et de bacons. Ils font le moins de bruit possible et s'en vont à la nuit tombante, du plus grand pas de leurs chevaux. Ils traversent Til-Chastel sans y arrêter, et ne cessent de brocher des éperons qu'en atteignant Grantcey, où le seigneur du château les reçut ; mais ils étoient déjà partis quand se leva le soleil du lendemain. Laissons-les, pour retourner au duc Begon de Belin.

VIII

PRISE DE GRANTCEY, DE LANGRES, ET DE CHATEAUVILAIN.

Begon, arrêté avec l'avant-garde dans le val de Furon, conduisit le lendemain matin Auberi sur le tertre qui les protégeoit, et lui montrant le grand ost dont on voyoit approcher déjà les brillans écus et les pennons développés : « Voyez, beau neveu, » dit-il, « la noble assemblée ! on y « compteroit pour le moins vingt mille fervêtus. Bénie la « terre qui les a portés ! » Mais du côté de Dijon arrivoit en même temps un messager qui lui apprenoit la retraite de Bernart de Naisil. Auberi en étoit désolé : « Consolez-vous, » lui dit Begon, « par le dieu qui fut mis en croix ! je « n'aurai pas de repos que je ne l'aie atteint. »

Ils descendent le tertre avec l'avant-garde et chevauchent vers Dijon. Dans les champs étoient abandonnés les bacons, les fromages de brebis, les tonneaux de bon vin. Begon n'en recommande pas moins au duc Auberi de faire crier que tous, grands et petits de la terre, apportassent au camp les denrées de pain, de viande et de vin nécessaires aux gens de l'ost. Après le manger, on donne le signal du départ et l'on suit le chemin que Bernart de Naisil avoit pris. La nuit les surprit sur les bords de la rivière qui donne son nom au Til-Chastel, et le lendemain matin ils furent devant Grantcey.

Auberi, demeuré à l'avant-garde, reconnut que le château étoit fortement garni et qu'il y avoit des sergens armés devant chaque créneau; comme il recherchoit l'endroit où l'on pouvoit tenter de poser les échelles, le Loherain, la targe au cou, poussa près de la porte son bon cheval en criant aux archers : « Ne tirez pas encore; mais dites à Eudon, votre « seigneur, de venir ici. — Me voilà, beau sire, » répondit aussitôt le sire de Grantcey.

« — Eudon, écoute-moi. Ce château, tu le tiens d'Au-
« beri; tu as donc ta foi mentie en hébergeant son ennemi
« Bernart. Maintenant, mets-toi en ma merci; rends-moi le
« château : si tu refuses, tu peux être assuré de perdre ton
« héritage et de sauver difficilement ta vie. — Il n'en sera
« pas ainsi, » reprit Eudon. « Ces murs n'ont rien à craindre
« de vous, et vous n'entrerez pas au château de mon gré. »
Begon rougit alors de colère, il jure la châsse de saint Landri qu'il abaissera l'orgueil d'Eudon avant de décamper. L'armée se répandit dans les champs fleuris, et le Loherain, à peine entré dans la tente qu'on lui avoit dressée, ordonna de commencer l'attaque.

La femme d'Eudon de Grantcey étoit nièce du bourgoin Auberi. Elle étoit grande, belle de corps et de visage. L'aîné de ses fils dans ses bras, elle vint s'étendre aux pieds de son seigneur. « Ah! sire Eudon, » dit-elle, « tu fus adoubé « et fait chevalier par Begon de Belin ; par lui, nous avons « été assemblés par mariage ; noble baron, ne pourchasse « pas ton déshonneur ! si tu le consens, j'irai parler au Lo- « herain ; tu rendras le château, tu seras reçu en grâce et « tu n'y perdras pas la valeur d'un épi. »

Tous ceux qui étoient là prièrent également Eudon ; il donna son consentement, mais à cœur marri.

La dame alors monte sur une mule arabe; accompagnée de quinze barons, elle se fait conduire au pavillon où se tenoit assis le Loherain, le duc Auberi près de lui. Quand elle met les pieds à terre, au milieu du pré, tous les chevaliers de Begon se lèvent et vont à sa rencontre. Elle arrive, salue Begon et le duc Auberi, puis tombant à leurs pieds : « Au- « beri, » dit-elle, « je suis votre nièce, c'est votre oncle le « Loherain qui m'a nourrie et qui a fait le mariage d'Eudon « et de moi. Eudon a grandement mespris envers vous; j'en « ai grand deuil. Maintenant prenez le château, disposez- « en à votre gré, mais ne gardez pas de courroux contre « Eudon, mon seigneur. — Est-ce bien ainsi, » dit Begon, « que l'entend Eudon ? — Oui, sire, sans y rien changer. « — Je vais donc prier avec vous Auberi. — Et moi, » dit Auberi, « je ne dois rien vous refuser. »

La dame retourne vers son mari. Eudon aussitôt monte à cheval, vient au pavillon de Begon et lui rend le château. L'accord fait de lui avec Auberi, il demeura seigneur de Grantcey.

De Grantcey, l'armée chevaucha vers Langres et se logea sous la montagne que la cité domine. Bientôt arrivèrent à la tente du Loherain vingt ou trente bourgeois, qui lui adres- sèrent un grand salut; mais Begon ne le rendit pas, et se retournant vers eux rouge de colère : « Fils de putains! » leur cria-t-il, « vous méritez tous la mort. Cette ville n'étoit-

« elle pas chambre de l'empereur Pepin? Comment osâtes-
« vous y recevoir son ennemi mortel, le traître Bernart de
« Naisil? Vous avez votre foi mentie. — Ah! sire, » répondent les bourgeois, « merci pour Dieu! nous n'avons rien
« su de son arrivée; c'est l'Évêque qui le reçut. » A ces paroles entra l'Évêque suivi de dix clercs, revêtus de leurs
chapes et étoles. Il salue Begon de par le dieu de vérité;
mais le Loherain sans s'incliner : « Et vous, mauvais clerc,
« Dieu vous maudisse, et celui qui fit de vous évêque! Sor-
« tez de la ville et vuidez le pays. Vous avez menti votre
« foi envers le bourgoin Auberi; il étoit votre homme et
« devoit compter sur vous : vous avez hébergé son ennemi
« mortel. Sans mon baptême je t'arracherois la vie! — Ah!
« merci pour Dieu! sire, » répondit l'Évêque, « je suis prêt
« à nier sur le corps de saint Remi que je l'aie introduit de
« mon gré. — S'il est ainsi, » dit le Duc, « je vous reçois à
« merci. » Ainsi l'Évêque put retourner dans sa ville, et
les bourgeois accordèrent tout ce que le Duc demanda.

L'ost alla de Langres à Châteauvilain, puis dans le Bassigny qui avoit fourni sept cents fervêtus à la chevauchée de
Bernart de Naisil. Le Loherain fit prendre et ramener au camp
tout le bétail épars dans la plaine; ce fut un cri général de
désespoir quand on les vit brûler les châteaux, abattre les
métairies, saisir et tourmenter les femmes. Châteauvilain ne
se défendit pas longtemps et subit le sort de Lyon et de
Mâcon. Mais ici nous devons retourner au puissant roi
Pepin et chanter de lui quelque chose.

IX

MESSAGE A FROMONT. — DÉPART DE CAMBRAI. — RETOUR
A SAINT-QUENTIN.

L'ost de Pepin étoit déjà réuni devant Montloon; mais avant de donner le signal du départ, le Roi jugea convenable d'envoyer défier le puissant Fromont et le comte Bauduin. « Ami, » dit-il au messager, « tu manderas à
« Fromont qu'il ait à sortir du Cambresis; c'est me guer-
« royer que de ravager un pays dépendant de ma cou-
« ronne. De plus, il a pris femme sans mon consentement;
« il doit venir s'en justifier, à Reims ou bien à Paris; au-
« trement, j'en jure saint Denis! il me trouvera bientôt en
« bonne compagnie sur ses terres. »

En approchant de Cambrai, le messager vit les plaines désertes, tous les villages et les métairies en ruines; quand il entra dans le camp de Fromont, celui-ci revenoit d'un assaut où il avoit plus perdu que gagné : trente bières ou civières arrivoient chargées de morts et de navrés. Le messager s'adressant fièrement au Comte : « Écoute, » lui dit-il, « ce que je vais te dire de la part du Roi duquel dé-
« pendent les terres que tu possèdes encore. Tu as menti
« ta foi, en prenant femme sans son consentement, en en-
« trant dans la terre de son homme. Viens te justifier à
« Reims, à Paris, à Étampes ou bien au bourg de Saint-
« Denis. Autrement, tu seras durement traité, et tu ne gar-
« deras pas un pied de terre où tu puisses reposer ton
« chef. Le Roi t'a déjà repris Soissons, il fera mieux
« encore. »

« — Écoute à ton tour, messager, » dit Fromont enflammé

de colère, « le roi Pepin, dis-tu, me mande? Pepin n'est
« pas roi; tout le monde sait fort bien que son père Charles
« avoit pris à tort la couronne. — Vous en avez menti! »
répond hardiment le messager. Fromont ne se possédant
plus voit un couteau, le saisit par le manche et le lance sur
le messager qu'il pense frapper au cœur; mais celui-ci fait
un mouvement rapide et le fer atteint un damoiseau qui
tombe mort devant lui. Fromont prend une autre lame ;
mais Isoré le gris se plaçant entre lui et le messager
arrête le bras de son oncle en disant au messager :
« Éloignez-vous ; personne ne vous touchera. »

Le messager ne se fit pas répéter; mais il avoit encore à
parler au flamand Bauduin; il le trouva assis sur un coffre.
« Comte Bauduin, » dit-il fièrement, en arrivant vers lui,
« le Roi qui vous fit chevalier, et à qui vous devez l'hon-
« neur de la Flandre, vous mande que vous avez mépris
« par orgueil, en venant asseoir la ville d'un de ses hommes.
« Éloignez-vous, si vous ne voulez pas perdre l'honneur
« de votre terre. — Le Roi, » répondit Bauduin, « tente une
« chose folle. On verra mourir bien des gens avant que
« la Flandre lui revienne. — Puisque vous prenez parti
« pour Fromont contre Pepin et le duc Garin, je vous
« défie de par le Roi; si vous attendez que le Roi arrive
« jusqu'ici, vous aurez tout le temps de le regretter et de
« vous repentir. »

Le messager ayant ainsi porté la parole du Roi, remonta
à cheval et rentra le lendemain à Laon, au moment où
Pepin entouré de ses barons revenoit d'entendre la messe
à Saint-Vincent. Quand Pepin aperçut le messager : « Eh
« bien! » dit-il, « as-tu vu Fromont, devant Cambrai? —
« Oui, Sire : mais il ne vous craint guère. Ce n'est pas
« vous, dit-il, qui l'en ferez partir. — C'est ce que nous
« verrons. » Et soudain appelant à lui Garin, il lui re-

commande de faire mouvoir l'ost dès le lendemain matin.

Quand la nuit a fait place au jour, toutes les tentes se replient sous la montagne de Laon. On voit les chariots avancer, chargés de denrées et de victuailles. Garin, auquel est confié l'oriflamme, conduit mille vassaux d'élite à l'avant-garde : ils passent l'Oise et viennent s'arrêter dans les prés fleuris de Vendeuil.

Cependant que l'armée du Roi se dirigeoit ainsi vers Cambrai, Gautier de Hainaut apprenoit que son frère Huon étoit assiégé dans cette ville. Il manda sur-le-champ tous ses hommes, les Brabançons, les Namurois, ceux d'outre le Rhin, avec le jeune fils du bon duc Odin de Lucembourg. Quand on vint annoncer au puissant Fromont que le Roi et le duc Garin venoient au secours de Cambrai, il n'en tint pas grand compte : mais quand un autre espion lui apprit que les Avalois et ceux d'outre le Rhin approchoient également, il perdit de son assurance, et mandant aussitôt le Flamand, Isoré le gris et Eudon de Saint-Quentin : « Barons, » dit-il, « on m'apprend mer-
« veilleuses nouvelles ; d'un côté, Pepin vient pour nous
« obliger à lever le siége ; nous en tenons peu de compte :
« mais, de l'autre côté, les Brabançons, les Avalois et ceux
« d'outre le Rhin s'approchent dans l'intention de soutenir
« Huon de Cambrai. Voyez et conseillez-moi ce qu'il con-
« vient de faire. »

Le flamand Bauduin donna le premier avis : « Le
« mieux, » dit-il, « seroit de nous en aller. Qu'espérons-
« nous encore en demeurant ? Il faut avant tout mettre en
« état nos frontières et garnir nos châteaux. Une fois cela
« fait, nous pourrons revenir sur nos ennemis. »

Eudon de Saint-Quentin alors : « Par Dieu, sire Flamand,
« vous auriez pu mieux conseiller. Je sais bien qu'une
« fois au delà de la Lis, vous n'avez rien à craindre de

« l'empereur Pepin ; mais il en est autrement de nous qui
« sommes au cœur de son pays. Nous n'avons pas de
« barrière à lui opposer. »

« — Faisons mieux, » dit à son tour Dreux d'Amiens.
« enfermons-nous tous dans Saint-Quentin ; l'Empereur peut
« venir à son aise nous assiéger, nous ne le craindrons
« guère. — C'est le conseil auquel je m'accorde, » dit Isoré
le gris ; « honni soit qui le trouvera mauvais ! »

Ainsi, sans attendre la nuit, on fit savoir à tout l'ost.
sans bruit et sans trompettes, qu'on renonçoit au siége.
Les chariots, encombrés de la riche proie faite dans le
Cambrésis, s'ébranlèrent les premiers. Puis Eudon de Saint-
Quentin et Jocelin de Mâcon conduisirent les trois mille
fervêtus de l'avant-garde. Au centre, se placèrent les deux
barons Dreux d'Amiens et Amauri ; Isoré le gris se chargea de l'arrière-garde. Après dix heures de chevauchée,
Eudon de Saint-Quentin aperçut les tours de sa ville sei-
gneuriale : l'armée y entra tranquillement, et bientôt les
rues furent remplies de vassaux réclamant gîte et arrêtant
la bride de leurs chevaux le long de la chaussée.

L'aube avoit crevé ; de moment en moment grandissoit
le jour, et l'alouette entonnoit déjà la chanson du matin.
La gaite, du haut de la grande tour de Cambrai, donne du
cor pour demander aux autres gaites s'ils ne voient pas
quelques mouvemens dans le camp ennemi. Chacun écoute,
personne n'entend le moindre bruit. Ils s'étonnent de ce
grand silence : le jour permet enfin de plonger dans la
campagne ; mais enseignes, pommeaux, tentes, pavillons.
tout avoit disparu ; il ne reste pas un cheval, un sergent
devant eux. Ravie de joie, la gaite descend, arrive au palais,
en monte les degrés, entre dans les salles où dormoit
encore le comte Huon et les trois cents vassaux, ses
hommes. « Réveillez-vous, réveillez-vous ! » crie-t-il. « le

« comte Fromont s'éloigne, il a levé le siége. » Chacun aussitôt de se dresser, chausser et vêtir; la nouvelle se répand dans la ville et la joie paroît sur tous les visages : puis voilà qu'un messager monté sur une mule arabe vient apprendre au comte Huon que les Hainuyers, les Avalois s'approchent pour lui venir en aide. — « Fort bien, mon « ami, » dit le Comte, « retourne vers mon frere, annonce-« lui que Fromont s'est parti du siége et qu'il ne faut pas « perdre un moment pour courir sur les traces de son « ost. » Le messager obéit, mais Gautier de Hainaut étoit déjà aux portes de Cambrai; Huon court le recevoir et le remercie grandement de sa bonne volonté; tous de concert ils suivent la trace des chevaux de l'armée ennemie. L'arrière-garde, qu'ils atteignirent bientôt, ne fit pas mine de vouloir éviter le combat. Huon frappa le premier coup; malheur aux premiers vassaux qui attendirent la joute ! il les jeta sans vie sur le sablon. — « C'est assez ! » crie alors Isoré le gris, « que personne ne cherche encore à se « mesurer contre Huon de Cambrai. Je le connois, vous « seriez cent qu'il vous abattroit l'un après l'autre; il n'est « pas de chevalier vivant qu'on lui puisse comparer. Mais « tenons-nous serrés, marchons lentement vers Saint-Quen-« tin; ainsi repousserons-nous mieux les courses qu'on « fera sur nous. »

Huon et Gautier ne s'ouvrent pas moins un passage dans la bataille ennemie. Ce fut une merveilleuse et sanglante mêlée. Isoré étoit partout, combattoit, renversoit tous ceux qui osoient l'attendre. Trois chevaux sont abattus sous lui; qui pourroit le blâmer d'avoir envoyé vers le comte Fromont pour réclamer secours? Le flamand Bauduin se retourne pour le dégager : ils arrivent par le grand chemin, les heaumes fermés sur le visage. Le combat devint alors moins inégal et plus acharné. Tous y prennent part : Flamans, Boulonois, vassaux d'Artois et de Vermandois, contre Hainuyers, Brabançons, Avalois, Namurois, Lucembourgeois et vassaux d'outre le Rhin. Mais en dépit des efforts de Huon de Cambrai, de Gautier l'Orphelin et des autres, il fallut céder au nombre, et la journée étoit perdue pour eux sans l'arrivée de l'ost du roi Pepin. Le loherain Garin avoit entendu un grand bruit d'armes, et il avoit ordonné de chevaucher plus rapidement ; l'enseigne Saint-Denis avoit été développée et sembloit venteler sur une forêt de heaumes poitevins. Bauduin les aperçut le premier : « Voyez-vous, » dit-il à Isoré, « voyez-vous la « campagne couverte de fervêtus? Les François arrivent. « — Eh bien! » répondit Isoré, « il faut faire de notre « mieux. » Et donnant aussitôt l'exemple, il abandonne les Hainuyers qui perdoient le terrain, et marche sur les François qui déjà se trouvoient entre Saint-Quentin et lui. Il y eut alors bien des coups portés, bien des vassaux abattus et navrés. Déjà Garin avoit quatre fois changé de cheval; sur le cinquième, il se trouva en face d'Isoré le gris qui, avec une ardeur égale à la sienne, se précipita sur lui et de telle force que tous deux abandonnèrent en même temps l'étrier et tombèrent sur le sablon. Des milliers de sergens accoururent pour les relever à l'envi, pendant que la porte de Saint-Quentin s'ouvroit, et que les hommes du flamand Bauduin comme ceux d'Isoré de Boulogne étoient heureux de rentrer dans la ville et de mettre entre eux et les François une barrière mal aisée à renverser.

X.

SIÉGE DE SAINT-QUENTIN.

Garin avertit l'armée qu'on feroit le siége de la ville. Aussitôt, les écuyers vinrent reconnoître les lieux, distribuer les emplacemens et piquer les pavillons. Au centre d'un vaste terrain sans culture fut posée la tente du Roi : autour de lui tous ses François ; puis à la droite les Loherains, à la gauche le duc Richart et ses Normans nouvellement arrivés. Le camp, défendu par de grands fossés, fut bien gardé nuit et jour, pour prévenir ou arrêter les surprises. Huon de Cambrai, Gautier l'Orphelin son frère, et Ori l'allemand, ayant avisé un grand et beau jardin, y firent tendre leurs trefs. Les haies de clôture de ce verger touchoient aux murailles du bourg de Saint-Quentin.

Il y eut chaque jour des attaques de la part des assiégeans, des sorties du côté des assiégés. Isoré ne restoit pas inactif une seule heure. Il sortit une nuit à petit bruit, par la poterne du bourg, et pénétrant dans le verger, ne s'arrêta que devant les tentes du Cambresien et de Gautier. Il avoit dit à ses hommes : « Ne touchez pas au corps de Huon de « Cambrai, ne lui faites pas le moindre mal ; mais prenez « tout l'avoir que vous trouverez là réuni. » Ils tranchent alors les cordes, replient les trefs, mettent la main sur l'or, l'argent, le vair et le gris, les palefrois, les mulets et les roncins. Huon se réveille, court à son frère, et tous deux, tremblans de peur, fuient enveloppés dans les couvertures de leur couche. C'est ainsi qu'ils gagnent le camp du Roi. On se lève, on s'arme, on va chercher les ennemis ; il étoit trop tard ; Isoré étoit rentré dans la ville. Revenu à son hôtel, on le désarma ; puis il rappela ceux qui l'avoient aidé dans son entreprise, demanda l'eau et les fit asseoir autour de lui au manger. L'échec fut distribué entre eux tous, sans qu'Isoré voulût en retenir autre chose que la tente de Huon de Cambrai. Les deux frères eurent de la peine à se consoler de cette malaventure ; ils rachetèrent palefrois et roncins ; et quant aux trefs, le Roi et Garin leur en offrirent deux autres de grand prix.

Ori l'allemand ne voulut pas à cause de cela quitter le verger, et il en eut du regret. Écoutez comme Isoré s'y prit pour l'en faire repentir : il mit l'alarme dans le camp du Roi, en le faisant attaquer par une partie de ses gens. Au cri levé, l'Allemand courut pour prendre part à la lutte engagée ; et pendant ce temps, Isoré entroit dans le verger, coupoit les cordes, emportoit le tref, poussoit devant lui sommiers, mulets et palefrois, puis retournoit dans le bourg en même temps que les hommes qui avoient alarmé le camp. Quand l'allemand Ori revint dans son verger, il n'y trouva plus sa tente ni rien de ce qu'elle contenoit. Ne demandez pas s'il en fut marri. Il prit comme Huon de Cambrai et Gautier de Hainaut le parti de rentrer dans le camp et d'y dresser un nouveau pavillon.

Cependant Fromont, se voyant ainsi pressé par la grande armée du Roi, des Loherains et des Avalois, fit écrire des lettres à Bordeaux pour réclamer l'aide de son frère. Le messager parvint à tromper la surveillance des assiégeans, et chevaucha tant qu'il atteignit la cité de Bordeaux. Alors, prenant le comte Aimon à l'écart, il lui remit les lettres de Fromont. Le chapelain auquel Aimon les tendit lut le deuil où l'on étoit du vieil Hardré, tué sous les yeux du Roi. Il dit le mariage de Fromont avec Helissent, la dame de Ponthieu ; le siége de Cambrai et la retraite à Saint-Quentin.

Ces nouvelles affligèrent grandement le Comte; il manda son frère Guillaume le marquis de Blancafort, l'autre Guillaume comte de Poitiers et le comte Harduin; il leur apprit la mort de leur frère, Hardré le fleuri : « Voilà, » dit-il, « merveilleuses nouvelles. Le pays est en grand trouble, « et Begon de Belin le savoit quand il vint nous dire que « le Roi l'appeloit près de lui; mais il se garda bien de « rien nous en apprendre. Dis-moi, messager, Begon de « Belin étoit-il dans la ville de Cambrai, durant le siége? « — Sire, je ne l'ai pas entendu dire, et depuis longtemps « on ne sait de lui aucunes nouvelles. Mais le comte Fro- « mont vous invite à venir le joindre vers Saint-Quentin, « car il y est grandement serré par ses ennemis. — Nous « ne pouvons, » dit le comte Guillaume, « nous dispenser « de le faire. »

Les lettres et chartes furent écrites et scellées; sept mille fervêtus montés sur bons coursiers répondirent au mandement. Les nefs furent rassemblées, on les chargea de pain et de vin; l'ost entra en mer, les voiles furent déployées, et tant cinglèrent et naviguèrent qu'ils descendirent au port de Boulogne. Quand ils eurent tiré des nefs toutes les provisions qu'on y avoit accumulées, ils se mirent au chemin et arrivèrent à Amiens. Leur premier soin fut de transmettre avis de leur arrivée à Fromont. Le messager qu'ils en chargèrent pénétra, sans trop de peine, dans la ville de Saint-Quentin, et s'étant fait conduire au palais : « Sire, » dit-il, « le comte Guillaume, Aimon de Bordeaux et le comte « Harduin vous mandent salut. Ils sont arrivés à Amiens, « et désirent savoir de vous ce qu'ils doivent faire et quel « chemin ils ont à prendre. » Fromont appelle aussitôt à lui le comte Bauduin, Isoré le gris et les autres barons : « Seigneurs, » dit-il, « j'apprends l'arrivée des Bordelois, « que devons-nous faire? Leur dirons-nous de penser à

« nous joindre? — Il s'en faut bien garder, » répondit le flamand Bauduin; « grâce au Seigneur Dieu, nous avons « ici bien assez de gens, les Bordelois y feroient enchérir « le pain et le vin. Mieux vaut leur dire de se tenir dans nos « châteaux, pour de là faire le dégât dans la plaine. — Le « conseil est bon, » dit Fromont. « Messager, retourne vers « nos amis, dis-leur de ne pas essayer de venir à Saint- « Quentin, mais de se rendre les uns à Nesle, les autres à « Chauni, d'autres encore dans Péronne qui est assez « proche d'ici. De là, ils ne laisseront passer ni brebis ni « bœufs ni porcs; ils sépareront l'ost du Roi de tous les « convois de provisions, de façon à les contraindre de dé- « guerpir. » L'avertissement de Fromont fut suivi; les Bordelois furent bientôt les maîtres de la plaine, au point de ne laisser aller ni venir à Saint-Quentin aucun marchand de Laon ou de Beauvais.

XI

SUITE DE LA CHEVAUCHÉE DE BEGON DE BELIN. — PRISE DE NAISIL.

Parlons maintenant de Begon de Belin que nous avons laissé dans Châteauvilain. Il mit bientôt après le feu à Romaucourt ou Rimaucourt, prit Saint-Belin ou Saint-Blain, et ne laissa rien debout dans le val Rinel. Après être demeuré trois journées à Gondrecourt, il s'avança vers Naisil. Mais Bernart, qui s'attendoit à le voir arriver, avoit piqué des haies, creusé des fossés, posé des barrières, ménagé des défilés tournans, pour mieux lui disputer tous les passages.

C'étoit Auberi qui conduisoit l'avant-garde, formée de

cinq cents vassaux et de mille sergens. Il falloit d'abord passer par un bois ; les paysans arrivent de tous côtés et lancent une nuée de carreaux qui atteignent et abattent un grand nombre des nôtres. Il leur fallut, de force ou de gré, revenir sur leurs pas. La nouvelle en vient au duc Begon : « Sire, votre neveu, le Bourgoin, est repoussé ; il a « perdu une partie de ses hommes. » Begon alors prend trois mille sergens, bons arbalestiers de son pays, et les conduit vers le passage que le Bourgoin n'avoit pu franchir. Les traits, les carreaux tombent dans le bois, drus comme la pluie du mois d'avril ; le Duc y perdit son bon cheval, mais les haies furent passées et la première enceinte emportée.

La lutte alors devint plus acharnée. Bernart et Fauconnet son fils défendoient le terrain pied à pied. Ils renversent morts plusieurs bons chevaliers, et sans Begon l'avantage leur seroit demeuré. Mais voyant qu'une plus longue défense étoit inutile, Bernart dit à son fils . « Retourne, Fauconnet, « éloigne ces braves gens qui nous ont si bien aidés. Moi, je « resterai entre leur dos et le visage des ennemis ; malheur « à qui nous poursuivra de trop près. Tu resteras à la « porte pour mieux assurer ma rentrée ; car une fois dans « le château, je ne donnerois pas de tous ces gens-là une « pomme pourrie. » Il parloit ainsi d'une voix élevée ; Begon l'entendit : « Ah ! traître ! » cria le Duc à son tour, « tu ne « m'échapperas pas ; par saint Denis ! j'aurai ta vie et moi-« même je t'écorcherai vif, si tu ne rends les proies « faites sur Auberi. »

Bernart étoit tout entier au soin de protéger la retraite de ses gens. Par malheur, son cheval prit le frein aux dents, se dressa, puis s'élança dans un jardin fermé de fossés et de palissades. Begon fait sauter au sien les mêmes haies et joint Bernart qui, voyant le danger, prend vaillamment le parti de l'affronter. Du haut de son cheval dressé sur les deux pieds de derrière, il porte au Duc un coup de lance qui l'atteint sans l'ébranler ; le fer se brise contre le haubert de Begon qui d'un coup plus assuré le frappe à son tour, si bien qu'en dépit de l'écu, de la sangle et du poitrail, homme et cheval roulent ensemble sur l'herbe. Le Duc descend, saisit Bernart et le remet aux mains du vilain Hervis. « Vous, dant Bernart, » dit-il, « vous me rendrez Naisil et « les pertes du Bourgoin ; autrement, par le Seigneur cru- « cifié, vous y laisserez votre tête. — Je vais donc, » dit Bernart, « en parler à mon fils. »

Les chevaliers, dès qu'ils furent désarmés, conduisirent Bernart devant la porte du château. Bernart étoit aux créneaux : « Entends-moi, Fauconnet, sire fils ; je suis prison- « nier ; rends le château, et je serai délivré. — Sire père, » répond Fauconnet, « vous perdez vos paroles. Si j'avois en « paradis l'un de mes pieds et l'autre dans ce château, je « tirerois celui de paradis pour le remettre dans Naisil. » Bernart, en l'entendant ainsi répondre, ne put se tenir de jeter un ris et d'ajouter (il eût mieux fait de se taire) : « Vraiment, je reconnois que tu es mon fils ; non, ta mère « n'est pas à blâmer à cause de toi. » Mais le duc Begon, furieux d'avoir entendu telles paroles : « Par Dieu, Bernart, « la trahison ne te servira de rien ; tu me rendras Naisil « ou tu seras pendu. Hervis, Do, faites dresser les fourches « sous ce grand pin, et hâtez-vous d'y accrocher Bernart de « Naisil. — Ah ! Begon, » dit le Comte, « vous dites mer- « veilles : je ne suis pas larron, sire Duc ; les fourches ne « sont pas pour moi. Au moins, laissez-moi parler encore à « mon fils. Vous engagez-vous, s'il rend Naisil, à ne pas « l'abattre ou l'endommager ? et si je vous remets les pertes « d'Auberi, consentirez-vous, après une bonne paix, à « me laisser rentrer dans mon château ? — Oui, » dit Begon, « je m'y accorde. »

Bernart appelle alors son fils une seconde fois. « Enfant, » dit-il, « rends le château, pour l'amour de moi. Ne me laisse « pas mettre aux fourches; nôtre parage en seroit pour « toujours avili. Le duc Begon consent à ne pas abattre « Naisil; il dit qu'en lui rendant les pertes d'Auberi, je le « conserverai. — A ce prix, » dit Fauconnet, « je l'accorde. »

Et la tour fut livrée au bourgoin Auberi. Il y eut un ban jeté pour qu'on ne prît rien dans les salles; et Fauconnet, la tristesse et le courroux dans l'âme, sortit du château, emmenant dix hauts chevaliers et laissant son père aux mains du duc Begon de Belin.

Il ne descendit pas de cheval avant d'être entré dans Verdun. Pour Begon, il laissa bientôt Naisil et se présenta devant Montclin, bâti sur une roche aiguë. Le château étoit alors vuide de tous ses défenseurs; les portes lui furent donc ouvertes, il fit miner la tour et continua sa chevauchée par Chastel-Odon. Bientôt les fourriers s'avancèrent jusqu'aux portes de Verdun, et Fauconnet fut tellement effrayé qu'il quitta sur-le-champ la ville, afin de gagner Saint-Quentin. Verdun, attaqué par Begon, fit une rude résistance : on combattit longtemps dans la première enceinte; mais Auberi rejeta les bourgeois dans la ville, et le bourg fut entièrement conquis. Alors on demanda le feu ; on le mit en vingt endroits; les halles et les maisons flambèrent, le feu jaillit du haut des églises : et cependant les bourgeois n'ouvroient pas les portes; il fallut commencer le siége en règle. Begon fit venir le grand charroi des vivres, prit son hôtel à Mont-Saint-Vanne, et jura de n'avoir aucune pitié des gens de Verdun s'ils ne se hâtoinet de l'implorer.

XII

FAUCONNET A SAINT-QUENTIN. — NAISSANCE DE FROMONDIN.

Vêpres arrivoient quand Fauconnet entra dans Saint-Quentin, où Fromont lui fit grand accueil et belle chair : « Mais, » lui dit-il, « où est mon oncle Bernart? — En nom « de Dieu, il est prisonnier ; Begon a pris Naisil, il traîne « après lui mon père, comme on feroit d'un chien : jamais « chevalier ne reçut pareil outrage. Begon a brûlé Lyon, « emporté Anse, détruit Mâcon, abatu Bagé, ruiné le « Bassigny, rasé la tour de Montclin et soumis Chastel-Odon. « Il a, sous mes yeux, mis le feu au bourg de Verdun et « commencé le siége de la ville. — Voilà bien merveilles, » dit Isoré le gris ; « un homme en conquérir deux mille ! — « Non pas un seul, » dit Faucon, « Begon a plus de gens « que vous n'avez ici. — Qu'il vienne donc ! » réplique Isoré, « et je ferai volontiers connoissance avec lui. Non que je le « prise un parisis vaillant, je sens trop que lui et moi ne « serons jamais amis. — Quand il arrivera, » dit Fauconnet, « les plus bouillans seront refroidis : pour moi, je n'ai « jamais vu tel chevalier. »

Ils en étoient là quand un messager parut devant Fromont : « Dieu vous sauve, sire ! de par le fils qui vous est « né hier. Dites comment il aura nom. » Fromont répondit : « Il aura nom Fromondin, car il doit après moi tenir ma « terre. » Puis appelant ses barons : « Francs chevaliers, « ayez joie et confiance ; le seigneur est né dont vous devez « tenir, et qui vous donnera vair et gris, chevaux précieux

« et belles armes ! — Par les saints Dieu, » dit Berangier, le sire de Chauni, » voici merveilles ! Tel est ici qui ne « verra jamais votre fils. Vieux, blancs et usés comme « nous sommes, nous attendrons ses grâces comme les Bre- « tons attendent le roi Artus, qui n'est plus au monde. — « Ce n'est pas là bien parler, » dit Fromont, « laissez pas- « ser seulement quinze ans, mon fils sera chevalier. »

Devant Fromont vint ensuite Guillaume de Montclin, le visage éploré, la tête basse ; il regretoit son château que Begon venoit d'abattre. « Écoutez-moi, frère Guillaume, » lui dit Fromont, « allez-vous baigner et couvrir. Si vous « êtes preux, vous n'aurez pas à craindre la pauvreté tant « que je vivrai. — Merci ! sire frère, » répondit Guillaume. Et s'étant allé baigner, il revint au palais richement vêtu de vair et de gris, la démarche libre, le visage beau, la taille belle, les épaules grosses et la poitrine large. Isoré tint la lame d'acier devant lui, et ayant baisé Guillaume : « Oncle, » lui dit-il, « je vous enjoins d'être preux et large envers vos « hommes ; jamais prince avare ne pourra monter en prix. »

« — Mais, » dit Fromont, « que faisons-nous tous ici ? « sortons de la ville, et pour l'amour de mon nouveau fils, « élevons chevalerie. » Aussitôt chacun de revenir à son hôtel. En peu d'instans, ils lacent les chausses de fer et les heaumes dorés ; ils couvrent et montent les chevaux. A la voix de Fromont s'ouvrent les deux maîtresses portes de la ville, tous ils sortent d'un pas ferme et tranquille. Au fré- missement des bannières, au rayonnement des heaumes, il se fait un grand mouvement dans le camp des Royaux, c'est à qui sera le plus vite armé, le plus tôt en dehors des bar- rières.

Du côté des Bordelois s'avançoit d'abord le vallet de Mont- clin, Guillaume, et pour le soutenir Fouques, le preux Jo- celin et Berengier, sire de Chauni. Non loin de là, Isoré le gris de Boulogne, et de l'autre côté, le flamand Bauduin ; puis nombreux damoiseaux portant lances de réserve pour leurs seigneurs. Le choc ne se fit pas attendre ; des deux côtés même ardeur et même impatience. Au milieu du froissement des armes, du glapissement des timbres, du hennissement des chevaux, du cri des blessés et des mourans, on n'eût pas entendu Dieu tonner. Qui pourroit compter les chevaliers abattus et toutes les nobles dames en ce jour demeurées veuves!

Guillaume de Montclin, richement armé, le bras passé dans les enarmes de son écu, broche un grand cheval dont on avoit couvert le cou, la croupe et la poitrine. Un frémissement court dans les rangs opposés : il joint un allemand, nommé Godefroi, chambellan de Garin, et du premier coup le jette, les talons en l'air, sur le sable. Il fait de même un second, un troisième. Alors Garin, qui l'avoit reconnu et ne pouvoit s'empêcher de louer sa vigueur et son adresse, lui cria : « Pour Dieu, vallet de Montclin, vous devriez tenir de « moi, depuis que Pepin m'a donné l'honneur de Metz. Je « vous aurois fait chevalier, et j'aurois volontiers accru votre « fief de Montclin. — J'entends merveilles ! » répond Guillaume ; « je ne tiens plus Montclin : Begon, votre frère, s'en « est saisi. Pour moi, s'il plaît à Dieu, jamais je ne man- « querai à mes amis. » Un flot de combattans vint en ce moment les séparer.

Des deux batailles opposées, d'où partoient flèches et carreaux lancés par les sergens et arbalestiers, on regardoit le jeune Guillaume de Montclin pénétrant les rangs, frappant et renversant, puis tournant pour reparoître encore. Un seul lui disputoit le prix des mieux faisans : c'étoit Isoré le gris, qui semoit l'effroi partout où il crioit : *Boulogne!* Nul ne rompit tant de hauberts et ne jeta plus de chevaliers à terre. Mais enfin parut Huon de Cambrai, et avec lui plus d'un millier d'Avalois. Garin le suivoit de près, et force fut pour les Bordelois de songer au retour. Les François étoient de grande chevalerie ; Garin partout sur son passage voyoit les rangs s'écarter et les moins couars trembler de peur. Fromont revint se placer devant les portes de la ville, et de là protégea la rentrée des siens, tandis qu'Isoré et Guillaume faisoient barrière contre les François, Avalois et Allemans, les plus ardens à la chasse. Quatre mille allemans seroient entrés dans le château pêle-mêle avec eux, sans les archers que Fromont avoit disposés devant le premier pont. Mais une fois les portes fermées sur les Bordelois, les François rentrèrent au camp, et de part et d'autre chacun, harassé de fatigue, se hâta de déposer le heaume et le haubert.

XIII

SUITE DE LA CHEVAUCHÉE DE BEGON ; SON ARRIVÉE DEVANT SAINT-QUENTIN.

Chaque jour les assiégés, conduits par Guillaume ou par Isoré le gris, faisoient trois ou quatre sorties. Une fois, ils donnèrent une forte alarme au camp, tandis que d'autres attaquoient le grand charroi et le ramenoient dans la ville. La nouvelle portée au Roi l'attrista grandement ; il fit appeler le duc Garin : « Dant Loherain, » lui dit-il, « il me « déplaît que votre frère n'ait pas fait son service ; c'est « pour vous cependant que je me suis jeté dans cette guerre « fâcheuse. J'en jure l'apôtre que les pèlerins réclament ; « s'il ne vient pas, je prendrai le parti d'abandonner le « siége. »

Le Duc répondit : « Sire, je réclame grâce pour mon cher

« frère. J'ai reçu de ses nouvelles ; nos ennemis communs
« l'ont retenu ; il a fait prisonnier Bernart de Naisil et il
« assiége maintenant Verdun. — Faites-le donc venir ici, »
reprit le Roi. « Il viendra, puisque vous le voulez. » Et Garin
fit faire aussitôt des lettres pour sommer le duc Begon de
venir à l'ost du Roi devant Saint-Quentin.

Le messager monté sur un cheval rapide partit aussitôt
du camp, traversa Dampierre en Estenois, et ne s'arrêta
que sous les murs de Verdun. Le Duc revenoit de livrer
assaut à la ville ; quand il l'aperçut : « D'où venez-vous, où
« allez-vous, ami ? — En nom de Dieu, sire, je viens de
« Saint-Quentin, et je vais à vous avec lettres du Roi. »
Begon prend la charte et la donne à son chapelain, qui en
personne bien apprise lut aisément ce qu'elle contenoit, et
comment le roi n'étoit pas à son aise devant Saint-Quentin.

« Comment ! » s'écria le Duc ; « et que fait donc Garin,
« mon frère ; que font Gerart de Liége, l'allemand Ori, Huon
« de Cambrai, Gautier l'Orphelin et tout le baronnage de
« Pepin ? Comment n'ont-ils pas écrasé déjà nos ennemis ?
« Qu'ils viennent ici et me laissent prendre leur place ; je
« veux qu'on m'arrache le cœur si je n'ai raison de ces
« bordelois de Saint-Quentin. Mais non, je ne puis partir
« avant d'avoir conquis Verdun. Regarde, frère : les murs
« sont déjà fendus, ils ne peuvent longtemps tenir ; dis
« au Roi mon seigneur qu'il s'apaise ; je lui arriverai dès
« que Verdun sera prise. »

Le messager partit sur un bon cheval que lui avoit donné
Begon et qui valoit bien vingt livres parisis. Rentré dans
Saint-Quentin, il redit au Roi les paroles qu'il avoit enten-
dues. Elles donnèrent à rire à la pluspart de ceux qui entouroient le Roi ; mais Pepin ne s'en contenta pas, et jurant le
corps de saint Denis qu'il ne resteroit pas si le duc ne
venoit : « Il faut, en vérité, » dit-il à Garin d'un air cour-

roucé, « que votre frère me méprise beaucoup, pour ne pas « répondre à ma semonce. — Sire, » répondit Garin, « vous « ne voudrez pas laisser le siége et vous exposer à être « honni et diffamé. Je vais envoyer un second message à « Begon. »

Le Roi consentit à grand'peine à rester encore. Le messager partit, et quand il arriva, Begon venoit de prendre la ville. « Frère, » dit le Duc, « je quitterai demain matin. « Vous, Do, faites emplir les chariots de provisions et de « denrées ; disposez tout pour le départ de l'ost. Henri de « Bar-le-Duc connoît bien les chemins, il conduira l'avant- « garde. »

Dès que l'aube eut crevé la nuit, on vit tout en mouvement dans le camp : les sommiers furent troussés, les palefrois, les roncins, ensellés ; l'armée entière atteignit Dun avant midi. Dun appartenoit à Thibaut d'Aspremont, cousin germain de Begon ; on défendit d'y rien prendre, et le lendemain matin, on tourna légèrement à gauche vers Grantpré. Là on fit une belle proie de bœufs et de gras troupeaux ; on jeta le feu partout, on abattit complétement le château. De Grantpré, ils arrivèrent à Rethel ; le Duc réserva aux écuyers, aux sergens, l'honneur de l'emporter : ils en forcèrent l'entrée et mirent la ville à feu et à sang. Ils firent une seconde pose au Neufchatel, puis laissant Montaigu sur sa roche élevée, et Pierrepont, ils arrivent à Rosoi qu'ils ruinent ainsi que Rumigni. Que vous dirai-je de plus ? ils répandent la désolation, la mort et l'incendie dans toute la Ticrache. Le fort château de Ribemont ne peut leur résister longtemps ; les vingt-six chevaliers qui le défendoient sont retenus prisonniers, les tours et les murailles sont abattues, l'incendie fait raison du reste. On pouvoit du bourg de Saint-Quentin voir les flammes qu'on y avoit allumées. Quelqu'un dit au vieux Aleaume : « C'en est fait

« de Ribemont; Begon l'a détruit, vous n'avez plus assez
« de terre pour y coucher. » Ne demandez pas la douleur
qu'il ressentit de ces nouvelles.

L'empereur Pepin apprenoit en même temps la prochaine
arrivée du duc Begon. « Faites bonne garde, sire Garin, »
dit-il, « pendant que j'irai au-devant de mon cher ami. »
Alors il monta sur un grand tertre, et quand il vit les monts
et les vallées se couvrir de grandes échelles de guerriers,
quand il vit les innombrables chariots qui transportoient les
proies partout recueillies : « Eh! » dit-il, « d'où peut sortir
« tant de monde? — Je vais vous l'apprendre, » répondit le
messager envoyé par le duc Begon. « Au premier front
« marche le bon duc Auberi de Bourgogne, le meilleur
« homme que la terre ait produit. Après lui viennent les
« gens de Salomon de Bretagne et de Hoel de Nantes;
« puis le franc duc Hernaïs d'Orléans, dont les hommes sont
« confondus avec ceux de Huon du Maine et de Jofroi
« d'Anjou. Voyez-vous cette grande échelle qui chevauche
« à quelque distance? ce sont les guerriers d'Auvergne con-
« duits par leur comte, le preux Jocelin. Enfin les bannières
« qui s'élèvent du fond de ces vallées, ces deux mille pen-
« nons étincelans appartiennent aux gascons de la terre du
« duc Begon du château de Belin. — Dieu! » dit le Roi,
« comment le loherain Begon a-t-il pu réunir tant de gens;
« et qui pourroit bien lui résister sous le ciel? » Alors le
Roi s'avança jusqu'auprès du Duc, et Begon en le voyant
arriver s'empressa de mettre pied à terre. « Soyez, » dit
Pepin, « très bien venu, cher ami. » Et il l'avoit baisé avant
que le Duc eût le temps de le remercier.

Grands et petits, tous se logèrent autour du camp du Roi.
Begon seul, avisant près des murs de la ville un grand et
beau jardin, demanda s'il étoit occupé. « Non, » répondit
Garin; « personne n'a pu s'y maintenir; les ennemis les en

« ont délogés. L'autre jour, l'allemand Ori, et avant lui Huon
« de Cambrai et Gautier l'Orphelin y ont perdu leurs riches
« tentes, leurs roncins et leurs palefrois. Vous logerez près
« de moi, cher frère. — Non, » dit Begon, « car ce jardin
« me plaît, j'y ferai dresser mon pavillon. Je ne suis pas
« l'allemand Ori, et s'ils me chassent comme lui, ils feront
« assurément une bonne prise. Hervis, Do, Seguin, tendez
« mon tref dans ce jardin. »

Ceux-ci font venir aussitôt cent pionniers qui creusent les fossés autour de l'enclos, pendant que d'autres dressent les mâts, fixent les grands anneaux dans lesquels passeront les cordes, et tendent un aussi beau tref qu'on en put jamais voir. Quand on en a relevé tous les pans, il peut abriter deux mille chevaliers assis au manger.

Des hautes fenêtres barrées du château de Saint-Quentin, Isoré aperçut aisément le grand tref sur lequel flamboioit l'or et que l'aigle d'or surmontoit. « Voyez-vous ce « pavillon ? » dit-il à Bouchart et à Harduin ; « il est à moi, « quoi qu'il arrive. — Il n'en sera rien, « reprend Fauconnet, « et celui qui l'a fait dresser ne le quittera pas aisé- « ment. Croyez-moi ; le plus sage seroit d'y renoncer. Il est à « Begon de Belin, celui qui traîne en ce moment après lui « mon cher père. Vous avez souhaité de le voir ; vous serez « satisfait. — Ah ! c'est donc lui, » dit Isoré, « c'est le fa- « meux Begon de Belin ! Eh bien ! sortons tous, grands et « petits, allons le réveiller ! » Aussitôt les blancs hauberts furent vêtus, les chevaux ensellés, et tous, chevaliers et sergens, passèrent les portes du château. Combien ne devoient jamais y rentrer !

XIV

NOUVELLE SORTIE. — ISORÉ BLESSÉ ; FROMONT DE LA TOUR D'ORDRES TUÉ PAR BEGON.

Il y eut grand' presse à la porte du château, à qui s'élanceroit le plus vite dans la campagne. Le premier de tous avoit été Guillaume de Montclin, couvert de belles et fortes armes, monté sur un destrier arabe à la course rapide. Isoré le suivoit de près, tout en faisant ranger les archers, les arbalestiers, les sergens, pour opposer un front redoutable aux batailles françoises, lesquelles prévenues dès l'instant où la porte s'étoit refermée, furent bientôt préparées à soutenir vaillamment l'attaque. Guillaume porta les premiers coups ; on le voyoit ouvrir les rangs, frapper quiconque osoit l'attendre, revenir victorieux, puis recommencer d'autres joutes. Begon de Belin, en arrivant pour prendre sa part du grand tournoi, se plaisoit à voir sa fière contenance, sa force et son adresse. « Quel est, » dit-il à son frère Garin, « celui qui monte ce grand cheval, et qui « porte un lion noir rampant sur l'or de son écu ? » — « C'est Guillaume de Montclin, dont tu viens de saisir le « château. Pour Dieu, frère, je te demande une grâce. « Défends-toi de le mettre à mort : je ne m'en conso« lerois pas. — Je n'irai pas, sire frère, contre votre vo-« lonté. »

Guillaume et Isoré le gris continuoient cependant à trancher et abattre devant eux. Begon de Belin se plaçant devant Guillaume : « Quel est ton nom, ami, ne me le cache « pas, je te prie. — Sire, je suis Guillaume de Mont-

« clin. — Non pas seulement ainsi, » reprit le Duc, mais « l'*orgueilleux* de Montclin ; jamais je n'ai vu chevalier « s'avancer de meilleur air et mieux se porter dans la « lutte. » En même temps de ses éperons d'or le Duc broche son cheval : mais se souvenant de la promesse faite à son frère, il retourne le fer de sa lance et vient frapper Guillaume du bois de l'arestel. Le coup vigoureusement asséné jeta le jeune frère de Fromont étendu sur le sable. Guillaume se releva, l'épée au poing, l'écu devant sa poitrine ; il voulut s'élancer sur le cheval de Begon ; mais sa grande force auroit été de foible secours sans Isoré le gris, qui accourut à son aide en poussant le cri *Boulogne !* entendu de tous les siens.

Begon rentra dans les rangs, et cependant Foucart et Rocelin, Galerant et Gaudin son frère frappoient devant eux sans relâche ; Fauconnet le fils de Bernart, que rien ne consoloit de la perte de Naisil, joignit parmi nos rangs le comte Jocelin à qui toute Auvergne obéissoit ; il étoit parent de Garin. Le fort écu ne put le garantir ; il tomba renversé, et son cheval devint la proie du vainqueur qui se hâta de l'offrir à Guillaume de Montclin. « Montez, sire cousin, » lui dit-il, « ce cheval vaut celui que Begon vous a enlevé. » Begon cependant revenoit sur Isoré le gris. Les deux barons, depuis longtemps impatiens de se rencontrer, se heurtent avec tant de violence que les deux écus rompent leurs enarmes ; ils tombent tous les deux renversés de leurs destriers arabes. Avant qu'ils n'aient le temps de se reconnoître, leurs écuyers, leurs amis les entourent et les relèvent. Begon remonta sur un autre excellent cheval ; pour Isoré il préféra garder le sien.

Tandis qu'ils reprennent haleine, on entendoit en cent endroits le cri de rappel des chevaliers vainqueurs. Jamais combats plus multipliés, mêlées plus meurtrières. Fromont

à peine arrivé s'élance contre Henri de Montagu et lui fait
vuider les arçons. Anjorran de Couci renverse le comte
Savari, tandis qu'Huon de Troies ne peut se maintenir contre
Rocelin. Les Champenois accourent pour délivrer leur seigneur et lui conserver son bon cheval; mais Isoré fait un
nouveau cri, et bientôt chevaliers et sergens, tous se mesu-
rent, se mêlent et se frappent. Begon revient y prendre part,
et s'élançant une seconde fois sur Isoré de toute la force de
son destrier, il fait céder les cengles et le poitrail du second
cheval, qui roule à terre avec le chevalier dont le bras
gauche, engagé sous l'animal pantelant, se rompt violemment et devient impuissant à retenir l'écu. Les gens
d'Isoré accourent aussitôt, lui font un rempart de leurs
épieus et parviennent à le dégager. On le ramène sur une
bierre à Saint-Quentin, on le désarme, on le pose sur un
lit, et les mires arrivent pour lui apporter les secours dont
il a besoin.

Les combats se continuoient toujours. Fromont le gris
de Boulogne et de la Tour d'Ordres atteint et renverse
Amauri, le sire de Nevers; Gerart accourt pour secourir
son cousin; mais trop foible contre un tel adversaire,
il roule près d'Amauri dans la poussière, et les sergens
de Fromont l'entourent et lui tranchent la tête. Begon fit
alors retentir le cri des Loherains : *Chastel!* et fondant sur
Fromont le gris, il l'atteint sous la boucle de l'écu, crève
son haubert et fait pénétrer le fer dans sa poitrine. Fromont s'incline, tombe à terre, et, quand on le désarma, son
âme étoit déjà séparée du corps.

A la vue de son frère expirant, Fromont de Lens ne
compta plus sur le gain de la journée. Il appela Guillaume
de Montclin : « Frère, » lui dit-il, « nous avons perdu l'aide
« de nos deux plus chers amis, mon frère et mon neveu
« Isoré. Mon avis est de retourner; vous, Foucart et Rocelin.

« vous allez prendre le corps de mon frère et le ramènerez
« au château. » Les chevaliers obéirent, la douleur dans
l'âme.

Ce fut le terme de la lutte. Fromont fit rouvrir les portes
du château ; ceux qui n'avoient pas été pris ou tués rentrèrent ; les Angevins et Manceaux, les derniers à reconduire les assiégés, revinrent à leur tour dans le camp et s'y
désarmèrent, pendant que le duc Begon invitoit l'Empereur
à venir s'asseoir au manger dans son jardin ; Pepin y vint
et, dit l'histoire, avec lui plus de trois mille chevaliers.

Mais il faut retourner à Fromont de Lens, durement courroucé de la mort de Fromont de la Tour d'Ordres et de la
blessure de son neveu Isoré. Son premier soin fut de
regreter son frère : « Vous eûtes la male heure, franc che-
« valier ! Celui qui vous a frappé me condamne à souffrir,
« à guerroyer toute ma vie ! » Le Baron fut posé dans une
bierre ; les clercs, les moines bénis arrivèrent, vêtus des
adoubemens du Seigneur Dieu ; il falloit les voir, porter
cierges, croix et encensoirs, entonner et reprendre les
chants, pendant que le comte Fromont de Lens les écoutoit
en sanglotant.

Isoré le gris ne savoit rien encore. Couché sur son lit,
le bras en écharpe et soutenu par un oreiller, il entendoit
des plaintes et de grands cris : « Mais, sire Dieu, » dit-il,
« où peut être mon père ? Il n'est pas encore venu me voir ;
« seroit-il retenu prisonnier ? » Le bruit cependant croissoit . il joint les pieds, saute hors du lit et s'avance jusqu'au moutier. Bientôt épuisé de foiblesse, il s'appuie contre
le premier pilier et de là reconnoît tous ses amis autour
d'une bierre : « Sire Fromont, » cria-t-il, « je ne vois pas
« mon père ; où est-il ? — Hélas ! beau neveu, il est sous cette
« lame ; l'odieux Loherain, Begon l'a tué. » Comment exprimer le désespoir d'Isoré ! « Hélas, » dit-il, « que ne puis-je

« monter à cheval ! je serois déjà vengé de mon ennemi
« mortel. — Contenez-vous; » lui dit Guillaume, « ad-
« vienne ce qui doit advenir; les morts à la mort, les vivans
« à la vie. L'homme franc ne peut rien gagner à mettre
« deuil sur douleur ou joie sur joie. » Isoré ne dit plus
rien; on le ramena sur son lit, d'autres emportèrent le
corps de Fromont le gris, et le mirent en terre. — « Francs
« chevaliers ! » dit Fromont, « quand demain les Loherains
« seront assis au manger, nous irons les émouvoir. —
« Soit fait ainsi que vous le dites ! » Et le lendemain, on
couvrit les chevaux, on endossa les hauberts; les portes du
château s'ouvrirent et laissèrent passer toute la chevalerie
bordeloise, impatiente de venger la mort de Fromont le
gris de la Tour d'Ordres.

XV

NOUVELLE SORTIE DES ASSIÉGÉS. — BEGON DE BELIN BLESSÉ
PAR FROMONT DE LENS.

Les bons chevaliers bordelois sortent du château de
Saint-Quentin affamés de vengeance, et le premier de
tous, Guillaume, l'orgueilleux de Montclin. Mais les François ne se laissèrent pas surprendre : un grand cri s'éleva
aussitôt dans le camp; tous laissèrent le manger; Loherains, Manceaux, Berruiers, Angevins coururent aux armes :
Begon et ses convives furent un peu plus tard avertis; et
pendant que le roi Pepin demande son cheval, le bon Duc
se hâte de couvrir son fier visage d'un heaume brillant et
sa poitrine d'un haubert treillisé; il ceint Floberge, sa
bonne et claire épée, et la lance au poing, l'écu serré sur sa

poitrine, il broche son coursier des éperons d'or. Il étoit temps qu'il arrivât, et les Bordelois avoient déjà fait reculer les nôtres jusqu'aux barrières du camp qu'ils alloient franchir, quand il parut avec les Gascons, les Avalois et les Allemans. Devant Begon s'écartent les rangées d'hommes : il entre dans les batailles ennemies, qui s'étonnent, le reconnoissent et cessent de pousser en avant. Qui pourroit ici compter les lances brisées, les écus percés, les chevaux tués, les vassaux abattus, navrés, étouffés, meurtris? Une fois sa lance rompue, Begon tira du feurre sa grande lame d'acier, et frappant et poursuivant devant lui, on eût dit une loutre affamée chassant dans une rivière, çà et là, les poissons de toute grandeur qui ne savoient, pour sauver leur vie, dans quel trou se réfugier.

Fromont en voyant ainsi les Bordelois abandonner le champ, frémissoit de rage. Il ne fallut plus penser qu'à rendre la retraite moins sanglante : lui et Guillaume de Montclin opposent longtemps une barrière impénétrable aux Royaux. Begon, pressant les flancs de son grand cheval, animoit les siens à la poursuite et précédoit tous les autres de la portée d'un arc. A sa vue, le comte Fromont sentit réveiller en lui son ardeur de vengeance : « Frère Guil« laume, » dit-il à l'orgueilleux de Montclin, « allez en « avant, placez-vous près de la porte, et pendant que vous « ferez rentrer ces gens-là, je vais rester ici pour contenir « nos ennemis. Voyez-vous là Begon? ah! que je meure « de rage, si je ne venge la mort de mon frère. » Il dit, broche le fier cheval de ses éperons d'or, brandit la lance dont l'acier sortoit des meilleures forges de Poitiers, et porte un merveilleux coup sur l'écu peint en or de Begon. La pointe de la lance ne l'entame pas, mais glisse vers le haut de la poitrine. Les mailles treillisées du haubert cèdent comme un vêtement de soie; le fer pénètre les chairs, puis va trancher une partie de la joue et de l'oreille. La force du coup ne permit pas à Begon de rester sur les arçons, il tomba renversé du cheval et le sang qui sortoit de la plaie jaillit aussitôt de la ventaille du heaume et des mailles du haubert. Fromont le laissa entre les mains des Loherains, écuyers, sergens et chevaliers qui accoururent ; satisfait de l'avoir mortellement frappé, il rentra dans la ville de toute la rapidité de son cheval.

Le Roi, le duc Garin, tout le barnage étoit accouru sur Begon qui ne donnoit pas signe de vie. On le crut mort, et l'on ne vit jamais douleur plus vive et plus générale. Les regrets furent prononcés par le bourgoin Auberi : « Vous fûtes à la male heure, franc chevalier! qui vous mit « à mort ne sera jamais mon ami. » On l'emporte au tref de Garin, on lui ôte le blanc haubert, la blanche cote de samit étoit devenue pourpre; telle étoit la pâleur de son corps et de son visage qu'on eût dit qu'il ne lui restoit pas une goutte de sang.

Les deux meilleurs mires de l'ost arrivèrent mandés par le Roi : ils avoient longtemps étudié à Salerne. Leur premier soin fut de visiter la poitrine, pour reconnoître la plaie. Ils s'assurèrent que le fer n'étoit pas demeuré, puis annoncèrent que la blessure n'étoit pas mortelle. « Seigneurs, » dit maître Landri au Roi, à Garin et aux barons, « confortez-« vous; le Duc sera remis en peu de temps. — Ah! mon « très-cher ami, » dit le Roi, en l'embrassant et le mouil-lant de ses larmes, « je veux vous donner plus d'argent et « d'or fin que n'en pourroit porter deux mulets d'Es-« pagne. — Sire, » répondit Landri, « grans mercis! « mais j'en appelle à témoin celui qui de l'eau fit le vin, « nous ne prendrons pas la valeur d'une angevine, avant « la complète guérison du Duc. » Ils pansent alors la plaie, « y mettent l'emplâtre, font reposer le malade dans un lit:

le bon Duc dormit : au réveil il ne sentit plus la moindre douleur.

Voyons maintenant ce que faisoit Fromont. Il ne doutoit pas de la mort de Begon : dès qu'on l'eut désarmé de son haubert, il se rendit à l'hôtel où gisoit le comte Isoré le gris : tous en le voyant arriver accoururent à sa rencontre : « Comment vous est-il, beau neveu ? » dit-il au malade. — « Sire, avec le temps, je guérirai. Mais « vous, comment avez-vous exploité ? au nom de Dieu, « dites-le-moi. — Très-bien ! beau neveu ; grâce au « Seigneur Dieu, j'ai tué Begon, le diable qui avoit fait « tant de mal à nos amis. — J'en ai grand deuil, » répond Isoré, « j'aurois voulu qu'il mourût de ma main. « Mais le cœur me dit qu'il est encore vivant. — Non, « beau neveu, par saint Denis. — Eh bien ! nous le sau- « rons. » Et sur-le-champ faisant venir un mauvais truand né de Paris : « Ami Foucart, » lui dit-il, « tiens, prends « un pelisson gris, et va voir comment les Royaux se com- « portent dans l'ost ; tu sauras s'il est vrai que Begon soit « tué. — Volontiers ! » répond Foucart. Il brunit son visage, se déguise et sort par la poterne du château. Arrivé devant le tref du roi Pepin, il s'asseoit au milieu des pauvres, et là demande des nouvelles de Begon de Belin : « Est-il mort, est-il encore en vie ? — Il est en « vie, » répondent les pauvres, « et s'il plaît à Dieu, il « reprendra la santé. » Foucart ne se contente pas de ces propos, il entre dans la tente où reposoit Begon et voit assis autour de son lit l'empereur Pepin, le duc Garin, l'allemand Ori, Auberi le bourgoin et Huon de Cambrai : le truand s'avance à leur portée et les prie de par le saint sépulcre de lui bien faire. Le duc Begon, d'un bras assuré, prend un besant d'or et le lui tend ; l'Empereur lui en donne un second, il en recueille ainsi cinq ou six. « Ami, »

lui dit Pepin, « de quel pays es-tu? — D'Orléans, Sire,
« si vous le permettez. Je vais à Saint-Romacle pour de-
« mander la guérison d'une hydropisie. Vous voyez comme
« je suis enflé. » Le drôle s'éloigne alors, et sans prendre
congé rentre dans Saint-Quentin. Quand Isoré le revit :
« Eh bien! » lui dit-il, « tu viens de l'ost, que nous diras-
« tu de Begon; est-il mort, est-il vivant? — Il vit, Dieu
« me pardonne! il se porte aussi bien qu'un oiseau vo-
« lant. — Vous en avez menti! » dit Fromont. — « Non,
« sire : je l'ai vu de mes yeux. — Moi, je l'aime mieux
« ainsi, » dit alors Isoré le gris, « c'est de ma main qu'il
« doit mourir, et tous les saints et saintes du monde ne l'en
« sauveront pas. »

Mais il faut revenir à nos François.

XVI

NOUVEAUX EFFORTS. — LES FUERRES D'AUBERI LE BOURGOIN
ET DE BEGON DE BELIN.

Cependant le siége n'avançoit pas; les murs du château
n'étoient pas entamés, et les dommages causés aux Bordelois, la blessure d'Isoré le gris, la mort de son père
Fromont de Boulogne ne sembloient pas les avoir décou-
ragés. Dans l'ost, au contraire, le charroi des provisions
demandoit à être renouvelé. Le Roi convoque les hauts barons dans son tref pour aviser à ce qu'il convenoit de faire,
et Begon s'adressant au bourgoin Auberi : « Mon neveu, au
« lieu de séjourner, que ne tentez-vous d'aller en fuerre? Vous
« le voyez, le pain et le vin ne tarderont guères à nous faire
« défaut : partez demain, avec nos primes-barbes et nos

« damoiseaux. — Très-volontiers ! » répond le Bourgoin.

Auberi se lève au point du jour ; il emmène cinq cents bons chevaliers et un millier de jeunes écuyers. Mais les Bordelois avoient été avertis de leur chevauchée : Isoré le gris appelant Guillaume de Montclin : « Oncle, le duc Au« beri va chevaucher en fuerre ; plût à Dieu qu'on pût le « ramener ici prisonnier ! nous l'échangerions contre « dant Bernart de Naisil. — Je vous entends, ». répond Guillaume. Et sortant aussitôt par la porte Landri, avec plusieurs milliers de chevaliers et sergens, ils vont s'embusquer dans un bois de sapins assez près de la ville. La compagnie d'Auberi ne se fait pas attendre ; comme ils passoient, voilà qu'ils entendent un grand cri : « A la « mort ! à la mort ! vous n'échapperez pas, fils de pu« tains ! » Ainsi pris à l'improviste et sur le point d'être entourés, le plus grand nombre rebrousse chemin ; le duc Auberi reste assez mal secondé, au milieu de furieux ennemis. Sa défense fut longue et terrible : il y eut plus d'une lance rompue, plus d'un écu écartelé, plus d'un chevalier frappé, renversé de son auferant ; mais enfin le Bourgoin, abattu par l'orgueilleux de Montclin, fut retenu prisonnier. Le camp n'étoit pas éloigné ; on y apprit rapidement la mauvaise aventure d'Auberi, et grande fut la douleur des barons et des chevaliers dont les enfans ne revenoient pas. Les cris arrivent jusqu'au tref où reposoit Begon : le héros demande aussitôt ses armes. « Ah ! sire, » lui disent les mires effrayés, « vous n'êtes pas en état de « chevaucher. — Comment ! » répond-il, « voulez-vous « me faire mourir de honte ? Tout l'or du monde ne m'em« pêcheroit pas d'aller secourir Auberi. » Les mires le regardent et se taisent ; ils obtiennent pourtant de lui qu'on lui posera une forte emplâtre, en le marquant du signe de la croix. Il lace le heaume gemmé fait à Senlis, et saute sur son bon cheval; plus de mille fervêtus l'accompagnent. Ils ne s'arrêtèrent que sur le champ du combat. Déjà le comte Guillaume avoit relevé Auberi et l'emmenoit vers Saint-Quentin, quand Begon fond sur eux, les oblige de renoncer à leur prisonnier et de ne songer qu'à se garantir eux-mêmes. Ils furent bientôt refoulés au delà des portes du bourg, et, ce jour-là, le château lui-même eût été emporté si les François s'étoient un peu plus hâté de suivre le gentil Duc.

Isoré de son hôtel entendit le grand tumulte : « Sainte « Marie! » s'écrie-t-il, « quels sont ces bruits, ces cris « de guerre? — C'est, » répond un sergent, « que nous « sommes perdus; car le duc Begon est déjà dans le bourg. — « Begon? et comment? le diable seroit-il guéri? — Oui, « sire, et plus furieux, plus félon que jamais. — Mes armes, « mes armes! — Mais, par pitié, » dit son hôte, Galeran d'Autri, « demeurez, sire Isoré; vous êtes encore trop « foible pour chevaucher. — Vous dites merveilles! ne « sommes-nous pas tous perdus, si je reste? » Il fut bientôt armé, monté et couvert de son écu : il broche son cheval qui de ses pieds rapides fend la pierre et en fait jaillir le feu. Il arrive dans le bourg à l'endroit où l'on combattoit : « *Boulogne!* » crie-t-il; et tout aussitôt, joignant les François, il abat les deux premiers, tue le troisième et répand parmi les autres une telle épouvante qu'ils cèdent et repassent les portes du bourg. Begon le voyoit, du milieu du pont où il soutenoit une lutte acharnée : il ne vouloit pas céder le terrain déjà conquis; mais Huon de Cambrai prit son cheval par le frein et le fit tourner vers le camp, pendant que les Bordelois, grâce au comte Isoré, restoient maîtres des portes du bourg de Saint-Quentin.

Le roi Pepin accourut au tref de Begon : « Comment vous

« est-il, ami ? — Très-bien, cher sire ; Auberi étoit pris
« sans le secours que nous lui avons porté. Le château seroit
« même en ce moment à nous, si vos françois avoient suivi
« de plus près, et si le gris Isoré n'avoit pas fait contre
« nous d'admirables armes. Je ne vis jamais tel chevalier.
« Ah! malheur à celui qui commença la guerre! je vou-
« drois pour beaucoup avoir le comte Isoré pour ami. »

Comme ils parloient ainsi, il se fit dans le camp un grand tumulte, et l'on s'aperçut que les Bordelois avoient surpris le charroi et conduit les provisions dans le château. « N'en « prenez, Sire, aucun souci, » dit Begon au Roi; « je che-« vaucherai pendant que vous resterez ici à séjour, et je « je veux perdre votre amitié si je ne vous soumets toute la « contrée. »

Le lendemain, à la première aube, Begon sortit de sa tente avec quatre mille arbalestiers et cinq cents chevaliers. Quel château, quelle ville pourroit tenir devant eux? Il remit aux jeunes écuyers le soin d'attaquer Chauni; la ville, le château ne purent leur résister; ils en ramenèrent trente chevaliers que le Duc envoya rejoindre Bernart de Naisil dans les prisons du Roi. De là ils se portèrent sur Ham, où ils ne trouvèrent personne, ceux qui le défendoient n'ayant osé les attendre. Begon y passa la nuit, et le lendemain tourna vers Roye. Là, devant la ville, fut livré un grand assaut ; on y perdit beaucoup de chevaliers et de chevaux : il fallut renoncer à prendre le château, et il en fut de même de Montdidier, sinon qu'ils entrèrent dans le bourg et le mirent en flammes. De là, ils arrivèrent à Clermont, en dépouillant et ravageant autour d'eux la campagne : le château leur fut abandonné. C'est ainsi qu'après avoir rempli le charroi de provisions et de tous les genres de proies, après avoir dirigé sur Paris un grand nombre de prisonniers, ils revinrent au camp, mais après être encore entrés dans Péronne, dont les habitans se mirent entièrement à leur merci.

Le retour de Begon et l'heureux succès de sa chevauchée fut pour les François un grand sujet de joie et pour Fromont un grand sujet de douleur. Garin fit aussitôt creuser autour de la ville de larges fossés qui reçurent l'eau de la rivière d'Aisne, de sorte qu'il ne fut plus permis aux assiégés de sortir ou de rentrer. Le pain et le vin cessèrent de leur être amenés ; et ils furent bientôt réduits à manger leurs chevaux. C'est là où les François les attendoient.

XVII

POURPARLERS, TRÊVE; AJOURNEMENT DE FROMONT.

Fromont, qui n'ignoroit pas que le danger croissoit pour eux de jour en jour, monta les degrés du palais ceintré de Saint-Quentin, et ayant mandé le flamand Bauduin et les autres princes : « J'ai besoin, » leur dit-il, « de votre « conseil, car, vous le voyez, on nous tient tellement res- « serrés que nous devons bientôt manquer de provisions : « il me semble que si nous étions rentrés sur nos terres, et « si nous avions nos marches et nos forteresses garnies, « nous continuerions la guerre avec plus d'avantage. — « Comment l'entendez-vous ? » demanda Isoré, « car enfin « nous n'avons qu'un moyen de sortir d'ici, c'est de faire « la paix avec le Roi. Si vous ne voulez demander un accord « que pour le rompre, je vous déclare que je mangerai « la chair de mon dernier roncin, et que je verrai mourir « les trois quarts d'entre nous avant qu'un mauvais mot « sorte de ma bouche. — Oh! » dit Fromont, « ce n'est pas « là ce que je veux dire. »

Voyons maintenant à quoi songeoit Bernart de Naisil. Depuis la perte de son château, il séjournoit dans le camp du Roi, bien décidé à ne pas rendre les proies qu'il avoit faites en Bourgogne ; mais il ne pouvoit s'éloigner du duc Begon sans mettre le château de Naisil en danger d'être abattu. Un jour que le Roi se tenoit à l'écart, il approche et l'aborde : « Droit Empereur, » dit-il, « veuillez un peu
« m'entendre. Vous savez comment Charles Martel, Dieu ait
« merci de lui! sortit victorieux de maints combats ; et com-
« ment il eut à soutenir une guerre longue et cruelle contre
« Girart de Roussillon. Dans ces guerres furent tués les
« riches et vaillans chevaliers, et leurs enfans furent réduits
« en pauvreté. Les Vandres arrivèrent qui prirent la ville de
« Reims et tinrent Paris assiégé. Que pouvoit faire Charles
« Martel ? il n'avoit plus de hauts barons et de chevaliers
« pour défendre le pays : alors il prit conseil à l'apostole de
« Rome, et, avec son consentement, il donna aux pauvres
« hommes d'armes les fours et les moulins des moines ; il
« leva pour lui les dismes qui appartenoient aux clercs
« bénis. Ah! franc et royal chevalier, ne suivez pas l'exem-
« ple de Charles Martel : couper son nez, c'est déshonorer
« son visage. Voilà le puissant Fromont que vous avez
« résolu d'humilier ; mais si vous le poursuivez au point de
« lui faire abandonner le pays, il n'est pas sous le ciel une
« terre qui ne lui fasse un accueil empressé ; il entraînera
« plusieurs milliers de chevaliers avec lui ; et si dans votre
« première jeunesse vous éloignez ainsi ceux qui pourroient
« le mieux vous servir, vous ne tarderez pas à voir dépérir
« votre royaume ; alors y reviendront Payens et Sarrasins,
« et vous n'aurez pas assez des Loherains pour défendre
« vos châteaux et protéger vos cités. Mandez plutôt Fro-
« mont ; mandez avec lui tous ses parens et tous ceux qui
« tiennent de lui ; s'ils ont commis quelque forfaiture,

« qu'ils soient prêts à l'amender, comme vous le prononce-
« rez. — Voilà, » dit le Roi, « paroles merveilleuses! Vous
« oubliez que Fromont ne fait pas de moi plus de compte
« que d'un parisis; si je le mande, il ne viendra pas, et
« niera toujours qu'il tienne de moi ses honneurs. — Non,
« il ne voudra pas consommer sa ruine, » dit Bernart.

Le Roi s'éloigne, et Bernart demeuré seul appelle un chapelain : « Bel ami, » lui dit-il, « écris une lettre que je « veux envoyer au puissant Fromont. » Bernart dicte et le clerc met en écrit. Quand les lettres sont faites, scellées et fermées, il appelle un garçonnet qu'il envoie vers Fromont à Saint-Quentin. L'enfant sut tromper la surveillance des assiégeans : il entra dans la ville, trouva Fromont dans un jardin au milieu de ses amis et lui remit les lettres qui furent aussitôt tendues au chapelain Henri. Le clerc les ayant lues de point en point : « Sire, » dit-il à Fromont, « voici ce que vous mande votre oncle de Naisil. « Vous vous tenez ici renfermé comme un musart; on agit « autrement quand on veut bien mener la guerre. Que n'al-« lez-vous crier au Roi merci, en demandant le temps de « vous justifier ou de porter devant lui plainte? Une fois « hors de ce bourg, vous n'aurez plus grand souci de tout « ce qu'il voudroit faire, et vous pourrez faire la guerre de « la façon qu'il vous plaira. Agissez ainsi, si vous voulez « éviter votre honte et votre perte. »

« — Ah! » dit Fromont aux barons, « je vous l'avois bien « dit; mon oncle est toujours merveilleusement garni de « sens. — Pour moi, » dit Isoré, « je veux que la mort « étrangle celui qui suivra ce conseil, tant que nous aurons « palefrois et roncins, tant que de dix nous resterons trois « vivans. — C'est pourtant, » reprit Fromont, « ce qu'il « faudra faire pour éviter notre ruine. »

Et sans le moindre délai, il envoie vers le Roi Lancelin de

Verdun et Henri qui tient Grantpré. Ils sont reçus comme messagers dans le camp; conduits devant le Roi, Lancelin se chargea de porter la parole: « Dieu sauve le roi qui tient « la France! de par Fromont le puissant qui tient de lui « tous ses riches domaines. Sire, il est émerveillé d'être « débouté par vous, quand il n'avoit, dit-il, à se reprocher « aucune forfaiture. — Il ne dit pas vrai, » répond le Roi. « — Cela est bien possible, » fait Lancelin, « mais s'il a for-« fait, donnez-lui jour; il viendra s'amender devant vous. « — Sire, » dit alors Begon, « c'est là parler comme il « convient. Fromont est un de vos princes, il tient de vous « ses terres : s'il a mépris envers vous de quelque chose, « et qu'il demande à faire droit devant vous, au jugement « des nobles chevaliers, vous ne pouvez refuser de lui don-« ner jour pour le faire. — Oh! que voilà bien penser! » dit Bernart à son tour; « béni l'instant où naquit un tel « homme! — Hé bien! » reprit le Roi, « faites venir Fro-« mont, je ne croirai que ce qu'il dira lui-même. — Mais, » dit Lancelin, « il n'a personne pour le conduire et le rame-« ner sauf, s'il arrive qu'il ne puisse s'accorder au Roi. — « Je le conduirai, moi, » dit Begon, « au nom du roi qui « a la France en héritage. »

Les envoyés rentrent dans Saint-Quentin et vont dire ce qu'ils ont fait. Fromont, qui ne souhaitoit rien autant que de revenir dans sa terre, monte aussitôt, suivi de trente-six barons et tenanciers; Bauduin l'accompagne, mais non Isoré le gris qui pour cela, dit-il, n'aimoit pas assez le roi Pepin ni le loherain Garin. Quand on les vit approcher du camp, tous, François, Angevins, Manceaux, s'écrièrent : « O Dieu! « qui jadis aux noces de saint Archedeclin fis un si bon « vin avec de l'eau pure, donne-nous la paix? Mets un « terme à ce long siége, et puisse chacun de nous revoir « son pays, sa femme et ses enfans! »

Fromont descendit de son destrier : tous, grands et petits, se lèvent devant lui ; le duc Begon s'avance des premiers en le saluant ; mais Fromont passe sans lui répondre, et s'adressant fièrement au Roi : « Sire, Dieu qui fut mis « en croix vous sauve, et confonde mes mortels ennemis « que je vois ici de rang en rang. — Toi, glouton, cent « fois plutôt ! » répond le duc Begon rouge de colère. « Par « le Dieu qui fut mis en croix ! si tu n'étois pas en mon « conduit, si je ne craignois de chagriner le Roi devant qui « nous sommes, je te donnerois de mon poing sur le visage, « et te briserois du coup la mâchoire, pour t'apprendre à « mieux saluer ! — Cher frère, » dit Garin, « laissez-le « parler comme il voudra ; l'homme sage ne doit pas quitter « son siége, et ce n'est pas à nous de le contredire. » Fromont continua : « Droit Empereur, je vous avois toujours « bien servi, quand vous m'avez enlevé ma bonne cité de « Soissons. Je vous prie aujourd'hui de me la rendre. — « Non, » dit Begon, « cela ne peut être. Vous ni les vôtres « n'y doivent rien prétendre. Soissons étoit à nos ancêtres ; « Garin l'a saisie et l'a remise au Roi, le Roi la gardera « envers et contre tous. — Le Roi, » reprit Fromont, « a « tort de me traiter aussi mal, et j'en suis marri, car Dieu « m'est témoin que je ne le desservis jamais. — Vous « l'avez fait, » dit Garin à son tour ; « vous m'avez provo« qué en sa présence, vous m'avez assailli ; vous et vos « amis m'auroient tué sans Hernaïs d'Orléans. — Eh ! » dit Bernart, « sommes-nous donc ici en cour de justice ? Lais« sez tout cela, beau neveu, et contentez-vous de demander « de la bonté du Roi et de sa merci qu'il vous donne un « ajournement devant la Cour. »

« — Droit Empereur, » dit Fromont, « donnez-moi un « jour, je vous en prie ; si j'ai mépris envers le duc Garin, « je suis prêt à le satisfaire et à m'accorder avec lui. —

« C'est fort bien, » dit le Roi, « je vous ajourne donc à
« Paris, le lendemain de la fête de saint Denis. — Sire,
« grand merci ! Maintenant, mon oncle Bernart pourra-t-il
« rentrer dans son château de Naisil? — Non, » dit Begon,
« il faut auparavant qu'il rende les proies d'Auberi. —
« Mais au moins, » dit le Roi, « pourroit-on pleiger Ber-
« nart. — Oui, » fait Begon, « mais à condition que si
« je n'ai satisfaction de Bernart, c'est à vous, sire Roi,
« que je m'en prendrai. » Fromont se lève aussitôt, avec
tout son lignage : « Nous pleigeons Bernart de Naisil sur
« toutes les terres que nous tenons du Roi. — Cela nous
« suffit, » dit le duc Garin. Et le vieux seigneur de Naisil
fut aussitôt délivré de prison.

Ainsi prit fin l'assemblée, et chacun des princes ne tarda
guères à retourner dans son pays : Pepin à Paris, Garin à
Metz, Ori en Allemagne, Huon et Gautier à Cambrai, Begon
dans ses marches de Gascogne. C'est alors qu'il fortifia le
Plessis, à deux petites lieues de Bordeaux, sur la marche de
ses ennemis mortels. Belle et grande étoit la terre disposée
pour la culture et dépendante du Plessis; on pouvoit y
compter quarante villes à moutiers. Le Duc fit garder le
Plessis par quatre mille sergens. Quand les travaux furent
achevés et la fermeté garnie, il en donna l'honneur à
son cousin, le bon vilain Hervis. « Tenez, vilain, » lui dit-il,
« vous voilà plus riche que ne fut jamais votre père. » Et
non content de ce don, il le maria à une demoiselle de haute
valeur, la fille de la sage Heluis et la sœur du preux comte
Hernaïs. De ce mariage naquit, avant la première année
révolue, Rigaut, dont la chanson racontera les grandes
prouesses. Il eut encore trois autres fils qui ne devoient pas
dégénérer.

A Do, qui étoit son veneur et le premier des deux
frères d'Hervis, le duc Begon donna le château de Blazy, le

Val-Perdu et le Puis-de-Monci. Do fut le père du bon vallet Mauvoisin. Le second frère d'Hervis se nommoit Fouquier ; le Duc lui donna quinze moulins, quatre villes et la grande fermeté de Gironville, qui devoit être un jour le dernier refuge de Girbert. Fouchier étoit vigoureux ; il eut quatorze fils. L'aîné de tous fut nommé Guiron ; lequel n'abandonna jamais son droit seigneur Hernaut ni ceux qui devoient tenir de lui.

Il convient maintenant de revenir au roi Pepin.

XVIII

ENTRÉE DANS PARIS DES LOHERAINS ET DES BORDELOIS.

Bientôt les hauts barons, dans l'espoir de trouver à Paris de bons hôtels, revinrent en foule, pour former la cour du Roi. Mais les Loherains avoient pris le devant et retenu, longtemps à l'avance, toutes les maisons de la ville.

On n'avoit pas tardé à voir arriver de Metz le noble duc Garin, de Cologne l'allemand Ori, de Liége Girart, de Cambrai Eudon et de Hainaut Gautier. Après eux vinrent Jocelin de Salebruge, Girart et Harduin de Lucenbourg, Foucart d'Estrabourg, fils d'Odin ; puis les barons avalois et tous ceux dont les honneurs étoient outre le Rhin : puis le noble comte Tierri d'Alsace ou des Monts d'Aussai, le vieux comte Huon de Saint-Mihiel, Renaut de Toul, le duc Henri de Bar, le champenois Huon dont Troies étoit le domaine, et Amauri qui résidoit à Nevers.

A la Cour voulut également assister la pucelle Blanchefleur au radieux visage. Elle avoit choisi pour conducteur le bon duc Auberi. Dans sa compagnie étoient Acart de

Riviers, Gondrin, le petit Fouqueré de Pierrelate, Aleaume d'Avignon aux cheveux blancs, Hatte et Jocelin de Besançon. Puis venoit le duc Begon de Belin autour duquel se pressoient les barons de Bigorre et le preux Savari, Guy de Béarn, Henri de Toulouse, Do le veneur et son frère Hervis du Plessis, Salomon de Bretagne, Hoel de Nantes, Hernaïs d'Orléans, Huon du Mans, Garnier de Paris, Guichart de Beaujeu, d'autres encore, tous formant le lignage du loherain Garin.

Non moins forte et choisie étoit la compagnie du puissant Fromont de Lens. C'étoit au premier rang le flamand Bauduin; puis Pierre d'Artois, Aleaume de Chauni, Dreux d'Amiens, Amauri son fils aîné, Anjorran de Couci, Hebert de Roye, Huon de Saint-Quentin, Robert de Boves, Huon de Gournai, le riche Lancelin de Verdun, le comte Guillaume de Boulogne et son frère Isoré le gris; Bernart de Naisil, ses deux fils Faucon et Rocelin; Gerart de Montdidier, le comte de Braine et Roger de Clermont. Du Bordelois et des terres voisines arrivoient le comte Aimon de Bordeaux, le marquis Guillaume de Blancafort, Bouchart, Harduin, le châtelain Landri de la Valdone, le vicomte Aimeri de Touart, Gui de Surgiere et son fils, Gosse, auquel appartenoit Aunis, Simon de la Roche, puis le comte Guillaume de Poitiers, Joffroi de Lusignan, Bancelin, Hatton, et enfin Savari de Mauléon.

Ainsi que le comte Fromont alloit entrer dans Paris, il vit revenir à lui le messager qu'il avoit envoyé. « Eh bien ! » lui dit-il, « mes hôtels sont-ils retenus. — Non, sire, « par le Dieu vivant. Les Loherains ont saisi toutes les « places, et nos gens n'y pourront séjourner. » Ces nouvelles furent très-déplaisantes au Comte; mais modérant son dépit: « Va donc, ami; passe la rivière au-dessus de Paris et « rends-toi à Saint-Germain; l'Abbé est mon parent, tu lui

« demanderas s'il veut bien m'héberger moi et mes gens.
« — Je ferai ce que vous demandez. »

Le messager se rendit à Saint-Germain. Justement l'Abbé étoit dans le cloître, et quand il se vit salué par un messager : « De quelle part venez-vous, ami ? » lui dit-il. — « Sire, je suis à Fromont le puissant, votre cousin. Il n'a « pas trouvé d'hôtel en la ville; les Allemans et Bavarois « les ont tous retenus ; il désire héberger chez vous. — Qu'il y soit, » reprit l'Abbé, « le bien venu ! » Et faisant aussitôt disposer et vuider les salles et les granges où pourront loger cinq cents chevaliers, il réserve pour le fils d'Hardré la chambre la plus belle et la plus ornée.

Tandis que Fromont, le flamand Bauduin, leurs parens et grands amis trouvoient un hôtel à Saint-Germain, et que les jardins de l'abbaye pouvoient à peine contenir les chevaux de prix qu'on y venoit attacher, Blanchefleur, la noble pucelle de Maurienne, entroit dans Paris, sous la conduite du bourgoin Auberi. Elle avoit la tête nue, une robe de rouge samit couvroit gracieusement ses membres. Le palefroi qui la portoit avoit la blancheur de la fleur de lis; la housse en étoit de la plus grande richesse, et le frein seul valoit le poids de mille livres estrelins. Pour la demoiselle, elle étoit bien faite de corps et de visage : les lèvres épaissettes, les dents petites, bien rangées, blanches comme le plus bel ivoire. Elle avoit les hanches bassettes, les joues mêlées de rouge et de vermeil, les yeux rians, les sourcils bien tracés; que vous dirai-je, c'étoit la plus belle qui jamais fut née. Ses blonds cheveux étoient épars sur ses épaules, et le mince chapelet d'or et de pierreries qui couronnoit son front sembloit ajouter encore à son attrait. Il falloit voir la foule innombrable encombrer les rues de Paris et s'écrier sur son passage : « Ah ! la belle dame, et « bien née pour tenir un royaume ! Pourquoi l'empereur

« Pepin ne la choisit-il pour sa reine ? il n'en trouvera
« jamais d'aussi charmante. »

Auberi la prit entre ses bras pour la descendre de cheval.
Un grand palais cointré lui avoit été réservé ; elle fut
conduite dans une belle chambre tapissée de jonc, de
baume et de lis, où elle trouva la fraîcheur dont elle avoit
besoin. La nouvelle de son arrivée fut bientôt portée au
Roi : « La fille du roi Tierri, » dit-il, « sera ici bien venue.
« Et demain, comme je l'ai promis, elle sera l'épouse de
« Garin, le vassal le mieux fait pour si noble demoiselle ! »

XIX

MARIAGE DE PEPIN ET DE BLANCHEFLEUR.

Or l'archevêque Henri, qui tenoit la grande crosse de
Reims, étoit auprès du Roi, quand il avoit ainsi parlé du
mariage de Garin avec la demoiselle de Maurienne. « Que
« dites-vous là, droit Empereur ? » avoit-il aussitôt reparti ;
« le jour où Garin sera l'époux de Blanchefleur, Fromont
« cessera d'être votre homme ; vous le perdrez, lui, son li-
« gnage et ses amis. La France en sera honnie, et la guerre
« ne prendra jamais fin. — Que voulez-vous donc que
« je fasse ? » dit le Roi. — « Que vous gardiez pour vous la
« demoiselle. Vous êtes jeunes tous les deux ; elle n'a pas
« moins de terre que vous-même : vous ne pouvez sou-
« haiter union plus honorable. — Ah ! voilà, » répondit le
Roi, « des paroles merveilleuses. Eh quoi ! dant Archevê-
« que, voulez-vous m'apprendre à mentir ma foi, à trom-
« per ceux qui m'ont le mieux servi ? — Non, » dit
l'Archevêque, « je n'en ai pas la pensée. Mais tout peut

s'arranger avec honneur : je sais deux moines disposés à jurer demain que Blanchefleur est parente de Garin ; on prendra acte de leur témoignage, et vers midi, ils seront séparés. — S'il en est ainsi, » dit le Roi, « je vais aller « voir la demoiselle, et si elle m'agrée, je deviendrai son « mari. »

Le Roi monte et se rend à l'hôtel de Blanchefleur. La demoiselle de Maurienne, prévenue de la visite, s'étoit hâtée de prendre ses plus beaux atours. Elle alla hors de sa chambre au-devant du Roi, qui la reçut entre ses bras : « Ma demoiselle, » dit-il, « je vous souhaite tout le bien « possible. — Ah! Sire, grand merci de l'honneur que « vous me faites, en venant me visiter. »

Ils s'asseoient sur une couche à noire couverture. Le Roi la retenoit par ses belles mains, par ses doigts longs, minces, blancs et polis. Il regardoit son corps souple, sa bouche rosée, son rire savoureux, son nez, son menton, ses bras ; il suivoit la respiration de ses dures mammelettes soulevant le pelisson herminé ; dans soixante contrées on n'eût assurément pas découvert une aussi parfaite beauté. Il fut embrasé d'amour, et dès lors souhaita de l'épouser. « Ma demoiselle, » dit-il en la quittant, « je vous recom- « mande au Saint-Esprit : croyez bien que je voudrois « vous agréer en toutes choses ; vous n'avez pas de meil- « leur ami. — Sire, grand merci ! » répond la belle au radieux visage ; mais elle ne devinoit pas ce qui le faisoit ainsi parler. Revenu dans son palais, Pepin se mit au lit, et de la nuit entière il ne put fermer les yeux.

Le lendemain avant le point du jour, il pensoit encore à Blanchefleur quand il entendit sonner matines dans tout Paris. Il se rendit à la chapelle et s'assit sur le même siége que l'Archevêque. « Eh bien ! » fit le prélat, « que dites- « vous de Blanchefleur au radieux visage ? — Je vous

« l'avouerai, » répond le Roi, « elle n'a pas son égale en « beauté ; j'en suis tellement épris que mon unique désir « est de l'épouser. Suivez le projet dont vous m'avez entre-« tenu. — Rien, » dit l'Archevêque, « ne me sera plus « facile : mes deux moines sont vieux et fleuris, personne « ne s'avisera de démentir leur témoignage. »

Le service s'achève, l'aube se dégage de la nuit, le jour succède et les cloches sonnent de nouveau dans tout Paris pour annoncer la messe. Blanchefleur va l'entendre à Saint-Magloire, avec Auberi et douze chevaliers de son lignage. Cependant le flamand Bauduin, le comte Fromont, Guillaume de Montclin, Bernart de Naisil et avec eux trente-six chevaliers se rendent au palais, et occupent à l'avance un des côtés de la Grand' salle. Bientôt arrive Blanchefleur au radieux visage, entourée des chevaliers qui l'avoient conduite à la messe. Bernart en la voyant s'approche de Fromont : « Voilà, » dit-il, « la pucelle d'où sont venus tant de « maux, et qui nous a fait perdre nos meilleurs amis ; sai-« sissons-nous d'elle : beau neveu, nous lui ferons épouser « Isoré le gris ou Guillaume de Montclin. Par mon chef ! si « je la tenois à Naisil, je quitterois la couche d'Heluis et « j'irois partager la sienne. — Oh ! mon oncle, » répondit Fromont, « faites-nous grâce de cela ; je ne viens pas ici « pour renforcer la guerre, mais pour arriver à la paix. La « guerre porte malheur à qui la commence. — Ah ! mau-« vais couart, » s'écria Bernart, « comme le cœur te fait « défaut ! Par les saints-Dieu, jamais tu ne m'as appar-« tenu. »

Alors arriva le lohérain Garin sous le costume de comte du palais, et tenant par la main son frère Begon. Devant eux marchoit un gentil jongleur, et à leur suite l'allemand Ori, Gerart de Liége, le duc Auberi, Huon de Cambrai, Gautier son frère, Hernaïs d'Orléans, Huon du Mans et plus de cent chevaliers de leur lignage. Ils avançoient sur un double rang, réglant leurs pas au son des violons et d'autres instrumens joués par les ménestrels. Leurs écuyers sembloient remplir le palais. Fromont à son tour s'adressant à Bernart de Naisil : « Voulez-vous, oncle, montrer votre « grand hardement ? Allez saisir au milieu des Loherains « la pucelle de Maurienne. — Vous m'en avez empêché, » répond Bernart, « quand la chose étoit facile ; vous savez « bien que le moment de le tenter est passé. »

L'Empereur va prendre la demoiselle par la main et la fait asseoir près de lui. Puis appelant le puissant Fromont et tous ceux du même parage : « Seigneurs, » dit-il, « n'êtes-vous pas las de la guerre où vous êtes engagés ? je « vous prie de vous accorder aujourd'hui avec le duc Garin. « Tous les sujets de plainte que vous m'avez donnés, je les « oublie, pourvu que la paix soit rétablie entre vos deux « lignages. — Sire, » répondit Fromont, « vous êtes « notre seigneur, nous ne devons pas tenir contre vous ; « je ferai ce qu'il vous plaira. — C'est là bien parler, » reprit le Roi, « et je vous en tiendrai compte, si Dieu m'accorde de longtemps vivre. » Alors furent introduits les preudhommes, les archevêques et la foule des abbés qui réglèrent les conditions de la paix, et reçurent les engagemens des deux lignages. L'accord parut être rétabli, tous les précédens sujets de querelle oubliés. Le Roi, sans perdre de temps, s'adressant à Garin : « Très-doux ami, » lui dit-il, « recevez de moi votre femme ; je tiens à vous « servir, au manger des noces. — Je vous rends grâce, « Sire, » répond Garin : et le Roi ayant mis la main de Blanchefleur dans celle du Loherain, l'Archevêque de Reims se leva et dit :

« Ecoutez, grands et petits ! Voici le loherain Garin de « Metz qui va prendre pour femme Blanchefleur, la fille du

« roi Tierri de Maurienne : Si l'un de vous a quelque chose
« à dire sur ce mariage, qu'il le dise ; s'il se tait, il ne
« sera jamais ouï en cour, et aussitôt le départ du Duc, je
« l'interdis et je l'excommunie. »

Aussitôt voilà qu'un moine aux cheveux blancs s'avance vivement : « Entendez-moi, francs et gentils chevaliers ; ce « mariage que l'on propose, ne peut être conclu. Hervis de « Metz, le père de Garin, étoit cousin germain du roi « Tierri ; la parenté est trop proche entre le duc Garin et « la demoiselle de Maurienne pour qu'ils puissent s'unir et « reposer dans le même lit. »

Ces paroles transportent Begon de colère : il s'élance sur le moine, le renverse à terre et le foule aux pieds : « Fils « de putain, » lui dit-il, « où as-tu pris ce que tu viens nous « raconter ? » Il eût tué le malheureux, si l'on ne se fût empressé de l'arracher de ses mains. « Sire vassal, » dit le Roi mécontent, « il faut que vous m'ayiez en grand mépris, « pour battre ainsi devant moi ce moine. — Lui, moine ? « Sire, il ne l'est pas, c'est un traître, un renégat ; il a été « payé, par qui je l'ignore, pour parler comme il a fait. « J'en atteste saint Denis, si je le tiens une seconde fois, « c'est un homme mort. — Non, » reprit le Roi ; « mais « je vais faire apporter les saints, et les moines jureront « sur les reliques la vérité de ce qu'ils ont avancé. »

Les saints arrivèrent, et les deux moines firent le serment qu'on leur demandoit. Garin et Blanchefleur furent séparés, et dans le palais on ouït aussitôt un bruyant tumulte et de grands murmures : « Quel dommage ! « disoient la plupart, « maudit le moine qui vient empêcher une si belle union ! — Pour moi, » dit Bernart de Naisil, « je savois bien qu'ils « étoient parens. — Le soutiendriez-vous ? » lui demanda Begon en colère.— « Oh ! je ne voudrois pas, pour un pareil « sujet, entrer en raisons avec vous ! »

Mais Fromont, voyant le mariage ainsi rompu, prit à l'écart le loherain Garin : « Parlons un peu, franc cheva« lier, » lui dit-il. « J'ai grand regret, Dieu m'en est té« moin, de la guerre que nous avons eue, et je désire être « à toujours votre meilleur ami. Aidez-moi donc, je vous « prie, dans la demande que je prétends faire de Blan« chefleur au radieux visage pour mon frère Guillaume de « Montclin. J'ai deux sœurs qui sont d'une grande beauté, « prenez-en l'une et que l'autre soit pour votre frère Begon « de Belin. Je ferai un partage égal de mes terres entre « nous trois : si jamais nos deux lignages étoient réunis, « nous ne craindrions personne au monde. — Je ferai, » dit Garin, « ce que vous demandez ; et vous aurez la demoi« selle, si elle consent à suivre mon conseil. » Fromont retournant aussitôt vers les siens : « Savez-vous, » leur dit-il, « pourquoi je parlois au Loherain. Je lui demandois « Blanchefleur pour mon neveu ou pour mon frère. — Par « Dieu ! » dit Bernart, « s'il procure ce mariage, il n'aura « plus de meilleur ami que moi. »

Pour Garin, il alloit rejoindre la demoiselle : « Ecoutez« moi, dame, » lui dit-il, « Fromont le puissant vous « demande en mariage pour son frère Guillaume de Mont« clin. Guillaume est des plus preudhommes ; il est riche « de terres et enforcé d'amis, vous ne pourriez faire al« liance plus convenable. » Blanchefleur, en entendant Garin parler ainsi, sentit le rouge lui monter au visage, et le regardant en face : « Ah ! franc loherain, que me dites« vous ? j'ai deviné le complot ; c'est Fromont qui nous a « séparés ; il vous hait à mort : à Dieu ne plaise que je « consente jamais à recevoir pour mari un homme de son « lignage ! Je veux bien que vous le sachiez, et j'en atteste « la croix où Jésus s'étendit, je n'aimerai jamais qu'un « homme de votre race. Je veux demain retourner en Mau-

« rienne; il ne tient qu'à vous de me suivre, vous m'y pren-
« drez pour votre femme, vous serez roi de toute ma terre :
« qui peut mieux le mériter que vous? — Je vous remercie
« grandement, dame, » répondit Garin; mais il étoit
incertain de ce qu'il avoit à faire.

Cependant l'Archevêque ne les perdoit pas de vue; il avoit
suivi Garin dans sa conférence avec Fromont, puis avec
la demoiselle de Maurienne; et se hâtant d'avertir le Roi :
« Gentil Empereur, il n'y a pas un instant à négliger, si
« vous ne voulez pas que Blanchefleur vous échappe. »
Pepin chargea donc Tierri d'Ardenne, Huon de Troies et
Amauri de Nevers d'aller chercher la demoiselle à laquelle,
dit-il, il vouloit parler. Ils fournissent le message, et Blanchefleur ne tarde pas à les suivre. Dès que le Roi l'aperçut :
« Ma demoiselle, » lui dit-il en riant, « je veux, pour
« l'amour de Garin, vous marier hautement; j'entends vous
« épouser de mon propre corps. — Cher Sire, » répond-
elle, » je vous rends grâce, vous me faites grand honneur;
« mais j'en prends à témoin le Dieu qui n'a jamais menti,
« je n'aurois pas donné Garin le loherain pour l'honneur
« d'être reine; Garin est l'homme du monde que j'aurois le
« mieux aimé. Cependant, puisque les désirs de mon père
« et les miens ne peuvent être suivis, je suis prête à vous
« obéir. Veuillez seulement, s'il vous plaît, mander Garin,
« son frère Begon et mes plus grands amis. — C'est fort
« bien parlé, » dit le Roi. Il fait appeler les deux loherains, Auberi, l'allemand Ori : « Approchez, » leur dit-il,
« vous m'avez si bien honorés et servis, que je veux entrer
« dans votre famille : je prétends épouser Blanchefleur au
« radieux visage. — Oui, » s'écria Garin, « oui, nous vous
« avons servi loyalement; mais vous le reconnoissez vilai-
« nement. Jamais ce mariage ne s'accomplira de mon gré. »
Mais Begon s'élançant devant son frère : « Eh ! loherain

« insensé, que viens-tu dire ! laisse là Blanchefleur ; si tu
« veux femme, tu en trouveras dix pour une, toutes d'un
« parage égal au sien. Prenez-la, Sire, et que ce soit
« pour votre bonheur ! »

C'est ainsi que Pepin épousa la belle Blanchefleur ; et quelques jours après, il la couronna dans la cité de Paris.

LIVRE III

SECONDE GUERRE

I

LES NOCES DE BLANCHEFLEUR.

L'Empereur avoit fait crier dans Paris, pour inviter tous les vassaux qui avoient formé la cour et juré la paix à ne pas encore se mettre au retour. Aux noces qui furent grandes et riches, les Loherains remplirent toutes les hautes charges : Begon de Belin servit des mets le Roi ; le bon duc Auberi, Girart de Liége et l'allemand Ori furent pannetiers ; Joffroi d'Anjou, Hernaïs d'Orléans et Garnier de Paris furent échansons. A Garin fut décerné l'insigne honneur de remplir la grand'coupe du Roi. Il étoit beau de corps et de visage ; on n'eût pas trouvé dans le monde un homme mieux fait et de plus courtoise apparence. Aussi, la nouvelle reine prenoit-elle à le regarder un grand plaisir; ses yeux alloient constamment de lui à Pepin, et le Roi lui sembloit encore plus court et plus chétif. Ah! falloit-il qu'elle vînt à la cour! pourquoi n'avoit-elle pas mandé Garin en Maurienne! Garin seroit devenu son mari; elle en auroit eu son plaisir. Hélas! il est trop tard; et de tout elle ne doit accuser qu'elle-même.

Pendant que Blanchefleur se livre à de telles pensées, le puissant Fromont siége au milieu d'une autre table occupée par Bernart de Naisil, Isoré de Boulogne, leur parage et leurs grands amis. A la vue de Garin qui tient dans sa main la grand'coupe d'or : « Voyez-vous, beau neveu, » dit Bernart à Fromont, « comment ces loherains
« se poussent en avant : ce n'est pas Garin, c'est vous qui
« devez servir devant le Roi ; par mon chef! vous ressem-
« blez au mâtin, qui de son chenil aboie et n'ose sortir.
« Allons! neveu, montre-toi franc chevalier; saisis la
« coupe; c'est ton devoir, c'est à toi de la remplir. »

« — Voici merveilleuses paroles! » répond Fromont;
« puis-je empêcher le Roi de donner ses charges à qui lui
« plaît? Gardons-nous, bel oncle, de folle entreprise, car
« on ne peut de folie rien attendre; nous aurions le temps
« de le regretter. »

Mais Bernart ne l'écoute pas; la rage dans le cœur, il saute en pieds, arrive à Garin et porte si rudement la main sur la nef d'or, que le vin coule sur le peliçon du Duc. Garin retient la nef : « Eh quoi? sire Bernart, » dit-il, « est-ce à boire que vous demandez? je vais vous « en servir et du meilleur. — Ah! malheureux chétif, » crie alors Bernart, « est-ce à toi de tenir la grand'-
« coupe? Tu déshérites Fromont de son droit, mais tu
« pourras bien t'en repentir. » En même temps il fait un nouvel effort pour arracher la coupe; Garin hausse la main qui la tenoit et la laisse retomber de toute sa force;

du bord de la nef il ouvre le front de Bernart au-dessus des sourcils, et l'étend à ses pieds ruisselant de sang. Aussitôt, sept vingts chevaliers s'élancent des tables; de rudes coups sont échangés, Garin se défend comme un lion, et la Reine, enflammée à la vue de ce tumulte inattendu, eût volontiers pris sa part du danger. Au moins s'adresse-t-elle au Roi : « Sire, laisserez-vous meurtrir les chevaliers qui vous ont « le mieux servi ? Seriez-vous indigne de porter couronne « et d'avoir dans votre lit une noble femme? »

Cependant il falloit voir d'un côté le loherain Garin, Auberi le Bourgoin, Gautier de Hainaut et l'allemand Ori; de l'autre, Isoré le gris de Boulogne, ouvrant les rangs ennemis, et donnant çà et là grands coups de poing; malheur à ceux qu'ils atteignent! Mais les Loherains, moins nombreux, se défendoient à grand' peine.

Le duc Begon étoit aux cuisines, pour le service des tables. La nouvelle lui arrive que Garin, son frère, est aux prises avec la parenté de Fromont. Sans perdre un instant il s'adresse au maître queux : « Ami, tu es mon « homme, en raison de ton fief de cuisine; tiens, prends « mon peliçon herminé avec le manteau de sable que j'ai « sur le cou; je te semons de me suivre, toi et tous les « garçons de ta cuisine. On verra qui fera le mieux et qui « épargnera le moins ces felons bordelois. » Aussitôt tous les garçons de saisir mortiers, crochets, cuillers; de monter à la Grand' salle et de frapper devant eux. Begon s'étoit emparé d'une forte broche garnie de bonnes pointes de fer, et dans laquelle étoient passés nombre d'oiselets chauds et rôtis; il brise du premier coup cette arme sur le dos d'Isoré qu'il étend par terre, au moment où il tenoit le bourgoin Auberi par le cou; du tronçon qui lui reste, il atteint Harduin qu'il jette applati contre un pilier. Les queux frappoient aussi de leur côté, navroient, assommoient, meurtrissoient; ainsi repoussés, il fallut pour les Bordelois songer à fuir : mais Pepin avoit donné ordre à ses françois de garder les portes et d'arrêter tous ceux qui voudroient les repasser. C'est alors qu'un pauvre gars rôtisseur d'étourneaux, ayant trouvé dans la cuisine une énorme pierre, la laissa tomber sur les degrés de marbre au moment où le jeune Jocelin les descendoit rapidement. C'étoit l'aîné des enfans de Fromont : le coup l'atteignit, et fit voler sa cervelle à deux pas de son père. « Hélas! » s'écria le malheureux Fromont, « comment annoncer à sa « dolente mère qu'elle a perdu l'enfant sur qui reposoient « toutes ses espérances! » La lutte avoit cessé : le comte puissant fut arrêté aux portes, lui, Bernart de Naisil, le flamand Bauduin, Lancelin de Verdun, l'orgueilleux Guillaume et soixante de leurs amis; tous furent aussitôt descendus dans la chartre du Roi.

II

GARIN ACCUSÉ PAR BERNART DE NAISIL.

Le comte Fromont n'avoit pu détourner le vieux Bernart de faire à Garin un fol outrage. Maintenant qu'ils étoient jettés au fond de la chartre du Roi, il ne devoit pas épargner les reproches à celui qui les avoit perdus : « Nous « n'avons, » disoit-il, « à blâmer que nous-mêmes; « mais qu'allons-nous devenir, et comment sortir vivans « d'ici? — Tais-toi, malheureux chétif, » répondoit Bernart, « pour vous délivrer je n'aurois besoin que de « parler au Roi. — Et que lui diriez-vous donc? » demanda Isoré le gris. — « Si vous avouez mes paroles, je dirai que

« ma haine contre Garin vient de ce qu'il avoit résolu de
« le faire mourir de male mort, pour se venger de n'avoir
« pas épousé Blanchefleur; j'ajouterai qu'il avoit reçu de
« l'imprudent Fromont soixante marcs d'or pour livrer la
« demoiselle à Guillaume de Montclin. S'il nie, on produira
« la clameur en cour. — Et moi, » dit Isoré, « je le
« soutiendrai contre Garin. — Une fois le plaid retenu, »
reprit Bernart, « on nous donnera quelque répit; nous
« regagnerons nos châteaux, et tout sera dit. — Je m'y
« accorde, » dit Fromont.

Bientôt après, on entend quelque bruit à l'ouverture de la chartre : c'est le chartrier qui, un grand cierge à la main, plonge les yeux jusqu'au fond du souterrain. « Qui « est là? » demande Bernart. — « Le chartrier de Pepin; « je viens m'assurer que vous y êtes et que vous n'avez « aucun moyen d'échapper. — Mon ami, » reprend Bernart, « écoute un peu. Tu vois mon peliçon herminé et le « mantel de sable qui garnit mon cou? Peliçon et mantel « sont à toi, je vais te les passer de la main à la main, si « tu me promets d'amener ici le Roi ; j'aurois à lui parler « pour son profit. — Très-volontiers! tendez le mantel « et le peliçon, vous verrez arriver bientôt le Roi. » Bernart se dépouille et tendit les vêtemens au glouton, qui se rendit du même pas dans la salle où se tenoit Pepin. Quand le Roi l'apperçut : « Eh! chartrier, qui t'a si richement « vêtu? — Sire, le comte Bernart de Naisil. Il vous « prie, et, dit-il, pour votre profit, de venir parler à lui. » Le Roi appelle alors Faucon, Amauri, Huon de Troies et Garnier de Paris ; ils arrivent devant la chartre; Bernart, en les voyant, s'écrie d'une voix larmoyante : « Ha! riche « Roi, ayez merci de nous! nous n'avons pas mérité la « prison. Le loherain Garin, et nous le soutiendrons contre « lui, moi ou mon neveu Isoré, menaça de vous faire mourir

« de male mort, pour l'avoir séparé de Blanchefleur. Il
« avoit même promis à Fromont de marier la demoiselle à
« Guillaume de Montclin, et, dans un moment de folle ivresse,
« Fromont lui a donné pour cela soixante marcs d'or fin.
« Voilà pourquoi, Sire, dès que je fus averti du conseil,
« j'allai pour ôter la coupe d'or des mains du traître; et
« voilà pourquoi vous nous avez fait tous jeter dans votre
« prison. »

Il dit, et le Roi sentit le sang lui monter au visage :
« Vous entendez, seigneurs, les paroles de Bernart. Ah!
« traître Garin, que j'aimois plus qu'aucun chevalier de
« mon pays! — Ne croyez rien, Sire, de tout cela, » dit
le comte Huon, « car Bernart a menti. — Si fait, par saint
« Denis! j'ai remarqué le dépit de Garin, quand je lui
« parlai d'épouser; sans Begon son frère, il n'y eût jamais
« consenti. »

Pepin ordonne aussitôt d'élargir les riches comtes : que
celui qui fut mis en croix protége Garin! on va l'appeler
d'une chose qui le couvrira de honte, s'il ne parvient à s'en
défendre.

Le Loherain qu'on envoie quérir ne tarde pas à venir
avec Gerart de Liége, Auberi le Bourgoin et Ori l'allemand. « Maintenant, Bernart, » dit le Roi, « parlez; dites
« ce que vous avez à dire. »

Bernart alors : « Il ne faut rien cacher. Voici Garin, le
« loherain de Metz; il promit à Fromont la main de Blan-
« chefleur au radieux visage, pour notre neveu Guillaume
« de Montclin. En récompense, et dans un moment de folle
« ivresse, Fromont lui donna soixante marcs d'or fin. Alors
« Garin, devant nous, se vanta qu'il feroit périr le Roi de
« male mort. »

« — Vous en avez menti! » s'écrie Garin, « traître, rené-
« gat, parjure! S'il y avoit en France un seul homme assez

« hardi pour soutenir qu'une telle parole fût jamais sortie
« de ma bouche, je le ferois récréant avant le milieu du
« jour. — Tu l'as dit véritablement, » reprit Bernart ;
« avancez, comte Isoré le gris, soutenez ce que vous avez
« entendu. » Isoré, sans hésiter, offrit son gage, et pour
pleiges, ses parens et grands amis. Garin, de son côté,
se releva vivement et, comme prêt à défendre, offrit
également son gage. Puis s'adressant à ses compaignons :
« Soyez mes pleiges, Ori l'allemand, Auberi et Gerart ;
« vous êtes mes neveux, je dois compter sur vous. —
« Oncle, » s'écria le Bourgoin, « je veux soutenir la que-
« relle et combattre contre Isoré. — Je le demande éga-
« lement, » dit l'allemand Ori. — Non, neveux ; je dé-
« fendrai moi-même ; contentez-vous d'être mes otages.
« — Mais, » dit Pepin, « moi, je les récuse. Présentez-en
« d'autres. — Voilà qui est merveilleux ! » dit Garin.
« Vous récusez mes parens, mes amis ? Irai-je donc prendre
« mes otages chez les Sarrasins ? »

Le duc Begon étoit alors assis tranquillement dans la
chambre de l'Emperière. Quelqu'un demande à lui parler :
« Que faites-vous ici, sire Duc ! Garin est empêché dans le
« palais, Isoré le gris donne gage contre lui, et l'Empe-
« reur le tient de court au point de refuser ses amis pour
« otages. »

Le Duc, à ces paroles, sort de la chambre et arrive au
palais, tête nue, même avant d'avoir affublé son manteau :
« Droit Empereur, » dit-il d'une voix haute, « je veux
« savoir quelle est cette querelle faite à mon frère. Il est
« mon aîné, c'est de lui que je dois tenir ce qui peut me
« revenir dans l'héritage d'Hervis ; mon devoir est de servir
« mon seigneur en haute cour. Apprenez-moi donc ce qu'on
« lui met sus et si je puis le couvrir en donnant mon
« gage. » Les barons disent : « Le duc Begon est dans

«. son droit, pourvu que Garin le reconnoisse en effet pour
« tenancier. »

« — Seigneurs, » répondit Garin, « Begon a dit la vérité.
« Mais, mon cher frère, n'insistez pas, je vous prie; grâce
« à Dieu, je puis me défendre moi-même, non-seulement
« contre Isoré, mais, pour les convaincre de mensonge, j'en
« mangerois dix comme lui, l'un après l'autre. »

« — Oh! » répondit Begon, « on sait assez que vous êtes
« hardi chevalier et courageux; mais pour cela je ne veux
« pas négliger mon droit. » Il dit, et tend son gage en
échange de celui qu'avoit présenté son frère. Aussitôt cent
quarante chevaliers se lèvent pour lui servir d'otages; l'Emperière veut elle-même être du nombre. On les accepte, les
gages sont pris de part et d'autre. Le combat devra se faire
le lendemain matin.

III

COMBAT DE BEGON ET D'ISORÉ LE GRIS.

Quand le soir fut venu, Begon avec assez de ses chevaliers se rendit à Notre-Dame. On avoit préparé un grand
luminaire; il y veilla toute la nuit. Isoré demeura dans son
hôtel : il y but et mangea longuement; pour être plus dispos, il se mit au lit de bonne heure et dormit jusqu'au
matin.

Le jour reparut. On chanta la messe à tous les maître-
autels. Begon à l'offrande présenta un vert paile à rouelles;
la Reine en présenta un autre semblable. Revenu dans son
hôtel, le Duc se plaça sur une coute de cendal vermeil et se
fit armer; Isoré avoit pris sur lui l'avance, tout en espé-

rant, grâce à sa puissante parenté, qu'il n'auroit pas à défendre une aussi mauvaise cause. Lui, Fromont et Bernart de Naisil montèrent les degrés marberins du palais; quand ils furent devant le Roi : « Sire, » dit Bernart, « vous
« voyez mon neveu armé et prêt à soutenir ce que j'ai
« révélé : mais vous n'avez pas oublié les grands services
« des Loherains; prenez, s'il vous plaît, un jour pour nous
« entendre et nous accorder. — Non, Bernart, » répondit le Roi, « il est trop tard, il n'y faut plus penser. »

Cependant Begon revêtoit le haubert et laçoit le heaume bruni. On ne pouvoit être plus beau que lui sous les armes. Il attacha Froberge à la selle dorée et ceignit une autre épée qu'il avoit fait venir de Cologne. Gerart de Liége prit son cheval en laisse, Auberi le bourgoin porta son écu, Tierri des monts d'Aussai son épieu. « Neveu, » dit Tierri, « ayez
« en mémoire votre père Hervis, le meilleur chevalier du
« monde. Soyez comme lui rempli de hardement et de
« prouesse. — Oui, bel oncle; Dieu et mon droit me
« protégeront. Je donnerois le hardement d'Isoré pour un
« simple parisis, car il a le tort; l'homme déloyal ne peut
« durer longtemps. »

Arrivés dans le palais ceintré, Begon s'avance vers Pepin : « Droit Empereur, » dit-il, « je me présente et j'offre le
« combat pour ce matin même. — Droit Empereur, » dit Bernart à son tour, « fixez un terme; ajournez-nous,
« pour arriver à bon accord et ôter tout sujet de querelle.
« — Oui, Sire, » ajoute Fromont, « je le demande, et je
« suis prêt à faire votre plaisir en toutes choses. —
« Droit Empereur, » répliqua Begon de Belin, « ils ont
« appelé de meurtre mon frère Garin; or, pour cas de
« trahison on ne tient pas de plaids. Me voici prêt à com-
« battre; je ne veux entendre à nul répit. — Et moi, » dit le Roi, « je vous approuve. »

On se rendit alors sur la place préparée devant le palais pour le combat. Les ôtages, livrés au roi Pepin, furent enfermés dans une grande salle qui regardoit d'un côté les lices, de l'autre le jardin. Vers le jardin furent conduits Aimon de Bordeaux, Bouchart, Harduin, Bernart de Naisil, Galeran et Gaudin ; de l'autre côté, Fromont, le flamand Bauduin, Lancelin de Verdun et Guillaume, l'orgueilleux de Montclin.

L'Empereur fait apporter les Corps saints sur la place. Isoré, le premier, s'en approche et jure que Garin a pensé et pourchassé trahison envers le Roi. Mais quand il se penche vers les Saints pour les baiser, il chancelle, et peu s'en faut qu'il ne tombe à la renverse. « Ah! cuivert, » dit Begon, « tu es en male aventure ! tu viens de te parjurer en pré-« sence du Roi et du baronage. Je ne laisserois pas, pour « le plus beau royaume, de te faire sentir le feu de mon « branc d'acier. » Il dit, le saisit par le bras droit, le relève et le fait si rudement tourner que l'autre a peine à se reconnoître. Puis tombant à genoux, Begon avance la main, la pose sur les saintes reliques et jure que le glouton Isoré vient de commettre un parjure : « Jamais penser de trahison n'a « souillé mon frère ou quelqu'un de notre lignage. » Ensuite il baisa les Saints, se signa et se recommanda tendrement à Dieu en versant des larmes. Le Roi ne put le voir sans être ému ; mais quoi ? c'est maintenant au diable à tenir son plaid.

Les entrées sont fermées ; les deux champions remontent à cheval et le Roi confie la garde du camp à quatre de ses comtes fiévés. Les François s'étoient armés dans la ville, afin de prévenir tout désordre ; et cependant la belle et gentille Reine, accompagnée de dix pucelles d'une beauté singulière et de quinze dames veuves, étoit à l'église, agenouillée devant le maître-autel. Garin prioit également auprès d'elles.

La première rencontre fut rude : les deux barons s'élancèrent en même temps, le frein abandonné. L'épieu de Begon se brisa dans ses mains, celui d'Isoré, rencontrant le poitrail de l'autre cheval, pénétra dans les chairs et l'étendit mort sur le pré. Begon fut aussitôt relevé, le brand lettré au poing : « Ah! couart, » dit-il, « la male mort à « qui laisse le maître pour navrer le cheval! Mais n'espère pas que je te laisse sortir vivant des barrières. — Je crois « que vous y mentez, » répond Isoré, en poussant sur lui son cheval. Begon l'attend sans trouble, se détourne, évite l'atteinte, et levant aussitôt le bras, fait lourdement tomber sa bonne lame sur le heaume d'Isoré, dont il embarre le cercle et emporte le nasal. La lame glisse de l'épaule du chevalier au flanc du cheval, qui chancelle et tombe à son tour, pour ne plus se relever. Isoré parvient à s'en débarrasser ; ils se précipitent l'un sur l'autre et se portent des coups terribles : la lutte fut longue, et quelle que soit l'issue du combat, Pepin aura sujet de le regretter. Tous deux adroits, vigoureux, intrépides ; tous deux à pied, l'épée au poing, l'écu troué, fendu, écartelé ; le haubert faussé, déchiqueté, ils n'avoient rien perdu de leur ardente fureur. Entrés dans la lice avant neuf heures du matin, midi alloit sonner, ils combattoient encore. On vint dire à la Reine que Begon avoit perdu son cheval, qu'il avoit brisé son épieu. Une fervente prière sortit de ses lèvres : « Sainte Marie! qui « avez allaité Notre-Seigneur, ah! ne laissez pas mourir « Begon : ne permettez pas le malheur et la honte du « royaume de France! »

Écoutez ce que fit le Duc : il va de sa bonne épée frapper Isoré sur le haut du heaume que surmontoit l'escarboucle. Le cercle cède, et le coup est assez bien asséné pour faire tomber Isoré sur les mains et les genoux. « Relève-toi, si tu le « peux, couart renié, » lui crioit Begon ; « à la male heure

« es-tu venu dans le champ; il te faut mourir. » Isoré se relève, embrasse son écu et rend le coup qu'il vient de recevoir. Le fer tranche le cercle du heaume et descend sur l'écu de Begon dont il sépare un large côté. Begon n'a cependant pas fléchi; il lève une seconde fois son épée, mais le brand atteint le coin d'acier massif, se brise et lui échappe pour ne laisser dans sa main que le pont d'or. De cette poignée, il va frapper Isoré, et l'étourdit si bien qu'il le fait chanceler au point de le laisser à peine sur ses pieds. En ce moment, comme Begon n'avoit plus d'armes à la main, et qu'Isoré, toujours muni de sa bonne épée, sembloit déjà vainqueur, voilà que Guillaume de Montclin crie, de la salle où il étoit enfermé : « Neveu, neveu! prends la tête du lohe- « rain maudit. — Qu'est-ce que j'entends? » répond Isoré, « on voit que vous n'êtes pas sous mon noir écu. Allez « plutôt réclamer la merci de l'Empereur pour moi et pour « vous tous. Dites à Pepin que je m'engage à tenir de lui « toutes mes terres. » En ce moment, il souvient à Begon de Froberge, la bonne épée fourbie qu'il avoit pendue à la selle du cheval. Il court aussitôt la prendre, la tire du fourreau et revient vers Isoré d'un pas assez lent, car il étoit couvert de blessures, le corps brisé, la poitrine sanglante. Avec tout ce qui lui restoit de forces, il frappe Isoré, sépare le heaume, achève de trancher la coiffe, arrive au crâne, l'ouvre et le pourfend jusqu'à la naissance du haubert. Isoré, cette fois, tomba pour ne plus se relever: il étoit mort. Alors Begon, encore ivre de rage, plonge Froberge dans ce corps inanimé, et comme un loup affamé sur la brebis, arrache de ses mains les entrailles, les emporte, et s'avançant vers la salle des ôtages, il les jette au visage de Guillaume de Montclin : « Tiens, vassal, » dit-il, « prends le cœur de ton ami; tu « pourras le saler et le rôtir! Et qu'il t'en souvienne! Garin « n'a jamais été parjure; Garin n'a jamais trahi le Roi! »

IV

FUITE DE BERNART DE NAISIL. — RAVAGE DE LA LOHERAINE. — DEUXIÈME PAIX CONCLUE; FROMONT DÉSAVOUE BERNART DE NAISIL

Le premier soin du duc Begon, vainqueur d'Isoré, fut de se rendre à Notre-Dame où la Reine le reçut et lui fit, ainsi que Garin, la plus grande joie du monde. Les cloches sonnèrent dans tout Paris, on n'y eût pas alors entendu Dieu tonner. Le roi Pepin vint à sa rencontre, le ramena dans le palais ceintré et voulut qu'il reposât dans les appartemens de l'Empérière; Blanchefleur, comme on le pense bien, n'épargna rien pour le guérir de ses nombreuses plaies.

Mais dès que le comte Bernart apprit la mort d'Isoré, il fendit son mantel et son peliçon, lia fortement les bandes entre elles et se coula, de la salle où il étoit, dans le grand verger de Pepin. Il sortit de Paris en passant la Seine à la nage, et se dirigea vers Lagny, où Forsin, un bonhomme de la ville, lui ouvrit sa maison. Il y resta la nuit, et le lendemain, avant le point du jour, il se remit à la voie, gagna Rebais, puis Vausoire, où il trouva son fils, qui n'avoit pas assisté aux noces de la reine Blanchefleur. « Eh! père, » dit Faucon, tout surpris de le voir, « d'où venez-vous en si « petit état? — Je viens de Paris, où j'ai vu Begon de Belin « combattre et tuer dant Isoré le gris. D'ici je m'en vais « droit à Naisil. Oh! malheur à nos ennemis mortels! « Je veux faire un cri en Loheraine; je n'y veux laisser « bœufs, vaches ni brebis. — Ah! cher père, au nom « du Ciel, ne faites rien qui porte avec soi le déshonneur; « vous n'avez rien à attendre de vos amis; ils sont tous à « la merci du Roi. — Silence! mauvais glous; par les

« saints de Dieu! non, tu n'es pas mon fils. Je veux qu'on
« me traîne à la queue des chevaux, si je ne suis vengé du
« loherain Garin et de son frère Begon, tous deux nés pour
« la mort ou la honte de mon lignage. — Écoutez-moi
« cependant, » reprit Faucon; « ils sont les plus forts, ils
« sont hardis et vigoureux chevaliers ; et quant à vos tenan-
« ciers, je le sais tout nouvellement, ils vous ont laissé
« et se sont mis en la main du Roi. — Vraiment, » répond Bernart, « voilà merveilles! Mais une fois dans mon
« château de Naisil, je ne donnerois pas de tous mes ennemis
« un angevin, et je saurois bien faire mourir de dépit le
« plus heureux d'entre eux. »

Avant de quitter Vausoire, Bernart fit une semonce qui
lui amena sept vingts chevaliers et deux cent dix sergens.
Il partit avec eux et ne descendit de cheval qu'à la porte de
Naisil. Il ne séjourna guère dans son château; mais il se
répandit dans le pays, enleva tout le bétail, pilla les bourgs
et les métairies, jeta l'effroi parmi la gent menue, qui se
virent ainsi privés à l'improviste de tout ce qu'ils avoient à
grand'peine amassé.

Bernart s'étoit d'ailleurs bien préparé pour la guerre; il
avoit rehaussé les murs, élargi et creusé les fossés de Naisil,
il avoit formé une nouvelle enceinte de barres et de lisses
dans lesquelles on pouvoit embusquer les archers. Il n'avoit
laissé que les murs aux chapelles et aux moutiers, pour
empêcher les ennemis d'y trouver la moindre ressource.

Il faut maintenant revenir au comte Fromont, à son fier
et merveilleux lignage. D'ôtages qu'ils étoient, ils sont rede-
venus prisonniers, et le Roi ne veut entendre à aucune offre
pour leur délivrance. Toutefois, après la fête du baron saint
Denis, quand les mires appelés autour de Begon promet-
toient à la Reine de le guérir en peu de terme, les moines,
les abbés et les prouvères se rendent au palais du Roi pour

travailler à la paix. Ils tombent aux pieds de Pepin, et le prient de pardonner à Fromont. « Je n'en ferai rien, » répond-il, « si non par le conseil de Begon et de son frère le « loherain Garin. » Les clercs se rendent dans l'hôtel de Begon, et le Duc se lève en apercevant avec eux le Roi.

« Ah! gentil Duc, » dirent-ils à Begon, « ayez compas-« sion de votre âme; vous le savez, Dieu vous fit grand « honneur en vous accordant la mort d'Isoré; recevez donc à « merci le comte Fromont. — Cela, » répondit Begon, « ne « me regarde pas; c'est au Roi à maintenir justice. Que le « Roi fasse ce qu'il trouvera bon de faire, et je ne réclamerai « pas; je prends même sur moi de consentir pour mon frère « Garin. » Les clercs le remercièrent et lui firent, en s'éloignant, une profonde inclination.

Voilà comment Fromont sortit de la chartre du Roi, lui, ses parens et tous les tenanciers qu'on avoit saisis durant les noces de Blanchefleur au clair visage. Pepin oublia tous les sujets de rancune; les Bordelois s'embrassèrent avec Begon et Garin devant l'Emperière; Fromont jura le dieu mis en croix que jamais il ne manqueroit au roi Pepin, et qu'ils ne cesseront d'être bons amis et bons voisins, lui, les siens, Begon, Garin et leur lignage. Il fut de plus accordé que le comte Guillaume, seigneur de Montclin, le comte Lancelin de Verdun, le sire de Grantpré, Huon de Rethel deviendroient les hommes du duc Garin de Metz; tandis qu'Aimon de Bordeaux, le comte Harduin, Guillaume de Blancafort, Bouchart aux blancs cheveux et Landri le châtaigne de la Valdone ne refuseroient pas l'hommage à Begon de Belin.

Grande alors fut dans Paris la joie de la paix. Les barons ne songeoient plus qu'à demander congé au Roi, reprendre le chemin de leurs terres, revoir leurs femmes et enfans, jouir enfin de leurs honneurs, quand arrive de Loheraine un messager qui demande à parler au duc Garin : « Sire, » lui

dit-il, « que faites-vous ici, pendant qu'on vous prend la
« terre que vous teniez de vos ancêtres? — Et qui me la
« prend? » demande vivement Garin. — « C'est Bernart, le
« seigneur de Naisil. Il a, mercredi, mis à sac la vallée de
« Metz; il a brûlé, brisé Saint-Ladre; dans tout le pays, il
« n'y a pas une abbaye dont il n'ait enlevé les vivres. —
« Voilà merveilles! » répond le Duc; « où ce démon a-t-il
« pu trouver les gens qu'il a menés avec lui ? — Je ne le
« sais pas, sire, mais j'en ai vu les champs couverts; ils
« marchent serrés comme un troupeau de brebis. »

Ce récit fut loin de réjouir Garin. Il se rendit aussitôt
près de l'empereur Pepin qu'il trouva entouré de barons, les
uns François, les autres Bordelois : « Au nom de Dieu,
« Sire, notre paix n'aura pas eu longue durée; la guerre a
« repris de plus belle. J'apprends à l'instant que Bernart de
« Naisil met ma terre en charbon, et pourtant il est mon
« homme. Il a, mercredi, ravagé la vallée de Metz; voici le
« messager que l'on m'envoie pour m'informer de ces nou-
« velles. Avec votre congé, je vais aller voir s'il est encore
« temps de le joindre, car mes gens déjà s'étonnent de me
« savoir loin d'eux. — Par mon chef, » dit le Roi, « Bernart
« a fait cela pour son malheur. Et vous, dant Fromont, » dit-
il en se tournant vers le Comte, « vous venez d'entendre
« Garin; vous le voyez, c'est votre oncle qui cause tout ce
« dommage. — Mon oncle? » répond Fromont, « je renie
« toute parenté avec lui, il ne m'appartient plus en rien; la
« male mort à qui la pourchasse! — Mais, » dit le Roi,
« viendrez-vous avec nous; votre grand lignage y viendra-
« t-il? Il faut que je sache qui me voudra servir. — Sire,
« nous sommes à votre disposition; nous marcherons, et de
« bon cœur, avec vous. »

Le Roi fit aussitôt dresser sur parchemin les lettres de semonce. De Saint-Michel en Péril de mer à Germaise sur le

Rhin et à Saint-Gille en Provence, on manda tous les hommes en état de porter les armes; les plus vieux durent, à leur défaut, envoyer un frère, fils, neveu ou cousin germain. Le lieu de réunion indiqué fut Châlons, où bientôt on vit arriver Flamans, Angevins, Gascons, Berruiers, Poitevins et Bretons. Le comte Fromont s'y présenta des premiers avec tous ses tenanciers, témoignant pour le service du Roi une bonne volonté qu'il ne devoit pas toujours conserver. Pour Begon de Belin, il n'étoit pas encore remis de ses larges blessures ; il vit partir avec regret l'ost royal et resta dans Paris, confié aux soins de l'Emperière, qui n'épargna rien pour hâter sa guérison.

V

SIÉGE, PRISE ET DESTRUCTION DE NAISIL.

Arrivés à Châlons, le Roi confia de nouveau l'enseigne de saint Denis au duc Garin. L'armée se mit en mouvement, hauts princes, chevaliers et sergens, palefrois et roncins, chariots transportant les vivres et toutes les provisions d'une armée en campagne.

On fit une première pause à Bar-le-Duc. Le tref du Roi fut tendu en vue de la rivière, sous Vernis, et Garin donna au bourgoin Auberi le commandement des mille chevaliers de l'échargaite. Auberi étoit impatient d'une rencontre avec Bernart de Naisil, qu'il haïssoit depuis le ravage de la Bourgogne; Bernart ne le craignoit guère et ne l'aimoit pas davantage.

De Bar-le-Duc on gagna Laigny; Naisil n'en étoit éloigné que de deux lieues. L'ost s'arrêta le long de la belle rivière qui baigne de ses eaux les murs de la ville.

Bernart savoit que le roi Pepin approchoit avec son armée et qu'il avoit juré de ne pas retourner avant la ruine et la destruction de son château. « Il restera donc ici jusqu'au « dernier jugement, » ce dit-il; « Naisil ne sera jamais pris « de force, et je ne le rendrai pas de mon gré. Demeurons « en joie, sire Fauconnet, mon fils; laissons le Roi croupir « à son aise ici ; nos portes, nos guichets, nos barrières « n'ont rien à craindre. ».

Dans le château, il marque la place de ses nombreux chevaliers : les uns entre les créneaux, les autres sur les galeries, dans les tours, devant la porte ou les fenêtres. Tous, couverts de bonnes et belles armes, font briller au loin les forts écus listés, les heaumes vernis et les pennons dorés.

Bernart n'attend pas que l'ost du Roi paroisse en vue de Naisil; il se fait bellement armer, lui et quatre vingts de ses chevaliers : ils montent sur de grands et rapides coursiers, tenant au poing de bons épieus quarrés. Le vieux Bernart étoit preux et intrépide à la guerre; il y avoit toujours grand profit à le suivre dans ses chevauchées, et s'il avoit été loyal, il eût compté entre les meilleurs chevaliers de la chrétienté. Non loin de Naisil, ses gens rencontrèrent la bataille d'Auberi. Dès que les deux barons se reconnurent, ils fondirent l'un sur l'autre : Auberi broncha sans tomber, Bernart fut jeté violemment à terre. Mais, grâce à ses compagnons, il fut bientôt remonté, et criant *Naisil*, se vengea de la première joute sur plus d'un chevalier. Il y eut là bien des épieus rompus, des chevaux abattus, des vassaux navrés. Mais les Royaux avançant toujours, Bernart dut se borner à défendre le passage du ruisseau qui va tomber dans la grande rivière d'Ornain. Il n'empêcha pas Auberi de franchir le gué, pendant que Garin arrivoit à force d'étrier à la tête de quatre mille fervêtus. Bernart, qui savoit tant de guerre, prévit aisément le danger qu'il y auroit à l'attendre : « Assez pour aujourd'hui ! » dit-il aux siens : et d'un pas régulier et ferme ils se rapprochèrent de Naisil; lui toujours le dernier, faisant face aux Royaux dont il retenoit la poursuite. Et quand Garin et Aubery, en se précipitant dans leurs rangs, y jetoient l'épouvante : « Faites bonne retraite ! » leur crioit-il; « tant que vous me « verrez vivant, vous êtes assurés de rentrer. » Ainsi toujours violemment poussés, ils arrivent à la porte; alors, du haut des murs, les pierres, les flèches et les carreaux tombèrent sur les Loherains. Ceux-ci n'allèrent pas au delà des premiers retranchemens; ils établirent leurs tentes et pavillons autour des murailles. Au premier rang se placèrent les chevaliers; dans les haies et dans les jardins se groupèrent les sergens, et plus loin encore, les gens des communes se répandirent dans les terres en culture.

Rentré dans Naisil, Bernart, quoique serré de près, étoit aussi tranquille que renard dans sa tannière. Quand Julius Cesar éleva ce château, il avoit ménagé des souterrains et des grottes qui se prolongeoient à quatre, cinq, neuf et dix lieues; c'est par là que sortoit Bernart toutes les fois qu'il lui en prenoit envie. Il alloit jeter l'alarme dans l'ost des Royaux, ou bien il attaquoit le charroi dont il emportoit les provisions. Chaque jour un nouveau cri; bien vainement les échargaites surveilloient les passages déjà reconnus, Bernart paroissoit tout d'un coup dans les pavillons, tuoit ou emmenoit prisonniers un ou deux fervêtus. « Ah ! si l'empereur « Pepin peut jamais le saisir, comme il jure de le faire écor- « cher vif, pendre, brûler, rôtir, bouillir ! » Ces paroles, souvent répétées, déplaisoient grandement au comte Fromont. Un jour il rassemble ses parens et ses amis dans son tref : « Vous entendez, » leur dit-il, « le Roi; comme il menace « mon oncle de Naisil, comme il jure de le pendre et de « l'écorcher vif. Ce seroit pour notre lignage une honte

« ineffaçable. Il vaut mieux que de son plein gré dant Ber-
« nart se mette en la merci du Roi ; alors nous demanderons
« qu'on lui laisse son château de Naisil. Guillaume de Mont-
« clin, mon frère, allez vers dant Bernart, dites-lui ce que
« nous lui conseillons de faire. — Volontiers, » répond
Guillaume; « il le fera, quand ce ne seroit que pour moi. »

Guillaume monte à cheval, arrive devant la porte de Naisil, s'arrête au pont tournant, et faisant signe aux servêtus
qui couvroient les murs : « Francs chevaliers, ne tirez
« pas; j'ai nom Guillaume, le seigneur de Montclin, et je
« désire parler à mon cher oncle Bernart de Naisil. » Aussitôt un chevalier se rend dans la salle où se tenoit Bernart
et lui dit que, devant la porte, Guillaume de Montclin, seul,
à cheval, demande à lui parler. « Faites-le donc entrer, »
dit le Comte. Aussitôt trente-six chevaliers arrivent à la
porte, le pont se baisse, Guillaume entre et descend de cheval; Bernart se lève en le voyant arriver : « Soyez le bien-
« venu, cher neveu ! c'est bien à vous d'arriver : au besoin
« reconnoît-on son ami; on a beau vouloir, le cœur ne peut
« mentir. » Cela dit, il le prend par la main, le conduit dans
ses plantureux greniers, dans ses caves, dans ses riches
lardiers. « Voilà, » dit Guillaume, « de véritables trésors;
« mais je viens ici vous dire, de par vos amis, que le meil-
« leur moyen de salut, c'est de vous abandonner à la merci
« du Roi. Nos chevaliers demanderont qu'on vous conserve
« Naisil, et vous n'y perdrez pas la valeur d'un angevin. »
En l'entendant, Bernart rougit de colère : « Ah ! fils de pu-
« tain ! » s'écrie-t-il, « voilà pourquoi tu es venu ! Moi, en
« la merci de Pepin ! je ne suis pas si désireux de ma honte.
« Écoute-moi : viens-tu m'aider à soutenir la guerre ? —
« Nennil, bel oncle; et puisque vous ne tenez compte du
« conseil de vos amis, je retourne à l'ost de Pepin. — Oh !
« non pas, » répond Bernart. « Par saint Jacques ! tu es mon

« prisonnier. Çà, qu'on me prenne ce chétif, qu'on le con-
« duise dans ma chartre! » Les chevaliers, accoutumés à lui
obéir, saisissent dant Guillaume et le jettent dans un noir
souterrain, où il demeura trois jours sans qu'on lui apportât
rien à manger, rien à boire. Le quatrième jour on le fit sortir, le visage pâle et défait; il eut grand' peine à se traîner
jusqu'au camp. « Eh! » lui dit Fromont, en le revoyant,
« qui vous a mis, cher frère, en cet état? — Votre oncle,
« dant Bernart de Naisil; je croyois être mieux avec lui que
« personne, il m'a fait garder la prison trois jours sans
« m'envoyer de nourriture. Ah! si je le tiens jamais, le vieux
« traître, il ne mourra que de ma main. — Il a mal fait,
« par mon chef, » dit le comte Fromont.

Parlons maintenant de Begon. Ses plaies refermées, il vint
en grande compagnie rejoindre l'armée et fit dresser ses
tentes à l'opposé de celles du Roi. Un jour, dant Bernart
sortit du château par le souterrain, œuvre ancienne des Sarrasins. Il avoit quatre-vingts chevaliers, quatre-vingts mulets et sommiers, pour rapporter les riches proies. On lève le
cri d'alarme, Begon monte et fait monter avec lui trente-six
fervêtus. Mais Bernart étoit déjà loin : il alloit atteindre un
étroit vallon qui conduisoit à l'entrée cachée du souterrain,
quand Begon le joignit. Au cri de : *Chastel!* Bernart se retourne, et, reconnoissant le Loherain, il s'élance de toute la
vigueur des éperons. Le choc fut rude, les épieux frappèrent
à plein sur les écus; Begon chancela, Bernart fut porté à
terre, et peu s'en fallut qu'il ne se rompît le cou. Fauconnet
accourt au secours de son père et le relève; la mêlée devient
générale : plus d'un chevalier y fut tué, plus d'un bras ou
d'un poing séparés du corps. Malheur à celui que le fer de
Begon atteint! il faut que l'âme prenne congé de son corps.
Mais les gens de Bernart étoient plus nombreux; Begon
désarçonné, tombe et se relève; il se défend en héros et

soutient à pied une lutte inégale. Bernart et Faucon sont également désarçonnés; et Faucon, sans le prompt secours de ses hommes, n'eût pas reporté sa tête dans Naisil. Enfin accablés par le nombre, les chevaliers de Begon alloient succomber, dix étoient déjà couchés sur le sable, quand un de leurs écuyers, quittant le lieu du combat, accourt à l'ost des Royaux : « Francs chevaliers, » dit-il, « que faites-vous « ici? le duc Begon est aux prises avec Bernart; c'en est « fait de lui si l'on ne vient à son aide. » Aussitôt Garin s'élance à cheval suivi de quatre cents fervêtus; malheur à Bernart s'il parvient à le joindre! Mais le seigneur de Naisil, dès qu'il les vit poindre : « Allons-nous-en, » dit-il à son fils, « je vois approcher le loherain Garin. » Ils rebroussent alors chemin, mais en restant les derniers, pour servir aux autres de barrière. Begon, remonté à cheval, se met avec Garin à la poursuite. Qui fut bien empesché? Ce fut Bernart; obligé de soutenir l'effort de quatre cents chevaliers éprouvés; et ne voulant pas montrer l'entrée du souterrain qui lui offroit un asile. Mais après force tours et détours, après avoir vu tomber la moitié de ses compagnons, il fallut bien s'esquiver par là, sous l'œil des Loherains.

Garin s'arrêta sur la grotte et fit venir charpentiers et maçons : l'ouverture fut murée; si bien que désormais Bernart ne pourra plus gagner la campagne, car Begon visita le pays, reconnut d'autres souterrains et les fit également combler. Ainsi les assiégés n'ont plus d'autre issue que leurs portes. On construisit, par l'ordre de Begon, un grand château de siége qui devoit permettre aux Royaux d'approcher les murailles et de lutter à force égale contre tous les sergens et chevaliers qui couvroient les créneaux de Naisil.

Bernart ne pouvoit longtemps résister. Ainsi, Fromont

le prévoyoit; et craignant toujours l'effet des menaces du Roi, il fit une nouvelle tentative et se présenta, avec quatorze de ses plus grands amis, à la porte du château. Bernart ne tarde pas à paroître sur le mur. « Au nom de Dieu, mon « oncle, » lui dit Fromont, « croyez-en vos amis, si vous « tenez à vos honneurs. — Eh bien, que disent-ils nos « amis ? — Qu'il vous faut mettre en la merci du roi « Pepin; que tous prieront, pour vous obtenir de bonnes « conditions; Garin et Begon se joindront même à nous : « vous savez que nul ne les surpasse en loyauté comme en « prouesse. » Bernart répond : « Voici paroles merveilleuses ! « On croupira vingt ans devant mon château avant de le « prendre. J'ai là dedans, à souhait, pain, chairs et vins, « foin, avoine et litière pour mes chevaux; j'ai même, « quand il me plaît, belle dame pour mon lit. — Faites « cependant, mon oncle, ce que nous vous conseillons. — « Je le ferai donc, mais à contre-cœur, et pourvu toutefois « que je sois assuré de garder Naisil. — Vous le garderez, « oncle, je vous le garantis. »

C'est ainsi qu'ils amenèrent Bernart devant le Roi. Le flamand Bauduin le présenta : « Droit Empereur, » dit-il, « Bernart se met en votre merci, à la seule condition qu'en « échange des pertes de Garin qu'il consent à rendre, on « lui laissera le château de Naisil. — Soit ! » dit Garin, « j'y consens. » Bernart rendit les clefs, le Loherain les prit, et, sans perdre un moment, le duc Begon se va mettre en possession de la ville et du château. Il en fait sortir ceux qu'il y trouve, il mande les pionniers et les maçons; bientôt les tours sont minées, les murs et le donjon s'écroulent, il ne reste de Naisil qu'un amas de ruines. Bernart entendit tomber les énormes bâtimens : « Ah ! » s'écrie-t-il, « je suis « trahi ! Sire roi, j'étois en votre merci, vous m'aviez pro-« mis de conserver Naisil, et c'est vous qui le faites abattre !

« jamais pareil outrage ne fut fait à un homme; si j'avois pu
« croire à votre déloyauté, vous seriez demeuré devant les
« murs jusqu'au jour du dernier jugement. — Ce n'est
« pas moi qui l'ai commandé, » dit le Roi : il fait venir le
duc Begon : « Sire vassal, vous avez fait grand outrage.
« — Sire roi, » répond le Duc, « ce qui est fait est fait.
« Bernart est un larron, un briseur de chemins, un meur-
« trier; contre telles gens on n'a pas de plaids à tenir. —
« Vous en avez menti ! » s'écria Bernart furieux. « Modérez-
« vous, » dit Fromont; « obtenez seulement du Roi la liberté
« de rebâtir et de refermer Naisil, dès que vous en aurez
« loisir. — J'y consens, » dit Pepin. Mais Begon prenant
à part son frère : « Ecoutez-moi : le mauvais larron tient
« de vous; Naisil est de votre fief; ne laissez jamais relever
« son château : car il auroit beau jurer, il sera toujours faux
« et traître. — Je vous entends, » répondit Garin, « et je
« saurai bien l'en empêcher. »

La chevauchée étoit terminée. Le Roi alla retrouver à Paris
la franche et belle Emperière; Garin revint à Metz, Begon
en Gascogne, Aimon, Harduin et Tiebaut du Plessis à Bordeaux, Fromont à Lens, l'orgueilleux Guillaume à Montclin.
Il y eut en France quelques bons jours, durant lesquels nul
ne parla de renouveler la guerre.

VI

MARIAGE DES DEUX FRÈRES, GARIN ET BEGON.

La reine Blanchefleur se tenoit à Paris avec le Roi.
Elle l'appelle un jour et lui dit : « Sire, vous feriez sage-
« ment de marier le loherain Garin et son frère. Le cour-

« fois Bancelin disoit l'autre jour que Fromont recherchoit
« Garin pour sa sœur Heloïs. Si ces deux grands lignages
« venoient à se réunir, ils vous donneroient bien des ennuis
« et ne vous laisseroient plus disposer des honneurs. Vous
« avez déjà trop tardé ; leur alliance seroit accomplie si
« Garin n'avoit pas cru devoir différer à cause de vous. »

Le Roi approuva grandement le conseil, et le lendemain,
dès le point du jour, il partit de Paris et se rendit à Blaives,
chez le duc Milon aux grenons fleuris. « Soyez le bienvenu,
« neveu, » lui dit le Duc en le recevant ; « je ne vous ai pas
« vu depuis la chevauchée que vous fîtes, il y a neuf ans,
« pour conquérir Bretagne et Gascogne. — Ah ! mon oncle, »
répondit Pepin, « d'autres soins m'amènent près de vous. Je
« vois aujourd'hui mon pays menacé de grands troubles ; je
« crains que les François, les Angevins, les Normands ne
« s'entendent pour me dépouiller de toute mon autorité : or
« vous avez deux belles et courtoises filles ; de mon côté,
« j'ai nourri dans ma cour deux comtes, aujourd'hui saisis
« de mon fief ; ils sont mes hommes : s'ils épousoient mes
« nièces, ma couronne trouveroit en eux un solide appui.
« — Sainte Marie ! » dit le Duc, « ma crainte est de man-
« quer d'héritiers : plus d'un prince et d'un duc ont déjà
« recherché mes filles ; ils ont été éconduits, elles ne vou-
« droient, disent-elles, entendre qu'aux deux frères lohe-
« rains, Garin et Begon. Quand ils vinrent avec vous dans
« ce pays, elles ont eu l'occasion de les voir ; si bien
« qu'elles se sont éprises, la première de Garin, et Béatris,
« la seconde, de Begon, votre preux et gentil sénéchal.
« Elles les épouseront, disent-elles, ou n'en épouseront
« jamais d'autres. — Mais, » s'écria Pepin, « c'est juste-
« ment le duc Garin et mon sénéchal Begon que je viens
« pour vous proposer. Donnez-leur donc vos filles, Dieu
« semble l'avoir destiné. — Je les accorde volontiers.

« Mandez les deux princes ; mon plus grand désir est de les
« voir. »

Pepin aussitôt envoie un message à Metz, un autre à
Belin. Begon arrive, non pas comme un vilain dépaysé,
mais dans la compagnie de deux cents chevaliers. La suite
de Garin fut encore plus nombreuse. Quand ils descendirent devant le perron de Blaives, l'Empereur vint à leur
rencontre ainsi que le duc Milon. Ils montèrent au palais, le
Roi leur donna place à ses côtés. Pour Milon, il se rendit à
la chambre des demoiselles qu'il trouva riant et prenant
leurs ébats : « Mes belles filles, » leur dit-il, « il vous faut
« aller parer de vos plus beaux draps ; je vous ai donné
« pour maris deux chevaliers qui demandent à vous voir. —
« Et qui sont-ils, ces chevaliers ? » dit l'aînée ; « ils pour« ront bien retourner comme ils sont venus. — Voici leurs
« noms, » dit le père ; « l'un est Garin le loherain, duc
« de Metz, fils du duc Hervis ; l'autre est Begon, du château
« de Belin, le sénéchal du Roi votre oncle. »

Ne demandez pas si, quand elles entendirent ainsi parler
leur père, elles se hâtèrent d'aller revêtir leurs plus riches
vêtemens. Elles passent sur leur corps le bliaud de soie et
le peliçon herminé ; elles affublent le manteau de zibeline ;
elles posent sur leur tête deux chapelets d'or et de pierres
précieuses, et laissent tomber sur leurs épaules leurs cheveux enroulés. Milon les conduisit par la main au palais ;
quand elles sont en présence du Roi : « Voici vos nièces,
« droit Empereur : donnez-les à ceux qui pourront mieux
« leur convenir. » Pepin les reçoit, les couvre de son
manteau, et appelant les deux frères : « Enfans du duc
« Hervis, approchez. Vous, Garin de Metz, prenez ma nièce,
« la bien faite Aélis ; à vous, dant Begon du château de
« Belin, je donne Béatris dont la beauté n'a pas d'égale au
« monde : en même temps je vous investis de cette grande

« terre ; car le duc Milon veut bien se rendre moine au
« monastère de Saint-Seurin. »

Les deux frères, en remerciant le Roi, recueillirent les deux pucelles et les conduisirent au moutier Saint-Martin. Il y eut pour les bénir deux archevêques, l'un de Bourges qui dépendoit du Berri, l'autre de Bordeaux qui dépendoit de Gascogne. Ils les épousèrent d'argent et d'or fin, et revinrent au palais quand la grand'messe fut chantée.

L'Empereur se tint huit jours en grande joie dans la ville de Blaives. Quand chacun commença à penser au retour, Begon parla comme on va voir :

« Entendez-moi, vous tous qui êtes ici réunis, et vous
« aussi, mon cher frère. Vous tenez seul la terre que le duc
« Hervis, notre père, avoit tenue : je n'en ai rien recueilli,
« chacun le sait : si je tiens Gascogne, c'est par le don que
« m'en a fait Pepin et dont je lui rends grâces. Voilà que
« nous venons de prendre femmes ; la terre que nous
« avons reçue est bonne et riche. Je vous propose, mon
« frère, un jeu parti, en présence de tous nos fidèles : ou
« prenez possession de toute la terre du duc Milon, et je
« ferai quitter à Béatris la part qui lui en revient ; ou tenez-
« vous à l'héritage du duc Hervis, sans en rien distraire, et
« faites renoncer Aélis à la part qui lui revient dans l'héri-
« tage de Milon. — Le duc Begon a bien parlé, » disent tous les barons. — « J'accepte le jeu parti, » dit Garin,
« et je garde la terre d'Hervis qu'ont tenue mes ancêtres.
« Approchez, belle Aélis ; faites abandon de votre héritage :
« vous ne perdez rien à l'échange, car vous tiendrez la
« grande et forte cité de Metz avec le val Saint-Dié, où gît
« le pur argent. — Je m'y accorde, » dit Aélis, « car mes
« vœux seront toujours les vôtres. »

Il fallut se séparer : les deux sœurs se tinrent longtemps

embrassées et les deux frères versèrent des larmes en se recommandant à Dieu. Le duc Milon revêtit les noirs draps et devint moine de Saint-Seurin; Pepin retourna en France, et Garin conduisit à Metz la bien faite Aélis. Les noces furent grandement célébrées, en présence de tous les fidèles que le Duc avoit invités. La première nuit qu'ils dormirent ensemble, l'heure fut bonne; la Duchesse conçut un fils qui eut à nom Girbert, au bras de fer et au vaillant courage, qui soutint tant de guerres contre Fromondin, qui fit aller le vieux Fromont chez les Sarrasins pour y renier Dieu et sa mère; qui mit enfin à mort Guillaume de Montclin et Bernart de Naisil.

Pour le duc Begon, il resta quelque temps à Blaives, dans ses nouveaux domaines. De Béatris devoient naître deux fils au cœur loyal, à la volonté hardie. L'histoire les nommera Hernaut et Gerin; toujours unis d'amour avec leur cousin Girbert, toujours prêts à l'aider dans ses plus grandes adversités, ainsi qu'on verra, si l'on veut bien écouter la suite de la chanson.

LIVRE IV

TROISIÈME GUERRE

I

BEGON ET BÉATRIS ATTAQUÉS PAR LES BORDELOIS
DANS LES LANDES

Le duc Begon ne se pressa pas de quitter Blaives ; il vouloit connoître ses nouveaux amis, il avoit à recevoir leur féauté. Béatris, enceinte de Gerin, le portoit depuis trois mois et demi, quand le Loherain parla de la conduire à Belin pour la présenter à ses barons de Gascogne. Avant de se mettre en chemin, il eut soin d'envoyer vers ses hommes pour leur donner le temps de se préparer à les recevoir.

Un truand de Blaives avoit été témoin des grandes noces de Begon et de Béatris : maudit soit-il du Dieu qui fit le ciel et la terre ! car par lui fut renouvelée la guerre qui fit tant de victimes et ne devoit jamais finir. Le pautonnier

s'en vint à Bordeaux, et se présentant devant Tiebaut, frère d'Estourmi, comme il jouoit aux échecs avec Berengier d'Autri : « Par Dieu ! » lui va-t-il dire, « laissez là votre
« jeu de malheur ; vous avez perdu une autre partie ; la
« belle Béatris que vous demandiez à femme, Begon de Belin,
« le meurtrier d'Isoré, l'a gagnée ; j'arrive des noces, et j'y
« vis le roi Pepin qui avoit brassé le mariage. Écoutez
« encore : le duc Garin a conquis la sœur de Béatris, la
« bien faite Aélis ; Milon a revêtu les noirs draps et les deux
« frères ont hérité de la terre. »

Tiebaut, aux paroles du pautonnier, ne put répondre un mot : dans sa colère, il jeta l'échiquier dont les pièces se répandirent sur les carreaux, se leva et alla violemment ouvrir la fenêtre. « Qu'avez-vous, neveu ? » va lui demander Aimon de Bordeaux. — « J'ai que j'enrage d'être devenu
« l'homme de Begon ; car tout l'or du monde ne me feroit
« pas aimer le meurtrier d'Isoré et de nos autres amis. Ah !
« si nous pouvions avoir sa vie en échange, nous n'aurions
« pas grand souci des autres. Savez-vous, mon oncle, ce
« que nous devons faire ? Il faut mander vos hommes et
« notre parenté ; c'est trop de honte pour eux d'être soumis
« au chétif étranger que nous aurions dû tuer, il y a plus
« de deux ans ; nous en serions déjà réconciliés avec Pepin.
« — Vous avez raison, » répond le comte Aimon ; « il ne
« faut que l'épier, quand il repassera de Blaives à Belin.
« Vous le tuerez, j'emmènerai Béatris, et si les Francs
« arrivent pour le venger, nous avons assez de gens pour
« défendre nos marches ; avant de leur laisser prendre nos
« châteaux, nous entendrons à la paix avec nos grands
« amis, et nous reprendrons les honneurs dont il étoit en
« possession. — C'est, » dit Tiebaut, « ce que nous avons
« de mieux à faire. »

Ils envoient vers Blaives un espion qui les avertira du

départ de Begon; et cependant Tiebaut dispose sur le chemin deux cent quatre-vingts de leurs amis. Le Loherain quitte Blaives, laisse Bordeaux à gauche et s'engage dans les Landes, escorté de quatre-vingts chevaliers. Do le veneur, Hervis son frère, Foucher le maire, le preux Jocelin et Ori de Chartres entouroient la belle Béatris.

Bientôt ils voient arriver un pèlerin que les gens de Tiebaut avoient battu et dépouillé : « Sire, » dit-il au duc Begon, « au nom du Saint-Esprit et de saint Jacques que « je viens de requérir à pied, faites-moi le bien dont j'ai « grand besoin! » Begon, touché de compassion, lui tend un denier d'or, autant lui en donne la franche Béatris, la plupart des chevaliers suivent leur exemple : « Ah! » dit le pèlerin, « me voilà de pauvre devenu riche; mais, sei- « gneurs, êtes-vous sur vos gardes? — Pourquoi le de- « mander, pèlerin? » dit Begon. — « Parce que, non loin « d'ici, j'ai rencontré plus de deux cents fervêtus, montés « sur vigoureux auferans. Les gloutons, Dieu les confonde! « ils m'ont battu, enlevé mon pain, mon vin, mon barillet « et mon hanap! »

Begon sourit, mais faisant approcher Hervis : « Que veut « dire cet homme? Saint Martin! ai-je à me garder dans « mon pays? — Par ma foi, sire, les Bordelois vont appa- « remment nous disputer la voie; ils ont toujours été les « ennemis de leurs voisins : sur tous je me défie de Tiebaut « du Plessis, lequel a plus d'une fois recherché la main de « ma dame Béatris, et toujours a été éconduit : il l'enlèvera, « s'il peut. Le mieux donc est de laisser la voie ordinaire « et de couper par ces sables arides; je puis ainsi vous « mener droit à Belin, sans male encontre. — Ne parlez pas « ainsi, » dit Begon; « les Bordelois et Tiebaut du Plessis « sont mes hommes, saisis de mon fief; avant de me dresser « un aguet appensé, ils se laisseroient écorcher. Mais s'ils

« tentoient pareille trahison, ils y perdroient leur héritage,
« ils finiroient au fond de ma chartre leur misérable vie. A
« Dieu ne plaise que pour eux je laisse mon chemin! Nous
« les recevrons s'ils nous attaquent, et, croyez-moi, bien-
« tôt le plus gaillard d'entre eux aimeroit mieux être à
« Paris que dans les Landes. A pied, mes chevaliers! ar-
« mons-nous; seroient-ils cinq contre un, encore leur mar-
« cherions-nous sur le ventre. »

Pendant que la belle Béatris étonnée fait le signe de la croix, le Duc quittoit son palefroi, laçoit une chausse de blancheur éclatante, vêtoit le haubert, posoit le heaume sur son chef, montoit un destrier grand, fort et rapide, nourri en Espagne, et dont une forte couverture défendoit le cou, la croupe et le poitrail. « Suivez-moi, » dit-il à ses chevaliers, « vous, Do, gardez Béatris, je vous la confie; « toi, Rigaut, mon enfant, porte mon écu. »

Après avoir traversé une vallée boisée, Begon, devançant l'avant-garde, gravit un tertre et reconnoit, à petite distance, des chevaux qui piaffoient d'impatience : « Rigaut, » dit-il, « va prévenir mes gens de hâter le pas et de mar-
« cher en bon ordre. » Rigaut presse son cheval des éperons et arrivant à son père : « Il faut vous hâter, les Bor-
« delois sont en aguet. — Dieu! » dit le bon vilain, « que
« n'ai-je la force de porter des armes! je ferois aussi bien
« que vous. » Il prit cependant une forte hache et se mit au milieu de nos fervêtus qui, l'épieu au poing et l'écu suspendu au cou, furent bientôt à portée des Bordelois.

Begon s'avança fièrement vers eux : « Dites-moi, che-
« valiers, pourquoi gardez-vous ces passages? — Vous
« allez l'apprendre, » répond Tiebaut; « à la male heure
« avez-vous requis la belle Béatris! ah! fils de putain! com-
« ment osas-tu rentrer sur nos terres, après avoir mis à
« mort Isoré? C'est à toi maintenant de mourir. » Begon

ne demande pas quel est celui-ci, celui-là : il s'élance sur le premier et le jette sans vie à bas du cheval; il désarçonne le second, il éventre le troisième. Arrivent le vilain Hervis, Do le veneur, Simon, Landri, Foucher le maire; tous luttent à qui mieux mieux contre les traîtres. Quand Béatris entend le choc des écus et le cri des mourans, elle tressaille, et, pour la première fois, elle sentit remuer dans ses flancs le damoisel Gerin.

Les Bordelois ne soutinrent pas longtemps le premier effort de nos chevaliers; plus de vingt étoient morts, plus de quarante abattus; Pinçon, Tierri n'avoient plus qu'un souffle de vie, Begon répandoit devant lui l'épouvante en coupant bras, mentons et visages. Mais en ce moment se montrèrent Guillaume de Blancafort, Aimon de Bordeaux et le comte Harduin; Tiebaut avoit grand besoin de leur secours.

Le combat reprit toute sa violence. Begon, en voyant grossir le nombre de ses ennemis, reprenoit de nouvelles forces. Il joint Tiebaut, l'enlève de son beau cheval et le fait retomber les talons en l'air; il frappe et fait plus de ravage autour de lui que ne feroit un bûcheron dans un jeune taillis. Il immole Elinand et Gautier, pendant que Do le veneur jette sur le sable Manessier qui ne devra plus se relever. Mais ils étoient en trop petit nombre; les Bordelois, Dieu les confonde! se réunissent sur Begon, l'entourent, et quatre fers de lance pénètrent dans son corps. Le sang jaillit des doubles mailles du haubert; son cheval s'affaisse mortellement frappé, et tandis que le héros demeure étendu sur la terre, pendant que ses chevaliers lui forment un dernier rempart, les Bordelois saisissent les rênes du palefroi de Béatris, qu'ils emmènent devant eux. « Ah! sire Begon, » crioit-elle, « aidez-moi, par le Dieu « vivant! » Begon l'entendoit sans pouvoir la secourir.

« Hélas! disoit Béatris, » ne verrai-je plus votre noble
« corps; suis-je perdue pour vous, mon cher époux! ah!
« damoisel enfermé dans mes flancs, puisse Dieu vous
« prêter vie, et vous accorder de nous venger! Pourquoi
« l'empereur Pepin ne le sait-il? il châtieroit les traîtres,
« les meurtriers du meilleur chevalier du monde. — Ma
« belle dame, » répondoit Aimon, « laissez là tous vos
« cris; vous n'avez rien à craindre, vous êtes avec moi : je
« vous donnerai à mon neveu Tiebaut du Plessis, il est
« riche homme et il vous aime au point d'en perdre le
« sommeil et l'appétit. — Taisez-vous, traître parjure, »
répond Béatris, « je me laisserai griller et rôtir, avant
« d'approcher ma chair de la sienne. — Il le faudra
« pourtant, » dit Aimon, « et quoi qu'il arrive. » En ce
moment, voici Do, Hervis, Foucher le maire et le preux
Jocelin qui accourent l'épieu tendu. Hervis abat Gosse
d'Aunis, Do le veneur fond sur Aimon et l'atteint de telle
force qu'il lui rompt le bras et l'étend aux pieds de Béatris.
« O le beau coup! » s'écrie la dame. Il falloit voir alors le
bon vilain Hervis jouer de la grande hache poitevine, et
chasser devant lui les Bordelois. Hélas! que servent leurs
grands faits d'armes! ils sont à peine un contre dix. Mais
un écuyer, en voyant tomber le duc Begon, avoit pressé
son cheval des éperons et arrivoit au château de Belin. Les
chevaliers, les sergens, les belles dames y menoient grande
joie, dans l'attente de leur seigneur et de la Duchesse : les
valets, couverts de leurs écus, s'essayoient à la joute, ils
franchissoient fossés et palissades; le son des violons et des
chalumeaux se mêloit à la voix des jeunes filles formant
des tresces et des danses. Quand parut l'écuyer : « Bel
« ami, » disent-ils, « le Duc est-il encore bien loin? —
« Non, mais les Bordelois lui ont dressé un aguet appensé;
« mon seigneur est navré; Dieu sait si vous le reverrez

« vivant; on emmène ma dame Béatris. » Ces paroles mettent fin aux ébats, l'alarme est donnée au château; les heaumes sont lacés, les hauberts revêtus, les grands chevaux amenés; on prend les écus, les épieux, les dards tranchans; les ardens chevaux, le frein abandonné, soulèvent devant eux des nuées de sable, ou font jaillir sous leurs pas le feu des cailloux et des pierres. A leur approche, les Bordelois s'effraient, ils n'osent les attendre et abandonnent la belle Béatris, pour ne plus songer qu'à rentrer dans Bordeaux avec le comte Aimon gravement blessé.

Béatris ainsi délivrée accourt vers son mari; elle se jette sur lui, le visage inondé de larmes : « Hélas! » crioit-elle, « est-il mort, le meilleur chevalier du monde? ô Mort! « pourquoi tarder à me reprendre; c'est grand péché de « me laisser, quand tu emportes ce que j'ai de plus cher. » Elle se laisse alors tomber sans mouvement. Mais le Loherain l'avoit entendue; il fit un effort, il se leva devant elle à demi : « Sainte Marie! » s'écria la dame, « soyez adorée, « mon seigneur vit encore! »

Cependant, après avoir poursuivi les Bordelois jusqu'aux portes de la ville, les Gascons reviennent à l'endroit où Begon étoit couché : ils disposent une litière sur laquelle ils étendent le Duc, et pendant que les uns le conduisent lentement vers Belin, les autres ouvrent la terre sablonneuse, y déposent leurs morts et tracent une croix sur eux comme vrais martyrs, immolés en combattant pour leur droit seigneur.

Hervis et Do le veneur, retardés par leurs blessures, regagnèrent Belin à grand'peine. Begon fut transporté dans la grande salle au milieu des cris de douleur. On commença par le désarmer; il avoit tant saigné que son corps étoit devenu blanc comme un linge. Les mires les plus sages, nés et nourris dans Salerne, sont appelés; ils visitent et reconnoissent les plaies à la tête, à la poitrine, sur tout le corps; puis, se recueillant l'un l'autre : « Avec beaucoup « de soins, » disent-ils, « il pourra guérir. » Mais le moyen d'arrêter les sanglots, les douloureuses clameurs de la belle Béatris, des dames, des pucelles et des damoiseaux qui, devenus orphelins, alloient perdre l'espoir d'être chevaliers! L'enfant Rigaut se désoloit plus que tous les autres : « Ah! sire, qui m'avez nourri, » disoit-il, « si jamais je puis « porter armes, je demanderai compte aux Bordelois de « votre mort. » Le bon mire Asselin s'approchant d'Hervis : « Sire vilain, » dit-il, « éloignez du Duc tout ce monde, « et surtout la belle Béatris; un si grand bruit tue le ma- « lade : confiez-vous à nous, dans quinze jours nous vous « le rendrons sain et guéri. — Sage maître, » s'écrie Hervis, « puisez dans tous mes trésors, ils sont à vous. « — Non, » dit Asselin, « je ne prendrai pas un parisis « avant de l'avoir remis en santé. » Ils pansent les plaies, appliquent l'emplâtre et roulent les bandelettes. On laisse Begon dormir; et quand il se réveille, il demande à manger. Alors les sages mires détrempent certaines herbes dont ils connoissent la vertu, et font une potion qu'ils lui passent dans la gorge à cinq ou six reprises. — « Tout va « bien, » disent-ils, « avec le temps il guérira. »

II

BEGON ASSIÉGÉ DANS BELIN.

Le bon duc Begon, ainsi qu'on a vu, n'étoit pas seul revenu des Landes en mauvais état; Aimon avoit regagné Bordeaux avec un bras rompu par l'épieu de Do le veneur.

Ceux qui guérissent, appelés près de lui, rejoignirent les os, posèrent les emplâtres et comprimèrent le bras à l'aide d'attelles ou planchettes de bois; mais on le plaignit moins dans la ville qu'on ne regretta les fils, les parens et les amis tués dans la rencontre et qu'on se préparoit à ensevelir. Surtout on maudissoit Tiebaut du Plessis, auteur de la trahison qui devoit renouveler la guerre, et combler la mesure des maux qu'on avoit déjà soufferts.

Dès que Begon se crut à peu près guéri, il monta à cheval et visita ses marches, ses châteaux; par son ordre on releva les murs, on creusa les fossés, on doubla les palissades; enfin on fit appel aux bourgeois qui devoient service en temps de guerre. Aimon et le comte Harduin ne s'endormoient pas de leur côté. Ils engageoient quatre mille soudoyers de terres lointaines; Guillaume de Blancafort arrivoit avec ses fidèles; l'autre Guillaume avec tous ses chevaliers et sergens poitevins; puis, Amauri de Bourges, Piniaus d'Aix et son frère Landri, Estourmi et le traître Tiebaut du Plessis, son frère. Que vous dirai-je enfin? on put les compter à plus de quinze mille servétus.

Ils ne tardèrent pas à chevaucher vers Belin, et grâce aux fourrageurs, aux boutefeux, les vivres ne leur manquèrent pas. On voyoit dans la campagne de grands et nombreux chariots destinés au transport de la proie; les maisons étoient mises en flammes, les églises forcées, les paysans dépouillés et chassés. Begon revenoit de l'église de Saint-Martin où il avoit entendu la messe du Saint-Esprit, quand accourut vers lui le vilain Hervis : « Sire, » dit-il au Duc, « vous séjournez, et pendant ce temps les Bordelois « font le ravage chez vous : regardez les feux qu'ils ont « allumés. — A la male heure soient-ils venus! » dit Begon, « aux armes, les grands et les petits! » Il s'arma lui-même aussitôt, vêtit le blanc haubert, laça le heaume au cercle d'or émaillé. Béatris tint devant lui sa bonne épée Froberge au pont d'or, qu'il prit de ses mains par la renge ou ceinturon. On fit approcher le bon cheval, le Duc s'élança de pleine terre sur les arçons; Rigaut tend le fort écu fleuronné d'or, et de la main droite Begon empoigne l'épieu carré dont il avoit frappé plus d'un sanglier.

Puis, il marque la place de ses hommes, leur indique ce qu'ils auront à faire, et recommande à ses bourgeois de ne pas faire de sorties, mais de se tenir en garde le long des murailles : « Je vais, » dit-il, « à la rencontre des pillards; « s'ils me chassent et qu'ils me contraignent de retourner, « ayez soin de me recueillir : honni qui ne portera pas « aide à son droit seigneur! »

Begon fait ouvrir la porte du château, emmenant avec lui cent quarante chevaliers qu'il devançoit de toute la portée d'un arc. Dans son ardeur de vengeance, il sembloit un lion affamé sortant des bois. Il atteint les boutefeux et jette mort le premier d'entre eux; au retour, il en abat encore trois; revient sur les autres et les chasse devant lui comme un loup furieux à la poursuite des troupeaux : pour éviter une mort certaine, les gloutons se rejettent dans les rangs de la grande bataille; avant qu'Hervis et les autres chevaliers ne l'entourassent, Begon avoit abattu sur le sable vingt-six de ces maudits pillards.

Mais Hervis et Do ont beau le seconder de leur mieux, Aimon ne laisse pas un seul de ses chevaliers quitter son rang et tenter l'aventure. Ils reculent sans qu'on les entame et sans que Begon, avec aussi peu de monde, puisse espérer de s'ouvrir un passage au milieu d'eux. Vainement il tourne, avance, offre la joute, il faut rentrer dans Belin pour en défendre l'approche. Mais Aimon paroit un instant au premier rang; Begon fond sur lui, l'atteint de son épieu et le rejette à terre au milieu des siens. Bouchart accourt au secours de son frère. Begon, que n'a pas ébranlé le fer d'un épieu tranchant, coupe avec Froberge une partie du heaume et de l'écu, pénètre dans l'épaule du destrier, qu'il abat mort sur le sable. Bouchart lui-même eût assurément perdu la vie, si l'épée ne s'étoit un peu détournée.

Le Duc, après cet exploit, s'éloigne fièrement et ramène ses hommes à la porte de Belin. Là, les attendoient les archers qui, faisant pleuvoir une nuée de flèches sur les Bordelois, les avertissent de se tenir à distance, pendant que rentrent les chevaliers du duc Begon.

La ville et le donjon de Belin étoient bien fermés de fossés ; à l'entour s'élevoient plusieurs petits châteaux ou bretèches palissadées, sur le haut desquels les arbalestiers se tenoient prêts à lancer dards et quarreaux devant eux. Justement au delà de leur portée, le comte Aimon fit établir son camp et ceindre la ville et le château. Bientôt s'élèvent tentes et pavillons; les provisions recueillies dans la plaine leur arrivent en abondance : ils n'avoient pourtant pas toutes leurs aises. C'étoit chaque jour de nouvelles sorties : à telle heure, Begon attaquoit le charroi, puis quand les Bordelois arrivoient pour défendre, il étoit rentré ou faisoit le dégât au milieu des tentes mal gardées. Jamais il ne revenoit sans ramener quelque chose des proies, sans avoir mis à mort quelques fervêtus. Nul n'osoit se désarmer pour se mettre au lit, ou s'asseoir à la table : toujours nouveaux cris, nouvelles surprises. Ah! quelle folie pour Aimon d'avoir levé cette guerre, et de pourchasser ainsi sa honte et sa ruine! Et que sera-ce, quand le roi de Saint-Denis sera informé!

Un jour Begon, au sortir de manger, passe de la grande salle dans le jardin, accompagné de Béatris. On étend sous lui un paile d'Andres, car il avoit le corps brisé par le haubert qu'il endossoit tous les jours. Alors il appelle le vilain Hervis, Do, Foucher le maire et Ori de Chartres, et leur proposant de tenir conseil : « On souloit dire que « j'étois le fils d'Hervis de Metz, du bon Loherain qui « avoit tenu les monts d'Aussai et le val Saint-Dié où gist « le pur argent : on disoit que j'avois de grands amis ; il « n'y paroit guères aujourd'hui, quand je suis assiégé par de « chétifs garçons qui me devroient le service et qui sont « mes hommes ; quand ces gloutons ont conspiré pour « m'ôter la vie. En vérité, je ne sais que faire et que de- « venir ; sinon que je mourrai de deuil, si je n'arrive à la « vengeance. On l'a dit avec grand'raison : *Fol est qui* « *vit loin de ses amis* : il renonce à tout honneur, à tout « secours. — Ah ! sire, que dites-vous là ? » répond Do le veneur, « votre frère et le bourgoin Auberi ne vous por- « tent pas secours parce qu'ils ignorent que vous en ayez « besoin. Mais envoyez, demain matin ou cette nuit même, « vers le roi de France de qui vous tenez Gascogne ; « sommez-le de maintenir son aleu ; et s'il y manque, ré- « clamez-vous de vos amis, Ori l'allemand, Gerart de « Liége. — Cela est fort bien dit, » répond Begon, « mais « où trouver le messager qui conviendroit ? — J'en sais « un fort bon, sire, » dit Hervis, « il connoît le pays « mieux que personne. — Eh bien ! » dit Begon, « faites-le « venir. »

III

MANUEL GALOPIN, MESSAGER DE BEGON.

Et, sans attendre un moment, le vilain Hervis sortit du jardin pour se rendre à la taverne. Il y trouva Manuel Galopin, près du tonneau, tenant d'une main trois dés, de l'autre devisant avec trois joyeuses filles. Près d'eux, un autre ribaud faisoit griller des trippes; tous cinq jouoient à qui paieroit le vin. — « Eh! » dit Hervis en entrant, « Dieu te sauve, Manuel Galopin! — Et Dieu te bénisse! » répond-il, « venez vous asseoir et jetez pour le vin. — Je « ne suis pas venu pour cela; mais pour vous dire que le « duc Begon, votre cousin germain, vous mande. — Lui « mon cousin? je le désavoue; je n'ai besoin d'aussi riches « parens. J'aime mieux la taverne, les dés et la compagnie « de ces demoiselles, que les plus grandes seigneuries. — « Il est vrai, » répond Hervis, « qu'on ne les tient pas « sans peine. Allons, Manuel, venez avec moi, Begon vous « attend dans son palais de marbre. — Avant tout, acquit-« tez donc le vin; nous en avons pour quatre sous et demi. « — Volontiers. Holà! tavernier, laissez partir ces gens, je « vous donnerai cinq sous de leur vin. — Sire, à votre « plaisir! » répond le tavernier.

Hervis prend la main de Manuel, le conduit au palais et le présente à Begon : « D'où êtes-vous, ami? » lui demande le Duc. — « De Clermont, sire. J'ai reçu le nom de « Manuel, on me surnomme tantôt Tranchebise, tantôt Ga-« lopin; mon frère est le preu comte Jocelin d'Auvergne; « un seul père nous engendra, une seule mère nous a « nourris; je suis même l'aîné, et vous voyez le profit que « j'en ai. — J'ai regret, » dit Begon, « de te voir ainsi vivre « en folie, car tu es bien mon cousin; demain, si tu le « veux, je te fais chevalier, tu entreras au partage de la « terre d'Auvergne. » Ici Galopin jeta un ris : « Moi, sire « d'Auvergne? ah! ne le pensez pas; je n'aime pas assez « la vie que vous menez, vous autres barons. Mieux valent « les joyeuses filles, le vin et les tavernes, que toutes vos « seigneuries. Mais enfin, dites ce que vous souhaitez, ou « je retourne au bon vin. — Vous demeurerez, frère; »

reprend Begon, « vous êtes de notre race et de ma plus
« proche parenté; votre père étoit le frère de ma mère; vous
« ne me ferez pas défaut, au besoin. Je suis en ce moment
« bien entrepris : assiégé par ceux que l'hommage lioit en-
« vers moi. — Cela n'a rien de merveilleux, » dit Galopin,
« ils ont toujours eu notre lignage en haine, et je ne les
« porte pas non plus dans mon cœur; tout l'or du monde
« ne me les feroit pas aimer. — Je vous en crois aisément, »
répondit le Duc, « mais, très-cher ami, allez-moi trouver
« en France le roi Pepin et la Reine : vous leur conterez la
« trahison de mes hommes : le Roi doit garantir son alleu,
« s'il ne veut être honni. De là vous irez demander secours
« à mon frère le loherain Garin ; de Metz, vous passerez
« aux monts d'Aussai, vers le duc Tierri, mon oncle. Vous
« n'oublierez pas à Cologne l'allemand Ori, à Liége Ge-
« rart, en Haynaut Gautier, Huon à Cambrai. Mais d'a-
« bord vous vous arrêterez à Orléans et vous direz à ma
« sœur Heluis de m'envoyer son fils Hernaïs et son ne-
« veu Joffroi d'Anjou. Vous parlerez à Huon du Mans, à
« Garnier de Paris, vous reviendrez par Dijon vers le bour-
« goin Auberi ; enfin vous n'oublierez aucun de ceux qu'on
« sait être mes amis. »

« J'irai partout où vous m'enverrez, » répondit Manuel
Galopin. Et Begon, après l'avoir remercié, fit appeler son
chapelain auquel il dicta lettres et chartes que le sage clerc
ne cessa d'écrire jusqu'au déclin du jour. Galopin en remplit un barillet qu'il suspendit par une courgie à son cou.

« Une chose m'inquiète, » dit alors Begon; « comment
« passerez-vous au travers de leurs pavillons? si les traîtres
« vous aperçoivent, nous aurons fait méchante besogne.
« — Ne craignez rien, » dit Galopin, « quand ils auroient
« juré de m'arrêter, je leur échapperois encore. Ils n'au-
« ront pas le moindre vent de mon voyage. » Cela dit, il

se souvint d'un charme qu'il avoit appris, murmura quelques mots, siffla trois fois, et, sans prendre congé, se trouva au milieu des trefs bordelois. Il vit torcher les chevaux, enrouler les hauberts, brunir les heaumes, distribuer les provisions. Sans avoir été reconnu, Manuel sortit de leur camp à l'entrée de la nuit. Plus rapide que le coursier le plus ardent ou que le lièvre poursuivi par une meute de chiens, il arriva sur les bords de la Gironde, il se mit dans un bateau qu'il détacha de la rive, parvint à Blaives et atteignit Grandmont au lever du soleil; il courut toute la journée, passa la nuit à Issoudun, et le lendemain il étoit à Orléans à l'heure de midi. Il entra dans le palais de la belle Heluis, laquelle, en le voyant, reconnut le sang des sires de Clermont. « Quel est ton nom, ami? » lui demanda-t-elle. — « Manuel Galopin, dame, autrement dit « Tranchebise. — Vous êtes donc mon cousin. Eh bien! « cousin, apprenez-moi de quelle terre vous venez? — Du « château de Belin, dame; c'est le noble Begon votre frère « qui m'envoie; les Bordelois, ses hommes-liges, l'ont « trahi; ils l'ont épié dans les Landes pour le tuer et en- « lever sa femme épousée; grâce à Dieu, il en est revenu, « mais fortement navré; maintenant ils le tiennent assiégé « dans Belin. » Heluis à ces paroles ne put s'empêcher de pleurer: « Dieu qui ne mentez pas, » dit-elle, « protégez « mon frère bien aimé! — Savez-vous, dame, » reprit Manuel, « où je pourrai trouver le Roi? — Demain il arrive « avec la Reine. Demeurez ici la nuit, et vous le verrez! »

Galopin ne répondit pas, mais se rendit à la taverne où il demeura le reste du jour et la nuit suivante. Heluis le fit partout chercher; quand il reparut au palais : « D'où « venez-vous donc, sire cousin? » lui demanda-t-elle. — « De la taverne, dame. — Voici merveilles! j'ai cinq cents « tonneaux de vin où vous pourriez puiser. — Oui, dame,

« mais avec le vin j'aime la compagnie, et je suis allé
« chercher celle qui m'agrée le plus. » La dame se prit à
rire et alloit lui répondre, quand on lui annonça que le
roi Pepin entroit justement dans la cité d'Orléans.

IV

GRANDE QUERELLE DANS LE PALAIS D'ORLÉANS.

Le roi Pepin mit pied à terre devant l'église de Sainte-
Croix, où le chapelain Henri chanta la messe. Quand il eut
réclamé la merci de Dieu, la Reine et lui se rendirent au
palais, et la duchesse Heluis prenant Galopin par la main :
« Venez, ami, vers le Roi, » lui dit-elle, « vous verrez la
« noble Reine, la plus courtoise et la meilleure dame qui
« jamais ait bu de vin. » — Galopin se laissa volontiers
conduire, ils arrivèrent au palais, et Galopin fit au Roi le
salut suivant :

« Le Dieu qui fit pardon à Longis sauve et garde le roi
« Pepin et la Reine que je vois à ses côtés! Sire, le duc
« Begon m'envoie à vous, afin de réclamer votre secours
« et demander que vous veniez en Gascogne garantir
« son fief. Ses hommes-liges l'ont assailli sans l'avoir
« défié, sans avoir fait contre lui la moindre plainte. Ils
« ont tenté de le mettre à mort dans les Landes; grâce à
« Dieu, il est relevé des blessures qu'il a reçues : ils ont
« aussi voulu lui ravir sa femme épousée, votre nièce,
« Béatris au radieux visage, que je croirois la plus belle
« du monde, si je n'avois pas vu la Reine. Maintenant, ils
« le tiennent assiégé dans Belin, après avoir mis toutes ses
« terres en charbon : tous se portent contre lui, il n'a

« même en Gascogne d'autres amis que les barons de son
« lignage établis autour de lui. Voici les lettres qu'il m'a
« chargé de vous rendre. »

Le Roi prit les lettres et les tendit à son chapelain Landri que Metz avoit vu naître, et qui lut avec douleur ce qu'elles contenoient. Il en fit part au Roi et à la Reine : « Sire, » dit Blanchefleur, « vous ne laisserez pas de pareils ou-
« trages impunis. Vous n'avez pas oublié comment ils ont
« mis naguères, en votre présence, la main sur vos barons ;
« sans le bon duc Begon ils vous auroient chassé de douce
« France. Chevauchez donc en Gascogne, mandez tous vos
« amis ; ou si vous attendez que le duc Begon soit tombé
« entre leurs mains, sa perte pourroit bien entraîner la
« vôtre. »

Elle cessoit de parler quand on vit arriver Bernart de Naisil. L'Empereur allant au-devant de lui : « Sire Bernart,
« soyez bien venu ! Mais nous avons entendu merveilles :
« votre lignage vient d'entreprendre sur moi ; le comte
« Aimon de Bordeaux assiége Belin ; l'autre jour, aidé de
« Bouchart et de Guillaume de Blancafort, il a épié Begon
« dans les Landes pour le tuer et enlever ma nièce Béatris.
« — Et qui dit tout cela ? » demanda Bernart d'un air étonné, « j'ai quitté Bordeaux samedi, j'y laissai Begon
« dans la compagnie de Guillaume de Blancafort ; tous mes
« amis s'empressoient de lui faire honneur et fête ; je n'ai
« pas entendu parler de votre nièce, et s'ils avoient fait ce
« que vous dites, je ne serois pas ici. Ah ! Sire Roi, n'en
« croyez pas je ne sais quel vilain ébahi ; assurément celui
« qui l'a dit en a menti. — Mais » reprit le Roi, « j'en crois
« non le vilain, mais les lettres revêtues du sceau de Begon,
« qu'il m'a apportées. » Bernart alors, sans daigner répondre, saisit Galopin et l'eût assommé devant Pepin, si la Reine accourant ne l'eût arraché de ses mains : « Ah ! »

cria-t-elle, « la male mort prenne à qui vous apprit à agir
« comme vous faites ! Vous êtes bien hardi de battre mes
« amis devant moi ! C'est ainsi qu'autrefois vous vous êtes
« attaqué à Garin, dans la salle du festin, le jour de mes
« noces ; c'est ainsi que vous avez été cause de la mort
« d'Isoré. Vous vous êtes, il est vrai, échappé de prison ;
« mais, mauvais moine sorti de l'abbaye, vous ne suivrez
« jamais la droite voie. Votre place seroit dans les bois,
« pour y détrousser les pèlerins et pour briser les chemins.
« — Silence ! folle et impudique femme, » répond Bernart
furieux ; « le Roi n'avoit pas sa raison quand il s'embar-
« rassa de toi. La male mort à qui fit le mariage ! il n'en
« viendra que blâme et déshonneur.—Vous en avez menti ! »
reprit la Reine, « larron ! meurtrier ! traître ! parjure ! Le
« roi de France n'auroit pas dû vous laisser reparoître en
« cour. » Puis, tout éplorée, elle s'enfuit dans sa chambre,
emmenant Galopin avec elle.

Que faisoit cependant la belle Heluis au moment où Bernart, en présence du Roi et dans Orléans, osoit frapper
son cousin, messager de son frère Begon ? Elle levoit un
cri dans la ville ; tous ceux qui pouvoient porter les armes,
grands et petits, se rassembloient, les bouchers surtout,
qui portoient la hache et l'épieu poitevin. Tous arrivent aux
portes du palais de Pepin, avant que Bernart prévît à
quel genre d'ennemis il auroit affaire. Mais ce fut bien autre
chose quand les portes s'ouvrirent devant sept vingts chevaliers précédés du duc Garin. Le Loherain avoit entendu
grand bruit dans le palais et ne s'étoit pas donné le temps
d'ôter ses éperons. En le voyant, le Roi se lève : « Soyez le
« bien venu, sire Garin ! vous venez toujours trop rarement
« siéger dans ma cour. » Le Duc remercie, jette les yeux
autour de lui, voit Bernart qui se détourne et tient l'oreille
basse, comme le mâtin qu'on vient de fustiger. La nouvelle

arrive jusqu'à la chambre de la Reine : « Madame, » lui dit la chambrière, « Garin est au palais. — Ah! Dieu soit « loué! » dit-elle. Et le visage encore rouge et gros de larmes, la tête défublée, les cheveux sur les épaules, les pieds seulement enfermés en escapins, elle reparoît à l'entrée de la salle. Garin fait un pas vers elle ; la Reine ne lui dit pas un mot. Le Loherain la regarde, voit ses beaux yeux rougis de larmes : « Franche Reine, » dit-il, « eh! « qui peut vous donner quelque sujet d'ennui? Par le Dieu « vivant! il n'y a personne sous le ciel (j'en excepte le Roi « mon seigneur) qui, s'il osoit seulement vous démentir, ne « devînt mon ennemi mortel. Qui donc vous a outragée? — « Sire, » dit enfin Blanchefleur, « le traître, le larron de « Bernart de Naisil m'a honnie devant le Roi. »

Elle dit, Garin aussitôt écartant violemment tous les rangs devant lui, arrive à Bernart, le saisit aux cheveux, l'abat à terre sous ses pieds, lui brise quatre dents et le laisse après lui avoir labouré la poitrine de ses éperons. Pendant ce temps entroient les bourgeois et les bouchers d'Orléans : à leur tour, ils reprennent Bernart, l'un par le peliçon, l'autre par les pieds, l'autre par la tête. C'en étoit fait de lui si le Roi ne fût arrivé et ne l'eût arraché de leurs mains, non sans peine ; ils le cédèrent en grondant bien fort. « Qu'on ne le laisse pas sortir vivant! » crioit la Reine. — « Eh! dame, » reprenoit le Roi, « voulez-vous que je sois « à jamais honni? » Et prenant Bernart sous sa garde, il le fait passer dans la chapelle, et de là lui donne les moyens de franchir les murs, sous la conduite du chamberlan David. C'est ainsi qu'il gagna Langennière, et que toute la nuit, la rage dans le cœur, il courut, sans un moment d'arrêt, à travers la Beausse, toujours poursuivi par la crainte du loherain Garin. Au point du jour, il avoit atteint Étampes ; il y prit un cheval qu'il pressa des éperons jusqu'à ce qu'il fût arrivé dans la ville de Lens, près de Fromont le puissant. Nous l'y laisserons, pour revenir à Orléans dans la cour du roi Pepin.

V

LEVÉE DU SIÉGE DE BELIN.

Grande fut la douleur de Garin en apprenant que son cher frère étoit assiégé dans le château de Belin. Il se joignit à la Reine pour rappeler à Pepin que le duc Begon avoit droit de compter sur lui : « Par la foi que je dois à « saint Denis ! » dit Pepin, « ils paieront cher leur odieuse trahison. » Bientôt du cap Saint-Vincent au mont Saint-Michel en péril de mer et à Germaise sur le Rhin, il n'y eut pas un baron qui ne reçût charte ou lettres scellées, portées par les queus, les échançons, les chamberlans, les varlets et les garçons qu'on trouva dans le palais du Roi. Ces lettres marquoient Orléans pour le premier point de réunion. Personne ne fit défaut à Pepin : les rives de la Loire se couvrirent bientôt de pavillons et d'une multitude de chariots destinés à fournir les hommes de pain et de vin, et les chevaux d'avoine ; à transporter les trefs et les pavillons, les armures, les riches draps et le vair et le gris. Pour rendre le marché plus facile, des changeurs de Paris accompagnoient le charroi.

On part, on s'éloigne de la Loire pour suivre les chemins qui mènent en Berri. Cahours est laissé à droite, et Crosant choisi pour premier point d'arrêt. De là, l'ost royal gagne la forte cité de Blaives ; mais il fallut s'y arrêter trois jours à rassembler les nefs et challans dont on avoit besoin pour passer sur l'autre bord. Garin traversa le premier le grand fleuve de Gironde, puis Gerart de Liége et Ori l'allemand, puis les Avalois, les Normans, Angevins, François et Bretons.

Aimon fut bientôt averti de l'approche des Royaux. « Y « pensez-vous, » vint-on lui dire, « de rester devant Be- « lin? les François, Angevins et Normans sont à Blaives; « le loherain Garin est déjà passé, et s'ils gagnent Bordeaux « les premiers, vous serez en mauvais point. » Aimon réunit aussitôt ses barons : « Il n'y a pas à conseiller, » dit-il, « il « faut sans bruit retourner à Bordeaux; et pour peu que « nous tardions, nous retrouverons les François dans le « château. »

En quelques instans les roncins, les palefrois furent troussés, les armures furent mises sur le charroi, à l'exception des hauberts de deux cent quatre-vingts chevaliers, formant l'arrière-garde, sous la conduite de Guillaume de Blancafort. Mais, au point du jour et dès que l'alouette entonne son chant, la gaite du château de Belin donne du cor et jette les yeux çà et là dans la campagne. Aucun bruit, aucun pavillon, aucun chariot : tout a disparu comme si jamais le château n'eût été entouré par les Bordelois. La gaite s'empresse de courir à la chambre où reposoit Begon dans les bras de la belle Béatris. Il remue l'oreiller, le Duc ouvre les yeux : « Que veux-tu, bel ami? sais-tu quelques nou- « velles? — Oui, sire, grâce à Dieu; le siége est levé, Aimon « est en fuite. — Ah! » reprend le Duc, « il aura sans doute « appris de ses espions que l'ost du Roi approchoit. Allons! « sonnez du cor promptement, et donnez l'éveil à toute ma « gent. »

Il y eut aussitôt grand mouvement dans le château : les bourgeois courent aux endroits qu'ils avoient charge de défendre ; les sergens se placent le long des murailles : les chevaliers se couvrent de fer, persuadés qu'ils alloient soutenir un assaut. Begon met à s'armer la plus grande hâte : on lui lace ses plus belles chauces, on attache les éperons d'or à ses talons. Il endosse le haubert et pose le heaume rayonnant ; Béatris lui ceint elle-même la lame si bien trempée de Froberge à la poignée d'or. « Sire, » dit-elle, « le dieu « qui fut mis en croix éloigne de vous le péril, et vous « défende de mort ! » Begon la remercie, la regarde d'un œil attendri et la serre dans ses bras. Elle relevoit à peine du petit damoisel Gerin : « Ah ! pour Dieu, dame, » lui dit-il, « ne pensez qu'à mon fils ! » On avoit amené son cheval, il y monta d'un plein élan ; Rigaut portoit son écu, et Do le veneur l'épieu à la forte lame d'acier, longue d'un pied et demi. Il part accompagné du vilain Hervis et de deux cents chevaliers d'élite. En passant devant les bourgeois : « Sei-« gneurs, » leur dit-il, « gardez bien votre ville ; et vous, « sergens, ne vous éloignez pas des murs. »

Dix fortes lieues séparent Belin de la grande cité de Bordeaux, bâtie sur la Gironde. Tant chevaucha le bon Duc qu'il en vit luire les dômes et les clochers. Bientôt au fond d'un étroit vallon, à la sortie des jardins de la ville, il distingue un homme richement armé : « Veneur, » dit-il, « re-« connoissez-vous ce vassal ? — C'est Guillaume le marquis « de Blancafort : voyez sur son écu d'or un noir lionceau : « il fut un temps votre ami. — Oui ; mais aujourd'hui il est « mon ennemi mortel. C'est lui qui sans défiance m'a sur-« pris parmi les Landes, dans l'espoir de me tuer et de « m'enlever belle Béatris ; c'est lui qui m'a frappé et plongé « l'épieu dans le corps. Que Dieu me laisse vivre assez « pour le lui rendre ! Amis, surtout, ne le perdez pas de « vue ; et si vous le prenez, ne le ramenez pas vivant. — Sa « mort seroit, » disent les autres, « la fin de toutes nos guerres ; « aucun d'eux, après lui, n'oseroit gronder. — Allons donc « sur eux : Rigaut, donnez-moi mon écu, et vous, Do, mon

« épieu. » Et pressant le cheval des éperons, il devance ses compagnons, se pose devant un chevalier bordelois qui s'étoit écarté des rangs, l'atteint et fait sauter l'écu qui lui couvroit le bras. Le haubert ne résista pas plus que n'eût fait une bande de samit; l'épieu de Begon lui traversa le corps et l'abattit mort aux pieds de son cheval. Cela fait, il pénétra dans les rangs bordelois, suivi de Tierri de Neuveville, jeune chevalier de sa nourriture, de Do, d'Hervis et de tous les autres. La mêlée fut rude et sanglante; l'air retentissoit du brisement des fers, du froissement des heaumes; le feu jaillissoit des glaives et des épées : ainsi font charpentiers quand ils abattent les arbres d'une forêt; ainsi les bandes de loups fondant à l'improviste sur les brebis effrayées.

C'en étoit fait de l'arrière-garde bordeloise, si Bouchart et Harduin, avertis par le comte Aimon, n'étoient arrivés avec plus de trois mille fervêtus. Comment résister à ce nombreux renfort? Begon ne l'espéroit pas, il se contentoit de disputer vaillamment sa vie, et tous ses compagnons en alloient être réduits à se rendre, quand un secours inattendu leur arrive et décide la déroute des Bordelois. C'étoit Garin et le duc Auberi qui, les premiers passés sur l'autre bord du fleuve Gironde, arrivoient aussi les premiers devant Bordeaux. Ils avoient quatre mille fervêtus dans leur bataille. Quand le comte Aimon vit de loin bruir les pennons, venteler les bannières, étinceler les heaumes, puis, au premier rang, la couleur éclatante et vermeille de la bannière de Saint-Denis, il dit à Guillaume : « Nous n'avons pas de
« temps à perdre ; ce démon de Begon ne sera pas encore
« pris aujourd'hui. Voyez-vous arriver Loherains et Royaux,
« voyez-vous l'enseigne Saint-Denis? Si nous les attendons,
« aucun de nous n'échappera. »

L'effroi parcourut aussitôt les batailles bordeloises; ils

cessèrent d'attaquer, pour revenir à force d'éperons dans les murs de leur cité. Garin et les siens en arrêtèrent plusieurs au passage ; Simon, le fils d'Amauri de Nevers, fut par lui jeté mort devant la porte ; d'autres encore tombèrent sous leurs coups ; mais les barres et les murs étoient couverts de leurs sergens ; les flèches tombèrent sur les Loherains et les Royaux aussi drues que les grandes pluies d'avril, si bien que Begon, rejoignant son frère, eut peine à s'en faire reconnoître ; la selle dorée de son cheval et la cote de mailles qu'il avoit le matin revêtue, étoient rouges et ruisselantes de sang. Garin ne put s'empêcher de lui en faire quelque reproche : « Mon frère, votre hardement est déme« suré ; on pourroit vous accuser de manquer de sens, « quand, avec deux cents chevaliers, vous en allez attaquer « trois mille. Vous auriez chèrement payé votre imprudence « si je n'étois arrivé. En vérité ce n'est pas votre chevalerie « que je prise le plus haut. — Que voulez-vous, frère ? » répondit Begon, « puis-je oublier qu'ils ont voulu me tuer en « trahison dans les Landes ; qu'ils ont avancé la main sur « ma femme épousée, qu'ils ont mis ma terre en feu, et « qu'ils sont venus m'assiéger dans Belin ? Ce sont des « parjures, des foi-mentis, contre lesquels je fais clameur « devant vous et devant tous mes amis. — Ne vous en tour« mentez plus, frère, » reprit Garin ; « nous prendrons le « temps de vous venger, et nous sommes bien résolus à « ne pas nous éloigner avant de les avoir tous matés. »

Cependant les Bordelois faisoient garnir et terrasser leurs portes ; ils ajoutoient à la force des parties de leur enceinte qui leur sembloient le plus menacées ; du côté de la mer ils n'avoient rien à craindre ; on ne pouvoit même leur ôter les moyens de faire entrer par eau les provisions qui leur étoient nécessaires. Mais le gros de l'armée royale arrivoit, et chacun des chefs de bataille choisissoit le terrain qu'il vouloit occuper. Le tref du Roi fut tendu dans un jardin, à côté d'un pommier alors chargé de fleurs ; non loin de là se plaça Garin. Les Manceaux et les Angevins occupèrent les deux extrémités de la Gironde ; les Allemans de par delà le Rhin couvrirent le grand chemin ferré. Un peu plus en avant s'élevoit un bois de sapins ; Begon et Auberi s'y installèrent, tandis que les Bretons prirent le côté qui conduisoit au Plesséis.

Begon ne perdit pas de temps pour faire publier que tous ceux qui voudroient mériter de tenir des terres en Gascogne devoient le venir joindre. L'appel fut surtout entendu par les Caorsins, par ceux de Limoges et de Toulouse.

Or, l'empereur Pepin, après être descendu de cheval, ôta la robe qu'il avoit portée durant le voyage, revêtit un somptueux bliaud présent d'un drogueman, et affubla un riche manteau de zibeline ; on releva les pans de son tref, pour y laisser pénétrer un souffle de vent frais. Le Roi demanda l'échiquier ; il venoit de s'asseoir pour jouer, quand on vit entrer le sénéchal Begon avec un grand concours de barons. En approchant, il salue humblement le Roi : « Com-
« ment vous est-il, Begon ? — Fort bien, Sire, grâce à
« Dieu, puisque vous daignez prendre aujourd'hui ma cause
« en main. Je viens vous faire ma clameur d'Aimon de Bor-
« deaux, de Guillaume de Blancafort et de tous leurs amis.
« Ils étoient mes hommes, saisis de mon fief, quand ils
« m'ont dressé dans les Landes un aguet, pour m'ôter la vie
« et ravir ma femme épousée, votre nièce. Ils m'ont fait
« toutes les trahisons du monde. — Et pour leur malheur, »
répondit le Roi ; « je prends sur moi toute la honte et le dépit.
« On verra si je les épargne. Pour vous, jetez à terre leurs
« châteaux de pierre, leurs villages et leurs métairies ; rédui-
« sez-les à tel point de ruine qu'ils se voient contraints de

11.

« vider le pays. Je me charge de Bordeaux, et ne retourne-
« rai qu'après l'avoir pris. »

Begon fut ravi d'entendre parler ainsi le Roi, et fit de nouvelles entreprises. Il emmena de l'armée trois mille servêtus, qu'il répandit sur la terre de ses ennemis mortels. On y étoit encore en grande sécurité; on croyoit Begon enfermé dans Belin; on pensoit que l'armée du Roi se contenteroit d'assiéger Bordeaux et de combattre les chevaliers d'Aimon et de Guillaume : Begon brûla, ruina tout sur son passage, puis ramena dans le camp un immense butin de chevaux, de bœufs et de brebis.

VI

BERNART DE NAISIL A LENS. — FROMONT DE LENS A BORDEAUX.

Retournons à Bernart de Naisil que nous avons laissé courant de la chapelle du Palais à Paris, à Langenière, à Étampes, pour ne s'arrêter qu'à Lens. Il y trouva Fromont le puissant et son frère l'orgueilleux de Montclin. « Je vois de loin arri-
« ver notre oncle de Naisil, » dit Fromont à Guillaume, « allons
« à sa rencontre. » Bernart, descendu au bas des degrés, arrive dans le palais, la tête cachée sous le chaperon de son manteau. — « Otez votre chappe, » dit Fromont; « pour-
« quoi cet air sombre et soucieux ? — Je n'en ai que trop
« raison, beau neveu. Je sors de Paris où j'ai été frappé
« par le loherain Garin, outragé par sa putain de sœur He-
« luis et par la Reine, sa cousine; ils ont ameuté contre moi
« une odieuse tourbe de vilains; sans le Roi, qui me fit
« passer dans sa chapelle, j'aurois été assommé. »

Parlant ainsi, Bernart ôta sa chappe et montra son visage meurtri, ses dents brisées. « Voilà, » dit Guillaume, « une « mauvaise affaire; il faut que le Loherain soit bien monté « en orgueil pour battre et traiter ainsi les nôtres; la male « mort à qui n'en aura pas raison ! » — Mais Fromont : « Je ne crois pas qu'il ait fait cela sans cause; Garin n'est « pas outrageux de sa nature. Voyons, bel oncle, apprenez-« nous comment tout arriva. — Vous allez le savoir.

« L'occasion fut telle : Aimon votre frère, le comte Har-« duin et Tiebaut du Plessis votre neveu avoient appris « que Begon retournoit de Blaives dans sa terre : car Begon « s'étoit marié, grâce à l'entremise du roi Pepin. Ils allèrent « l'épier dans les Landes, afin d'enlever sa femme, la belle « Béatris. Begon y fut grandement blessé, peu s'en fallut « qu'il n'y perdît la vie. Et comme il n'y avoit plus à s'en « dédire, ils allèrent gâter ses terres et mirent le siége de-« vant Belin. Que fit Begon? Il envoie un messager à Pepin « pour demander secours. Le Roi donnoit audience au mes-« sager dans le palais d'Orléans, quand j'arrivai. Je voulus « servir mes amis; pour cela je les couvris de bonnes pa-« roles. Et le messager présentant lettres scellées de Begon, « je saisis le glouton et je le maltraitai fort en présence de « Pepin, jusqu'à ce que la Reine vint me l'arracher des « mains, en me traitant de foi-menti et de briseur de che-« mins; vous pensez bien que je lui rendis ses injures.

« — Et vous avez eu tort, » interrompit Fromont; « que « sur vous en retombe le mal et la honte! Votre méchante « langue vous fera perdre votre dernier ami. Je blâme éga-« lement les gloutons qui osèrent épier leur seigneur et « mentir leur foi sans raison. La honte en retombe sur eux ! « tout le monde doit le souhaiter.

« — Laissez-moi achever, » reprend Bernart. « Le Lohe-« rain devoit venir en cour; il arrive, l'Emperière se plaint

« à lui d'avoir été honnie; Garin s'élance sur moi, me donne
« de son poing par les dents et me met dans l'état que
« vous voyez.

« — Ah! il a bien fait, » répliqua Fromont.—« Sire frère, »
dit alors Guillaume de Montclin, « ne parlez pas ainsi; en
« coupant son nez on déshonore son visage. Le beau profit
« pour nous tous de laisser notre frère de Bordeaux à la
« merci de ses ennemis! — En effet, » reprit Bernart, « je
« sais que le Roi, Garin et le bourgoin Auberi ont mandé
« leurs hommes. Tous doivent être maintenant devant Bor-
« deaux.

« — Je vous entends, » dit Fromont. « Il importeroit peu
« à mon frère Aimon et même à vous, si je payois la folie
« qu'ils ont faite. Non, je ne mettrai pas l'écu à mon col
« pour une telle cause; le mal à celui qui l'a pourchassé!
« Vous avez oublié trop vite ce qui s'est passé à la cour du
« Roi à Paris. Nous avions alors pour ami le duc Garin,
« Bernart alla le provoquer à sa place, et c'est lui qu'il
« faut accuser de la mort d'Isoré. — N'achève pas, malheu-
« reux! » interrompit Bernart, « tu ne vaux pas le feurre
« que je vois sous tes pieds.

« — Faisons mieux, » dit Guillaume; « allons sans retard
« à Bordeaux; elle est de votre honneur; vous la garderez,
« et vous demanderez la paix au Roi pour vos amis; c'est
« ainsi qu'il convient de leur venir en aide. — Vous pouvez
« avoir raison, » répond Fromont; « mais je veux partir
« bien accompagné. »

Il fait écrire lettres et sceller chartes, pour semondre ses
hommes pendant que Guillaume retourne à Montclin et y
rassemble cent quarante chevaliers. Le flamand Bauduin
mande également ses fiévés, tellement qu'ils ont bientôt
dans les champs un ost de trois mille chevaliers et de sept
mille sergens. Réunis à Montereuil sur le bord de la mer,

Fromont y loue plus de sept vingts nefs. On introduit dans les wissiers les chevaux de guerre ; on dépose dans les sentines les tonneaux de vin, et les chairs salées. Puis, le vent gonfle les voiles et l'armée s'éloigne du rivage. Au neuvième jour, ils découvrent les moutiers de Bordeaux, les aigles et pommes d'or qui surmontoient les pavillons de l'armée royale. Comme les assiégeans n'avoient pu fermer le port, l'ost de Fromont s'y mit à couvert. Puis, aussitôt on s'occupa de tirer des bâtimens les grands auferans, les belles armes, le vair et le gris, les provisions de toute espèce. Fromont fait son entrée dans la ville, et chaque maison, jusqu'à la moindre masure, devient le logis de quelque chevalier. Grande fut la joie d'Aimon en apprenant l'arrivée de son puissant frère ; il avance à leur rencontre et d'abord serre dans ses bras Fromondin : « Ah ! beau neveu, c'est à
« Fromont grand amour fraternel de venir à notre secours.
« — Oncle, » répond Fromondin, « mon père ne vous ap-
« prouve pas, et, selon ce qu'il dit, vous avez le tort. »

Le comte Fromont s'étoit rendu tout de suite au Palais ; il y attendit la visite d'Aimon, de Bouchart et d'Harduin : « Soyez le bienvenu ! » lui va dire Aimon ; mais Fromont, sans lui rendre salut : « Ah ! vous voilà, fils de putains,
« parjures et mauvais traîtres ! C'est ainsi que vous épiez
« votre seigneur pour le mettre à mort ! Vous ne démentez
« pas vos pères les Poitevins, qui jamais n'ont aimé parens,
« ni voisins ni seigneurs, et qui n'ont cessé de trahir. N'al-
« lez pas croire que je veuille perdre tous mes honneurs et
« toutes mes terres pour vous soutenir dans vos méchan-
« cetés : je prétends vous rendre à Pepin ; qu'il vous pende
« s'il lui plaît par la gueule, comme chiens enragés, et
« comme vous le méritez. » Aimon, Harduin et Bouchart n'eurent pas d'autre réponse. Pour Fromont, la traversée de mer l'avoit fatigué, il fit dresser son lit ; son maître queux

hâta le manger, il sortit de table vers le milieu du jour, en invitant les chevaliers de son hôtel a prendre quelques heures de repos; bientôt un grand silence régna dans l'antique palais; tous avoient cédé au plus profond sommeil.

VII

SUITE DU SIÉGE DE BORDEAUX. — GARIN EST BLESSÉ.

Mais Bernart de Naisil, qui avoit partagé les fatigues du voyage, ne songeoit pas à reposer. A peine le comte Fromont est-il endormi qu'il laisse son lit, descend les degrés du palais et se rend à l'hôtel d'Aimon et Harduin. « Francs chevaliers, » leur dit-il, « ne perdons pas de
« temps ; si vous vouliez armer vos hommes, nous irions
« lever un cri dans le camp du Roi. Les Royaux nous re-
« pousseront dans la ville, et Fromont sera forcé de pourvoir
« à sa propre défense, et de se déclarer en notre faveur. »
Le conseil fut applaudi : deux cent quatre-vingts chevaliers, revêtus du haubert et montés sur chevaux couverts, sortent de la ville et vont attaquer les tentes et pavillons des Royaux. En un moment, l'alarme est générale dans le camp : Garin se couvre de fer, ceint l'épée, monte sur son plus grand coursier, naguère arrivé d'Espagne. Il arrive avec cent quarante chevaliers vers le point que menaçoient les Bordelois, et reconnoissant aussitôt Bernart de Naisil :
« Ah! traître, parjure et foi-menti! c'est à ce coup que
« vous ne m'échapperez pas. » Bernart ne répond rien, mais il essaie de parer le fort épieu de Garin qui, venant le frapper en plein sur l'écu, l'oblige à vuider les

arçons et le fait tomber au milieu des siens. Chacun autour
de lui s'empresse, lui fait un rempart et le relève. Il falloit
alors le voir, pour venger sa disgrâce, aller et venir dans
nos rangs, frapper à droite et à gauche ; mais les Bordelois, qu'il ne put longtemps retenir, reprirent le chemin
de la ville. Garin les poursuivit, entra même avec eux dans
le bourg, et si les François étoient arrivés plus vite, la ville
pouvoit être prise. Il y eut, ce jour-là, plus d'un bourgeois
immolé sur la place du marché ; mais dès qu'ils se reconnurent, ils montèrent à l'étage ou solier de leurs maisons, et
de là jetèrent les lourdes pierres et lancèrent les épieux
ferrés. Enfin la clameur a réveillé Fromont, il ouvre la fenêtre, regarde devant lui et voit les Royaux forcer la porte,
chasser les bourgeois, fendre aux uns le crâne, aux autres le
ventre ; au milieu d'eux Bernart de Naisil faisant bonne et
vaillante défense. « Ah ! je le vois, » dit-il, « je suis trahi !
« Aux armes, francs chevaliers ! il y auroit trop de honte à
« nous laisser prendre si vite ! » Chacun aussitôt d'aller
vêtir le haubert, lacer le heaume, ceindre l'épée, empoigner
la lance ou le bon épieu. Les rues s'encombrent de chevaliers, et dans les premiers rangs, Guillaume, Fromont,
Forcon, Rocelin, Gaudin et Galeran, Pierre d'Artois, Bauduin de Flandres. Devant tous ces renforts de fervêtus reposés, les Loherains ne pouvoient longtemps se maintenir. Quelle presse alors, quels combats autour de la
porte ! Garin s'y tenoit arrêté, protégeant le passage de
tous les siens, retenant les Bordelois acharnés à leur fermer tout moyen de salut. Mais si Fromont dut regretter
la mort de plusieurs chevaliers, les Loherains y perdirent
encore plus, et leur retraite de Bordeaux fut une véritable
fuite.

Pendant que résonnent les trompes dans l'ost du Roi, les
gens de Fromont poursuivent ceux de Garin. L'air retentit

du cri des mourans et des navrés; Garin lui-même, après avoir perdu trois chevaux, est abattu sous le quatrième. Bernart, impatient de vengeance, arrive sur lui, le foule aux pieds, le frappe et lui eût arraché la vie, si l'allemand Ori, Huon de Troies et Gerart de Liége ne fussent accourus et n'eussent contraint les Bordelois à leur céder le champ. On essaya de remonter Garin, mais le bon Duc étoit trop foible, il ne put se maintenir en selle; il fallut que quatre chevaliers l'emportassent sur les bras pour le ramener à son tref. Là, on l'assit, on le désarma; mais pour le don de la ville de Paris, on ne l'eût pas fait tenir debout.

Cependant l'empereur Pepin avoit amené les Francs sur le champ de bataille; il y fit de grandes vaillances : tantôt arrêtant les échelles ennemies, tantôt s'élançant lui-même sur les plus avancées. Il abattit deux chevaliers, fit rendre l'âme au troisième. Guillaume de Montclin et le Flamand parurent lâcher pied, mais ce fut pour amener les Royaux sous la portée des archers. Alors, les Francs reculèrent en désordre : « Dieu puissant, » disoit Pepin, « pourquoi « n'avons-nous pas ici le duc Begon ! Et son frère, mon « cher Garin, qu'est-il devenu ? — Sire, » répond Savari, « Garin a été mal entrepris. Je l'ai vu tomber au milieu de « ses amis qui ne pouvoient le remonter; à grand'peine « guérira-t-il de ses blessures. — Voici merveilleuses nou- « velles, » s'écria le Roi. « O sainte Marie ! vous qui avez « tenu dans vos flancs le corps de Notre-Seigneur, défen- « dez-moi de honte; vous surtout, saint Denis, priez pour « nous le dieu vivant. Ma cause est la vôtre, car de vous « assurément je tiens la couronne de France. »

Les Bordelois et surtout les Poitevins retournoient em- menant avec eux grand nombre de prisonniers et de bons chevaux. Bernart de Naisil s'adressant au puissant Fromont : « Voici, » dit-il, « le moment de profiter de notre avantage.

« Poussons le Roi ; il est déjà vaincu, et si nous le prenions,
« nous ferions la paix aux conditions qui nous conviendroient
« le mieux. — Que dites-vous là ? » répond Fromont ; « avez-
« vous juré de me honnir ? Malheur à moi d'être venu dans
« Bordeaux ! L'empereur Pepin est mon seigneur, je tiens
« de lui mes terres ; nous ne devons pas le guerroyer, s'il
« n'a pas le tort envers nous : rentrons dans la ville.—Non,
« de par Dieu, » répond Bernart, « je ne veux pas quitter le
« champ avant d'avoir maté le mauvais roi. » Mais Fromont : « Par la foi que je dois à saint Martin, je donnerai
« de mon épée dans le corps à celui qui refusera de rentrer
« à Bordeaux. » Il dit, va se placer à la suite de leur bataille, et repasse la porte du bourg quand il ne reste plus
un seul fervêtu dans la campagne.

Les François étoient rentrés au camp, regrettant les
nombreux amis qu'ils avoient laissés morts sur le sable,
ou que les Bordelois emmenoient prisonniers. Garin ressentoit de grandes souffrances ; tout son corps n'étoit qu'une
plaie. On fit venir les meilleurs mires ; Landri posa les
emplâtres sur la tête, la poitrine et les bras. Pepin vint des
premiers le voir : « Comment vous est-il, bel ami ? — Mal,
« sire Roi. Je n'ai pas un endroit de mon corps qui ne soit
« endolori. » Mais pendant qu'ils mènent ce grand deuil
dans le camp, Bernart de Naisil, Forcon et Rocelin étoient
dans une vive allégresse. Fromont arrive et commande de
dresser les tables : quatre-vingts sont aussitôt disposées
dans un grand jardin. Il falloit voir les plus nobles jouvenceaux porter les nappes, couvrir les tables, disposer les
quarreaux pour les siéges. Au milieu d'eux tous se faisoient
remarquer Fromondin et les vingt damoiseaux de sa mesnie. Bernart de Naisil venant au-devant de lui, lui baise la
bouche et les joues ; puis appelant Bauduin : « Voyez donc
« quel brave neveu nous avons ! Ne demanderons-nous pas

« à Fromont le puissant de le faire chevalier? — Nous ne
« pourrions mieux faire, » répond le Flamand.

Au lever de table, ils s'en viennent au comte Fromont :
« Beau neveu, » lui dit Bernart, « votre fils est devenu
« grand, fort de bras, large de poitrine; n'est-il pas temps
« de le faire chevalier? On peut être assuré qu'il saura
« croiser une lance et combattre nos mortels ennemis mieux
« que personne, et quand vous dureriez jusqu'au jour du
« dernier jugement, vous ne le verrez jamais mieux en
« point de recevoir l'adoubement. — Voici paroles merveil-
« leuses, » répond Fromont; « Fromondin est encore trop
« jeune pour supporter le poids des armes. — Oh! ne
« dites pas cela, » fait Bernart; « songez que vous devenez
« vieux, que vos cheveux blanchissent, que le temps du
« repos arrive; donnez-vous donc du loisir, et laissez à
« votre fils le soin de soutenir la guerre. » Fromont ne
put entendre ces paroles sans rougir de colère : « Vous
« me provoquez, sire Bernart, » dit-il; « je serois, à vous
« entendre, un vieillard rasotté. Je monte pourtant encore
« assez bien à cheval, et je n'ai besoin de personne pour
« défendre mon droit. Demain nous aurons une grande
« mêlée de fers; je vous y attends, et voici mes conditions :
« celui de nous deux qui le fera le moins bien aura l'éperon
« coupé du tranchant de l'épée, tout près du talon. —
« Ah! beau neveu, je vous crie merci; à Dieu ne plaise
« que j'aie voulu vous provoquer! ce que j'ai dit, je l'ai
« dit à bonne intention, et parce que vos amis m'en avoient
« prié. — Le voulez-vous donc réellement? » dit Fromont,
« eh bien! j'y consens, et je promets de ne plus m'as-
« seoir à cette table, avant que mon fils Fromondin ne soit
« chevalier. Qu'il aille tout de suite se baigner et pré-
« parer. »

VIII

LA CHEVALERIE DE FROMONDIN. — FROMONT FAIT DEMANDER
LE TOURNOIS AU ROI.

Fromondin revenu à son hôtel, les écuyers emplissent cinquante cuves d'une eau chaude et limpide. La première est pour le noble damoiseau, les autres pour les jeunes valets qu'on doit armer avec lui. Les chamberlans apportent les robes de samit; les écuyers tiennent en laisse les mules et les roncins, les palefrois et les grands chevaux. Baucent, le meilleur et le plus aimé destrier de Fromont, est le présent que le père envoie à son fils; la selle en avoit été travaillée à Toulouse. Fromondin, pour le monter, s'élance de pleine terre ; il passe au delà pour s'en aller heurter violemment dant Bernart de Naisil. « Ah! sire vieillart, » lui dit-il en riant ; « comment êtes-vous ici ? « voudriez-vous estre de ma mesnie ? — Assurément, » répond Bernart ; « mais à la condition que vous ferez ce « que je voudrai. Ainsi vous aimerez à poindre de l'éperon, « vous distribuerez vos honneurs aux nobles chevaliers, le « vair et le gris à ceux qui n'ont rien. Je ne puis trop vous « le dire : un vrai prince s'élève en faisant largesses, et « s'il est avare, chaque jour de sa vie est le dommage des « autres. — De tels commandemens, » répond Fromondin, « sont aisés à suivre. » Ils passent alors dans le jardin; le manger étoit dressé, l'une des tables réservée pour lui et pour son oncle Guillaume de Montclin.

Mais revenons au duc Begon. Il avoit appris à Lesperon que les Bordelois avoient malmené les Royaux ; lui revenoit au contraire après avoir fait le dégât sur la terre de ses ennemis, ramenant d'innombrables troupeaux de bœufs, vaches, moutons et brebis. Auberi faisoit l'arrière-garde, et l'avant-garde étoit confiée à Huon de Cambresis : au côté droit, Do le veneur ; au côté gauche, le bon vilain Hervis. Pour Begon, il chevauchoit dans les champs assez près de Huon de Cambrai. Comme il passoit près de Bordeaux, Fromont, qui s'étoit assis sur le pont tournant en quittant la table, vit les tertres et les vallées se couvrir de fervêtus. « Quel est cela ? » dit-il à Bouchart et à Harduin ? « d'où peuvent sortir tant de gens ? — C'est, » dit Bouchart, « ce diable de Begon qui revient du ravage de nos « terres et de l'incendie de nos châteaux. — Il a bien fait, » reprend Fromont. « et s'il en vient à son avantage, il fera « mieux de vous écorcher vifs : infâmes gloutons qui n'avez « pas craint d'épier et d'assaillir votre seigneur, pour lui « enlever sa femme épousée ! Que ferez-vous maintenant « pour sortir d'une aussi méchante voie ? Ils sont les plus « nombreux, la résistance seroit vaine, le mieux seroit de « vous livrer au Roi qui vous pendroit à la hart que vous « avez méritée. — Ne parlez pas ainsi, » dit Bernart de Naisil ; « mais faites demander à Pepin de nous accorder le « tournoi demain matin, pour fêter la chevalerie de Fro- « mondin, et pour éprouver si, dans l'occasion, il sauroit « attaquer, éviter, renverser ses ennemis. — Eh bien ! » dit Fromont, « j'y consens. Approchez, don Geraume le « gris ; allez me trouver Pepin, mon seigneur ; vous lui « demanderez le tournoi pour demain matin, à l'occasion « de la chevalerie de mon fils Fromondin. Dites-lui que je « désire voir comment il saura monter à cheval et porter « ses armes ; que je ne prétends pas le défier ; à telle en- « seigne qu'il eût été pris ce matin, si je n'avois arrêté « Bernart de Naisil en saisissant les rênes de son cheval et « le forçant à rentrer. — Je lui dirai tout cela, » répond le messager. Il monte à cheval, sort de la ville et se rend au camp des Royaux.

Begon, en descendant devant son tref, avoit trouvé assez de gens pour lui raconter la mauvaise heure et la blessure de son frère : « Ainsi va de guerre ! » avoit-il répondu ; et comme le messager de Fromont se faisoit conduire au pavillon du Roi, Begon entroit dans celui de son frère Garin : il le trouva gisant au lit, les mains, la poitrine et les épaules noires comme charbon éteint. « Ah ! frère, » lui dit-il, « n'avez-vous pas assez dormi ? Levez-vous pour ôter à nos « ennemis trop grand sujet de joie. — Je ne puis, frère ; la « douleur ne me permet pas de rester debout. » Quoi qu'il pût dire, et de force ou de gré, Begon le fait lever, chausser et vêtir ; il l'aide à monter l'auferant, puis il vient avec lui et quinze autres comtes au tref du Roi, pour former la cour. Pepin, les voyant entrer, se lève et fait placer les Comtes en ordre autour de lui.

Alors le messager de Fromont descend et trouve assez de gens pour tenir son cheval. Il salue ainsi le Roi : « Le dieu « de gloire et d'éternelle vérité sauve l'empereur Pepin, sa « compagnie et tous ceux que je vois ici ! Sire, le comte « Fromont m'envoie demander le tournoi pour demain ma-« tin. Son fils Fromondin est chevalier nouveau ; le père « désire voir comment il saura porter les armes. — Voilà, » dit le Roi, « paroles merveilleuses ! je pensois que Fromont « venoit réclamer la paix, c'est le tournois qu'il demande ! « Retourne vers ton seigneur, frère ; dis-lui que je suis mal « disposé à tournoier. Mes hommes n'y sont pas préparés ; « plus de cent quarante gardent le lit, peut-être ne seront-« ils pas avant un mois sur pied ; que Fromont laisse passer « quelque temps, et nous accorderons volontiers le tournois « qu'il demande. »

Il dit, et Begon ne peut entendre de telles paroles sans

impatience; il se lève et d'une voix indignée : « Sur ma
« foi! on ne vit jamais roi de France refuser le tournois de-
« mandé par un comte palaisin. C'est à nous faire tous
« rougir de honte. Frère messager, dis à ton seigneur et
« sans oublier un mot, qu'il laisse de côté l'Empereur et
« mon frère Garin : ils sont encore tout émus de l'affaire du
« matin; on peut aisément le comprendre, ils n'en étoient
« pas appris; mais puisque Fromont le puissant de Lens a
« fait cause commune avec nos ennemis, il ne peut recevoir
« un refus de tournois, et s'il se présente demain, il trou-
« vera sur qui frapper. » Il dit, et voit avancer vers lui
Rigaut, le fils du vilain Hervis. C'étoit un damoisel fortement membré, gros des bras, des reins et des épaules, les
yeux séparés l'un de l'autre de la longueur de la main;
dans soixante pays, on n'eût pas trouvé visage plus rude
et moins avenant. Ses cheveux étoient hérissés, ses joues
noires et tannées; elles n'avoient pas été lavées de six mois,
et la seule eau qui les eût jamais mouillées étoit la pluie
du ciel. Sa cotelle descendoit à peine jusqu'aux genoux, de
ses houses luisantes sortoit l'extrémité de ses talons. « Sire
« cousin, » lui dit Begon, « approchez : savez-vous qu'on
« vient de faire de Fromondin un chevalier? Vous êtes
« pourtant son aîné; or, si je vis, je veux vous adouber
« demain soir; dès aujourd'hui, je vous donne le cheval
« sur lequel Fromondin viendra tournoier. — Grands mercis,
« seigneur! » répond Rigaut. Mais le Roi, poussant alors
Garin : « Entendez-vous cet enragé? — Oui, » reprend
Garin, « et vraiment, frère, vous n'avez pas bien parlé : il
« ne faut donner que la chose dont on est saisi. Vous con-
« noissez mal Fromont le puissant, Bernart son oncle, Bau-
« duin le flamand. Vous verrez la foule innombrable de
« leurs chevaliers, et bien le fera, demain, qui contre eux
« se maintiendra. — Oui, » répond Begon, « je vous en-

« tends fort bien, vous et le roi de France vous avez peur
« des Bordelois qui vous ont meurtris, navrés. Pour moi je
« les estime autant qu'une maille angevine : et quand même
« il vous conviendroit d'aller à leur aide, j'aurois encore le
« cheval que montera Fromondin. Je te le répète, frère
« messager : tu diras à Fromont le puissant que j'ai donné
« le cheval de son fils, qui qu'en grogne entre Bernart de
« Naisil, Lancelin de Verdun, le flamand Bauduin, Harduin,
« Aimon de Bordeaux, l'orgueilleux Guillaume, les Poite-
« vins et tout le parage de Fromont.—J'ai bien entendu, »
dit le messager, « et tout sera fidèlement rapporté. »

Pendant que Geraume le gris rentre dans Bordeaux, les chevaliers françois, normands, angevins et bretons que leurs blessures retenoient au lit se promettent bien d'assister au tournois du lendemain. Le messager trouva Fromont dans le grand jardin : il étoit assis sous un pommier, les chevaliers allant et venant dans les allées, formant des groupes de cinq, de dix, vingt ou quarante; mais en voyant revenir Geraume, tous se rapprochent pour entendre ce qu'il va rapporter : « Eh bien, ami, » lui dit Fromont, « qu'a ré-
« pondu Pepin? aurons-nous le tournois que nous deman-
« dons? — Oui, sire; le Roi commença par le refuser,
« mais le duc Begon le prit sur lui. Puis survint un damoi-
« seau, fils du vilain Hervis et qu'on nomme Rigaut, aux
« cheveux hérissés, aux yeux largement séparés l'un de l'au-
« tre; jamais je n'avois vu visage aussi rude. Begon ne
« laissa pas de l'appeler son cousin et d'ajouter qu'il lui
« donnoit le cheval sur lequel Fromondin paroîtroit au tour-
« nois. — Maudit sois-tu, messager de malheur, » s'écria
Bernart furieux, « qui viens raconter de pareilles bourdes.
« — Je n'ai pas tout dit, » reprit Geraume, « Begon vous
« fait savoir qu'à votre nez même, et malgré Fromont le
« puissant, le flamand Bauduin, l'orgueilleux Guillaume,

« Bouchart et Harduin, le marquis Guillaume, Aimon de
« Bordeaux, en un mot tout le parage ici rassemblé, il sai-
« sira le cheval de Fromondin pour le donner à son cousin
« Rigaut. — C'est lui, par Dieu! qui nous laissera le sien, »
dit Bernart de Naisil. « — Ne jurez pas, » reprit Fromont,
« vous ne me semblez pas connoître le duc Begon de Belin.
« Il a dit qu'il auroit le cheval, il l'aura. » Puis se tournant
vers son fils : « Vous, Fromondin, allez veiller, et deman-
« dez à Dieu qu'il vous défende de honte et de péril. » Le
valet obéit, se rendit à Saint-Seurin, y fit un grand luminaire et ne cessa d'y veiller toute la nuit.

Cependant Pepin avoit réuni dans son pavillon grand
nombre de ses meilleurs barons : « Écoutez-moi, » leur
dit-il, « vous savez que depuis le jour où le duc Begon
« avoit quitté le camp, je n'ai pas eu de nuit tranquille : à
« chaque heure, j'étois réveillé par un nouveau cri d'alarme.
« Qui va ce soir commander l'échargaite? — Moi! » dit
Begon, « à la condition que pour une seule maille ange-
« vine perdue, je rendrai un grand cheval auferant. Allez
« vous armer, Auberi, Tierri l'ardenois, Huon de Cambrai
« et Gautier de Hainau; nous veillerons ensemble cette
« nuit. »

Ils font armer deux mille chevaliers qui, distribués par
cinq cents, se tiennent en aguet près de chacune des portes,
sous la conduite de l'un des chefs. Le jour passe et la nuit
arrive : les gaites montent sur les hautes murailles, et Fromont, placé sur le pont tournant, pose lui-même les sentinelles. Puis appelant Bernart de Naisil : « Cette nuit, mon
« oncle, » dit-il, « vous conduirez la sortie, vous irez ré-
« veiller les François dans leur camp : une fois au jeu, il faut
« le suivre; on ne doit pas laisser un instant reposer son
« ennemi. — Je vous remercie, » dit Bernart, « de m'avoir
« choisi. » Tous ceux qui devoient sortir avec lui vont s'ar-

mer et disposer leurs chevaux. Déjà même, on leur ouvroit la porte, quand un espion vient les avertir que Begon étoit chargé cette nuit de l'échargaite, avec deux mille fervêtus. « — Alors, » dit Fromont, « je suis d'avis qu'on ne sorte « pas. Retournez, bel oncle, allons-nous-en tous dormir; « nous n'en serons demain que plus frais pour aider à Fro-« mondin. »

A la nuit succède un nouveau jour: Fromondin, qui vient d'achever sa veille d'armes, entend la messe et rentre à son hôtel. Il mange et boit quelque peu, se met au lit et ne tarde pas à s'endormir. Dans le même temps, Begon, après avoir inutilement attendu les Bordelois, retournoit au camp et descendoit de cheval devant son pavillon. Puis appelant son écuyer : « Vous allez », dit-il, « ôter la selle « de mon cheval; vous lui frotterez le dos et les flancs, « et vous remettrez la selle. » Cela fait, il se couche tout armé, sans ôter rien que son épée. « Faites comme moi, « neveu Auberi, » dit-il, « c'est le moyen d'être prêts au « premier cri que nous entendrons. »

La journée se levoit belle et le soleil brillant et serein. Fromont quitte le premier son lit; il entr'ouvre la petite fenêtre et la clarté nouvelle le frappe en plein visage. En un moment il est chaussé, vêtu; il sort tout armé de sa chambre, demande son cheval et passe dans tous les quartiers de la ville, réveillant les chevaliers; il arrive à l'hôtel de son fils : Fromondin étoit encore au lit, profondément endormi. Fromont appelant Bernart : « Oncle, » dit-il, « venez « voir mon enfant; j'aurois dû lui laisser le temps d'amen-« der et croître; mais non, il lui faut vêtir le haubert. » Il retient un pesant soupir et d'une voix forte : « Allons, « Fromondin, debout! ce n'est plus l'heure de dormir. Le « grand tournois devroit être déjà fourni. » L'enfant saute de sa couche en entendant cette voix ; arrivent alors les écuyers qui le revêtent de ses armes. Le comte Guillaume de Montclin lui ceint l'épée par l'anneau d'or : « Beau neveu, » lui dit-il, « tu dois un jour être un puissant prince ; « ne cesse pas d'être preux et désireux de conquêtes. Sois « félon et redoutable à tes ennemis, donne le vair et le gris « aux chevaliers pauvres ; c'est le moyen de monter en hon- « neur. — Tout est en Dieu ! » répond Fromondin. Alors on lui présente le bon cheval Baucent, qu'il enfourche d'un facile élan ; on lui tend un écu doré au lion, et dès qu'il l'eut suspendu par la guiche à son cou, Fromont ordonne d'ouvrir la porte de la ville.

IX

GRAND COMBAT DEVANT BORDEAUX. — MORT DE GUILLAUME DE POITOU, D'AMAURI D'AMIENS ET DE BAUDUIN DE FLANDRES.

Le premier soin de Fromont avoit été de faire occuper les abords de la ville par les sergens ; ceux-ci formèrent une enceinte de palissades pour recueillir et protéger la rentrée des fervêtus, si l'on venoit à les presser vivement. Le premier chevalier qu'on voit sortir est Fromondin, aussitôt suivi de Guillaume, l'orgueilleux de Montclin ; dant Bernart de Naisil, son fils Fauconnet et le riche Lancelin de Verdun passèrent après eux, puis Huon de Rethel, Henri de Grantpré, Herbert de Roye, Odon de Saint-Quentin, Robert de Boves, Anjorran de Couci, Pierre d'Artois, Bauduin le flamand, Dreux d'Amiens et son fils Amauri.

A ceux-là succédèrent le comte Huon de Beauvais, Gerart et Jocelin de Montdidier. Ce fut ensuite Guy de Surgières et son fils Simon ; Forcon d'Aunis, Aleaume de la Roche aux cheveux blancs, Joffroi et Savari de Mauléon, Amauri et Landri, le vicomte de Touart et le chataine de la Valdone.

Les autres batailles étoient conduites par Guillaume le comte des Poitevins, Tiebaut du Plessis, Amauri de Bourges, Joceran et Gondrin de Limoges. Enfin, la porte se referma sur les fervêtus que conduisoient le puissant Fromont, Bouchart, Harduin, Aimon de Bordeaux et Guillaume de Blancafort.

La plaine alors semble n'être plus qu'une forêt de heaumes étincelans, au-dessus desquels flottent les brillantes bannières. Le comte Fromont marque le rang de chaque bataille, désigne celles qui attaqueront, celles qui devront se contenter de bien recevoir le choc des ennemis. De leur côté, les Royaux se préparoient à la grande assemblée ; tout étoit en mouvement dans leur camp. Les timbres sonnoient, les trompettes bondissoient ; les écuyers amenoient les grands chevaux et dressoient les hautes bannières. Quarante mille fervêtus n'attendoient plus qu'un signal pour sortir des héberges et joindre les batailles ennemies. Par l'ordre de Pepin, l'étendard est disposé ; on l'entoure de barrières, on le garnit des chevaliers et des sergens qui doivent au besoin venir en aide aux plus foibles, ou les recueillir.

Bientôt les batailles sortent du camp et se partagent la plaine. Tierri des Monts d'Aussai paroît le premier, puis Gerart de Liége, puis Ori l'allemand, Renaut de Toul, Henri de Bar, Huon de Saint-Mibiel au poil fleuri, Huon de Troies et le puissant Tiebaut d'Aspremont. C'est ensuite le duc Garin, Garnier de Paris, Amauri de Nevers ; les sires de Tonnerre et de Chalon ; Tierri de Vienne, Achart de Riviers, Jofroi d'Anjou, Hunaud de Nantes, Salomon de Bretagne, Fouqueré de Pierrelate, Aleaume et Guichart de Beaujeu,

Richart de Normandie et le preus Hernaïs d'Orléans. Pour Begon, Auberi, Huon de Cambrai et Gautier de Hainau son frère, ils avoient veillé toute la nuit, s'étoient endormis au point du jour et reposoient encore.

Les deux armées arrivées en présence s'ébranlèrent au petit pas des chevaux jusqu'à n'être plus séparées que de la portée d'un arc. Qui fera la première attaque, qui sortira le premier des rangs? Ce sera le valet Fromondin. L'écu serré contre la poitrine, il va frapper un chevalier auquel il fait vuider les arçons, arrive au second qu'il renverse également. Sa lance est brisée, mais du tronçon il frappe et menace encore. « A moi, mes amis! » crie-t-il. Et Bauduin le flamand, l'orgueilleux Guillaume et Bernart de Naisil pénètrent dans la trouée qu'il a faite, se placent à ses côtés et ne laissent pas aux Royaux le temps de détourner le frein de son cheval. Fromondin a passé la première bataille; devant la seconde, il nous abat le comte Tierri : personne ne doit espérer l'arrêter, tant que Begon ne sera pas arrivé.

Mais déjà l'ordre est rompu dans les deux armées : la mêlée devient générale. Toutes les lances se croisent et la terre est couverte de leurs débris; les vassaux sont renversés, les chevaux épouvantés s'enfuient, les blessés poussent d'horribles cris; ce n'est pas sur un seul point, c'est en vingt, c'est en quarante lieux différens qu'on se heurte, pour donner ou recevoir la mort. Conduits par Guillaume de Montclin, Fromont et Bernart de Naisil, les Bordelois avancent toujours et parviennent enfin à la bataille de Garin. Le héros soutient longtemps leur effort; cinq fois il tombe et remonte sur un autre cheval; malheur à qui n'évite pas le tranchant de son branc d'acier! d'un premier coup il abat le flamand Bauduin, d'un second Bernart de Naisil; enfin couvert de sueur il va se placer à l'écart, où personne n'ose le suivre. C'est là qu'il peut détacher sa ventaille et se rafraîchir un instant.

Les François, écrasés par le nombre, alloient abandonner le champ aux Bordelois, quand les Angevins, les Normands et les Bretons arrivèrent à leur secours ; tout ce qu'ils purent faire fut de les ramener sous l'étendart. Pepin en les voyant réclame l'aide de Notre-Seigneur et de saint Denis. « Où « donc est le duc Begon, » disoit-il, « lui qui avoit pris le « tournois sur lui et devoit enlever le cheval de Fromon- « din ? » Un de ces chevaliers qui servent de la langue se hâte de répondre : « Sire, le duc Begon parloit hier après « le vin : ce matin il a mis tout en nonchaloir, et vous ne le « verrez pas d'aujourd'hui. » Mais un damoiseau dont Begon avoit protégé l'enfance l'entendit : « Dant cheva- « lier, » cria-t-il, « vous y avez menti ! Le Duc a fait cette « nuit l'échargaite, il s'est endormi au point du jour, il se « réveillera bientôt. » Il dit, pique des éperons et arrive au tref de Begon : « Levez-vous, sire : vous avez trop dormi ; « le tournois touche à sa fin ; souvenez-vous de la promesse « que vous avez faite au fils du vilain Hervis. — Mon che- « val ! » crie le Duc, « avertissez Auberi. » Le Bourgoin arrive avec les trois autres barons de l'échargaite : « Seigneurs, » leur dit doucement Begon, « hier j'ai défié Fromont et ses « amis ; vous savez bien qu'ils me haïssent à la mort ; on va « voir si je suis bon chevalier : mais, je vous en prie, ne « me perdez pas de vue. »

Il part avec tous les chevaliers de sa mesnie, et les conduit vers l'étendard que déjà les Bordelois attaquoient. On entend de ce côté un bruissement de bannières et de pennons ; on voit briller les heaumes à travers des nuées de poussière ; le feu jaillit des cailloux violemment choqués par le pied des chevaux ; c'est le duc Begon qui arrive, devançant les rangs de sa bataille de la longueur d'un arpont. Il rencontre d'abord Bernart de Naisil : « Où est allé, » lui dit-il, « votre neveu Fromondin? il me faut son cheval, « je l'ai promis à Rigaut. — Voyons si je n'aurai pas le « tien, » répond Bernart. Tous deux fondent l'un sur l'autre, Bernart, frappé de l'épieu poitevin, roule sanglant sur le sable ; Begon passe à l'orgueilleux Guillaume, l'étend près de son oncle, puis immole un troisième chevalier. C'est ainsi qu'il fournit sa première course. Alors, jetant son épieu, il tire belle Froberge au pont d'or et s'élance en tranchant devant lui bras, têtes et poitrines ; pendant que Bernart et Guillaume remontent à grand'peine, il conduit ses hommes sur trois batailles ennemies qu'il fait refouler en désordre sur la quatrième. Ainsi poursuivis à leur tour, les chevaliers abandonnent la plaine et se voient rejetés jusqu'au milieu de leurs sergens.

Mais la lutte se ranima plus acharnée devant les lices. Qui pourroit dire les grands efforts des Avalois, des Hasbignons, des Cambresiens, des Bourguignons et de leurs chefs, Gautier, Huon et Auberi? Begon cependant s'inquiétoit de découvrir Fromondin : le valet revenoit épuisé par les nombreux combats qu'il avoit soutenus du côté de l'étendard, contre les Angevins. Begon l'aperçoit, et plus convoiteux de le joindre que femme ne le fut jamais de son mari : « Ah! Fromondin, beau sire, » cria-t-il, « arrêtez-« vous, car j'ai donné votre beau cheval à Rigaudin ; vous « serez honni, si vous n'osez m'attendre. » Fromondin l'écoute, et loin de rentrer dans les rangs, il lance bravement son cheval et vient frapper Begon de toute sa force ; sa lance va se briser contre l'écu ; d'un bras plus assuré Begon l'atteint et le jette devant les pieds de son cheval. Il avoit tout le temps de lui trancher la tête ; mais il ne visoit qu'au cheval, et apercevant près de là le vilain Hervis : « Tenez, » lui dit-il, « prenez le cheval de Rigaut, et

« conduisez-le en lieu sûr. » Hervis saisit Baucent par le frein et le ramena au camp, à la grande joie de tous ceux qui le recueillirent.

Cependant Fouques, Rocelin et Franconnet accourent à la rescousse de Fromondin ; Fromont fait avancer les sergens sur les Avalois et Bourguignons ; leurs flèches tombent aussi drues qu'une pluie d'avril. Les uns relèvent Fromondin, les autres forment un cercle autour de Begon dont le bon cheval est bientôt abattu. Les sergens à l'envi se précipitent sur le héros, son écu est percé en vingt endroits, dans la moindre des ouvertures voleroit une perdrix ; du heaume déchiqueté se détache le cercle d'or ; c'en étoit fait de lui si Garin n'eût été prévenu : « Gentil Duc, » vint lui dire un écuyer, « hâtez-vous, votre frère Begon a perdu son cheval, « il est entouré de ses ennemis mortels ; si vous n'accourez, « il est mort. » — Garin part aussitôt avec ses chevaliers : un violent tumulte, un grand bruit annonce son arrivée : les coups se pressent, les épieus brisent les heaumes et percent les écus ; enfin les Avalois, Hasbignons, Manceaux et Bourguignons font le terrain libre autour de Begon. Une fois remonté, vous l'auriez cru reposé comme s'il ne faisoit qu'entrer dans le champ. Un épieu gisoit à terre abandonné, il s'abaisse, le saisit sans quitter l'étrier ; il alloit de nouveau s'élancer vers les lices, quand Garin le retenant par le frein : « Eh ! que vas-tu faire, démon enragé ? » lui dit-il, « tu cours vers l'ennemi et tu n'as pas de heaume en tête ! » Begon porte alors la main à son front, et demeure interdit en le sentant nu. Un écuyer, au retour de la mêlée, tenoit à la main un heaume qu'il y avoit conquis : « Ami, » lui dit Begon, « donne-moi, je te prie, ce heaume de Poitiers. » L'écuyer s'incline et le lui présente ; on le pose sur la ventaille, d'autres lui tendent un nouvel écu de bonne œuvre toulousaine. Le Duc, ainsi pour la seconde fois armé, appelle

son écuyer Jocelin : « Allez voir si Fromont est au fort de
« la mêlée. — Non, » lui répond-on, « il se tient avec les
« sergens devant les lices. — Eh bien, » reprit le Duc,
« s'il ne vient pas à nous, c'est à nous d'aller à lui. Abaissez
« votre bannière! » Ils chevauchent sans bruit au nombre
de plus de mille, et quand ils approchent des lices :
« Maintenant, Jocelin, relevez la bannière. » Et sur-le-
champ il essaie de s'ouvrir un passage au travers des palissades, tandis que Fromont mesurant le danger fait avertir
le flamand Bauduin, Bernart de Naisil et Guillaume de Montclin de lui venir en aide. Tous alors accourent se grouper
autour de lui. Oh! qui pourroit dire le furieux achar-
nement de l'attaque et de la défense! Le comte Guillaume
de Poitiers se montre aux premiers rangs; il abat mort un
jeune chevalier, aimé de Begon et son parent. Affamé de
vengeance, le Duc s'élance sur le comte Guillaume, lui
porte un coup d'épieu qui, détournant l'écu, entr'ouvre le
haubert, pénètre dans la poitrine et le jette sans vie sur le
sable. Les Poitevins arrivent, il étoit trop tard; ils relèvent un corps inanimé et poussent des clameurs désespé-
rées. La nouvelle parvient à Fromont : « Sire Comte, Guil-
« laume de Poitiers, votre frère, vient de mourir de la main
« de Begon. — Hélas! » répond-il, « je perds un de mes
« meilleurs amis; sur moi va retomber le dommage. »
Guillaume ne laissoit pas d'enfans; son riche héritage fut
recueilli par le puissant comte Fromont de Lens.

Pour arrêter l'attaque des lices, Fromont revient dans
la plaine avec toutes ses batailles; les sergens qu'il emmène
avec lui se rangent derrière les grands chevaux qui les
protégent, et de là tendent leurs arcs et décochent leurs
redoutables flèches. Il falloit voir alors le flamand Bauduin
rompre devant lui la presse; Anjorran de Couci atteint Savari de son rude épieu et le renverse; Amauri, le fils de

Dreux d'Amiens, immole Fouqueré de Pierrelate, mais Auberi ne tarde guères à le venger : il fond sur Amauri, et le jette sanglant et inanimé sur le corps non refroidi de Fouqueré. Begon cependant joignoit Bauduin, le riche seigneur de Flandres; du tranchant de Froberge, il écartèle l'écu, rompt le haubert, arrive au poumon et jette le vassal sans mouvement aux pieds de son cheval : l'âme part et le corps s'étend. Les Flamans, consternés à la vue de leur seigneur expirant, quittent la plaine et rentrent dans les lices, tandis que, par l'ordre de Fromont, les corps des trois comtes, Guillaume, Bauduin et Amauri, sont ramenés dans Bordeaux. « La journée n'est pas à nous, » dit à Fromont l'orgueilleux Guillaume, « et si vous m'en croyez, « frère, nous ne prolongerons pas le combat. »

Cette rentrée douloureuse fut surtout protégée par Guillaume de Montclin, demeuré le dernier. Mais la lutte reprit de nouvelles forces au passage du pont tournant; Guillaume l'orgueilleux avoit reconnu Begon devant lui sur la chaussée : « Malheureux chétif ! » lui cria-t-il, « tu nous rendras « compte de la mort du comte Bauduin, du comte Guil- « laume de Poitiers; nous resterions seuls au monde que « j'aurois ta vie ou toi la mienne. — Fort bien ! » répond Begon, « voyons si tu oseras m'attendre. » Et ce disant, il presse son cheval de l'éperon, le fait sauter sur le pont tournant et s'élance sur Guillaume qu'il abat, après lui avoir brisé le bras gauche; mais son propre cheval, en retournant, fait un faux pas, glisse au fond du fossé, et laisse le Duc étendu sur le pont. Arrivent alors une nuée de sergens pour le saisir et l'emmener dans la ville; mais le bourgoin Auberi se jette au milieu d'eux, les disperse et permet à Begon de revenir sur la chaussée.

Maintenant, le pont tournant est revidé, la porte s'est refermée sur les derniers Bordelois, les Royaux peuvent retourner à leurs héberges. Begon revient vers le Roi, vers le lohcrain Garin, Huon du Mans et Jofroi d'Anjou. « Duc Begon, » lui dit Pepin, « pourquoi tant courir après le dan-« ger? quelle douleur pour nous s'ils vous avoient retenu ! « — Ainsi va de la guerre ! » répondit le Duc, « et vous en « pourrez voir bien d'autres ! »

X

LA CHEVALERIE DE RIGAUT. — SECOND TOURNOI DEVANT BORDEAUX.

Les Bordelois rentroient mal satisfaits du sanglant tournois qu'ils avoient provoqué. Guillaume de Montclin ramené par ses écuyers avoit été désarmé et confié aux soins des mires qui rejoignirent et comprimèrent le bras que l'épée de Begon avoit rompu. Pour Fromont, il réclama des Royaux une trève jusqu'au lendemain, pour laisser aux parens le temps de retrouver et relever leurs morts. On transporta dans une bierre les trois comtes Bauduin, Guillaume et Amauri, jusqu'au moutier de Saint-Seurin. Oh ! qui pourroit dire combien fut regretté le vaillant Guillaume de Poitiers, le désespoir de Dreux d'Amiens sur le corps de son cher fils Amauri! Quand les trois puissans barons eurent été mis en terre, l'assemblée revint sur le maître plancher, où les sergens et écuyers avoient étendu les nappes et posé le manger ; mais chacun avoit à pleurer un parent ou un ami ; personne ne porta la moindre chose à ses lèvres.

Il en étoit autrement dans le camp des Royaux ; on regrettoit quelques guerriers, mais le gain l'emportoit de beaucoup sur la perte, et c'étoit à qui montreroit les sommiers, les roncins, les destriers et les palefrois ramenés du

champ des batailles. A la vue de tant de preudhommes étendus pour ne plus se relever, le Roi, les barons maudissoient la guerre; pour Begon : « Voilà, » dit-il, « une bonne ren-
« contre. Par le vrai Dieu! ce jeu me plaît mieux que tous
« les autres! — Un démon, » dit Pepin, « ne parleroit pas
« autrement que vous. »

Après avoir recueilli leurs morts et confié les navrés aux mires, les barons demandent l'eau; on s'asseoit au manger et l'on ne manque pas d'y recorder les prouesses de la matinée. Parmi les écuyers arrive Rigaut, le fils du vilain Hervis; Begon, dès qu'il l'aperçoit : « N'ai-je pas, » lui dit-il, « acquitté ma promesse? — Non, » répond Rigaut, « bien pour le cheval; mais vous aviez encore promis, et
« mille ont pu l'entendre, que je serois chevalier. — Eh
« bien! vous le serez. Allez seulement un peu vous baigner,
« puis l'on vous donnera le vair et le gris. — Au diable, » répond Rigaut, « votre vair et votre gris, s'il me faut pour
« cela aller baigner. Suis-je donc tombé dans un vivier ou
« dans une mare d'eau? Il y a bien chez mon père assez de
« bure et de bureau pour moi. — C'est, » reprend Begon,
« moi qui me chargerai de vous revêtir. » On présente à Rigaut le riche manteau et le peliçon herminé qui lui descend et traîne à terre plus d'un pied; le valet trouvoit cela fort incommode : un damoiseau passoit, tenant un couteau dans ses mains; Rigaut le demande et sur-le-champ tranche un pied et demi du peliçon, qu'il jette devant lui, dans la tente, sans regarder qui le prendra. —
« Que fais-tu là? » lui dit son père, « c'est la coutume; on
« donne aux chevaliers nouveaux la robe traînante de vair
« et gris. — La sotte coutume! » répond Rigaut; « com-
« ment pourrois-je avec vos peliçons traînans lutter et
« courir? — Sur ma foi, » dit en riant le Roi, « il n'a pas
« tout à fait tort. »

Begon demande ensuite Froberge à la poignée d'or, et l'attache lui-même à la ceinture de Rigaut. Rien de mieux jusque-là ; mais quand le Duc, levant la paume de la main, la laisse retomber sur le cou de son cousin assez lourdement pour le faire chanceler, Rigaut étonné, furieux, met la main à sa nouvelle épée qu'il tire d'un pied et demi, comme pour en frapper le bon chevalier. Hervis se hâte de l'arrêter : « Enragé démon ! » lui dit-il, « c'est la coutume ; « on fait ainsi les nouveaux chevaliers. — Eh bien ! » dit Rigaut, « c'est une vilaine coutume : la male mort à qui « l'établit ! Par le dieu qui fut mis en croix ! tout autre qui « m'eût ainsi frappé le paieroit de sa vie. » Auberi et l'allemand Ori ne pouvoient s'empêcher de rire ; mais le père reprenant : « Ecoute-moi, sire fils : si tu ne dois pas être « preux et hardi chevalier, je demande à Dieu de ne te « pas laisser vivre un jour de plus. — Oh ! » dit Begon, « si Rigaut n'est proudhomme, je veux perdre mon château « de Belin. »

Le Roi prit le nouveau chevalier par la main, et le conduisit à table auprès de lui : « Ne ferions-nous pas bien, » dit alors Garin, « d'envoyer vers Fromont demander le tour« nois pour demain dans la matinée ? nous essaierions « ainsi Rigaut contre son fils Fromondin. — J'y consens « volontiers, » répondit le Roi, et appelant aussitôt Fouchier, le fils de Tierri : « Montez à cheval ; c'est vous qui « ferez le message. » Begon, se dressant en pieds : « Vous, « frère messager, » dit-il, « vous rapporterez à Fromont « les propres paroles que vous allez entendre : Rigaut, le « fils d'Hervis, est nouveau chevalier, et je fais de sa part « un appel à Fromondin. Rigaut montera Baucent le fleuri, « que j'ai ramené hier du tournois à la vue de tous les amis « de Fromondin. Si dant Bernart de Naisil, si quelqu'un du « hardi lignage de Fromondin peut renverser Rigaut et lui

« reprendre le cheval Fleuri, je leur tiendrai quitte mon
« pays de Gascogne. — Cet appel est d'un fou, » ne put
s'empêcher de dire le Roi.

Le messager s'éloigne, atteint la porte de Bordeaux et
tant frappe que le portier se décide à lui ouvrir. On le conduit au palais, où le comte Fromont, grandement accompagné, se tenoit au chevet du lit de Guillaume de Montclin.
Après l'avoir salué : « Sire, » dit Fouchier, « je suis envoyé
« par le Roi, par le Sénéchal et par son frère Garin. Ils de-
« mandent le tournoi demain matin : Rigaut, le fils d'Her-
« vis, est nouveau chevalier, et le Roi désire l'essayer contre
« votre fils Fromondin. Voici maintenant ce que le duc
« Begon m'a chargé de vous répéter : Rigaut montera le
« cheval Fleuri qui fut conquis au tournoi de ce matin : si
« dant Bernart de Naisil, si quelqu'un de votre hardi li-
« gnage parvient à renverser Rigaut et à reprendre le
« cheval Fleuri, Begon vous quittera son pays de Gas-
« cogne.

« — L'appel ne peut être agréé, » dit alors Bernart de
Naisil ; « un mauvais pautonnier venu de terre étrangère
« peut-il appeler mon neveu qui, quelque jour, sera Comte du
« palais ? — Ne parlez pas ainsi, » dit Guillaume ; « Rigaut
« est de race généreuse et de bonne nourriture ; Hernaïs
« d'Orléans est son oncle, et sa mère Audegon est tante de
« Garin. » Fromont parla ensuite : « Frère messager, voici
« ma réponse : mes chevaliers sont les uns morts, les autres
« navrés ou épuisés de fatigue. Je ne suis pas en mesure
« de les conduire demain au tournoi. — Oh ! ne le refusez
« pas, mon père, » s'écria Fromondin ; « nous sommes au
« moins deux mille pleins de force et de résolution ; nous
« pouvons très-bien répondre à leur appel. » Tous alors
applaudissent aux paroles de Fromondin, et le père est contraint d'accorder le tournoi.

Dès que le messager eut rapporté au Roi ce qu'on lui avoit répondu, Begon dit à Rigaut : « Allez veiller, bel « ami doux ; mais ne sortez pas du camp mal accompagné, « nos ennemis sont maîtres de toute la campagne. » Rigaut se rendit à la chapelle Saint-Martin, où plus tard Fromont devoit surprendre Hernaut en trahison ; il y passa toute la nuit, et dès qu'il eut, au retour du jour, entendu la messe, il revint à son tref ; là, sans prendre le temps de manger, il revêtit le blanc haubert, s'élança sur le bon cheval Baucent et se dirigea vers Bordeaux, suivi de près par environ sept mille serveétus. Le bruissement et l'éclat de leurs trompes et olifans remplit bientôt les monts et les vallées.

Les Bordelois parurent à leur tour, dès que les sergens eurent établi les lices qui assuroient leur rentrée dans la ville. Guillaume de Montclin, tout blessé qu'il étoit, les avoit accompagnés jusqu'à la porte : « Francs chevaliers, » dit-il à Bernart, à Forcon, à Rocelin, à Lancelin, au comte Aimon de Bordeaux, « vous connoissez la prouesse et le harde- « ment des deux frères loherains ; le cœur me dit qu'ils ne « quitteront pas le champ sans emmener mon neveu : au « nom du Dieu vivant, ne le perdez pas de vue. »

Les cris se multiplient devant la barre et les lices. Jamais, pour les hardis, meilleure occasion de faire leurs preuves. Rigaut pique son bon destrier Fleuri et va frapper Gereaume, ce neveu d'Alori, naguère envoyé en message ; le blanc haubert ne le garantit pas, le roide épieu bruni pénètre dans ses flancs et le jette mort sur le sable. *Plesséis !* crie Rigaut. Oh ! combien de fois le bourgoin. Auberi et Huon de Cambrai couvrirent de sang vermeil les fleurettes des prés ! Enfin Rigaut et Fromondin se rencontrent : ils fondent l'un sur l'autre avec une telle violence que les épieux cèdent et que les tronçons restent dans leurs mains.

Rigaut est grandement surpris de n'avoir pas vu tomber Fromondin : il revient à la charge comme l'autre demandoit un nouveau glaive, et saisissant lestement les rênes du cheval, il les passe autour de son bras et entraine Fromondin de force, pendant que du côté des Bordelois accourus à la rescousse du nouveau chevalier on entendoit vingt cris de : *Bordeaux! Couci! Lens! Amiens! Chauni! Valsore! Naisil! Clermont!* Tous à l'envi environnent Rigaut que les nôtres défendent de leur mieux: combien alors de hardis champions renversés, le plus souvent pour aller voir l'autre monde! Rigaut cependant ne làchoit pas sa riche proie; on eut beau le frapper sur le haubert et lui marteler le heaume, il gagnoit toujours, tête baissée, quelque peu de terrain; mais il n'eût pas disputé longtemps sa vie sans le duc Begon qu'on vint avertir du danger que couroit son nouveau chevalier : « Que faites-vous, sire duc? vous allez « perdre votre meilleur ami, si Dieu qui fit le monde ne « le sauve : il est là au milieu de ses ennemis, retenant, « malgré tous, Fromondin; jamais un homme d'armes n'a « lutté si longtemps. » Begon de Belin accourt, suivi du Bourgoin, du vilain Hervis et de Garin. Ils fondent sur les Bordelois comme le faucon au milieu des petits oiseaux : ils écartent la presse de leurs brans d'acier, si bien que Rigaut retient de son côté Fromondin, pendant que les autres s'attachent à Rocelin, à Forcon, aux frères Galeran et Gaudin, à Huon et Seguin, à Faucon fils de Bernart de Naisil, à d'autres encore qu'ils ramènent prisonniers aux héberges. On les y désarme; on les confie aux deux jeunes frères de Rigaut, Garnier et Morandin.

Cependant Bernart de Naisil arrêtoit Gerart de Liége, le renversoit à terre et l'eût emmené, sans le duc Begon qui, pressant des éperons son cheval, lève le bras et fait tomber la terrible Froberge sur le heaume de Bernart. La lame tranche le cercle et descend sur le sourcil qui se détache ; sans la coiffe du haubert, la tête eût été séparée du corps ; Fromont, de son côté, désespéré de la prise de son fils, se vengeoit sur ceux qui osoient l'attendre ; mais plus nombreux, les guerriers loherains se précipitent sur les Bordelois comme eût fait une troupe furieuse de porcs sauvages. Ils les rejettent dans les lices, et Fromont tout éperdu, Bernart de Naisil la tête sanglante, Faucon et leurs hommes rentrent et referment sur eux la porte de la ville.

Remonté dans le palais, Fromont se fit désarmer ; aux plaintes, aux cris de ceux qui apprenoient la prise de Fromondin et des autres barons, Guillaume de Montclin arrive : « Hélas ! » dit-il, « j'avois bien dit que mon neveu « seroit mal gardé ! Que faisoit donc notre oncle Bernart « de Naisil ? — Il se faisoit renverser, » répond Fromont ; « je l'ai vu tomber devant un fossé, la tête couverte de « sang ; sans moi, il auroit été retenu comme les autres. — « Il auroit trouvé là, » dit Guillaume, « assez de gens pour « le mal hosteler.

« — Hélas ! » reprit Fromont, « que devenir maintenant ! « Mon fils ne nous est pas revenu, et je ne puis dire s'il « vit encore. S'il meurt, tout est fini pour moi ; après lui « je ne veux plus tenir un pied de terre, j'en prends à té- « moin l'apôtre que réclament les pèlerins. J'irai dès demain « trouver le Roi ; je me mettrai à sa merci, je lui abandon- « nerai Bordeaux, à la condition qu'il me rendra mon fils « Fromondin. — Ce seroit, » dit Guillaume, « pourchasser « notre honte : vous ne le ferez pas, franc chevalier. Mais « attendez que j'aie repris l'usage de mon bras : vous me « verrez alors revêtir le blanc haubert et faire des sorties de « nuit et de jour : ainsi, je pourrai, avec l'aide de Dieu, ra- « mener prisonnier quelqu'un des leurs ; ce sera le moment

« d'entrer en pourparlers avec Pepin, sans recevoir blâme
« ou dommage. »

Il est temps maintenant de revenir à nos royaux.

XI

LES PRISONNIERS DE RIGAUT. — LES QUATRE NEFS MARCHANDES.
BLANCAFORT ASSIÉGÉ, PRIS ET ABATTU.

Les barons sont assis au manger dans le tref du Roi ; près de Garin est Rigaut, le nouveau chevalier. Chacun en le voyant se plaît à parler de sa prouesse : « Sainte Marie ! on « n'a jamais mieux fait que le fils d'Hervis : on doit lui don- « ner le prix de la journée ; s'il continue, jamais meilleur « servêtu n'aura monté cheval. »

Le roi Pepin alors : « Sire Rigaut, vous me rendrez, « n'est-ce pas, Forcon, Rocelin, Fromondin, et tous ceux « que vous et les vôtres avez pris ? — Pourquoi, Sire ? et « qu'avez-vous à voir dans les Bordelois que j'ai ramenés ? « — Je vais vous le dire. La coutume est telle : à vous le « harnois, à moi le prisonnier. — C'est là mauvaise cou- « tume, et la male mort à qui l'établit ! Je garde mes prison- « niers que j'entends conduire au Plesséis, d'où Fromont « les tirera, s'il peut. — Non, » reprit le Roi, « les prison- « niers m'appartiennent, ils resteront ici. — Voilà qui est « bien étrange ! » dit Rigaut ; « s'il y avoit sous le ciel un « homme qui voulût me les enlever, il sauroit ce que pèse « mon épée. »

Le Roi fut mécontent de ces paroles : « Sire Garin, » dit-il, « vous entendez votre cousin, et comme il me menace. « — Sire, pardonnez-lui, » dit Begon, « il ne sait ce qu'il

« dit. — Au moins est-il fort outrageux. — Laissez-moi lui
« parler, » reprit Begon. « Bel ami Rigaut, on ne doit pas
« contester avec son seigneur. — Mon seigneur? Il ne l'est
« pas, et je ne tiens rien de lui ; servez-le, vous qui en te-
« nez. — Vous en tiendrez aussi quelque jour. En atten-
« dant, je vous le demande, faites son plaisir. — Vous le
« voulez? — Oui, beau cousin, » ajoute Garin. Rigaut alors
vint s'agenouiller devant le Roi : « Sire, je vous les aban-
« donne. — Et moi, » reprit Pepin, « je te les rends, ami
« Rigaut.

« — Maintenant, » dit le duc Begon, « rien ne nous em-
« pêche plus d'aller au Plesséis et d'y conduire Fromondin,
« Forcon, Rocelin et les autres prisonniers. » Ils partirent en
effet, accompagnés de trois mille chevaliers qu'ils n'avoient
pas intention de laisser longtemps de loisir.

Et cependant, la nouvelle arrivoit au Plesséis de la chevalerie de Rigaut; sur l'avis de sa prochaine venue, on
s'empressa d'étendre dans le château les courtines de drap
et de samit. Les écuyers se répandirent dans les rues, formant des danses et des tresces ; les clercs préparèrent les
encensoirs; les valets s'exercèrent au behourt à qui mieux
mieux. Rigaut voit tous les visages joyeux de sa venue ; combien de fois ne fut-il pas baisé de sa mère Audegon ! On
conduisit dans la grande tour, à la pointe de la roche, Fromondin, Forcon et Rocelin ; les autres furent enfermés dans
la tournelle du jardin, où le vilain Hervis eut soin qu'ils
fussent bien traités et qu'on ne les laissât manquer de rien.

Nos barons venoient de boire et manger à souhait, quand
arrive un messager; il apprend au vilain Hervis qu'assez près
de là, au-dessous des Brosses, étoient arrêtées dans le port
quatre grandes nefs, lesquelles devoient entrer à Bordeaux
le lendemain matin. Aussitôt Hervis, Auberi, Huon de Cambrai et Begon vêtent le haubert, montent à cheval et se ren-

dent aux Brosses; ils trouvent les marchands assis au manger et ne s'attendant à rien de pareil. « Ne bougez « pas, » leur dit Begon. — « Ah, sire! » crièrent-ils, « merci, « pour Dieu! Prenez l'avoir et laissez-nous la vie. — Rien « de plus juste, » répond le Duc, « vous n'avez rien fait qui « mérite la mort. Voyons les barques. » Ce qu'elles transportoient, or, argent, vair et gris, denrées, palefrois, destriers, tout fut mis dehors; une partie fut ramenée au Plesséis, le reste envoyé au camp du Roi, sous la conduite du bourgoin Auberi.

Puis Begon se rendit du Plesséis à Belin qu'il avoit quitté déjà depuis longtemps. Il vouloit revoir sa femme, et ce ne fut pas à belle Béatris un petit contentement de se retrouver avec lui : « Soyez le bienvenu! » lui dit-elle, en détachant elle-même sa bonne épée. On se met au manger, on parle d'aller dormir et reposer. « Mais au moins, » dit Rigaut, « ne demeurez pas trop longtemps au lit; quand on « a guerre à soutenir, il est défendu de dormir, » dit le vilain. Ils séjournèrent pourtant le lendemain jusqu'à l'heure où le soleil commence à tomber, et avec lui l'extrême chaleur. Alors ils montèrent à cheval, et le jour suivant, au lever du soleil ils furent devant Blancafort.

Dès qu'ils eurent lacé les chausses et vêtu les hauberts, ils ménagent une embuscade à quelque distance, pendant que ceux de la ville, remplis de confiance, ouvrent leur porte et jettent leurs troupeaux dans la campagne. Trente des nôtres s'élancent à leur poursuite; le cri lève dans le château; quatre-vingts fervêtus sortent et courent à la reprise des proies : les nôtres se laissent pourchasser jusqu'au moment où, de l'embuscade protégée par des buissons, sortirent les autres fervêtus qui, plus nombreux, obligent les chevaliers de Blancafort à reprendre le chemin de la ville. Ils furent suivis de si près qu'ils entrèrent tous ensemble;

les Loherains saisirent le bourg et pillèrent le marché, tandis que les gardiens du château, Joffrès et Gacelin, se réfugioient dans la tour avec trente-six chevaliers, en relevant le grand pont tournant. Tout le reste du château demeura au pouvoir de Begon; encore n'y avoit-il dans la tour qu'une foible provision de pain et de vin.

Le Loherain demande alors à parler à Joffrès, à Gacelin : « Rendez-moi, » leur dit-il, « la tour que vous tenez en« core'; si vous attendez que je l'emporte de force, vous y « laisserez votre vie, j'en prends à témoin celui qui fut mis « en croix. — Donnez-nous au moins, » dit Gacelin, « le « temps d'envoyer vers mon seigneur, auquel appartient le « château; s'il veut que nous mourions ici, nous ferons sa « volonté, non la vôtre. » Or la tour étoit fortement assise, et de l'œuvre des vieux Sarrasins : elle n'avoit rien à redouter des assauts et des perrières. Begon accorda le délai; il donna même un sauf-conduit pour l'aller et le retour.

Gacelin charge du message un garçon de la ville qui, bientôt, arrive à la porte de Bordeaux. — « Portier, beau « doux ami, » dit-il, « ouvre-moi la porte, je suis un mes« sager envoyé de Blancafort au marquis Guillaume. — Pa« roles perdues! » répond l'autre, « Fromont le puissant a « défendu d'ouvrir et de laisser entrer ou sortir qui que ce « soit. Si vous voulez attendre, j'irai parler à lui, et s'il y « consent, je vous ouvrirai. — Va donc, frère, et reviens « vite. »

Le portier arrive dans la salle où se tenoient Fromont et Guillaume : « Il y a dehors, » dit-il, « un gentil écuyer qui « désire vous parler, à vous, sire Guillaume; il arrive de « Blancafort. — Qu'il entre donc! » dit Guillaume; « que « pouvez-vous craindre d'un homme seul? »

Le portier retourne, abaisse le pont, et le messager est introduit dans la ville. Arrivé dans l'assemblée des barons :

« Lequel de vous, » dit-il, « a nom le marquis Guillaume ? « — C'est moi ; dites ce qu'il vous plaît. — Sire, le siége « est mis devant Blancafort ; Joffrès et Gacelin m'ont envoyé « pour vous dire que la tour a grand défaut de provisions, « ils n'ont plus de pain ni de vin et ne peuvent tenir long- » temps contre le duc Begon ; mais ils veulent savoir ce « qu'ils ont à faire et résoudre. — Je vais en conseiller, » dit Guillaume. Et sur-le-champ prenant à part Fromont, Bernart de Naisil et Guillaume de Montclin : « Conseillez-« moi, » leur dit-il ; « je suis en voie de perdre ma terre et « mon pays. Begon est devant Blancafort ; mes gens sont « fortement pressés ; le pain et le vin leur manquent ; ils ne « pourront tenir. — Laissez-les, » dit Guillaume de Montclin, « faire comme ils l'entendront, advienne ce qui doit ad= « venir ! Mieux vaut leur permettre de se rendre que les « laisser forcer dans la tour. » Guillaume de Blancafort rappelle le messager : « Retourne, bel ami ; dis à Gacelin que « je lui permets de se rendre à merci, pour mettre au moins « sa vie à couvert. »

Le messager revenu à Blancafort dit la réponse du marquis Guillaume. En ce moment, le Loherain faisoit approcher les engins ; mais avant de les essayer, il demande à parler à Gacelin. « Sire, » dit Gacelin, en ouvrant la fenêtre, « mon seigneur nous a commandés de défendre la tour « jusqu'à la mort. — Eh bien ! » reprit Begon, « voici la « nouvelle que je t'apporte ; par la foi que je dois au roi « Pepin, je ne quitterai pas la place avant d'être entré dans « la tour ; et passé midi, je n'entends à aucune composition « d'or ou d'argent. — Encore un mot, » dit Gacelin ; « je « consens à rendre la tour, si vous m'en laissez sortir la vie « sauve, avec tout ce que j'y ai mis. — Soit ! » dit Begon, « je m'y accorde. »

C'est ainsi que fut rendue la tour de Blancafort. Joffrès et

13.

Gacelin quittèrent le pays et allèrent chercher soudées ailleurs. Begon ne voulut pas garder le château; d'après le conseil du vilain Hervis, il fit abattre la tour et rassembler tous les objets de prix qui se trouvoient dans la ville. Qui pourroit compter les bœufs et les moutons, les étoffes et les draps, les coutes et les coussins que le Loherain y conquit! Le feu est ensuite apporté, on le met en vingt endroits, et telle fut bientôt sa violence, que les flammes en sont vues de Bordeaux. « Ah! » dit Guillaume, « mon malheur est cer« tain; Blancafort est perdu pour moi. Hélas! que me « reste-t-il, et que vais-je devenir? » Fromont, en partageant le malheur de ses amis, sent plus vivement le sien; il pense à Fromondin, son cher fils, il se tord les mains de désespoir. « Par le corps de saint Denis! » dit-il, « j'y suis « résolu: j'irai trouver le roi Pepin; je me livrerai entiè« rement à lui, et pourvu que mon fils me soit rendu, je me « soucie peu de tout le reste. — Parlez mieux, » dit Guillaume de Montclin, « et reprenez confiance: j'ai recouvré « l'usage de mon bras; je puis sortir de la ville, et donner « enfin l'éveil à nos mortels ennemis. »

XII

AUBERI LE BOURGOIN PRISONNIER. — INCENDIE DE BORDEAUX.
FIN DE LA TROISIÈME GUERRE.

La nuit s'en va, le jour commence à reparoître. Guillaume de Montclin, armé de toutes pièces, monte un destrier de grand prix, saisit son fort écu, et sort de la ville avec dant Bernart de Naisil, le riche Lancelin de Verdun et deux cent quatre-vingts chevaliers. Ils s'avancent en silence et sans faire le moindre bruit. Là, près des lices, étoit un jardin ombreux, ils y laissent en embuscade deux cents chevaliers ; puis avec le reste, Guillaume arrivant devant le camp commence par abattre deux pavillons et tuer quatre sergens. Le cri lève, le mouvement gagne, et le premier baron revêtu de ses armes, Auberi le bourgoin accourt, bientôt suivi de l'allemand Ori, de Gerard de Liége, de Joffroi d'Anjou, de Huon du Mans et de Garnier de Paris. Tous les six, l'écu contre la poitrine, se posent à l'encontre des Bordelois : Guillaume de Montclin rit franchement sous l'écu en les reconnoissant. « C'est, » dit-il à Bernart, « le moment de re-« tourner. » Les Loherains poursuivent jusqu'à portée de leurs lices ; alors les chevaliers de l'embuscade se découvrent, fondent sur eux et peu à peu les entourent. Il y eut une lutte prolongée ; on eût dit d'Auberi et de ses compagnons autant de charpentiers abattant les arbres de la forêt. Mais que pouvoient-ils faire ? ils furent désarmés et pris l'un après l'autre, avant que les François, Angevins, Allemans ou Bourguignons arrivassent à leur secours. Et quand ils parurent, Guillaume ne jugea pas à propos de les attendre ; il rentra dans la ville avec sa précieuse proie, faisant lever sur eux le pont tournant. Fromont le reçut avec des transports de joie ; car il prévoyoit qu'avec Auberi il regagneroit Fromondin. « C'est grand chose, un homme, » on l'a dit bien souvent.

Le duc Begon de Belin revenoit après la chute de Blancafort : la nouvelle de la prise d'Auberi et des cinq autres barons commençoit à courir dans le camp, comme il descendoit de cheval et n'avoit pas encore quitté ses éperons ni défait son haubert. Plus affligé qu'on ne sauroit le dire, il remonte aussitôt et chevauche vers Bordeaux ; arrivé devant les murs, il tourne un peu jusqu'en face du palais. Le comte Fromont, Guillaume de Montclin et Bernart étoient alors appuyés sur le haut des murs de sable-bis. Le Loherain leur fait signe qu'il vouloit parler : « Sire Fromont, » dit-il, « faites-moi bonne rançon d'Auberi et de mes autres neveux « que vous tenez dans votre prison. — Je ne le ferai pas, » répond le Comte, « à moins que vous ne rendiez Forcon, « Jocelin et tous les autres avec mon fils Fromondin. — Je « l'accorde. »

L'échange et l'accommodement alloient se faire, quand le traître Bernart de Naisil s'éloigne un peu, va prendre dans la chambre voisine une arbalète, ajuste un carreau et le décoche vers le duc Begon qu'il se croit sûr d'atteindre. Dieu ne le voulut pas souffrir, le carreau vint s'enfoncer à ses pieds dans la terre. Le traître alloit recommencer, quand Fromont courut lui arracher des mains le second carreau. Pour Begon, il n'attendit pas un instant de plus, et revenu la rage dans le cœur aux héberges : « Aux armes ! » cria-t-il, « qui m'aime me le prouve ! A l'assaut contre ces traîtres ! » Tous aussitôt dans le camp reprennent les armes : les communes se réunissent; les uns transportent troncs, rameaux et fascines pour emplir les fossés ; les autres lèvent les échelles pour appuyer aux murailles, ou soutiennent devant les lices les grandes targes pour abriter les sergens et les fervêtus contre les flèches et carreaux des assiégés. Les créneaux en même temps se garnissent de défenseurs; Garin arrive devant la porte, une grande hache poitevine entre les mains. On entend retentir le coup des marteaux et des crocs, les verrous sauter, les barres se rompre; Rigaut monte le premier à l'échelle, mais il ne peut s'y maintenir et entraîne dans sa chute plus de vingt chevaliers qui l'avoient suivi. Begon le vit tomber, et lui-même, prenant une seconde échelle, avance d'un à l'autre chevillon, tenant d'une main l'écu sur sa tête et de l'autre son redoutable épieu. Il parvient enfin aux créneaux; maintenant, à ceux qui l'approchent de se bien garder; il précipite les uns, tue les autres, protége la montée des Royaux et se fait avec eux un passage jusqu'à la tour la plus voisine, pendant que le duc Garin parvenoit à rompre la porte. Les Royaux, sous sa conduite et celle du vilain Hervis, entrent dans la ville : alors commence un combat acharné dans les rues; Guillaume de Montclin, Bernart de Naisil défendent le terrain pied à pied ; mais que pouvoient-ils contre toutes nos batailles? car Begon venoit d'arriver, chassant devant lui les Bordelois comme le loup affamé au milieu des brebis effrayées. Obligés de se retirer dans le château, les nôtres les y auroient suivis, et déjà ils étoient maîtres des premières défenses, du havre et du bail, quand devant le feu que le vilain Hervis allumoit de tous côtés dans la ville, les Royaux se virent obligés de faire retraite pour n'en être pas atteints eux-mêmes. L'incendie devient général; les palais, les salles, les maisons s'écroulent; tout devient la proie des flammes : tonneaux, greniers, étables, écuries, riches fourrures et draps précieux. Quatre-vingts bourgeois, sans les femmes et les petits enfans, sont réduits en charbon, et les Royaux eux-mêmes n'échappèrent pas tous à cette grande destruction.

Bernart de Naisil, les bras appuyés sur la fenêtre du château et tenant d'une main le heaume qu'il venoit d'ôter, regardoit brûler la ville. « Nous voilà, » dit-il à Fromont, « dé« chargés d'un grand ennui; nous sommes plus forts que « nous n'étions ce matin. — Oui, vraiment! » répond le Comte, « nous n'y avons perdu que trois choses : le pain, « le vin et tout ce qui pouvoit nous soutenir. Je l'ai sou« vent entendu dire : Qui n'a rien pour se nourrir, ne sçau« roit castel tenir. Il nous reste donc à demander la paix au « Roi. Approchez, Bouchart au grenon fleuri, vous allez vous « rendre à l'ost de Pepin; vous lui direz que je me mets en« tièrement à sa merci, et que je lui redemande mon fils

« Fromondin, en échange du bourgoin Auberi. Dites à vos
« oncles de ne pas m'en vouloir si je prends ce parti. —
« Ils s'y accorderont, » reprit Bouchart, « par amitié pour
« moi. »

Bouchart demande son cheval, monte et parvient au camp.
Il passe au milieu des François, des Angevins, des Normands;
il les voit lever leurs mains au ciel et s'écrier : « Ah! que
« celui qui put changer l'eau en vin nous accorde la paix!
« Nous sommes retenus ici depuis trop longtemps. » Le
comte Bouchart, conduit devant le Roi, le trouva entouré de
ses princes et marquis; quand il se fut incliné : « Le Dieu
« qui fut mis en croix vous garde, Sire! Le comte Fromont
« le puissant m'envoie vers vous : il se met entièrement en
« votre merci, pourvu que vous lui rendiez Fromondin.
« — Je vais en conseiller, » répond le Roi. « Quel besoin? »
« reprend alors Begon; « s'il fait ce qu'il dit, vous ne pouvez
« le refuser. On doit toujours recevoir son baron à merci,
« dès que l'honneur n'est pas mis en cause. — Voilà qui
« est bien parlé, » disent ensemble les barons. « Puisqu'il
« est ainsi, Bouchart, dites à Fromont qu'il vienne nous
« trouver. »

Le comte Bouchart revient au palais et raconte ce qu'il
venoit d'entendre. « Mais, » dit le comte Guillaume, vous
« n'avez personne qui vous conduise. — Je vous condui-
« rai, moi, » reprit le bourgoin Auberi, « et votre per-
« sonne sera gardée comme la mienne. — Ami, » dit Fromont, « je n'ai pas besoin d'autre garant. »

Il arrive devant le roi Pepin entouré de ses barons, et
commence par les saluer tous : « Dieu vous bénisse égale-
« ment, » répond le Roi; « vos hommes et tout leur lignage
« m'ont causé bien des ennuis. — J'en ai grand regret; au-
« jourd'hui, droit Empereur, je me mets à votre merci. —
« Pour ce qui est de moi, » dit Pepin, « je vous reçois volon-

« tiers, sous la condition que mes barons seront les arbitres
« de la satisfaction réclamée. — Je m'accorde à tout ce qu'il
« vous conviendra d'établir. »

C'est ainsi qu'ils convinrent de la paix, et qu'ils s'entrebaisèrent comme bons amis. Des deux côtés on délivra les prisonniers, ainsi que toutes les proies dont on se trouva saisi. Le camp fut levé ; chacun reprit le chemin de son pays. Le Roi cependant, avant de retourner à Paris, alla voir dans Belin la belle Béatris, conduit par le duc Begon. Pour Garin, Guillaume de Montclin et le riche Lancelin de Verdun, ils firent ensemble le voyage, comme parfaits amis.

Le Loherain s'arrêta une nuit à Montclin, dont Begon avoit dans les dernières guerres abattu le château. Le comte Guillaume lui fit la meilleure chère, et la dame de Montclin s'étant délivrée cette même nuit d'un beau fils, le Loherain le tint sur les fons et, par affection pour le père, voulut lui mettre à nom Garin. Il fit plus : en don de fillolage, il lui abandonna dans Metz un jour de marché par semaine, valant cent livres de deniers estrelins. La paix dura l'espace de sept grandes années, et le bon accord entre Loherains et Bordelois n'auroit jamais été troublé sans le traître Tiébaut du Plessis, ainsi que vous allez m'entendre vous le raconter.

LIVRE V

LA MORT DE BEGON

I

DÉPART DE BELIN.

Un jour étoit Begon dans le château de Belin avec belle Béatris, la fille au duc Milon de Blaives. Il lui baisoit la bouche et le visage ; la dame lui sourioit doucement. Dans la salle devant eux jouoient leurs deux enfans : l'aîné, dit le livre, se nommoit Garin et avoit douze ans ; le second, Hernaudin, n'en comptoit que dix. Six nobles damoiseaux partageoient leurs ébats, courant, sautant, riant et jouant à qui mieux mieux.

Le Duc les regardoit : il se prit à soupirer ; belle Béatris s'en aperçut : « Qu'avez-vous à penser, sire Begon ? » dit-elle, « vous si haut, si noble, si hardi chevalier. N'êtes-vous « pas un riche homme dans le monde ? L'or et l'argent rem-

« plissent vos écrins, le vair et le gris vos garderobes : vous
« avez autours et faucons sur perches; dans vos étables,
« force roncins, palefrois, mules et chevaux de prix. Vous
« avez foulé tous vos ennemis; à six journées autour de
« Belin, il n'est pas un chevalier qui manqueroit de venir à
« vos plaids. De quoi pouvez-vous prendre souci? »

Le Duc répondit : « Dame, vous dites vrai ; mais vous
« avez mépris d'une chose : la richesse n'est pas dans le
« vair et le gris, dans les deniers amassés, dans les chevaux
« de prix ou les grands palefrois. Elle est dans les amis, dans
« les parens : le cœur d'un seul homme vaut l'or de tout un
« pays. Eh! ne vous souvient-il pas du jour où je fus assailli
« dans les Landes, quand ils vouloient vous enlever à moi;
« quand ils me laissèrent couvert de blessures, et puis me
« vinrent assiéger dans Belin? Sans les amis que j'avois
« alors, ils m'auroient déshonoré, réduit à l'état le plus ché-
« tif. Dans ce pays de Gascogne où le roi Pepin m'a établi,
« je n'ai d'autres parens que le vilain Hervis et son fils Ri-
« gaut : j'ai dû renoncer à tenir les plaids de Mauvoisin,
« pour n'avoir pas de ce côté un ami sur qui je puisse
« m'appuyer. Je n'ai qu'un frère, le loherain Garin, et il y
« a bien sept ans et demi que je ne l'ai vu. Voilà, dame,
« pourquoi j'ai le cœur dolent.

« Mais je veux aller vers mon cher frère; je le verrai,
« la courtoise Aélis votre sœur, et leur enfant Girbert que
« je ne connois pas. On m'a dit des nouvelles du bois de
« Pevele et de Vicogne, dans les aleus de Saint-Bertin. Il y a
« dans cette terre un sanglier, le plus fort dont on ait jamais
« ouï parler; je le chasserai, et s'il plaît à Dieu et que je
« vive, j'en porterai la tête au duc Garin, pour lui donner
« occasion d'être émerveillé.

« — Ah! sire, » répondit la dame, « qu'avez-vous dit! Ces
« bois sont en la terre de Bauduin le flamand, tué de votre

« propre main ; le Comte a laissé un fils, maintenant grand
« et fort. Là sont les marches de Fromont le puissant qui
« doit vous haïr à mort ; car vous êtes couvert du sang de
« ses frères, de ses fils et de ses parens les plus proches.
« Laissez la pensée de cette chasse ; le cœur, qui ne trompe
« jamais, me dit que si vous y allez, vous ne me reviendrez
« pas.

« — Voilà merveilleuses paroles, » reprit Begon ; « je
« vois que vous en croyez les sorts et les devins : mais le
« bien ne vient jamais dans un pays que par les aventures,
« et, pour tout l'or du monde, je ne renoncerois à l'envie
« d'aller à la chasse de ce porc tant renommé. — Alors, »
dit la dame affligée, « que Dieu né d'une vierge en Be-
« thléem vous accompagne et vous défende de péril et de
« mort ! »

Le duc Begon appela Rigaut : « Vous viendrez avec moi,
« pendant que votre père Hervis gardera la terre. » La
nuit, le Duc reposa près de Béatris, et grandes furent leurs
caresses ; puis arriva le nouveau jour. Les chamberlans
entrent ; Begon se lève, il est aussitôt chaussé et revêtu. Il
passe le bliaud, le peliçon herminé, les houses étroites et
les éperons d'or. Il fait charger d'or et d'argent dix roncins,
pour être assuré de trouver partout bon service et bon gîte.
Il emmène avec lui trente-six chevaliers, de bons et sages
veneurs, dix couples de chiens et quinze valets pour disposer les relais. C'est avec cet équipement qu'il sort de Belin
au commencement du jour, recommandant à Dieu la belle
Béatris et ses deux enfans, Hernaudet et Gerin. Hélas ! il
ne devoit jamais les revoir.

II

VOYAGE. — ARRIVÉE A VALENTIN. — LA FORÊT
DE VICOGNE.

Begon passa le fleuve de Gironde et trouva au port de Clarentin le saint ermite qui depuis fonda l'abbaye de Grantmont. Il se confessa à lui, et quand il eut ouï la messe de grand matin, il se remit à la voie jusqu'à Orléans. Il revit avec joie Hernaïs, son neveu, et la très-belle Héloïs, sa sœur. Le roi Pepin, alors dans sa chambre d'Orléans, lui fit grand accueil et l'obligea à demeurer trois jours auprès de l'Empérière. Deux journées lui suffirent pour gagner Paris. A la fin de la troisième il étoit à Senlis, et le lendemain de grand matin il poursuivoit son voyage, entroit par Coudun dans le Vermandois, passoit la Somme à Clery, traversoit le pays de Cambrai et Ostrevant, et ne s'arrêtoit que devant Valentin. C'est un château bien éloigné des Landes, et bâti sur l'Escaut. Il alla demander hôtel à Berengier le gris, le plus riche bourgeois de la terre, auquel il fit entendre qu'il désiroit être bien servi. Le preudhomme fit couvrir les tables de perdrix, de malarts et de jantes, d'agneaux, de grues, de poussins et de chapons. Après souper, on parla de dresser les lits. L'hôte, courtois, discret et bien appris, vint s'asseoir sur la couche, près de Begon. On demande le fruit qui sur-le-champ est apporté, et Berengier, regardant le Duc avec attention : « Sire, » lui dit-il, « à votre visage, à la disposition de votre corps, « vous me rappelez le loherain Garin, qui vient assez vo-

« lontiers dans ce pays. Il prend hôtel chez moi, et que
« Dieu lui rende tous les biens qu'il m'a faits !

« — Sire Berengier, » répondit le Duc, « je ne vous en
« mentirai pas : je suis le frère de Garin le loherain. Le
« même père nous engendra, la même mère nous a portés
« et nourris. Je suis retenu dans une terre lointaine, entre
« le fleuve Gironde, dans les alleux de Belin : c'est l'Empe-
« reur qui m'en donna les honneurs. Mais depuis le grand
« siége qu'on tint devant Bordeaux, il y a plus de sept ans,
« je n'ai pas revu mon frère, et c'est pour aller le trouver
« que je me suis mis en voie.

« — Ainsi, » reprit Berengier le gris, « c'est vous qui
« avez tué le flamand Bauduin! Mais vous comptez en
« cette terre de bons amis, vos deux neveux, le comte Huon
« de Cambrai et le comte Gautier, de qui nous dépendons.
« Ah! s'ils vous savoient ici, ils arriveroient aussitôt. — Je
« le sais bien, » dit Begon ; « mais j'ai dans le cœur une
« autre pensée. On m'a parlé du bois de Pevele et du grand
« sanglier qui s'y tient ; j'ai résolu de l'aller chasser et d'en
« rapporter la tête à mon cher frère, le duc Garin. —
« Sire, » reprit l'hôte, « je sais où il repose et le couvert
« sous lequel il vient s'abriter. Je puis demain vous con-
« duire à son gîte. » Begon, transporté de joie à ces paroles, détachant le manteau zibelin nouvellement fourré qui
lui venoit d'Esclavonie, et dépliant un peliçon d'hermine :
« Tenez, bel hôte, et vous viendrez avec moi. » Berengier
prit en s'inclinant le don, et retournant vers sa femme :
« Voyez le beau présent, » lui dit-il ; « il y a grand
« avantage à servir preudhommes. »

Quand reparut le jour, les chamberlans entrèrent pour
servir le Duc ; ils lui présentent une cotte de chasse et des
houses serrées. On lui attache les éperons d'or ; il monte le
coursier de race, dernier présent du roi Pepin à son passage

à Orléans. Il suspend un cor à son cou, saisit dans son poing le fort épieu et part avec Rigaut et les trente-six chevaliers, que précédoient les veneurs et les dix meutes de chiens. Ils passent ainsi l'Escaut, entrent dans la forêt de Vicogne, conduits par Berengier le gris; bientôt ils furent près de l'endroit où gîtoit le porc sanglier.

III

LA CHASSE. — MORT DU SANGLIER.

Aussitôt commencent les abois et le glapissement des chiens. On les découple, ils s'élancent à travers la ramée et arrivent aux sentes dans lesquelles fouilloit et vermilloit le sanglier. Un des breniers, ou valets de chiens, délie Blanchart, le bon limier, et l'amène au Duc qui lui passe la main sur les flancs, lui tape la tête doucement et les oreilles, puis le met sur la trace reconnue. Blanchart disparoit et atteint rapidement le lit de la bête. C'étoit une place resserrée entre deux troncs de chênes déracinés, abritée par une roche et mouillée par un filet d'eau coulant d'une source voisine. Le porc, dès qu'il entendit la voix du limier, se dresse, écarte ses énormes pattes, se vide et, dédaigneux de la fuite, tourne sur lui-même jusqu'à ce que, trouvant à portée le bon limier, il le saisit et le jette mort à côté de lui. Begon n'eût pas donné Blanchart pour cent marcs de deniers : dès qu'il n'entendit plus sa voix, il accourut l'épieu au poing ; il étoit trop tard, le porc étoit allé reposer. Plus loin, les chevaliers descendirent de cheval et mesurèrent ses ongles : le sabot avoit une grande palme de long et de large. « Quel infernal démon! »

disoient-ils ; « il n'y a pas danger qu'on en prenne un
« autre pour lui. » Ils remontent, commencent la chasse ;
bientôt la grande forêt retentit du son de leurs cors et de
l'aboi des chiens.

Le sanglier prévoit qu'il ne pourra lutter contre tant
d'ennemis. Il va donc se réfugier vers Gaudemont, c'étoit
l'endroit de la forêt qui lui servoit de couvert. Pressé jusque-là par les meutes, il fait ce que peut-être jamais autre
porc n'osa tenter : il abandonne le couvert, entre en pleine
campagne, traverse le pays de Pevele parsemé de bois et de
fermes isolées, et fait bien ainsi quinze lieues, droit devant
lui, sans prendre un instant d'arrêt, sans faire un seul détour. Les chevaux ne sont plus de force à le suivre ; les
mieux éprouvés se voient retenus à travers les étangs, les
marais, les moulins ; le bon cheval de Rigaut lui-même
tombe de lassitude au milieu d'un bourbier. Puis le jour
baissant, la pluie commençant à tomber, ils prirent le parti
de se laisser reconduire à Valentin par leur hôte, dant Bé-
rengier le gris ; le manger les y attendoit. Ils s'assirent
devant la table, tout en regrettant vivement Begon de Belin
qu'ils avoient laissé dans la forêt.

Nous vous avons dit que le Duc montoit un cheval
arabe, présent du Roi. Il n'y avoit pas au monde un cou-
reur plus infatigable : quand tous les chiens refusoient de
marcher, Baucent sembloit aussi reposé que le matin en
sortant de Valentin. Il suivit donc le porc dans sa fuite rapide. Begon voyant ses trois levriers harassés, les monta
devant lui et les tint entre ses bras, jusqu'à ce qu'il les vit
reprendre avec leurs forces une ardeur nouvelle. Peu à
peu, les autres chiens rejoignirent, si bien qu'enfin il put
les mettre à l'entrée d'une clairière qui leur rendit les
traces du sanglier. En un instant la forêt retentit de leurs
abois violens et multipliés.

Ainsi chassé de Vicogne en Pevele et de Pevele en Gohière ou Gohelle, le porc avoit fini par s'acculer devant un buisson, pour y attendre ses ennemis. Il commença par se rafraîchir dans une mare d'eau; puis levant les sourcils, roulant les yeux et rebiffant du nez vers les chiens, il fait une hure, s'élance et les éventre ou broie l'un après l'autre, à l'exception des trois levriers que Begon avoit portés, et qui plus dispos parvinrent à se garder de sa dent terrible. Begon arrive et, tout d'abord, voit ses chiens étendus morts l'un près de l'autre : « Ah! fils de truie, » s'écrie-t-il, « c'est « toi qui viens d'éventrer mes chiens, qui m'as séparé de « mes hommes et qui me conduis à présent je ne sais où. Tu « vas passer par mes mains. » Il descend du destrier; à la clameur qu'il pousse, le porc, malgré buissons et fossés, fond sur lui avec la rapidité d'un carreau barbelé. Begon le laisse arriver de pied ferme, et de l'épieu qu'il tient dressé devant lui l'atteint au poitrail; le fer traverse le cœur et ressort par le joint de l'épaule. Le porc mortellement frappé fait un mouvement de côté, s'affaisse et tombe pour ne plus se relever. Begon aussitôt retire l'épieu de la plaie d'où jaillissent des flots noirs de sang, que les chiens lapent avant de se coucher côte à côte, autour du sanglier.

Vespres descendoit et la bruine commençoit à lever; il plouvinoit : Begon avoit beau regarder, il ne voyoit ni château, ni village : d'ailleurs dans le pays il ne connoissoit personne; de quel côté s'aventurer? Baucent lui restoit seul et il avoit fait un trop long service pour ne pas être enfin rendu : « Baucent, » lui dit-il, « mon cheval bien-aimé! « combien vous m'avez été de secours! Aussi vous donne-« rois-je volontiers avoine ou blé, si j'en avois ici; mais que « je rentre à Valentin, et vous en aurez à plenté! » Le bon duc prend le parti de s'arrêter sous le feuillage épais d'un tremble : pauvre hôtel assurément pour un baron tel que lui. Afin d'avertir ses gens, il porte l'olifant à ses lèvres et donne trois voix prolongées qui résonnent dans toute la forêt, deux lieues à la ronde. Puis il fait un amas de branches sèches, bat le fusil, fait jaillir l'étincelle, et allume un grand feu.

IV

MORT DE BEGON DE BELIN.

Or, le forestier chargé par le comte Fromont de la garde de ce bois entendit le son prolongé d'un cor qui sembloit rappeler les chiens. Hélas! pour un seul glouton combien de malheurs dans le monde! Celui-ci avance avec précaution et pas à pas vers l'endroit d'où partoit la voix. Il aperçoit de loin le Duc, remarque sa haute taille, sa forte carrure et son fier visage ; il voit combien tout son attirail est riche : ses houses étroites, ses éperons d'or, le cor d'ivoire suspendu à son cou, le large fer de l'épieu qu'il tient au poing, enfin le grand destrier africain qui près de lui hennit de la tête et gratte du pied. La crainte le saisit; au lieu d'avancer jusqu'au gentil chevalier, il se hâte de retourner à Lens pour donner au puissant Fromont avis de l'aventure.

Le comte Fromont étoit assis à table, au milieu de ses barons. Le forestier n'osa tenter d'arriver jusqu'à lui ; mais s'adressant au sénéchal, alors chargé de servir le manger :
« Sire, » lui dit-il à l'oreille, « je viens de faire une mer-
« veilleuse découverte dans la forêt de Lens : c'est un chas-
« seur étranger, le plus grand, le plus fort et le plus riche
« homme du monde. Il a chassé le grand sanglier avec trois
« chiens, et l'a tué de son épieu tranchant. S'il vous plaisoit,
« sire, de me donner de vos gens, Monseigneur auroit les

« chiens, le sanglier et le précieux cor d'ivoire ; je vous ra-
« mènerois le destrier qui vaut plus que nul ne sauroit dire,
« et pour mon droit de forestier, je garderois l'épieu et le
« harnois. » Rien ne peut se comparer à la joie du sénéchal
en écoutant le forestier : « Ah ! frère, » dit-il, en lui jetant les bras autour du cou, « si tu m'amènes ce destrier
« dont tu parles, je n'oublierai jamais à qui je le devrai. »
Et appelant aussitôt six chevaliers de sa maison : « Allez, »
dit-il, « avec le forestier, et si vous venez à trouver un
« homme coupable de quelque délit, tuez-le sur place, je
« vous serai garant en toute cour, envers et contre tous. »
Ces mots furent entendus par le traître Tiébaut du Plessis,
frère d'Estourmi de Bourges. « Pourquoi tuer le braco-
« nier ? » dit-il, « il suffira de le prendre et de le ramener
« fortement lié. J'irai moi-même avec vous. »

C'est ainsi qu'ils prirent tous huit le chemin du bois. Le
Duc étoit demeuré sous le même tremble, les chiens autour
de lui, un de ses pieds posé sur le sanglier. Il avoit approché de son fusil l'attrait qui avoit recueilli l'étincelle, et il
avoit allumé un grand feu. « Par les yeux de ma tête ! » dit
Tiébaut en le voyant, « c'est le larron qui depuis longtemps
« vient chasser dans ces forêts et tuer nos sangliers : avan-
« çons sur lui, il ne faut pas qu'il nous échappe. » Hélas !
le traître avoit reconnu le bon et noble duc son seigneur,
celui qu'il haïssoit jusqu'à la mort, depuis son mariage avec
belle Béatris. Ils viennent donc tous les huit à portée de
Begon : « Hola ! veneur, » crient-ils, « toi qui es assis sur ce
« tronc d'arbre ; qui t'a permis de tuer ce porc ? Ne sais-tu
« pas que la forêt est au vieux Fromont, que la chasse est
« louée à quinze personnes, et qu'il faut leur congé pour
« venir ici ? Ne fais pas un mouvement : nous allons te lier,
« te ramener à Lens. Essaie de te défendre, et tu es mort. »

« — Seigneurs, au nom du ciel ! » répondit Begon, « je

« suis chevalier, vous me devez l'honneur. Si j'ai mépris à
« l'égard de Fromont l'ancien, je suis prêt à lui en faire sa-
« tisfaction, telle que la décideront ses hommes de Lens.
« Mes otages seront mon frère le duc Garin, le roi de
« France, dant Auberi mon neveu, Béatris ma femme épou-
« sée, et mes deux jeunes fils. Ce matin, quand j'allai au
« gîte de ce porc, j'avois avec moi trente-six chevaliers,
« veneurs sages et éprouvés, tous garnis de plusieurs fiefs
« dont ils me doivent l'honneur, en villes ou bourgs, en châ-
« teaux ou plessis. Le porc fit ce qu'on n'entendit jamais
« raconter d'un autre porc : il laissa le couvert, se mit à
« travers champs et franchit, sans se détourner d'un seul
« crochet, l'espace de quinze lieues. — Oh ! » reprennent les
gloutons, « l'histoire est en effet merveilleuse ! Nomenidant !
« qui jamais vit un porc sanglier faire quinze lieues ? Cela
« est vrai comme tu es le frère du loherain Garin. — Ne
« voyez-vous pas, » dit Tiébaut du Plessis, « que c'est pour
« nous échapper qu'il dit tout cela ? Avance, forestier mon
« ami, prends les couples de ses chiens, et attache avec eux
« le brenier. Nous les chasserons tous ensemble vers Lens.

« — Par celui qui nous jugera tous ! » dit Begon, « j'ai
« dit de lâches paroles. Dieu me confonde, si je laisse un de
« ces gloutons mettre la main sur moi. »

En ce moment, le forestier s'avance et, portant la main
sur le cou de Begon, essaie d'en arracher le cor d'ivoire.
Le Duc, outré d'un tel affront, saisit cet homme par les cheveux, et de l'autre poing lui assène un coup sous le menton
qui lui brise le maître os de la mâchoire et l'abat mort à ses
pieds. « Vassal, » lui dit-il, « tu fus bien hardi de porter
« la main sur moi ! Au moins n'auras-tu plus envie de tou-
« cher au cor d'un noble comte ! »

« Ah ! » disent les sept autres gloutons en voyant tomber
le forestier, « voilà grande honte pour nous : comment sans

« lui revenir à Lens? Le comte Fromont ne voudra plus
« nous voir, il nous défendra son hôtel. — Oui, » dit Tié-
« baut du Plessis, « nous sommes perdus, si nous ne le
« vengeons. » Ils se jettent tous sur le héros, le frappent
et s'efforcent de le renverser. Begon, armé du bon épieu
fourbi, se tient debout contre le tremble, ne leur laisse
aucun avantage. Il falloit voir alors le vaillant chevalier pau-
moier son épieu, le tourner, le lancer et, pendant que les
chiens glapissoient entre ses jambes, défendre à la fois sa
venaison, son coursier et lui-même. Trois des sept gloutons
tombent morts devant lui : les autres prennent le parti de
lâcher pied, et jamais ils ne seroient revenus à la charge
si, dans leur fuite, ils n'avoient fait rencontre d'un garçon
portant dans ses mains un arc d'aubier et plusieurs flèches
à pointe d'acier. C'étoit le fils de la sœur du forestier. « Bon
« valet, » lui dirent-ils, « Dieu te protége! Tu n'as plus
« l'oncle qui t'avoit nourri et qui t'aimoit tant : un brenier
« vient de le tuer devant nous; ne veux-tu pas le venger? »
Grande fut la douleur et la rage du valet à ces paroles; il
tend son arc, place sur la corde le trait d'acier, vise de
loin, s'approche peu à peu et lance la flèche qui pénètre
d'un pied dans le corps du héros. La maîtresse veine du
cœur se brise; mais aussitôt, rassemblant les forces qui lui
restent, il jette à l'archer son épieu tranchant, le lui plonge
dans l'échine et le voit tomber mort devant lui. Mais lui-
même est atteint d'une mortelle blessure : il le sent, et sans
témoigner d'un effroi indigne de gentil homme, il tourne
la tête vers orient, et se prend à réclamer le Dieu qui doit
tous nous juger :

« Glorieux père, qui dans tous les temps as été et seras,
« qui sur la croix te laissas tourmenter et ouvrir le côté
« pour nos seuls méfaits, qui fus posé et couché dans le sé-
« pulcre, quand allèrent y prier les trois Marie auxquelles

« l'Ange dit que vous étiez surrexi. Aussi vrai que cela est,
« sire, ayez merci de votre chevalier! Béatris! ma chère
« et bien-aimée dame! vous ne me verrez plus jamais sous
« le ciel. Ah! Garin mon frère, je n'ai plus besoin de votre
« aide; vous, Auberi mon neveu, combien vous allez perdre
« à ma mort, vous et tout mon baronnage! mes deux en-
« fans, les deux fils de ma femme épousée, Gerin, Hernaut
« qui n'êtes pas encore chevaliers! Oh! que le glorieux du
« ciel soit maintenant votre père! »

Le vassal fait un dernier effort, et réunissant trois brins d'herbe sur sa poitrine, il les conjure par les trois vertus du ciel, les porte à ses lèvres et les reçoit pour *corpus Dei*. Alors le corps s'étend, et l'âme s'en va; Dieu reçoive le gentil chevalier, et lui accorde indulgence et merci!

Les trois gloutons n'attendoient que ce moment pour se précipiter sur lui. Ils le frappent de leurs tranchans épieux qu'ils plongent dans son noble corps jusqu'au fust. Ils pensoient avoir tué un brenier; non ce n'étoit pas un brenier: c'étoit le meilleur, le plus preux, le plus loyal chevalier qui jamais fut sous le manteau des cieux; c'étoit le Loherain remembré, c'étoit Begon de Belin.

V

LE CORPS DE BEGON EST RAMENÉ A LENS.

Les meurtriers eurent bientôt disposé une bierre pour y coucher ceux de leurs compagnons que le duc Begon avoit tués. Ils chargèrent le sanglier sur un vigoureux roncin, ils prirent le cor d'ivoire, le tranchant épieu, et conduisirent en dextre le bon cheval. Pour les chiens, ils ne se laissèrent pas approcher; mais quand le corps de Begon fut seul abandonné dans la forêt, ils revinrent autour de lui, poussant des abois et des hurlemens comme bêtes enragées.

Les gloutons cependant arrivent à Lens. Ils entrent dans le palais, étendent leurs compagnons morts d'un côté, le forestier de l'autre. Le destrier conduit à l'étable, fronce de la tête, hennit et regimbe des pieds, de ses yeux semblent sortir des charbons embrasés. Malheur à qui tenteroit de l'approcher! Le sanglier fut déposé dans la grande salle devant le foyer, et l'on vit bientôt autour de lui se presser écuyers, sergens, clercs et belles dames : « Regardez, » s'écrioient-ils, « quel diable d'enfer! les dents lui sortent de « la gueule un demi-pied! Bien hardi, vraiment, celui qui « osa l'attendre! » Et cependant le palais retentissoit des plaintes et des cris de ceux qui regrettoient le chevalier et les sergens dont on avoit ramené les corps. Le bruit arrive jusqu'à la chambre où se tenoit le comte Fromont. Il ouvre la porte et sans prendre même le temps d'ôter ses escarpins : « Quelle diable de noise fait-on ici? dites-moi d'où « vient ce porc; et cet épieu à qui l'a-t-on pris? voilà un « bel olifant; donnez-le-moi. »

Il regarde le cor, il le tourne en tous sens, deux viroles d'or fin en retenoient la guiche, faite d'un riche paile vert. « C'est vraiment, » dit-il, « un objet précieux; on n'a pas « dû le trouver sur un pauvre brenier. Comment est-il ici? « je veux le savoir, ou par ma barbe, si vous ne dites pas « tout, vous saurez comme on vit dans ma chartre. — Sire, » répondent les gloutons, « nous n'avons rien à vous cacher. « Nous faisions notre tournée dans la forêt, quand nous « avons découvert un orgueilleux brenier qui, à l'aide de « ses trois chiens, venoit d'abattre un porc sanglier; nous « voulûmes l'amener ici, mais d'un coup de poing il tua « votre forestier, puis trois de vos chevaliers. Nous avons

« vengé vos hommes, et s'il y a péché, c'est nous qui
« l'avons commis. — Mais cet homme mort qu'en avez-vous
« fait? — Nous l'avons laissé dans le bois. — C'est déjà là
« grand outrage, car il doit avoir été baptisé; les loups ne
« pourroient-ils le dévorer avant la fin du jour? Retournez
« au bois, rapportez-le : on le veillera la nuit à grands
« cierges; on l'inhumera demain dans l'église. Il se peut
« que je le reconnoisse et que j'aie sa mort à regretter; dans
« tous les cas, le franc homme a droit à la pitié des francs
« hommes. — Nous vous obéirons volontiers, » répondent-
ils. Mais ils partirent à contre-cœur et pour ne l'oser
refuser.

Ils retournent dans la forêt, retrouvent le chevalier, le
lèvent, l'étendent sur une bierre et l'emportent : les chiens
suivent tristement, la tête basse. Le corps arrive, on le
dépose dans le palais de Lens, puis sur la grande table où
l'on apportoit le manger de Fromont, les jours de haute
fête. Dès que le corps fut étendu, les trois chiens se
dressent, se prennent à lécher les plaies encore saignantes,
poussent des cris douloureux, des hurlemens prolongés.
Rien qu'à les voir, on avoit peine à retenir ses larmes.

La foule cependant arrivoit : sergens, écuyers, clercs et
gentilles dames. « Quel chevalier! » se disoient-ils l'un à
l'autre, « quels grands traits, quel beau front, quelle bouche
« gracieuse! Ah! que venoit-il faire dans ce pays! Com-
« ment des gloutons ont-ils osé porter la main sur lui! Assu-
« rément un franc homme auroit pris garde de le toucher.
« Voyez comme ses chiens l'aimoient! Oh! ce devoit être
« un noble baron. »

Fromont devisoit avec Renier, un de ses chevaliers,
quand il entendit dans la salle un grand mouvement. Il
se lève, on s'écarte devant lui. Il s'avance vers la table,
voit un corps étendu, l'examine en tous sens. Le Comte avoit

souvent vu Begon, il le reconnut à la grande cicatrice qu'il avoit au milieu du visage ; elle venoit d'un coup d'épieu dont lui-même Fromont l'avoit jadis frappé sous les murs de Saint-Quentin. A cette vue, le puissant Fromont sentit foiblir ses jambes, il recula soutenu par ses chevaliers, et dès qu'il eut repris les sens : « Ah malheureux ! » s'écria-t-il, « qu'avez-vous fait ! Vous aviez, dites-vous, puni un vil « brenier d'étrange pays ; c'est un chevalier que vous avez « tué, un chevalier sans pair, le plus preux, le plus vaillant, « le plus courtois et le mieux appris qui ait encore été « sous le manteau du ciel. C'est le duc Begon de Belin, le « frère de Garin de Metz, l'époux de la nièce du roi de « Saint-Denis, l'oncle de Huon de Cambrai, d'Auberi le « bourgoin, de l'allemand Ori, de Gautier de Hainaut, de « Jofroi d'Anjou, tous puissans barons, sur les marches de « mes terres. Ah ! pourquoi vos mauvaises mères vous ont-« elles engendrés ! C'en est fait de moi, de toute ma race. « Je verrai tomber mes châteaux, ravager mes terres, « brûler mes villes ; mes chevaliers seront tués sous mes « yeux sans que je puisse leur venir en aide ; il me faudra « expier le crime que je n'aurai pas commis. — Sire, » dit Manessier, « ce n'est pas nous, c'est votre neveu Tiébaut « du Plessis qui a commandé de frapper le noble Duc ; « sans lui, nous ne l'aurions pas attaqué. — Mauvais lar-« ron, traître Tiébaut ! que ta tête soit de Dieu damnée ! « dis : comment osas-tu frapper le meilleur chevalier du « monde ? Mais je sais ce qui me reste à faire. Assurez-« vous de tous les meurtriers du Duc et, avant tous les « autres, de Tiébaut : je veux qu'on les jette dans ma « chartre ; je vais mander au duc Garin que j'ai retenu les « meurtriers de son frère et qu'ils lui seront rendus, pour « qu'il en prenne telle vengeance qu'il lui plaira ; il pourra « les pendre, les brûler, les écorcher vifs ; je le souffrirai

« sans me plaindre. Je lui jurerai dix ou vingt fois que je
« n'ai pris aucune part au meurtre, et que je n'étois pas
« présent quand il fut commis. Je lui ferai offrir une charge
« d'or et d'argent que ne pourront porter quinze chevaux,
« j'y joindrai une meute de chiens et quatre-vingts fau-
« cons; je commanderai aux moines bénis dix mille messes
« pour que Dieu reçoive son frère à merci, et je lui ferai
« demander de se contenter de ces offres et de continuer
« à me regarder comme son ami. »

Il mande alors son chapelain, auquel il répète les mêmes paroles en lui ordonnant de les mettre en bref. Puis il fait ouvrir le corps du chevalier; un riche paile recueille les entrailles, on les porte dans une ouverture creusée devant l'autel du moutier Saint-Bertin. Cela fait, on lave le corps dans un mélange préparé d'eau et de vin; c'est Fromont qui veut de ses blanches mains le baigner, et qui l'enferme et le coud lui-même d'un fil de soie dans un cuir de cerf. Une riche bierre est disposée, on y place le baron entouré de trente cierges flamboyans, avec croix et encensoirs. Le comte Fromont s'assied; les clercs commencent les vigiles.

Cependant arrivoient à Lens le jeune Fromondin et son oncle Guillaume, l'orgueilleux de Montclin. En descendant, et comme ils entroient au moutier pour ouïr la messe, ils aperçoivent une bierre : « Quel est, » dit Fromondin, « l'homme dont on fait le service? — Fils, » répond Fromont, « c'est Begon de Belin, tué par Tiébaut du Plessis, « pour un sanglier qu'il venoit chasser dans ma forêt. — Et « qu'avez-vous fait de Tiébaut? Vous l'avez, je pense, dé« trenché? autrement, on dira que vous en êtes le meur« trier; nous en partagerons avec vous la honte. Êtes-vous « au moins résolu de l'envoyer à Garin? — Je l'ai mis en « chartre, » dit Fromont, « et je compte le rendre au duc

« de Metz en même temps que le corps de son frère. —
« C'est bien se presser, » dit alors Guillaume; « au moins
« faut-il que nous en parlions avec nos amis; car Tiébaut
« est notre neveu, fils de notre sœur. — Je veux bien en
« conseiller avec eux. »

Assis tous trois au pied de la bierre, le valet Fromondin regrette Begon comme une mère auroit regretté son fils : « Vous fûtes à la male heure, noble et franc chevalier! le « meilleur homme qui jamais chaussât éperon! armé, vous « auriez affronté trente vassaux; mais d'odieux gloutons « vous ont surpris, ils vous ont ôté la vie; rien ne m'en « pourra consoler! »

L'abbé de Saint-Amant en Pevele étoit neveu de Garin, on l'appeloit Lietris : Fromont le manda, il se mit au chemin, accompagné de vingt-six chevaliers et de quinze moines bénis. Arrivé dans la salle où la bierre étoit déposée : « Sire, » dit-il à Fromont, « vous m'avez mandé, « me voici; quel est celui qui repose sur cette bierre? — « Abbé, » répond Fromont, « vous allez en savoir la vérité. « C'est le comte Begon du château de Belin; des gloutons « l'ont tué dans ma forêt, pour un sanglier qui s'y étoit « réfugié. » L'Abbé à ces paroles sentit fléchir ses genoux, et quand il eut repris ses sens : « Que diable avez-vous « dit, comte Fromont? C'est vous, par saint Denis, qui « l'aurez surpris et mis à mort. Begon étoit mon oncle; je « renonce à l'église et je sors de moniage : je vais endos-« ser le haubert; je vais mander ma riche parenté, Auberi, « mon frère, Ori l'allemand, Gautier de Hainaut, Huon de « Cambrai, tous mes autres cousins; leurs terres sont pro-« ches : ah! fils de mauvaise race! vous ne nous échapperez « pas; vous finirez tous de male mort. »

Fromont n'écouta pas froidement l'Abbé; la chair lui trembla, le sang courut dans ses veines; mais parvenant à

dominer sa colère : « Abbé, » dit-il, « vous ne ferez pas
« ce que vous dites. C'est nous qui vous crions merci.
« Comme vous savez, je suis comte souverain : quand on
« méprend envers vous, vous venez me demander justice
« et je suis tenu de vous faire droit. C'est vous que je
« veux avoir aujourd'hui pour juge. Emportez le baron
« étendu là, sur cette bierre : conduisez-le au loherain
« Garin; dites-lui que je retiens dans ma chartre ceux qui
« l'ont mis à mort, et que je suis prêt à les lui rendre,
« pour en faire tout son plaisir. — Vous parlez bien, »
répondit Lietris; « si vous faites ce que vous dites, le bon
« duc Garin et ses amis ne vous accuseront pas. »

Aussitôt on souleva le corps, on le plaça sur deux forts chevaux; quatre sergens furent chargés de maintenir la bierre, et l'Abbé se mit au chemin.

VI

RIGAUT ET LES COMPAGNONS DU DUC BEGON.

Disons maintenant des gentils chevaliers du palaisin Begon. Ils étoient rentrés dans Valentin à la nuit serrée et grande avoit été leur inquiétude en reconnoissant que le Duc ne les y avoit pas précédés. — « Seigneurs, » dit Berengier le gris, « je pleure et gémis avec vous; j'aimois
« aussi le franc duc et ce n'étoit pas sans raison : qui mieux
« que lui fut jamais large, preux, sage et bien appris?
« Hier, il s'étoit dépouillé pour moi de son peliçon her-
« miné; il avoit fait don à ma femme épousée de son man-
« teau de zibeline. Tout l'or du monde ne m'empêcheroit
« pas d'aller demain matin à sa recherche. — Demain? »

reprit Rigaut, « pourquoi non tout de suite? Remontons! »
Et soudain, comme arrivoit la mi-nuit, ils repassèrent la
porte de Valentin, pour arriver au point du jour à Champ-
belin, lieu voué au service du seigneur Dieu. Berengier le gris abordant l'hermite comme il sortoit de son
réduit : « Frère, n'avez-vous pas vu passer ici un cheva-
« lier? — Oui, » répond-il, « hier au temps de vêpres,
« j'aperçus un noble chasseur à la poursuite d'un san-
« glier ; mais ses chiens étoient tellement rendus de fatigue
« qu'il les avoit pris et les portoit sur le devant de son
« cheval. » Encouragés par ce récit, ils marchent dans la
voie qui leur étoit indiquée, ils donnent du cor de toutes
leurs forces ; le son parvint aux oreilles du comte Fromont,
lequel s'étoit mis en chemin et vouloit faire escorte au duc
Begon jusqu'à Valentin. Mais alors appelant à lui l'abbé
Lietris : « J'entends un cor, ce doit être celui des cheva-
« liers de Begon ; je ne veux pas aller à eux, la colère pour-
« roit les mal conseiller ; je prends donc congé de vous,
« continuez votre voyage ; voici mes lettres que vous re-
« mettrez à Garin. » Ces mots dits, il revient sur ses pas
et rentre dans son château de Lens dont il fait lever les
ponts, fermer les portes, garnir les murailles, dans la
crainte de tout ce que pourroient tenter les nombreux amis
et parens du duc Begon.

Berengier le gris chevauchoit en avant : il aperçut le
premier le bon abbé Lietris : « D'où venez-vous, dant
« Abbé, et où allez? Quel est l'homme couché dans cette
« bierre? Est-il malade ou blessé? est-il mort? — Il est
« mort, » répondit l'Abbé ; « c'est le duc Begon, frère de
« Garin de Metz. Les sergens de Fromont l'ont frappé dans
« la forêt de Lens. »

Les autres chevaliers rejoignoient Berengier le gris
quand l'Abbé dit ces paroles. Ils ne peuvent croire à leur

malheur, peu s'en faut qu'ils ne perdent le sens : Rigaut se jette sur la bierre en poussant de grands cris, en appelant son oncle; il le soulève, le prend entre ses bras, découd le cuir bouilli qui l'enfermoit et tranche la seconde enveloppe de lin à la hauteur des yeux : alors, il contemple le bon duc, son visage ténébreux, ses yeux tournés, le corps et les bras roidis. « Ah Begon! ah malheureux! » s'écrie-t-il, « quelqu'un a donc pu vous frapper, vous ôter la vie! « et vous n'êtes pas encore vengé! » Avec Rigaut pleurent et se désolent les damoiseaux qui attendoient de Begon leur adoubement. « Que ferons-nous et que devenir aujour-« d'hui? Comment rentrer dans notre pays! La duchesse « Béatris, ses deux enfans Hernaut et Gerin demanderont « où nous vous avons laissé; que pourrons-nous leur ré-« pondre? — Chevauchons tout de suite, » dit Rigaut, « je « ne voudrois plus vivre, mais il faut d'abord le venger. — « Écoutez, » dit l'abbé Lietris, « il convient d'attendre un « peu : Fromont est riche et puissant, il est chez lui, il a « beaucoup d'amis, un grand lignage; mieux vaut d'abord « conduire la bierre à Metz, devant le duc Garin, et savoir « sa volonté. — Faites donc comme vous l'entendrez, » dit Rigaut.

Les chevaliers revinrent à Valentin avec l'abbé Lietris; le corps de Begon fut posé dans la grande salle du château où se pressèrent à l'envi pour le voir les bons chevaliers, les nobles damoiseaux, les belles dames, les riches bourgeois. On l'avoit entouré d'un grand luminaire; les prêtres bénis aussitôt appelés chantèrent sur lui les vigiles. Cependant Rigaut prenant à part Berengier le gris : « Écou-« tez-moi, bel hôte, » lui dit-il, « voulez-vous me conduire « à Senlis ou à Crépi? voilà quatre marcs d'estrelins, ils « sont à vous. — Grand merci! » dit Berengier, « je suis « prêt à vous conduire. » Aussitôt ils montent deux bons et forts chevaux qu'ils éperonnent de jour et de nuit, si bien qu'ils gagnent la rivière d'Aisne et la passent en bateau ; sur l'autre rive étoit un bois qu'ils traversèrent ; midi étoit passé quand ils en sortirent. Berengier ayant indiqué Crepi, prit congé de Rigaut, repassa la rivière et regagna Valentin ; mais Rigaut ne s'arrêta pas avant la ville de Paris, où séjournoit Pepin et l'Emperière.

Il faisoit nuit quand il arriva ; car son cheval las d'une aussi longue course marchoit péniblement depuis une heure. Rigaut mit pied à terre devant le logis de son hôte Landri ; comme il alloit redescendre, son cheval fléchit et tomba pour ne plus se relever. « Eh ! sire Rigaut, d'où venez- « vous ? » dit l'hôte étonné, « où donc avez-vous laissé « monseigneur le comte Begon de Belin ? — En Loheraine, « auprès de son frère. Il m'a renvoyé devant lui, pour « mettre en état ses villes et châteaux. Savez-vous où est « madame l'Emperière ? — Je l'ai vue ce matin à la messe « de Notre-Dame. »

Rigaut se dirige vers le palais, et pénètre jusqu'à la chambre où se tenoit la franche Emperière. Pour n'être pas reconnu, il avoit abaissé son chaperon. En la voyant, il s'incline : « Dieu, » dit-il, « qui fut mis en croix, vous « sauve, Madame ! » Blanchefleur le regarde avec attention : « Ah ! Rigaudin ! » cria-t-elle, « c'est toi ! mais ton « seigneur, le comte Begon de Belin, où l'as-tu laissé ? — « Dame, veuillez vous tirer un peu à part, et je vous le « dirai. » Elle le conduit dans la chambre voisine : « Écoutez-moi, » dit Rigaut, « et pas un mot de ce que « vous allez savoir. — Parle donc, je t'écoute. — Franche « reine, Begon est mort ; le riche duc qui m'avoit nourri, « Tiebaut l'a tué, le frère d'Estourmi, le neveu du vieux « Fromont. » A ces mots, la dame, hors d'elle, demeure quelque temps sans répondre ; Rigaut la soutient dans ses

bras : « Au nom de Dieu, dame, ne faites pas de bruit,
« ne poussez pas un cri; il ne faut pas que nul, grand ou pe-
« tit, le sache, si vous voulez que j'aie le temps de com-
« mencer la vengeance. Une chose fâcheuse m'est avenue,
« mon cheval est tombé mort au moment où j'en descen-
« dois. — N'en prenez souci, » dit Blanchefleur, « vous en
« aurez un autre tout aussi bon, tout aussi fort. » Et appelant aussitôt son chambrier David : « Vous donnerez à
« Rigaut, » dit-elle, « le destrier arabe dont me fit présent
« l'abbé de Cluni. Vous rassemblerez soixante hommes
« armés et vous irez où Rigaut, mon ami, vous conduira.
« — Grand merci, dame! » dit Rigaut. « Maintenant, voilà
« deux jours que je n'ai dormi, que je n'ai rien approché
« de ma bouche. — Vous allez manger un petit. » La Reine
parle, on lui apporte un pot rempli de vin, un paon rôti,
quatre pains. Le héros mangea, tout en demenant grand
deuil; ensuite il dormit deux heures. Au réveil, il alla
prendre congé de l'Emperière qu'il trouva encore dans les
larmes; il sortit du palais et ne s'arrêta que dans Orléans.

Il n'y rencontra pas Hernaïs, alors en Anjou près du
comte Jofroi, son cousin. Grande fut d'abord la joie d'Heluis en voyant Rigaut. « Soyez le bien venu, neveu! » lui
dit-elle, « où avez-vous laissé mon frère? reviendra-t-il par
« ici? — Non, dame, Dieu ne l'a pas voulu : votre frère
« est mort, les Bordelois l'ont tué. — Ah Dieu! ayez
« pitié de moi! » dit Heluis. — Rigaut reprit : « Surtout,
« dame, ne découvrez à personne rien de ce que vous ve-
« nez d'entendre; je partirai ce matin même pour faire dans
« le Bordelois une chevauchée dont on pourra longtemps
« parler. Dites à mon oncle Hernaïs qu'il pense à nous,
« qu'il se joigne à Jofroi l'angevin, et qu'ils se trouvent
« mercredi à Gironville, où je serai pour les recevoir. »

Il dit, remonta et sortit d'Orléans avec quatorze chevaliers que la bonne dame avoit réunis pour lui faire secours. Ils passèrent Bourges et Neufchastel-sous-Cher ; à la chute du jour ils découvrirent la côte de Blaives. Gautier étoit l'hôte de Rigaut ; il descendit à sa porte, et dès le lendemain matin il fit creuser les fossés, redresser les murailles, et manda les estagers pour garder la ville et la défendre de toute attaque.

VII

GUERRE DE RIGAUT DANS LE BORDELOIS.

Quand Rigaut eut bien pourvu de denrées la ville de Blaives, et fait appel aux chevaliers de la terre, il se rendit à Belin où se tenoit la belle Béatris et ses deux enfans Hernaut et Gerin. Il ne découvrit pas d'abord son deuil : « Sire « Rigaut, » lui dit Béatris, « soyez le bienvenu ! mon mari « n'est-il pas avec vous? — Dame, je l'ai laissé avec son « frère Garin et son neveu Girbert. Ils se croient à la veille « d'une grande guerre, et il m'a fait aller en avant pour « mettre ses places en bon état. Ainsi, vous ferez fermer le « château de Belin, vous avertirez le prévôt Oudin de le « bien fournir de denrées, et de réunir tous les estagers de « la terre, il ne faut pas qu'un seul, grand ou petit, soit en « retard. — Je ferai tout cela, » reprit la dame. « Et moi, » dit Rigaut, « je repartirai demain matin pour voir mon « père Hervis. — Rigaut, » dit Béatris, « vous avez un se- « cret, ne pouvez-vous me le découvrir ? — Dame, je pense « bien être ici dans trois jours, vous le saurez quand je « retournerai. » Le lendemain, il partit au point du jour, arriva au Plesséis où il trouva son père et ses deux jeunes frères, Tion et Morandin.

Hervis courut joyeux au-devant de Rigaut : « D'où viens-
« tu, fils, et le vaillant Duc, où l'as-tu laissé ? — Père, nous
« avons eu mauvaise heure ; nous avons tout perdu, le
« comte Begon n'est plus ; écoutez-moi encore, père. C'est
« le mauvais traître Tiebaut qui l'a surpris et l'a frappé à
« mort. — Maudit soit-il, et que jamais nous n'ayons paix
« avec lui ! — Père, voici ce qu'il convient de faire : nous
« adouberons mes deux frères, ils m'aideront dans la guerre
« que nous allons reprendre. »

Hervis y consentit, et le lendemain Morandin et Tion furent armés chevaliers ; il n'y eut pas de fête : on n'y parla point d'y donner le vair et le gris ; les vallets se contentèrent des bons chevaux, de fortes armes et de cottes neuves pour les couvrir. On voyoit éclater d'un côté la joie pour l'adoubement des deux vallets, de l'autre la douleur pour la mort du bon duc Begon.

Cependant Jofroi avoit rassemblé ce qu'il avoit pu d'angevins, et le duc Hernaïs avoit mandé tous ses chevaliers ; « Mon fils, » lui dit belle Heluis, « si l'on t'avoit tué, fût-
« ce l'empereur Pepin lui-même, mon frère Begon ne l'au-
« roit pas plutôt sçu qu'il seroit arrivé à Paris, auroit mis
« tout en charbon et en ruines ; ne l'oubliez pas, au nom
« de Dieu ! — Mère, vous pouvez en être assurée. »

Et le jour indiqué, Hernaïs et Jofroi, accompagnés, disent les gestes, d'un millier de chevaliers, arrivoient à Gironville, où Rigaut ne les avoit pas attendus. Après avoir une seule nuit reposé au Plesséis, il étoit monté, avant le jour, suivi de sept vingts chevaliers et de mille soudoiers qui tous étoient ses hommes, car il eut soin de ne faire aucune semonce en dehors de ses terres. Arrivé devant Bordeaux, il pose une embuscade dans le bois de sapin. Les Bordelois, qui n'avoient pas sujet de craindre, ouvrent leur porte et font sortir leurs ouailles et bestiaux dans la campagne.

Rigaut fond sur les troupeaux, et les poussoit déjà devant lui, quand ceux de la ville, entendant les cris, courent aux armes et sortent de la ville, armés et bien montés, au nombre de quatre cents : les nôtres reculent alors comme effrayés, jusqu'à ce qu'ils aient regagné l'embuscade. Soudain paroit une nouvelle bataille plus forte que la première : Rigaut retourne avec eux, brandit l'épieu, atteint Alori, cousin de Fromont, et l'étend mort sur le sable. Le jeune Tion arrêtoit de son côté le vassal Sanson, écarteloit son écu, demailloit son haubert et faisoit pénétrer dans sa poitrine le fer et la blanche enseigne d'Alexandrie. Morant son frère renversoit Nevelon; le prévôt Guirre, monté sur cheval gascon, attaquoit Gerart dont il fendoit l'écu chargé d'un lion, lui passoit dans le corps sa bonne épée. Il falloit voir les grands coups portés par les nouveaux chevaliers, et l'herbe qui sous chacun de leurs pas devenoit sanglante.

Mais Aimon de Bordeaux, il en étoit temps, arrive à force d'éperons. Il voit Tion jeter l'effroi devant lui, il s'élance et va le frapper sur son écu. L'épieu ne trouve pas de résistance dans les mailles du haubert, pénètre fer et enseigne dans les chairs, tranche le poumon, le foie, la rate, et jette mort l'enfant près de son destrier aragonois; Hugues, fils d'Aimon, arrachoit de son côté la vie au preu Foucon. Dieu reçoive à merci l'âme des deux gentils chevaliers!

On court dire à Rigaut que son frère Tion vient d'être tué; il change de couleur comme atteint du même coup qui avoit frappé son frère. Comme un lion furieux, il se jette au milieu de la bataille des Bordelois : ceux qui l'attendent meurent, les autres ont à peine le temps de fuir. C'est ainsi qu'il les pousse devant lui, de toute la longueur d'une portée d'arbalète. Morant n'est guère moins redoutable : il atteint Harduin, le frère de Bernart de Naisil et l'un des oncles de Fromont. Il fend son écu, brise le haubert, se fait un passage dans ses entrailles et le jette mort derrière son cheval. Au moins le jeune Tion est-il vengé !

Rigaut et Morant d'un côté, le vilain Hervis de l'autre, frappoient les Bordelois de l'épieu, de la hache, comme bûcherons dans un épais taillis : c'en étoit trop pour Aimon, il se résigne à leur quitter la proie et donne à ses gens le signal du retour dans la ville. Mais en chevalier courageux et hardi, il reste avec ses fils sur le dernier rang, pour supporter le grand poids de la poursuite. C'étoit merveilles de les voir tous trois avoir l'œil à tout, arrêter les plus hardis de leurs adversaires, et prévenir les coups qu'ils alloient porter en les frappant eux-mêmes. Rigaut accourt et arrête le jeune Seguin, perce son écu, démaille son haubert, introduit le fer dans sa poitrine et lui sépare douloureusement l'âme du corps. Il tombe sous les yeux de son père Aimon de Bordeaux : « Ah vassal ! » crie le duc Aimon, « le jeu que tu as commencé ne finira qu'avec ta mort : « ton sang pourra seul payer cette trahison. Nous avions, « mes hommes, moi et tous mes puissans amis, fait la « paix devant le roi Pepin, et tu nous as vilainement sur- « pris. Tu as tué mon oncle Harduin, et Seguin mon cher « fils ; j'appelle sur toi la vengeance du seigneur Dieu. — « Aimon, » répondit Rigaut, « vous savez bien que votre « Tiebaut du Plessis a brassé tout cela : il a mis à mort « mon seigneur Begon, vous venez de nous enlever Foucon « et Tion mon frère ; tant que je vivrai, la vengeance en « sera poursuivie, et jamais je ne serai votre ami. »

Les Bordelois rentrèrent à Bordeaux non sans avoir laissé dans les champs bon nombre des leurs. Pour les hommes de Rigaut, ils retournèrent tristement, après avoir fait deux bierres sur lesquelles ils emportèrent Seguin et Tion. Il ne faut pas demander s'il y eut à leur retour au Plesséis bien des regrets et bien des larmes.

Rigaut ne les avoit pas suivis : il aima mieux, avec une partie de ses hommes, courir la campagne, brûler, renverser les tours et manoirs, enlever les proies ; dix lieues à l'environ, il n'y eut pas une vache, une brebis, une robe, un tissu, une coute, une draperie, qu'il ne fît conduire au Plesséis. Ses hommes en furent tous pour longtemps riches : ainsi va de la guerre.

Et tout cela, avant l'arrivée d'Hernaïs d'Orléans, de Huon du Maine, de Gautier de Paris, de dant Jofroi d'Anjou. Rigaut rentré dans le Plesséis, on s'occupa du service de Tion et de Foucon. Hervis avertit l'abbé de Saint-Seurin, il lui donna grand avoir et chevaux de prix, pour qu'il vînt prendre les corps et les déposer côte à côte dans le cloître de l'abbaye.

Puis aussitôt que l'Abbé eut emporté les deux cercueils, Rigaut, prenant avec lui trois mille fervêtus, va mettre le siége devant Vaunuble, qu'il ne veut pas quitter avant de l'avoir saisi. Il a soin d'envoyer en même temps à l'Emperière un fidèle messager qui, à grandes journées arrivant à Paris, fut avidement écouté par elle. « Dame, » dit-il, « vous saurez que Morant a tué Harduin, oncle de Fromont, « et vaillant chevalier de son corps. Le preux Rigaut a de « son côté tranché le foie et le poumon à Seguin, fils d'Aimon « de Bordeaux, sans parler de cent autres fervêtus. Le pays « est en flammes ; trois n'en rencontrent jamais deux sans « les retenir prisonniers. Rigaut en ce moment est devant « Vaunuble, qu'il ne laissera pas avant de l'avoir saisi. — « Rigaut a-t-il beaucoup de monde avec lui ? dis-le moi, « frère ? — Oui, dame, il peut bien compter sur deux « mille chevaliers. — Dieu soit donc loué ! » reprit Blanchefleur, « qu'il garde mes amis et confonde les Bordelois ! »

Nous laisserons Rigaut prendre le fort château de Vaunuble, défendu par sept chevaliers qu'il fit mourir de mauvaise mort, renverser les murs, abattre la tour et rentrer au Plesséis. Nous reviendrons au duc Begon et à l'abbé de Saint-Amant qui s'est engagé à conduire le corps au bon duc Garin de Metz.

VIII

LE CORPS DE BEGON ARRIVE A METZ ET EST RECONDUIT A BELIN.

Pendant que la sage Empérière faisoit célébrer secrètement dans Paris un riche service pour Begon, le bon abbé Lietris sortoit de Valentin avec le corps du noble marquis. Après avoir traversé les Ardennes, il entroit dans l'Argonne, et de là parvenoit en Loheraine. Le cortége s'arrêta une nuit à Gordes, riche abbaye fondée par Tierri des monts d'Aussai dans les temps anciens. On leur y fit bon accueil, et le lendemain, après avoir entendu la messe au point du jour, ils remontèrent et continuèrent à suivre le chemin de Metz avec leur douloureux fardeau.

Ce jour-là, on célébroit dans la ville la fête de saint Étienne le martyr. Garin le loherain et la courtoise Aélis sortoient du moutier, le Duc accompagné de sept vingts chevaliers, la Duchesse au milieu de quatorze nobles dames, vêtues de vair et de gris, de beaux samits et pourpres de soie. Devant Garin marchoit son fils, l'enfant Girbert, entouré de vingt damoiseaux. Quand ils rentrèrent au Palais, les timbres et les clochettes résonnoient sous les voûtes, les jeunes varlets accordoient leurs voix aux violons pour noter et chanter de beaux airs poitevins ; tout autour d'eux sembloit respirer la joie.

« Sainte Marie ! » s'écrie tout à coup le duc Garin, « sau-

« vez mon corps et celui de mes amis! Je me sens prêt à
« tomber, je suis éperdu comme si la foudre venoit d'éclater
« sur moi. Dieu! Si c'est signe d'un bien qui m'arrive, je
« vous en rends grâce; et si c'est la menace d'une mauvaise
« heure, puisse votre bonté m'en préserver ! »

« Cher sire, » dit la franche Aélis, en s'approchant de
lui, « il faut faire une croix sur votre visage pour ôter à
« l'ennemi toute prise sur vous. — Vous dites bien, dame, »
répondit Garin ; et aussitôt levant la main, il se signa de par
Dieu.

Puis il alla s'asseoir dans la cour, sous un orme; toujours
frappé de sinistres pensées, au milieu de ses hommes et des
nobles dames aux beaux et gracieux visages. Devant lui se
perdoit le grand chemin ferré ; il se mit à le regarder, et
bientôt il put distinguer une longue file de voyageurs qui
commençoient à traverser le pont. — « Je vois, » dit-il,
« des gens qui semblent étrangers. Attendons-les, si vous
« le trouvez bon, seigneurs chevaliers; peut-être, nous ap-
« porteront-ils quelque nouvelle. » Ces étrangers étoient
les compagnons de l'abbé Lietris, que le duc Garin reconnut
bientôt : « Ah! Lietris, soyez le bienvenu! d'où venez-vous,
« bel ami, et pourquoi venez-vous ? — Nous venons de
« Saint-Amant, notre pays; nous sommes depuis quinze
« jours en voyage. — Et l'homme étendu dans cette bierre,
« est-il blessé, navré ou mort ? — Il est mort, » répondit
l'Abbé, « et c'est votre frère, Begon de Belin. On nous l'a
« frappé et tué dans la forêt du puissant Fromont. » Le bon
Duc avoit à peine entendu ces mots qu'il s'étoit élancé
devant lui vers la bierre; il tranche le cuir de cerf bouilli,
écarte à la hauteur des yeux la toile fine ou chansil, et regarde en pleurant le bon Duc dont les yeux étoient troubles,
le visage ténébreux, les bras roidis et le corps abandonné.
Le Loherain sentit fléchir ses jambes, il tomba; et quand on

parvint à le relever, ce fut pour l'entendre exhaler des cris de désespoir. « Ah! Begon mon frère, chevalier franc, hardi, « courageux, si terrible pour nos ennemis, si doux, si vrai « pour nos amis! A la male heure fûtes-vous! Terre, ouvre-« toi pour me recevoir! Pourrai-je donc vivre après Begon! »

La clameur se répand bientôt dans la ville : on apprend la mort du duc Begon, et la foule autour de la bière croît de moment en moment : «Ah! cher frère,» disoit Garin, «comment « Fromont a-t-il pu vous meurtrir? Il se disoit votre ami ; « nous avions eu longtemps guerre ensemble, mais nous « avions fait la paix, nous l'avions jurée devant le roi Pepin; « et maintenant voilà qu'ils vous ont tué! Ne plaise au Dieu « qui fut mis en croix que jamais accord soit fait entre « nous! Il me faut la vie du vieux Fromont, il faut qu'entre « la barre et le pont tournant de sa dernière forteresse, j'aille « le fendre de mon branc d'acier et lui arracher le cœur. »

L'Abbé put alors parler : « Sire, pour l'amour de Dieu, « écoutez-moi. Fromont n'est pas le vrai coupable; prenez « le bref qu'il vous adresse, lisez et voyez si vous devez « le haïr. » Le Loherain savoit de lettres : on l'avoit mis à l'école quand il étoit petit, jusqu'à ce qu'il sût et latin et roman. Il prend donc le bref, en brise la cire, étend le parchemin, et quand il a vu ce qu'il contenoit, il se relève, essuie son visage et appelant ses amis : « Écoutez-moi, petits « et grands; vous allez savoir ce que le puissant Fromont « nous mande : Il a dans sa chartre les meurtriers de mon « frère, et il est prêt à me les rendre, dit-il, pour en faire « ce qu'il me plaira. Il jurera dix ou vingt fois qu'il n'a « voulu ni consenti le crime; qu'il n'étoit pas présent « quand il fut accompli. Il me donnera plus d'or et d'argent « que quinze roncins ne pourroient en porter : il fera chanter « dix mille messes par saints abbés et moines bénis, pour « que Dieu reçoive à merci l'âme de mon frère; et s'il fait

« tout cela, je ne dois pas cesser d'être son ami. Francs
« chevaliers, conseillez-moi, dites comment je dois recevoir
« ces offres. »

Garin se tut, mais au diable qui trouva pour lui répondre un seul mot, à l'exception du jeune enfant Girbert ; il avoit à peine quinze ans, mais il étoit sage et bien appris :

« Père, » dit-il, « il ne faut pas vous laisser surprendre :
« il y a loin des paroles aux faits. On peut bien coucher
« sur parchemin des mensonges ; mais si Fromont a fait
« mettre ici la vérité, et si le bon Abbé en porte témoignage,
« il est juste de continuer à le tenir pour votre ami. S'il en
« est autrement, pourquoi demeurer ? Que tardons-nous à
« venger le bon Duc? Sire père, je vous prie de m'adouber,
« le cœur qui ne me trompe pas me dit que bientôt nos
« amis pourront avoir besoin de moi. — Sire fils, » répondit
le duc Garin, « j'y consens; mais avant tout, Abbé, dites-moi
« si vous venez avec nous, et si vous ne m'aiderez pas à
« garder le corps de mon frère. Nous le porterons au châ-
« teau de Belin, nous le présenterons à sa femme épousée, la
« belle Béatris, et à ses deux enfans Hernaut et Gerin :
« car je ne dois rien entreprendre sans lui en donner avis.
« — Je ferai, » dit l'Abbé, « tout ce que vous voudrez. »

Le loherain Garin manda le clergé, fit disposer cierges, encensoirs et grand luminaire. On vit arriver les prêtres dans leurs saints habits, les clercs écoliers tenir leurs psautiers et chanter les Vigiles pour le bon duc Begon ; le corps fut ainsi veillé toute la nuit, et le lendemain au point du jour, Garin et Lietris donnèrent le signal du départ et ne s'arrêtèrent pas avant Châlons, où leur oncle, le bon évêque Henri, les hébergea, en mêlant sa douleur à leur douleur. De Châlons ils se rendirent à Melun, le château seigneurial, où la belle Heluis vint à leur rencontre et les hébergea en grand honneur ; elle les accompagna jusqu'à

Peviers : le lendemain ils partirent pour Orléans où les reçut l'Empereur et la Reine qui demenoit encore grand deuil. Le lundi ils se remirent en route et gagnèrent le fleuve Gironde, qu'ils traversèrent au port Saint-Valentin, en laissant Bordeaux à gauche pour se rendre à Belin.

La duchesse Béatris connoissoit déjà son malheur ; elle vint au-devant d'eux, avec ses deux enfans Hernaudet et Gerin. Elle courut à la bierre, se laissa tomber sur le corps de son seigneur, lui baisa cent fois les yeux, les lèvres et le visage : « Vous fûtes à male heure, franc et gentil cheva-
« lier ! comment pourrai-je soutenir une aussi grande afflic-
« tion ! La mort du bon Duc sera la ruine du pays ; nos
« chevaliers s'en iront en contrées lointaines, ne pouvant
« plus rien attendre de moi. A peine aurai-je la force de
« vivre. C'est vous surtout, enfans, que je plains : vous
« voilà orphelins, vous n'avez plus de père ; vous avez tout
« perdu. — Contenez-vous mieux, dame Béatris, » dit alors Garin, « vous dites là de dures et trop folles paroles.
« Aisément trouverez-vous noble chevalier qui sera bien
« heureux de vous épouser pour entrer dans votre puissant
« lignage et pour tenir votre terre; il en sera riche d'or et
« d'argent ; moi, je ne dois jamais oublier qu'Hernaudet
« et Garin sont mes neveux, les fils de mon cher frère ;
« pour eux il me faudra soutenir les grandes guerres, veiller
« les nuits, sortir armé dès le matin. Plus j'aurai d'ar-
« gent et d'or, plus j'aurai de tristesse au cœur.

« — Grands mercis, mon oncle, » s'écria l'enfant Hernaudet ; « et que n'ai-je dès aujourd'hui un petit haubergeon,
« je vous aiderois à maintenir la guerre. » Le Duc le prit entre ses bras, lui baisa la bouche et le visage : « Cher en-
« fant, » dit-il, « tu es trop petit encore ; mais par Dieu,
« de la bouche et des yeux tu ressembles bien à ton père,
« le bon Duc à qui Dieu fasse merci ! »

Le moment étoit venu d'inhumer le duc Begon. On le déposa sous les dalles de la chapelle qui est au delà de Belin ; c'est là que le visitent encore les pèlerins qui vont requérir saint Jacques en Galice.

Ils revenoient au château de Belin quand arrive Rigaut, le fils du vilain Hervis. On reconnoit aisément en lui le haut baron qui avoit guerre à soutenir ; il montoit un destrier nourri en Espagne, il avoit l'épée ceinte au senestre côté, le chapeau de fer en tête, le blanc haubert sur la poitrine et le roide épieu fourbi dans son poing. Quatre-vingts chevaliers, sept vingts arbalestiers et mille sergens formoient sa compagnie. De près le suivoit Morant, son frère, et pour les regarder, bourgeois et bourgeoises s'étoient mis aux fenêtres. Quand ils furent entrés, ils occupèrent toutes les maisons de la ville.

Rigaut venoit de faire le dégât sur la terre de ses mortels ennemis. Il avoit tué Simon et Landri, deux neveux du traître Tiebaut. Le loherain Garin venant au-devant de lui : « Soyez bien venu, beau neveu ! » lui dit-il, « vous sem« blez bien homme qui maintient grande guerre. — Je suis « tel, en effet, bel oncle. Les gloutons ont tué mon frère « Tion, mais j'ai pris sur eux ma revanche. J'ai vu tomber « morts plusieurs de leurs bons chevaliers ; j'ai ruiné leurs « maisons, saisi leurs châteaux. Et vous, oncle Garin, que « faites-vous ? Par saint Denis ! comment n'êtes-vous pas « déjà sur leurs terres ? — Neveu, » répond Garin, « j'ai pris « jour pour recevoir les offres de Fromont ; il faut savoir « écouter, si l'on veut bien achever. — Par Dieu ! » répond Rigaut, « au point où nous sommes, il ne s'agit de donner « jour que pour passer dans leurs corps nos brands d'acier. « Mais qu'avez-vous fait de Begon de Belin, mon très-cher « ami ? — Beau neveu, je l'ai fait mettre en terre ; il re« pose dans la chapelle au delà de la ville, sur le bord du

« chemin. Trois prêtres y sont à jamais attachés; grâce
« à de bonnes rentes, ils chanteront et prieront jusqu'au jour
« du Jugement, pour que Dieu prenne à merci l'âme de
« mon cher frère ! »

« — Hélas ! » dit Rigaut, « j'ai regret de n'avoir pas été
« présent quand on l'inhuma : il me semble, en vérité, que
« je ne l'ai jamais vu. » Sur-le-champ il prend le chemin
de la chapelle, Béatris et la foule des chevaliers le suivent.
Il donne des ordres; on ouvre la terre; on en tire le corps
du bon Duc. Rigaut ouvre le cercueil, prend Begon entre ses
bras et perd connoissance en le pressant contre son cœur.
Grand alors fut le deuil renouvelé, déchirans les cris qui
partoient de tous les côtés. Il fallut emporter pâmée la
belle Béatris.

Et le lendemain on tailla dans le marbre noir un cercueil, on y étendit doucement le bon Duc, après avoir enveloppé de nouveau son corps dans un riche paile d'Andres.

Puis quand on l'eut rendu à la terre, on dressa un tombeau peint en or, surmonté d'une image en pierre à la semblance de Begon. Les lettres tracées à l'entour dirent :

CI GIST BEGON, LE MEILLEUR DES CHEVALIERS.

LIVRE VI

LA VENGEANCE DE LA MORT DE BEGON

I

RETOUR DE L'ABBÉ DE SAINT-AMAND.

Ici la chanson devient grande et merveilleuse.

L'abbé Lietris se dresse en pieds, et parlant à Garin : « Qu'aurai-je à faire maintenant, bel oncle, et que rappor- « terai-je à Fromont le puissant? consentirez-vous à l'ac- « cord ? — Oui, beau sire, s'il tient ce que vous m'avez « offert en son nom; je refuse, s'il change le montant d'un « angevin à ce qu'il a fait mettre en écrit.

« — Je le lui dirai, » répondit l'Abbé qui, prenant aussitôt congé, rentra dans son abbaye de Saint-Amand, après quelques jours de voyage. A peine assis dans le cloître, il eut à répondre aux demandes de ses moines : « Que « vouloit donc Fromont? Pourquoi vous avoit-il mandé ? —

« Vous allez le savoir : ses sergens ont mis à mort Begon
« de Belin, un puissant seigneur, mon oncle, le frère du
« duc Garin, le neveu de Huon de Cambrai. Begon avoit
« de nombreux amis dans cette terre ; s'ils ne consentent
« pas à l'accord, ce sera pour le malheur et pour la ruine
« du pays ; j'ai su même que déjà Rigaut avoit tué grand'
« foison d'hommes en Bordelois. Mettez-vous donc en
« prières pour que l'accord se fasse entre ces puissans
« barons. »

Cependant le duc Garin retournoit de Gascogne en Loheraine, emmenant avec lui la belle Béatris et les deux enfans Hernaut et Gerin. Jamais depuis la dame ne consentit à reprendre mari.

Mais aussitôt que le comte Fromont apprend le retour de l'abbé Lietris, il veut savoir comment le duc Garin l'a reçu, et, montant un cheval de grand prix, il arrive à Saint-Amand, puis se rend à la chambre du bon Abbé : « Quelles
« nouvelles m'apportez-vous ? » lui dit-il. « — Vous allez
« le savoir : le grand deuil causé par la mort du duc Begon
« est encore augmenté par celle de Tion, le gentil cheva-
« lier, le fils du vilain Hervis. — Sainte-Marie ! » dit Fromont, « et comment ont-ils pu déjà savoir en Gascogne la
« mort de Begon ? — Rigaut étoit à Valenciennes, il a vu le
« corps du Duc et ne s'est pas arrêté avant de rentrer au
« Plesséis : il assembla aussitôt ses hommes, commença la
« guerre, engagea devant Bordeaux un grand combat dans
« lequel sont morts grand nombre de bons chevaliers et ser-
« gens. Que vous dirai-je ? La guerre étoit partout au pays
« de Gascogne au moment où nous y arrivâmes, mon oncle
« Garin et moi. Le Duc a pourtant décidé Rigaut à prendre
« des trèves et à cesser les chevauchées, jusqu'au moment
« ou les plaids seroient tenus avec vous. — Mais, » dit Fromont, « pensez-vous que Garin consentira à l'accord ?

« — Oui, sire, la paix sera maintenue, si vous accomplissez
« ce que vous avez fait mettre au bref. Le loherain Garin a
« témoigné d'une grande modération : pas une parole vio-
« lente n'est sortie de sa bouche, malgré sa grande douleur.
« — Ah ! » dit Fromont, « je le reconnois là : toujours le
« même ; humble, hardi et vaillant chevalier. Nous avons
« été nourris ensemble, et tel il étoit déjà dans son enfance.
« Aussi qu'on en grogne autant qu'on voudra, je ferai son
« plaisir, j'y suis bien résolu. — Et vous agirez sagement, »
dit Lietris ; « car, avant tout, nous avons besoin de mainte-
« nir la paix. »

Ainsi, l'accord devoit être consenti ; il l'eût été sans le
faux et traître Guillaume de Blancafort, Guillaume, l'ennemi
naturel de toute paix et de tout honneur ; maudit soit-il du
Dieu mis pour nous en croix ! Ce fut lui qui rompit tous les
projets d'accommodement et ranima tous les feux de la
grand guerre ; ce fut aussi lui qui en reçut le premier loyer
dans la vallée de Torfou par delà Montlheri. En vain avoit-
il confiance dans la conduite de l'Empereur, Garin l'attendit
et, fondant sur lui à l'improviste, sépara du corps sa méchante âme, ainsi qu'il vous sera plus tard conté.

Il avoit appris que Fromont s'étoit mis en route pour
Saint-Amand ; il le suivit de près, et entrant sans être attendu dans la chambre de l'abbé Lietris : « Eh ! frère, » dit-
il à Fromont, « que faites-vous ici ? Pourroit-on savoir de
« quelle chose vous vous conseillez ? — Oui, beau sire, »
répondit l'Abbé ; « il est juste de vous en instruire, vous et
« tous les vôtres ; car il faut se tenir avec les sages, et qui-
« conque agit sans conseil et sans mesure, court danger de
« se perdre. Le duc Begon a été mis à mort dans la forêt du
« comte Fromont le puissant : le gentil comte m'a envoyé
« vers le duc Garin ; il m'a chargé d'un bref annonçant au
« Loherain que les meurtriers de son frère étoient en son

« pouvoir, enfermés dans sa chartre, et qu'il étoit prêt à les
« lui rendre pour en faire tout son plaisir.

« — Taisez-vous, dant Abbé, » dit Guillaume ; « où ja-
« mais a-t-on vu ni entendu dire qu'on eût rendu son ami
« vivant pour ennemi mort ? il y auroit assurément trop de
« honte à le faire. Tous, petits et grands, diroient : voyez
« le puissant Fromont de Lens, le mauvais vieillard, il a livré
« ses hommes par la peur d'éveiller la colère de Garin.
« Par saint Jacques le bien-aimé de Jésus! je délivrerai de
« prison ceux qui ont frappé et tué le Duc, je les conduirai
« à Blancafort et je les y défendrai contre leurs ennemis.

« — J'en ai regret, » dit Fromont ; « vous serez cause
« que tout finira pour nous par de grands malheurs. »

Ainsi fut la trame autrement nouée : jusque-là, le puissant Fromont avoit pour lui le droit ; le droit céda la place au tort, et la chanson dira comment, en revenant sur ce qu'il avoit promis, il renouvela la guerre qui devoit priver de leurs barons tant de nobles femmes, que les fils devoient reprendre après la mort des pères, et qui jamais ne devoit avoir de fin.

L'abbé Lietris, après les paroles de Guillaume de Blancafort, se levant en pieds, dit à Fromont : « Ainsi, vous
« aurez menti. Vous m'avez envoyé à Metz vers le duc Ga-
« rin, je lui ai remis le bref de votre part, je lui ai dit de
« ma propre bouche ce qu'il contenoit ; j'ai pris jour en
« votre nom, le Duc l'a consenti, et, maintenant, vous lui
« ferez défaut. C'est un merveilleux outrage ! Je vais passer
« aux yeux de Garin pour menteur, et je serai tenu pour
« un homme vil en toutes les cours ! Oh! sire comte, par
« le Dieu vivant, déchargez-moi d'une honte pareille ; je le
« demande en grâce.

« — J'en ai la volonté, » répond le comte Fromont ;
« j'irai vers Garin pour entendre ce qu'il dira, et si nous

« pouvons convenir de la paix, le pays en vaudra mieux as-
« surément. — Vous avez bien parlé, » dit l'Abbé.

II

FROMONT A LA COUR DE GARIN.

Fromont mande ses amis et se met avec eux au chemin ; à Verdun se réunissent à lui le riche Lancelin et Guillaume, l'orgueilleux de Montclin, tous deux hommes-liges du duc Garin et, comme tels, obligés d'être de sa partie ; mais il leur en coûtoit peu de mentir leur foi. De son côté, le Loherain s'étoit assuré d'un nombreux entourage ; il avoit mandé ses vavasseurs, ses bourgeois, ses meilleurs sergens ; il en étoit arrivé trente mille dans la ville de Metz. Comme il s'appuyoit sur les murs de noir ciment, il vit arriver la troupe des Bordelois. Aussitôt il passe dans la chambre de belle Béatris, et la trouva cousant un surpelis de serge fine : « Ma chère sœur, » lui dit-il, « voilà le
« comte Fromont qui approche, je vous prie de ne pas dire
« un mot et de vous en remettre de tout sur moi. — Pas un
« mot, cher sire, ne sortira de ma bouche ; faites comme
« vous l'entendrez, ma sœur et moi nous resterons ici. »

Garin appelle ensuite ses deux neveux, Hernaut et Gerin, puis son fils Girbert : « Écoutez, enfans, et vous tous mes
« amis : voici Fromont le puissant, ses pairs et son mer-
« veilleux lignage ; ils viennent demander la paix, que
« puisse Dieu leur donner ! Prenez garde de ne pas les
« émouvoir de paroles et de querelles ; tout preudhomme
« doit savoir se taire chez lui ; un seul mot peut souvent
« causer grand déshonneur, et l'on nous reprendroit de

« villainie si, quand ils viennent à nous, ils entendoient des
« paroles railleuses ou méprisantes. » Tous répondent :
« Il ne leur sera pas dit une seule parole. »

Cependant, Fromont descendoit de cheval avec ses amis
et tout son grand lignage. Ils entrent ; la salle est aussitôt
remplie. Les Loherains, pour mieux témoigner de gentillesse, abandonnent les tables, quittent leurs bancs et les
cèdent aux Bordelois, qui vont occuper ainsi les premières
places.

Le loherain Garin se leva en pieds. Il portoit une chape
fourrée de gris, dont la panne étoit d'un écarlate sanguin et
le col de blanche hermine ; la ceinture étoit formée d'une
large bande de fin or, serrée par une agrafe étincelante de
pierres précieuses. De la verge de pin qu'il avoit en main,
il frappa fortement la table pour réclamer le silence.

« Écoutez ! je veux que tous, grands et petits, m'en-
« tendent : Voici Fromont de Lens, le puissant ; il m'a
« mandé par un bref qu'il a pris les meurtriers de mon
« frère, qu'il a jeté leur corps dans sa chartre ; il me les
« rendra quand je voudrai, et si je les fais pendre, il n'aura
« rien à dire. De plus, il doit jurer dix ou vingt fois qu'il
« n'a rien sçu du meurtre et qu'il n'en a pas été témoin. Il
« me donnera plus d'or et d'argent que n'en pourront por-
« ter quatre roncins, puis de fortes et belles armes, des
« faucons sur perches, de grandes pièces de vair et gris ;
« de plus, il fera chanter, par moines bénis et saints abbés,
« dix mille messes, pour que Dieu reçoive à merci l'âme
« de mon frère. S'il tient cette offre, je dois me déclarer sa-
« tisfait ; s'il ne la tient pas, il reconnoit que j'aurai juste
« sujet de le haïr. »

Il dit, et aussitôt se dresse le puissant Fromont :

« Entendez-moi, Duc débonnaire ; vous m'avez ajourné
« à quinzaine pour traiter de l'accord. Ainsi, durant ce

« terme, nous n'avons pas à nous garder de vous. — Assu-
« rément, » répondit Garin, « jamais on ne m'a repris et
« on ne me reprendra de trahison.

« — Grand merci ! » reprend Fromont ; « voici maintenant
« ce que je dois dire : vous avez bien lu le bref ; mais quand
« je le fis écrire, je n'avois auprès de moi aucun de mes
« amis. Or, ils ne veulent souffrir ni permettre que je livre
« ceux qui ont fait mourir le Duc. Contentez-vous donc de
« prendre plus d'or et d'argent que quatre roncins ne
« pourront en porter, et recevez-nous, moi et tous mes
« amis, pour vos hommes.

« — A Dieu ne plaise ! » répondit le duc Garin, « que je
« prenne votre or et votre argent, si vous n'y joignez tout ce
« que promit votre bref. Éloignez-vous ! vuidez prompte-
« ment ce pays ; votre présence me couvre déjà de honte.
« Par l'apôtre que les pèlerins vont réclamer ! par la foi qui
« me lie au roi Pepin ! si je vous trouve ici demain au lever
« du soleil, je vous fais tous couper en morceaux, afin
« qu'on en parle jusqu'au dernier jugement. Allez-vous-en,
« faux traîtres, parjures, qui valez moins que Caïn ou Ju-
« das ! Tenez-vous dès ce moment pour défiés ; gardez-
« vous de tous ceux qui m'aiment ; et quant à celui qui
« vient de réveiller entre nous toutes les haines, il peut
« être sûr de mourir avant peu de ma propre main. »

Ces paroles firent pâlir Fromont. Le bruit grandit dans
la ville : les Loherains couroient à leurs armes et, sans
doute, ils auroient assailli les Bordelois, si le gentil Duc
ne les eût arrêtés. A sa voix, le bruit s'apaise : tous, chevaliers et bourgeois du pays, se retirent comme ils étoient
venus.

Mais Fromont se rapprochant de Garin : « Gentil Duc, »
dit-il, « pour Dieu, veuillez prendre un nouveau jour ;
« nous viendrons à Paris devant le Roi, en présence de

« l'Emperière. Si mon lignage cède et souscrit à mes
« offres, la paix pourroit être maintenue entre nous. — Eh
« bien ! » répond Garin, « j'y consens encore. » On convient alors de se rendre à Paris à quarante jours de là, et de souscrire au jugement de la cour du Roi, quel qu'en soit la forme. Sur cela l'assemblée se sépare et Fromont reprend le chemin de sa bonne cité de Lens.

Cependant, qu'avoit fait Guillaume de Blancafort ? Il avoit brisé les portes de la chartre et délivré ceux que Fromont avoit enfermés. Le Loherain, de son côté, ne s'endormit pas : il envoya semondre le bourgoin Auberi, Gerart de Liége, Ori l'allemand, Gautier de Hainaut et Huon de Cambrai.

Les nobles barons arrivent à Metz, descendent de cheval, changent de vêtemens et se rendent au palais. Le valet Girbert vient à leur rencontre, les embrasse et leur fait grand accueil ; on demande l'eau, puis Garin, au sortir de table, passe dans une chambre voisine et les invite à venir conseiller avec lui. « Entendez-moi, » leur dit-il, « vous
« que je tiens pour mes vrais amis. Vous savez pourquoi
« je vous ai mandés : le duc Begon est mort ; puisse Dieu lui
« pardonner ses torts ! C'étoit le meilleur de tous vos amis.
« Il est tombé sous les coups des gens de Fromont,
« pour un sanglier qu'il avoit poursuivi dans leurs bois.
« Fromont avoit pris jour, l'accord ne s'est pas fait et nous
« sommes convenus de comparoître un autre jour à Paris,
« devant le Roi et en présence de l'Emperière. J'ai donc
« voulu vous avertir de vous tenir prêts, car je ne sais
« quelle sera la fin de l'entrevue ; mais le cœur me dit que
« le lignage du puissant Fromont n'entendra pas à l'accord.
« Je veux donc commencer par adouber mon jeune fils Gir-
« bert, pour qu'il nous aide dans la guerre que nous pour-
« rons avoir à soutenir.

« — C'est, en effet, ce qu'il y a de mieux à faire, » dit le bourgoin Auberi. « Envoyez-le vers l'empereur Pepin qui
« se chargera de son adoubement; car le vallet est de sa pa-
« renté.

« — Non, beau neveu, » répond Garin ; « je le mettrois en
« trop grand péril : Fromont et tous les siens sont félons et
« rusés ; Girbert est jeune et le plus beau vallet du monde,
« je ne voudrois, pour le trésor de Constantin, qu'on me le
« tuât. — Rassurez-vous, » dit Ori l'allemand ; « pendant
« que vous resterez ici pour mettre la ville en état, nous
« accompagnerons tous mon cousin avec une escorte de
« sept-vingts chevaliers, bellement armés et montés ; et, s'il
« nous arrive de trouver la gent de Fromont à la cour du
« Roi, ils n'auront assurément pas l'audace d'y démentir
« un seul des nôtres ; puis, au retour, si les trèves ne sont pas
« prises, ils nous trouveront aussi bien préparés qu'eux-
« mêmes à jouer de nos bons épieux poitevins. — Eh !
« bien donc, » dit Garin, « je m'accorde à ce que vous
« demandez. »

III

GIRBERT ADOUBE PAR LE ROI PEPIN.

Trois roncins sont chargés d'or et d'argent; Girbert, Hernaut et Garin, le Bourgoin, l'Allemand et les autres sortent de Metz par un lundi matin et ne s'arrêtent pas avant Châlons. L'évêque Henri, leur oncle, les héberge et les sert du meilleur cœur. « Beau neveu Girbert, » dit-il, « je vous
« prie, par l'amitié que vous me portez, de revenir par ma
« ville. — Je m'y accorde, bel oncle, dès que vous le sou-

« haitez. » Alors ils se remettent à la voie ; le lendemain ils atteignent Vertus, s'arrêtent à Montmor pour en repartir le matin suivant. Après avoir traversé la Brie, ils passent la Marne au gué dessous Lagny, font un léger détour parmi Bondi, et ne descendent qu'à Saint-Denis. Le fils de Garin alla tout aussitôt se mettre en oraison dans le moutier ; puis ils entrèrent dans Paris où l'on eut soin de choisir pour eux les meilleurs hôtels qu'on put trouver.

Quand le roi Pepin et la Reine au bel et noble corps apprirent que sous la conduite de l'allemand Ori, de Gautier de Hainaut, de Huon de Cambrai, du bourgoin Auberi et de Gerart de Liége arrivoient les enfans du duc Begon, et que Girbert, le fils de Garin, venoit demander au Roi l'adoubement de chevalier : « Ils seront les bienvenus, » s'écria la Reine ; « je lui fournirai les draps de samit, les belles robes « et les peliçons herminés ; le Roi pourvoira au reste. — « Je ferai ce qu'il faudra, ma dame, » dit le Roi.

Les barons changent de vêtement et le bourgoin Auberi demande son cheval. Gerart et l'allemand Ori montent en même temps que lui, et conduisent à la Cour le fils de Garin. Auberi prend le valet par la main et le présente au Roi : « Droit Empereur, » dit-il, « Dieu daigne vous bénir ! Le « loherain Garin m'envoie pour vous demander, comme « à son ami, de donner les armes à son fils, le gentil Girbert. C'est un témoignage de sa grande affection, et sans « doute il eût assez trouvé de chevaliers pour se charger « de cet adoubement.

« — Je le crois, » répondit le Roi, « aussi Girbert sera « le bienvenu ; je ne lui refuserai pas des armes, car il est « mon cousin. » Il fait approcher Girbert pendant que la Reine s'occupe d'Hernaut et de Garin qu'elle serre entre ses bras, en leur baisant le front, la bouche et les deux joues. « Ma dame, » dit Girbert à son tour en quittant le

Roi pour se rapprocher d'elle. « Dieu puisse vous bénir !
« Garin, mon père, m'a chargé de vous saluer. — Eh
« Dieu ! grand bien vous fasse, ami ; mais, votre mère Aé-
« lis, comment le fait-elle ? — Elle est en santé, grâce au
« seigneur Dieu ! Avec elle est ma tante Béatris, bien triste
« et dolente ; rien ne peut la consoler. — Hélas ! elle n'en
« a que trop raison ! »

Et le Roi dit au bourgoin Auberi : « Occupez-vous de
« faire baigner le jeune Girbert, nous lui donnerons ensuite
« le vair et le gris. »

On chauffe les bains ; Girbert revenu à l'hôtel entre
dans la cuve où il reste peu de temps. Les autres
cuves reçoivent quatre-vingts damoiseaux. L'Empereur, pour
l'amour de Garin, les fit tous chevaliers ; tous partagèrent
le vair et le gris, présent de la Reine au radieux visage.
Quant à Girbert, il reçut un précieux samit, rehaussé de
fleurons d'or, richement frisé et cousu d'hermine ; la panne
seule avoit coûté quatre marcs d'or. L'Empereur fit venir du
trésor de Saint-Denis un haubert, ancienne dépouille d'un
roi que lui-même avoit tué. Les mailles étoient serrées,
fortes, légères et blanches comme la fleur d'aubépine. Sur la
tête du damoiseau fut lacé un vert heaume bruni, et ce fut le
Roi qui lui ceignit au côté le branc fourbi qui renfermoit
dans sa poignée une dent du bon saint Firmin. En haus-
sant la paume de la main pour la faire retomber sur son
cou, le Roi dit : « Chevalier, soyez preu, sûr et hardi ;
« éloignez de vous toute mauvaise tache ! — Je m'y en-
« gage, » répondit Girbert. Un cheval de grand prix avoit
été amené, le frein et la selle rehaussée d'or valoient bien
mille livres de deniers parisis ; Girbert le monte légèrement :
on lui présente un écu voûté orné d'un lionceau d'or, il
saisit la roide hante d'une enseigne dorée, pique des deux,
s'arrête court et revient près de l'Empereur. Comme il fut

alors regardé, applaudi des dames, des jeunes filles, des bourgeois et des garçons ! « Celui-là, » disoit-on, » saura « bien conduire un cheval, diriger un ost, requérir ses en- « nemis. » Ensuite, on s'occupa de l'adoubement des vingt autres chevaliers. Girbert leur donna heaumes brunis, blancs hauberts et grands destriers. Pensez qu'on n'épargna pas l'or et l'argent aux jongleurs et menestrels, réunis pour rendre la fête plus belle.

Ainsi revêtus et montés, Girbert et ses chevaliers reviennent au palais. Le Roi le prend entre ses bras et lui baise les joues et les lèvres. L'eau est demandée, tous prennent place à table et, quand ils eurent bu et mangé à loisir, ils vont avec l'Emperière entendre les vêpres dans la chapelle du Roi. Puis, il fallut se rendre à Notre-Dame, car là vont veiller les nouveaux adoubés. Girbert y demeura toute la nuit, gardé par ses amis qui vouloient prévenir toute surprise ; et, quand revint le jour, la messe ouïe et la riche offrande présentée, le nouveau chevalier se hâta de rentrer à son hôtel.

Quand il revint au palais, il falloit voir la presse de tous ceux qui vouloient assister à la descente de cheval, devant les degrés marberins. Le duc Auberi le conduisit dans la grande salle, et l'Emperière allant au-devant de lui : « Sire, » lui dit-elle, « vous êtes le bienvenu. » Écuyers et garçons demandèrent l'eau ; le roi de France prend Girbert par la main et l'asseoit à table près de lui. Tous les honneurs furent à ce manger pour les jeunes Loherains. L'enfant Gerin servit devant le Roi, Hernaut tailla devant l'Emperière. Comme on le pense bien, il y eut assez de grues, d'oisons et de paons rôtis. Au lever de table, les chevaux furent demandés, et l'on sortit de Paris pour le behourd. La Reine au bel et noble corps voulut les suivre, accompagnée de dix demoiselles. Girbert, sur un fier et grand destrier, la lance au poing, le bras couvert d'un riche écu, étoit regardé de tout le monde ; on eût dit que son cheval, ses armes et lui ne formoient qu'un seul corps et n'avoient jamais été séparés. La Reine surtout le suivoit des yeux avec une attention profonde. Le behourd s'acheva sans noise et sans querelle, et, quand arriva la chaleur du jour, Auberi les avertit de finir et de rentrer à leurs hôtels ; ils y demandèrent le vin ; soudain accoururent en foule les damoiseaux pour leur offrir belles et larges coupes d'or et d'argent.

Le lendemain, Girbert invita l'empereur Pepin et la Reine au radieux visage à venir manger avec lui ; le Roi y consentit, et rien ne parut manquer à la beauté du service. En se levant de table, le Roi alla dans ses chambres pour y dormir, tandis que Blanchefleur fut convoyée par Girbert et ses quatre-vingts chevaliers, tous à cheval, pour mieux honorer la Reine et garder le fils de Garin.

A quelques jours de là, Girbert dit au Roi : « Sire, je « vous demande congé ; mon désir est de partir ce matin « même. — Adieu donc, sire cousin ! » répondit le Roi. De la chambre du Roi, Girbert passa dans celle où reposoit la Reine ; elle se lève, le prend entre ses bras et, lui baisant la bouche et les yeux : « Ah ! Girbert, mon cher cœur, « pensez, je vous prie, à vos deux cousins, le preu Hernaut et « son frère. Ils ressemblent de corps et de visage à leur père « qui auroit eu grande joie de les voir si bien venir. Vous « voulez partir ce matin ; que le vrai Jésus et le Saint-Es-« prit vous soient en garde ! Saluez de ma part votre cher « père Garin, et recevez de moi un destrier de prix et trois « cents marcs tant d'or fin que d'argent ; prenez aussi cet « anneau, en le voyant il vous souviendra de moi. » Elle le baise encore et, quand il sortit de la chambre, elle étoit tout éplorée.

Gilbert partoit dans la compagnie de sept vingts cheva-

16.

liers, tous prêts à lui porter secours s'il lui arrivoit d'être entrepris de ses nombreux ennemis. Ils s'arrêtèrent à Châlons chez l'évêque Henri, leur oncle. Mais ici, nous devons vous parler du comte Lancelin de Verdun et de Bernart de Naisil.

Ils avoient été informés des intentions de Girbert et de son voyage à Paris ; en conséquence, ils avoient mandé amis et parens, et réuni quatre mille hommes. Ce fut pour les placer dans tous les mauvais pas, dans les gorges profondes de la traversée ; ils surveillent aussi le grand chemin, et, si Girbert s'engage, « il peut, » disent-ils, « être sûr d'y « laisser la tête. » De bonheur arrive à Châlons, avant le jour, un messager qui demande à voir Henri ; on le conduit devant le lit de l'Évêque : « Qui es-tu, bel ami ? — Sire, je « suis de Paris ; je passois en messager quand je vis une « échelle de quatre mille fervêtus assemblés par le riche « Lancelin et le seigneur de Naisil ; ils tenteront d'ar« rêter Girbert, le fils de Garin, s'il vient à repasser par là. »

Grande fut l'indignation de l'Évêque en écoutant le messager. Il se lève à la hâte, endosse un peliçon de gris et va sur-le-champ réveiller les trois Loherains, l'Allemand, le Bourgoin et tous les autres : « Ecoutez, sires barons : j'ap« prends que Lancelin de Verdun et Bernart de Naisil ont « réuni quatre mille fervêtus et qu'ils en veulent à la tête de « Girbert. — Eh bien ! » dit l'allemand Ori, « la male mort à « qui pour eux se détournera du chemin ! — Cela, » reprend Girbert, « n'est pas bien dit ; mon père est convenu d'une « trêve, j'étois présent quand elle fut accordée ; je dois « éviter à mon père les occasions de mentir sa foi : quelle « honte pour notre parage si nous en venions aux mains du« rant ces trêves ! — C'est la vérité, » dit le bourgoin Auberi, « Girbert a le mieux parlé. »

Ils lacent les heaumes, vêtent les hauberts, étendent la forte couverture sur les destriers. Le jour se levoit, quand ils sortirent de Châlons, pour ne s'arrêter qu'à Possesse, à demi-chemin de Bar-le-Duc où ils arrivent le lendemain avant midi. Ils y prennent leurs hôtels, y reposent une nuit et, le lendemain, laissent Naisil sur la droite et vont passer la Meuse à Commerci, en tournant du côté de Saint-Mihiel, pour ne descendre de cheval qu'à Gorze.

Le duc Garin les y attendoit; grands et petits étoient venus à leur rencontre. Il faisoit beau voir la foule des damoiseaux et des jeunes filles riant et menant leurs danses au son des musettes et des violes. Grande étoit la joie de revoir Girbert. La bien faite Aélis fut la première à l'embrasser. « Ah! que vous arrivez bien, sire fils! » lui dit-elle. Puis ce fut à la belle Béatris : « Sire beau neveu, » dit-elle, « et quelle joie pour Begon mon seigneur, s'il eût « pu vous voir comme nous! — Pas un mot de cela, tante, » répond Girbert; « il n'y a rien à gagner à démener le deuil « d'homme mort. »

On étendit les napes dans le jardin sur quatre-vingts tables, bientôt largement servies. « Et maintenant, beau fils, » dit Garin, « appprenez-nous comment l'Empereur vous a « reçu. — Très-bien, sire père, et je lui en sais beaucoup de « gré; l'Empérière me fit surtout grand honneur : elle m'en-« voya le vair et le gris, trois cents marcs d'argent ou d'or « pur et le plus beau destrier que j'aie vu jamais. — Puisse « Dieu me faire la grâce de reconnoître ses largesses! » dit le duc Garin.

« Mais, oncle, » dit le duc Auberi, « ce n'est pas tout : « le comte Bernart, seigneur de Naisil, et le comte Lancelin « de Verdun avoient épié les chemins pour nous surprendre, « si bien que, par le conseil de Girbert et pour ne pas en-« traîner la rupture de la trêve, il nous a fallu revenir par « une autre voie. — Girbert a bien fait; mais par la foi que je

« dois à Pepin, on leur paiera cette trahison. — Eh bien ! »
fait l'allemand Ori, « pourquoi ne pas aller sur eux tout de
« suite et prendre notre vengeance ? — Parce que la trêve
« doit encore durer huit jours. Pendant que je serai à la
« cour de Pepin, à Paris, vous resterez ici, et puisse Dieu
« vous protéger et m'accompagner dans ce voyage ! »

IV

LE PLAID DE GARIN ET DE FROMONT, A LA COUR DU ROI.

Garin et Fromont avoient eu soin de semondre leurs
hommes. Grande étoit l'ost qui suivit à Paris le Loherain,
on y comptoit quatre mille armés. En arrivant, ils retinrent
leurs hôtels sous les murs de la ville : mais Garin s'empressa
de se rendre au palais, et le Roi, après s'être levé en le voyant,
le fit asseoir en faudestueil à côté de lui.

Fromont, le puissant comte, avoit traversé Saint-Denis,
et s'étoit arrêté lui et les siens entre Montmartre et la grande
ville. Guillaume de Blancafort avoit pris les devans avec le
riche Lancelin, Faucon, Jocelin le preu, Galeran et Gaudin,
Robert de Boves, Anjorran de Couci, Dreux d'Amiens et
Perron d'Artois. « Avisons, francs Chevaliers, » avoit dit Guillaume ; « nous allons à Paris à la cour du Roi ; l'Emperière
« doit être présente aux plaids. Il nous sera bien malaisé
« d'endurer le grand orgueil du loherain Garin : que cha-
« cun se munisse donc d'une forte lame d'acier, et si vous
« voyez naître une querelle ou commencer une lutte,
« faites-le chèrement payer à Girbert, le fils de Garin, à
« Hernaut et Gerin, les fils de Begon. Une fois ceux-là tués,
« nous ne priserions guère le reste. » Ils répondent : « Vous

« avez bien parlé. » Et cependant, les Loherains entrés les premiers dans la grand'salle avoient occupé les premiers bancs et les premières tables. L'arrivée de Fromont fut annoncée par un bruyant tumulte au pied des degrés de marbre, car la foule curieuse tenoit à le voir descendre de cheval. Il monte, suivi de son puissant baronnage et, s'avançant vers le Roi, le salua comme vous allez entendre :

« Le Dieu glorieux qui fut mis en croix sauve et garde
« l'empereur Pepin et les gentils chevaliers de sa mesnie ;
« puisse-t-il nous conduire ici pour nous accorder et mettre
« fin à notre guerre !

« Fromont, » répond le Roi, » vous avez bien parlé ; allez
« vous asseoir à ces tables.—Sire, nous ferons votre plaisir. »

Alors se dresse en pieds le Loherain Garin, et se plaçant devant Pepin : « Droit Empereur, entendez-moi. Le puis-
« sant Fromont de Lens se présente ici ; je le remercie
« d'abord et je lui sais gré d'avoir fait ouvrir mon frère,
« d'avoir inhumé ses entrailles et de m'avoir renvoyé son
« corps par l'abbé de Saint-Amand. En même temps, dans
« un bref qu'il avoit lui-même dicté, il m'annonçoit qu'il
« avoit pris et jeté dans sa chartre ceux qui avoient tué
« mon frère, et qu'il me les rendroit pour en faire toute
« ma volonté, les pendre, brûler, écarteler, ou chasser à
« jamais du pays. Il promettoit, en outre, de jurer dix ou
« vingt fois qu'il n'avoit pris aucune part au meurtre, et
« qu'il n'étoit pas sur les lieux où il fut commis. Et faisant
« droit, il offroit de devenir mon homme avec son parage
« et ses plus prochains amis. Il s'engageoit à me donner
« plus d'or et d'argent que ne pourroient en porter quatre
« roncins et à faire chanter dix mille messes aux saints
« abbés, aux moines bénis, pour que Dieu ait merci de
« l'âme de mon frère. Voilà quelles sont les promesses de
« Fromont ; s'il les accomplit, je suis prêt à m'en conten-

« ter ; s'il les retire, je le regrette, mais je serai contraint
« de le haïr.

« — C'est assez, » dit alors le Roi ; « avant tout, je veux
« savoir de Fromont comment l'accord n'a pu se faire entre
« vous.

« — Le Duc, » reprend Fromont « a dit toute la vérité ;
« il n'a rien avancé de trop ou de moins. Mais quand je fis
« écrire le bref, je n'avois près de moi aucun de mes amis ;
« or ils ne veulent accorder ni souffrir que je rende au
« Duc ceux qui ont tué son frère. Qu'il prenne donc en
« échange autant d'or et d'argent qu'il voudra.

« — A Dieu ne plaise ! » dit Garin, « que je prenne ar-
« gent et or fin en échange du corps de mon cher frère.
« J'entends à recevoir ce que m'offre votre bref. Et mainte-
« nant, droit-Empereur, comme votre homme saisi de votre
« fief, je demande que vous me fassiez droit pour que mon
« honneur ne soit pas atteint et que je puisse continuer à
« vous servir.

« — Eh bien ! » dit le Roi, « il y a dans cette cour assez
« de preudhommes également saisis de mon fief ; qu'ils
« dressent le jugement et le prononcent comme ils l'en-
« tendent. »

Au diable si quelqu'un répondit à l'appel du Roi ; la
crainte qu'ils avoient des deux puissans lignages leur
ferma la bouche et les détourna de prononcer entre eux.
Alors le Roi ne pouvant retenir sa colère, joint les pieds,
saute sur la table. « Eh bien ! » cria-t-il, « c'est donc moi
« qui ferai le jugement ; mais, je vous en avertis, si quel-
« qu'un, garçon, écuyer, chevalier ou baron, fût-il des plus
« riches, ose contredire à ce que je prononcerai, je le veux
« combattre moi-même, couvert de mes armes et sur mon
« meilleur cheval. » Chacun alors se tait, et le Roi reprend
au milieu du plus grand silence :

« Puisque Fromont a fait des offres telles que lui-même
« vient de le reconnoître devant nous, il ne peut se dis-
« penser de remettre à Garin ceux qui ont tué le comte
« Begon. A ces conditions, le duc Garin doit se déclarer sa-
« tisfait, et nous le prierons de rendre à Fromont son amitié. »

Le Roi se tait; Guillaume, rouge de colère, reprend hautement la parole, de façon à être entendu de tout le monde :
« Reposez-vous, empereur Pepin : quand a-t-on vu ou en-
« tendu que pour un mort on eût livré son ami vivant? Ne
« le tiendroit-on pas à grand déshonneur? Chacun, grand
« et petit, ne diroit-il pas : Voilà Fromont, le méchant vieil-
« lard, qui, sur la menace du loherain Garin, a livré son
« propre ami. Que Fromont devienne s'il veut l'homme de
« Garin, que je le devienne moi-même; mais de rendre un
« seul de nos amis, cela ne se fera jamais.

« — Je vois avec douleur, » dit Garin, « que vous tenez
« pour amis ceux qui ont tué mon frère; puisse le glorieux
« Jésus me faire justice! grâce à lui, la vengeance ne tardera
« pas longtemps! »

Sur ces dernières paroles, on vit se dresser, avec les
brands d'acier sortis des fourreaux, Guillaume le marquis,
le chataine Landri de la Valdone et le vicomte Aimeri de
Touart. « Qu'est-ce donc, diables que vous êtes? » s'écrie
le roi Pepin. « Ce sont, » répond Guillaume, « les barons
« bordelois, les enfans de votre maire Hardré, qui ne vous
« prisent pas une maille angevine. Nous sommes de hauts et
« nobles barons, nous devons défendre nos honneurs. Il faut
« d'autres jugemens, sire Roi; ou, par l'apôtre que les pè-
« lerins réclament, vous allez voir sauter les têtes, et vous-
« même aurez peine à garder la vôtre. — Sainte-Marie! »
fit le duc Garin, « que n'ai-je le heaume et le haubert!
« j'aurois mieux défendu mes amis. »

Cependant Auberi, Girbert, Hernaut et Gerin se serrent

autour de Garin pour mieux soutenir l'effort des Bordelois ; mais la Reine se rapprochant du Loherain lui dit à l'oreille : « Que vas-tu faire, homme aveugle ? Ne vois-tu pas qu'ils « sont bien armés, plus nombreux que vous, et que pour un « seul coup vous en recevrez dix ? Faites mieux : quand « le franc homme n'a pas la force pour lui, il doit plier, « biaiser, chercher un moyen de sauver sa vie. La tienne « m'est aussi chère que la mienne, beau cousin ; oh ! ne re-« fuse pas de suivre mon conseil.

« — Vous parlez sagement, dame, » répondit Garin abaissant l'épée qu'il avoit tirée du fourreau ; et le roi Pepin se mettant vivement entre les deux partis, frappa fortement la table de son bâton et déclara, par le Dieu qui ne mentit jamais, que s'il y avoit dans sa cour un homme assez hardi pour user de son épée, il le feroit pendre, écarteler ou brûler. A sa voix le bruit s'apaise, et au plus violent tumulte succède le plus grand silence.

Mais Fromont, qui n'avoit rien sçu de la trahison méditée par ses amis, s'inclinant devant Garin : « Dieu sait, » lui dit-il, « combien je regrette de ne pouvoir m'entendre avec « vous : au moins pourrions-nous convenir d'une trève « avant de quitter Paris. — Combien de temps, » dit Garin, « voulez-vous que dure cette trève ? — Pour ce qui est de « moi, je voudrois la continuer jusqu'au dernier jugement. « — Je l'accorderai moins longue ; mais enfin, en l'honneur « du roi Pepin et de la franche Emperière, je vous offre un « répit de sept années. »

Fromont remercia Garin et la Reine, dont le Loherain avoit suivi le conseil ; il ne voyoit pas que, grâce à ces trèves, le Loherain auroit le temps d'élever les deux orphelins, de retenir des soudoyers, de les armer chevaliers, de mettre en meilleur état de défense Belin, la Valdonne, Montesclavorin et Gironville. Fromont s'aperçut bientôt de l'avantage qu'il avoit donné aux Loherains: leurs châteaux, situés sur les marches de ses domaines bordelois, pesoient sur sa poitrine; quel ennui d'assister à l'achèvement des travaux sans avoir un moyen de les arrêter!

Hernaut et Gerin demeurèrent à la cour du Roi comme autrefois leur père, et Pepin les agréa pour ses écuyers en attendant l'âge où l'on pourroit leur donner les adoubemens de chevalier.

V

LA GUERRE DURANT LES TRÊVES.

La trêve conclue par la Reine entre les Loherains et les Bordelois n'avoit pas été consentie par tous les amis du duc Begon. Les deux frères Huon de Cambrai et Gautier de Hainaut avoient juré de ne pas entendre à la paix tant que Begon ne leur seroit pas rendu plein de vie, et Fromont avoit dit: « Droit Empereur, si je n'ai pas à me garder de l'allemand « Ori, du Bourgoin ni du Loherain Garin, je prendrai fort « peu de souci du reste. Gautier et moi sommes proches « voisins, nous pouvons nous rendre la pareille. » Et ils se défièrent sous les yeux du Roi.

Rigaut de son côté tenoit en échec la grande ville de Bordeaux. A la nouvelle des trêves, le vilain Hervis, son père, lui avoit recommandé de suivre l'exemple de Garin et de profiter de la pose des armes pour fermer Belin, la Valdone, Gironville et Montesclavorin. Mais Rigaut: « Vous « parlez pour néant, mon père; tant que je serai vivant, ils « n'auront pas de moi un jour de trêve. — Tu quitteras « donc le pays, mauvais fils. — Non, j'y resterai. » Le père et l'enfant alloient se prendre au corps quand Audegon, la très bonne dame, vint se mettre entre eux : « Rigaut, » dit-elle, « voudrois-tu bien outrager et frapper ton père ! « Va plutôt joindre tes cousins Huon et Gautier ; conduis- « leur sept vingts chevaliers, des palefrois et des roncins ; « ils s'en aideront pour maintenir leur guerre. »

Rigaut suivit le conseil de la preude Audegon ; il rassembla les chevaliers, prit congé du vilain Hervis et se rendit à Orléans, où l'accueillit sa tante, belle Heluïs. Hernaïs d'Orléans, Jofroi d'Anjou et Garnier de Paris, ses cousins, qui avoient consenti la trève, ne pouvoient le suivre en Artois ; au moins acquitteront-ils les soudées de quatre-vingts chevaliers, ajoutés à ceux que Rigaut amenoit de Gascogne. A Paris, l'Emperière, heureuse au fond du cœur de le voir porter aide à ses amis Huon de Cambrai et Gautier de Hainaut, acquitta, sans le dire à Pepin, les soudées d'un même nombre de chevaliers. Elle eût bien voulu faire dîner Rigaut avec le Roi ; mais lui ne put se décider à retarder d'un jour la chevauchée de ses hommes. Il ne séjourna pas à Paris, alla coucher à Senlis, traversa Coudun, passa la Somme à Clairi sous Péronne, qui étoit de la terre des hommes de Fromont, et gagna Cambrai sans avoir rencontré qui s'opposât à la chevauchée. Huon et Gautier étoient dans cette ville avec leurs Avalois et ceux d'Outre le Rhin. Le lendemain, ils se mirent en campagne et vinrent tendre leurs pavillons sous les murs de la forte ville de Lens, en brûlant et ruinant tout sur leur passage. Il y eut de grands combats devant la cité, défendue par le puissant comte Fromont, par Foucart et par Berengier le gris, Guillaume de Montclin, et d'autres encore. Fromont y perdit quatre de ses fils, mortellement frappés. Le preux Gerart de Montdidier fut abattu par Rigaut ; le preux Eudon de Saint-Quentin voulut venger la mort de Gerart, Rigaut lui planta dans la poitrine un tronc de lance qui l'étendit sans vie aux pieds de son grand coursier. Il y eut alors de longs cris de douleur : Fromont demanda quelques jours de trêve pour ensevelir ses enfans et reconduire le corps d'Eudon à Saint-Quentin : « Ah! vous eûtes la male heure, « franc et gentil chevalier! » dit-il; « c'est pour moi que « vous avez reçu la mort! — Prenez confort, « dit Guil- laume de Montclin, « il ne faut pas mettre deuil sur dou- « leur, ni joie sur joie; tous ceux qui naissent ne doivent- « ils pas mourir? Que Dieu préserve les vivans et reçoive « l'âme des morts! »

Huon de Cambrai, Gautier et Rigaut ne pouvoient espé- rer d'emporter la forte ville de Lens; ils se contentèrent de faire le ravage dans la campagne. Revenus en Verman- dois, l'orgueilleux Guillaume de Montclin avoit pris sur eux l'avance, et les empêcha de rien tenter contre Péronne. Ce fut le terme de la chevauchée; car les terres d'Anjorran de Couci étoient trop bien défendues pour qu'ils son- geassent à s'y aventurer. Huon revint à Cambrai, Rigaut reprit la route de Laon. Il passa devant Chevignon, qui se dresse sur une montagne, puis s'arrêta dans Soissons, bonne ville du roi Pepin. Mais ici lui vint nouvelle que Fauconnet, le fils de Bernart de Naisil, pour défendre son château de Vausore, étoit revenu de Saint-Quentin avec quatre-vingts bons chevaliers; il avoit mandé tous ses va- vasseurs et fait occuper les passages par ses sergens. « Qu'il assemble autant de gens qu'il voudra, » dit Rigaut, « il ne m'empêchera pas d'arriver à Château-Thierry. »

Le lendemain, il se lève et trouve son chapelain déjà prêt et revêtu. Il entend la messe à la hâte, revient à l'hôtel, endosse le blanc haubert et fait monter à cheval tous ses hommes. Henri de Montaigu se met à l'avant-garde, pen- dant que Rigaut chevauche lentement avec la seconde échelle ou arrière-garde. Ils s'engagent dans un vallon, laissent à droite Vausore, sur la roche élevée. Mais Henri de Montaigu trouva le passage occupé devant lui, entre la rivière et le château, par les sergens de Fauconnet. Là, furent abattus et navrés plusieurs bons chevaliers : Henri lui-même y perdit son cheval et se trouva bien empêché. Un écuyer de la compagnie soudoyée par l'Emperière vint avertir Rigaut : « Hâtez-vous, franc chevalier ; Henri votre « cousin est engagé dans un combat inégal ; si vous tardez, « il ne sera plus temps de le sauver. » Rigaut presse le pas des chevaux, arrive et d'abord frappe un des parens de Huon de Saint-Quentin, puis un second, puis un troisième qui jamais ne se relèveront. Il crie : *Chastel!* coupe, à droite et à gauche, bras, jambes, corps et visages ; son cheval est humide du sang qu'il a versé. Il y perdit cependant six des bons chevaliers de l'Emperière ; mais Fauconnet dut abandonner le champ couvert de morts. Les paysans s'émerveillèrent de cette bataille acharnée entre des gens qu'ils ne connoissoient pas ; et cependant Rigaut poursuivoit sa chevauchée, nul ne s'avisant plus de lui disputer le chemin qui le séparoit de Château-Thierry.

Jocelin, un de ses parens, gardoit le château : ami de Fauconnet, il n'alla pas recevoir Rigaut, qui prit ses hôtels dans la ville ; mais les gens de la commune l'accueillirent mieux et présentèrent au fils d'Hervis le pain et le vin. Il dormit chez eux la nuit, et, le lendemain matin, passa la Marne et ne s'arrêta plus que dans Paris.

Avant même d'ôter ses éperons, il alla voir la Reine et le Roi. Tous se levèrent à son arrivée ; Blanchefleur lui donna la bienvenue, Pepin lui demanda d'où il venoit. « Sire, » dit Rigaut, « je suis passé dernièrement par Paris, « conduisant trois cents bons chevaliers à mes cousins « Huon de Cambrai et Gautier de Hainaut. J'ai ravagé les

« terres de nos grands ennemis ; nous avons mis partout le
« feu ; les hommes de Fromont y ont grandement perdu
« et fort peu conquis.

« — Mais, » reprit le Roi, « à quels gens avez-vous eu
« affaire ? — Sire, à Fromont, à Fromondin, à l'orgueilleux
« Guillaume, à Hebert de Roie, à Eudon de Saint-Quentin ;
« Eudon est au nombre des morts. — Ah ! » dit vivement la Reine, « voilà bonne nouvelle ! Et qui l'a tué ?
« — Madame, il est mal aisé de le dire, au milieu de tant
« de coups donnés : dant Huon du Cambresis et moi avons-
« nous au moins tué quatre des fils de Fromont et cinq
« ou six de ses neveux. — Je suis émerveillé, » dit le Roi ;
« sont-ils donc tellement affoiblis de l'autre côté ? — Oui,
« sire Roi, » reprit la Reine, « et vous devez en être fort
« joyeux. Plût au Dieu qui fut mis en croix que tous fussent
« en aussi mauvais point qu'Eudon de Saint-Quentin ! —
« Vous dites mal, » dit le Roi ; « ce seroit vouloir le dom-
« mage de mon royaume ; qui nous dit qu'un jour ils ne
« seront pas nos amis ? — Dieu jamais ne le consente ! —
« Mais, » reprit Rigaut, « écoutez encore un petit : Fau-
« connet, le fils de Bernart de Naisil, avoit fait guetter le
« chemin ; il n'a pas eu trop raison, grâce à Dieu, d'en
« être réjoui, il y a même grandement perdu. » La Reine,
à ces mots, ne put se contenir et jeta devant le Roi un
bruyant éclat de rire.

Elle fit acquitter les soudées des chevaliers fournis à
Rigaut, et quand il vint prendre congé, la bonne Emperière versa des larmes. Rigaut alla de Paris à Orléans, chez
sa tante Heluïs ; il y vit Hernaïs, Auberi le bourgoin, Jofroi
d'Anjou, Huon du Maine et Garnier, qui avoit la garde
des terres depuis Paris jusqu'à Troyes. Rigaut leur raconta
la chevauchée d'Artois, et comment Huon, Gautier et lui
avoient tout mis en charbon, avoient tué quatre des fils de

Fromont et Eudon de Saint-Quentin. « Ah! » s'écrie Auberi, « la male mort à nous, d'avoir consenti les trêves!

« — Écoutez-moi, » dit Rigaut, « je ne veux pas faire « mentir votre foi. Laissez-moi seulement parcourir vos « terres et prier vos gens de se mettre sous mon enseigne. « — Je ferai mieux, » répond Auberi, « je manderai mes « chevaliers, pour les inviter à vous servir. »

Rigaut se rendit d'Orléans dans l'Autunois; il y trouva trois mille servêtus de Bourgogne qui, sur l'avis d'Auberi, vinrent se ranger sous son étendart. Rigaut les conduit vers Bourges; on s'effraie, on s'arme dans la forte ville; les chevaliers, les communes sortent à leur rencontre. Combien alors de lances brisées, d'écus fendus, de chevaux abattus! Fouqueré, frère de Garnier de Bourges, ose attendre Rigaut : il est jeté sanglant et inanimé sur le sablon; les autres s'enfuient et regagnent la ville, les Bourguignons y pénètrent avec eux et les refoulent dans l'enceinte de la forteresse. Un grand nombre de chevaliers sont pris, et Rigaut, insensible à leurs offres de rançon, leur fait à tous trancher la tête, « afin, » dit-il, « de servir à la vengeance « de Begon. » Puis il se logea dans Saint-Ostrille où l'on pense bien qu'il trouva le pain et le vin pour ses hommes, l'avoine et la paille pour ses chevaux. Ce fut une cruelle guerre; Fromont seul étoit assez puissant, assez enforcé d'amis pour la soutenir longtemps; après avoir ruiné Bourges, Rigaut traversa le Berri, gagna Limoges, puis Saint-Macaire, où son père vint à sa rencontre et ne fut pas fâché d'apprendre comment il avoit traité leurs communs ennemis. Mais ici je dois le laisser pour revenir au bon roi Pepin.

Il étoit à Montloon avec la Reine au gentil et noble corps, quand arrivèrent Anjorran de Couci, Aleaume de Chauni, Forcon, Rocelin et le vieil Hebert d'Hirson, avec

un grand concours de chevaliers. Le Roi se lève à leur arrivée : « Soyez bien venu, » dit-il, « Anjorran de Couci !
« — Sire, je vous remercie. Je viens de la part de Fromont
« le puissant, votre haut baron, votre loyal ami. Il vous
« porte plainte du bourgoin Auberi, d'Hernaïs d'Orléans,
« de Jofroi d'Anjou et du vieux Garnier de Dreux au poil
« fleuri ; il les accuse d'avoir menti leur foi.

« — En quoi, de par Dieu ? » s'écria l'Emperière ; « vous
« devez être dans le faux, et je ne crois pas qu'il se trouve
« un chevalier assez hardi pour offrir son gage et soutenir
« votre dire à la cour du Roi. — Ce n'est pas mon dire, »
reprit Anjorran, « mais le Bourgoin peut avoir mépris, et
« l'on doit lui imputer à grande folie si, pour nuire à tous
« les nôtres, il a mis sa terre à la disposition de Rigaut.
« — C'est là, » dit la Reine, « ce qu'il faut éclaircir. Mon-
« seigneur, je vous prie de mander Auberi, pour que ces
« paroles lui soient répétées. »

Le Roi fait ce que désiroit Blanchefleur ; il mande le Bourgoin, qui se rend aussitôt à Paris, bien accompagné de chevaliers. Un grand mouvement annonce son arrivée : il monte les degrés marberins du palais, le Roi vient à sa rencontre, la Reine le tient longuement embrassé et lui baise dix fois, à la vue du Roi, la bouche et les joues. « Ah ! beau neveu, soyez le bienvenu ! que n'arrivez-vous
« avec le duc Begon de Belin qu'ils ont tué si vilainement !
« — Laissez cela, » dit Auberi, « on ne peut faire revivre
« un ami mort, le mieux est de taire ce qu'on ne sauroit
« recouvrer. — Vous avez raison, beau neveu ; mais le
« cœur est là qui ne peut oublier. Auberi, vous allez trou-
« ver ici beaucoup de gens qui vous haïssent : Anjorran
« de Couci a dit au Roi que vous aviez faussé les trèves
« jurées en la cour à Paris. — Certainement, il a menti, »
répond le Bourgoin, « il n'y a pas en France un seul che-

« valier, s'il osoit soutenir une telle clameur, que je n'ap-
« pelasse au combat. »

La Reine alors, de sa voix la plus haute : « Anjorran de
« Couci, avancez ; venez accuser le bourgoin Auberi, venez
« soutenir qu'il a menti sa foi ; Auberi est présent, il
« va se défendre lui-même.

« — Madame, » répondit Anjorran, « je vous demande
« pardon, je n'ai rien dit de pareil. J'ai seulement blâmé
« le bourgoin Auberi d'avoir abandonné sa terre à Rigaut
« pour nous causer plus de dommage ; et si l'on m'a dit la
« vérité, je persiste à soutenir que le Bourgoin n'a pas
« bien fait. »

Le Bourgoin aussitôt se lève en pieds : « Sire Anjorran,
« je vous ai bien entendu. Voulez-vous soutenir que si
« mon ami charnel vient chez moi, je dois lui refuser le
« pain et le vin, lui interdire l'entrée de mes villes et châ-
« teaux ? appelez-vous de trahison ceux qui auroient ainsi
« fait ? Me voilà prêt à vous contredire. — Je ne dis pas
« cela, » répond Anjorran, « mais enfin vous auriez pu
« vous abstenir. — Et moi j'offre mon gage contre qui
« soutiendra que j'ai manqué à la foi promise. »

En ce moment arrivoit Guillaume de Montclin, accompagné de quatre-vingts chevaliers. Il monte rapidement
les degrés, et le Roi s'avance à sa rencontre : « Soyez, »
lui dit-il, « le bienvenu, Guillaume. — Oui, Sire, malgré
« nos ennemis. Vous nous avez grandement fait tort, vous
« et madame la Reine au clair visage. Vous avez fourni des
« gens de guerre à Rigaut, le fils du vilain Hervis, et
« grâce à vos secours, il a mis à mort quatre de mes ne-
« veux et le bon Eudon de Saint-Quentin. — Vous mépre-
« nez ; » dit le Roi, « la male mort à moi, si j'ai rien fait
« de ce que vous dites. — C'est donc la Reine qu'il faut
« accuser ; elle soulèveroit le monde pour hâter notre perte.

« Puisse le Dieu de gloire nous venger d'elle et m'accorder
« la grâce de l'en faire repentir! »

« Ah! glouton! » s'écria le Bourgoin, « il t'appartient
« bien de jeter des reproches et des menaces à ma dame
« l'Emperière! Apprends, si tu penses lui causer la moindre
« peur, qu'elle fait cas de toi tout autant que d'un ange-
« vin. — Vous avez menti! » reprend Guillaume. Soudain
Auberi saisit un banc dont il pensoit le frapper au visage,
mais un loyal chevalier s'élance entre eux, et ce fut pour
son malheur : il reçut le coup, on vit aussitôt jaillir sa
cervelle sur le pavement. Guillaume furieux alloit se mesurer avec Auberi; sans Pepin, il y auroit eu plus d'un
meurtre, car au même instant arrivoient en cour Hernaïs
d'Orléans et Garnier de Paris, accompagnés de sept vingts
hommes d'armes.

Guillaume et Anjorran comprirent aisément que le jeu
seroit à leur dommage; ils prirent le parti de se retirer,
laissant à la bonne Reine le plaisir d'embrasser et festoyer
ses amis tout à son aise. Mais en sortant du Palais ils ju-
rèrent de prendre vengeance des nouveaux affronts qu'ils
venoient de recevoir à la cour du Roi.

VI

LA CHEVALERIE DES ENFANS DE BEGON. — COMBATS
DEVANT BORDEAUX.

Cependant la Reine appelant un jour à conseil l'Empereur : « Sire, » dit-elle, « écoutez-moi : il est temps de
« penser à l'adoubement d'Hernaut et de Gerin. — Oui;
« pour l'amour d'eux, j'en adouberai vingt autres : mais il
« faut commencer par les deux enfans. » Dès que Pepin

les eut adoubés, la Reine leur envoya le vair et le gris; elle fit emplir leurs malles d'or et d'argent; elle soudoya pour être de leur mesnie sept vingts chevaliers armés richement et noblement équipés. « Maintenant, enfans, » leur dit-elle, « il vous faut retourner vers votre oncle, le preux Garin « de Metz, mon dru, mon cher ami : vous le saluerez de « ma part ainsi que votre cousin Girbert. Pensez à faire « montre de prouesse; aimez bien les vôtres, portez haine « implacable à vos ennemis. — Nous ne l'oublierons pas, « dame, » répondit Hernaudin. Le Roi les baise et leur donne congé : « Ah! Sire, » dit Blanchefleur à Pepin, « vous « devez aimer ces orphelins. Ils sont, vous savez, de notre « propre chair; n'allez pas favoriser à leur dommage un « étranger. — Je n'en ai pas l'intention : de mon gré, je « leur rends les terres et le pays que leur gentil père avoit « tenus, à l'exception de Gironville que j'entends conserver. « — Tout ainsi qu'il vous plaira, » répondit Gerin. Alors ils prennent congé de la franche reine et ne virent pas s'éloigner Paris sans répandre des larmes. Les voilà sur le chemin de Metz; c'est maintenant au seigneur Dieu de les protéger contre les ennemis qu'ils pourront rencontrer. Leur premier gîte est à Châlons, dans le bas de la ville; après le bon accueil de l'Évêque qui étoit de leur parenté, ils repartent le lendemain, passent le grand et noble bois d'Argonne, lacent le heaume et revêtent le haubert pour traverser la terre du riche Lancelin, qui, comme tout le lignage du puissant Fromont, ne gardoit à personne la foi promise. Ils sont avant midi à Saint-Mihiel, et vont passer à Teri sous Mouzon, pour atteindre Gorze où jadis saint Benoît avoit établi des moines noirs : le bon abbé Bancelin les y reçut avec joie.

Le duc Garin apprenoit à Metz que ses neveux alloient arriver : les rues de la cité sont encourtinées de draps de soie et de vair et gris. Les clercs vont les recevoir à l'entrée, encensoirs à la main, et la belle Béatris les tenant embrassés : « Mes beaux fils, » dit-elle, « comment le roi Pepin « vous a-t-il traités ? — Très-bien, Madame, » répond Gerin, « il nous a rendu les terres et les pays qu'avoient « tenus notre père, à la seule exception de Gironville. » Ils furent alors baisés, fêtés et conjouïs de Garin, de Girbert et de la courtoise Aélis : « Enfans, » leur dit Garin, « je « pense que vous êtes chevaliers. — Oui, bel oncle, et pour « Dieu, ne mettez pas en oubli la vengeance de la mort de « notre père. Quand donc arrivera le terme des trèves ? — « Bientôt, » répond Garin. « Oh ! » dit Hernaut, « que je « sais bon gré à mes cousins Huon et Gautier d'avoir en- « tretenu notre grande guerre ! L'autre jour, Rigaut vint à « Paris, nous l'avons entendu raconter à l'Emperière que « Fromont avoit perdu trois fils. — Dites plutôt quatre, » fit Hernaut, « et sans compter Eudon de Saint-Quentin. — « Ah Sainte-Marie ! » dit le duc de Metz, « je vous rends « grâces : sur ceux-là du moins ne pourront-ils plus « compter. »

Mais revenons à Rigaut. Il a mandé tous ses amis, il a donné l'adoubement à son frère Garnerin, le plus jeune des enfans du vilain Hervis. L'ost qu'il va conduire se composera de sept vingts chevaliers, de trois cent quatre-vingts sergens et de soixante arbalestiers. Un matin, ils partent du Plesséis, arrivent près de Bordeaux et se tapissent dans un bois de sapin, les hauberts endossés, les heaumes lacés, les ventailles abaissées. Rigaut appelle ses frères Garnier, Beraut et Morandin : « Vous savez le pays, » leur dit-il, « allez en avant ; vous chasserez les proies et ferez lever le « cri dans la ville. » Ils partent au nombre de trente-six, et le reste de l'ost se sépare en trois aguets.

Sur les neuf heures, les Bordelois ouvrent les portes et

font sortir leurs bêtes, chèvres, vaches et brebis : Garnier et les siens courent joyeusement pour les recueillir. De la tour de Saint-Seurin on entend la guette crier : « Aux « armes! gentils chevaliers! Ceux du Plesséis se sont levés « de bonne heure, ils ravissent vos proies. » La cloche d'appel est mise en branle dans le moutier, la ville s'agite, les cors bondissent, et bientôt grands et petits sortent des portes.

Aux premiers rangs sont Berengier le gris, Jofroi et Savari de Mauléon, Amauri, Gui de Surgières, Tierri et son frère Eudon de Toul, le chataine Landri de la Valdonne, Gui de Touart, Tierri de Lusignan et Jofroi son frère : tous se mettent à la poursuite des ravisseurs inattendus. Garnerin, le nouveau chevalier, les attend et va frapper Tierri de Lusignan sur l'écu vernissé qu'il brise, et, malgré les mailles du haubert, il plante son épieu dans la poitrine du baron poitevin. Tierri tombe mort dans la poussière de la chaussée.

La lutte alors devient générale : le jeune Garnerin frappe mortellement le normand Fouchier ; Morant, son frère, leur abattoit l'un après l'autre Robert de Boves, Godefroi et Guinement. Mais Jofroi de Lusignan, frère de Tierri, sera pour eux un champion plus redoutable. C'étoit un chevalier adroit, vaillant et vigoureux ; il rompt la presse des Gascons à droite et à gauche, il cherche celui qui vient de tuer son frère, le trouve et lui porte un furieux coup sur le heaume étincelant. Le nasal argenté ne fait pas résistance, Garnerin est renversé de son cheval ; on accourt autour de lui, le sang jaillissoit à flots d'une large plaie que n'auroit pu fermer aucun mire ; l'enfant étendu sur l'herbe ne revit pas un autre soleil.

Cependant Rigaut et Morant se laissoient poursuivre jusqu'aux aguets préparés. Alors deux batailles s'élancent sur les Bordelois, qui se défendent à leur tour, mais voudroient bien être moins éloignés de leurs portes. On vient dire à Rigaut que son frère Garnerin a été tué par Jofroi de Lusignan : « Dieu, » dit-il, « qui créas tous les hommes, laisse-« moi venger mon frère, et ne permets pas de vivre à celui « qui me l'a tué. » Il s'élance sur Huon de Valence, dont il perce l'écu, démaille le haubert et entr'ouvre les entrailles. Puis il arrive au sire de Lusignan : Jofroi ne trouva qu'un foible secours dans le heaume à pierres précieuses qui défendoit sa tête; la coiffe elle-même dut céder, et Rigaut fendit le puissant chevalier jusqu'aux dents : « Dieu te « damne, glouton! » cria-t-il, « au moins n'iras-tu pas te « vanter à tes parens d'avoir tué mon frère! »

Les Bordelois ne lâchoient pas pied et de moment en moment leur arrivoient de nouveaux secours : les flèches tomboient sur les nôtres comme pluie d'avril. Rigaut appela Baudri : « Il faut avertir les sergens du Plesséis de nous « venir en aide. » Baudri part et trouve le vilain Hervis tranquillement assis sous un pin. On lui dit que ses fils sont en grand danger et qu'ils réclament son aide, que Garnier a été tué par Jofroi de Lusignan, que Rigaut a vengé sa mort, mais qu'il est mal entrepris : « Quelle douleur! » s'écrie le père, « je le vois, il faut que je suive mes enfans, « au mépris des trèves jurées. O mon fils Garnier! com-« bien vous avez peu duré! combien votre mort m'est « cruelle à souffrir! Puissent au moins, par saint Jacques. « nos ennemis ne pas s'en réjouir! » Il dit, broche le cheval, arrive sur les Bordelois, brandissant sa forte hache d'acier fourbi. Il est accompagné de trois cents sergens de sa mesnie, et pendant que Rigaut plonge son épieu dans le corps d'un chevalier, que Morant frappe mortellement Ponçon de Sorbri, Hervis se prend à dant Berengier le gris et fait tomber la terrible hache sur l'épaule qu'il séparc du tronc; Berengier ferme les yeux pour ne plus les rouvrir, et ce dernier coup devient pour les Bordelois le signal de la retraite. Les chevaux s'enfuient à bride abattue, les navrés, la tête ensanglantée, les bras rompus ou les entrailles ouvertes, rentrent dans la ville, où chacun regrette la mort d'amis et de parens : « Maudite l'heure où naquit « Tiebaut du Plesséis! C'est lui qui, pour avoir tué le meil-« leur chevalier de la chrétienté, nous condamne aux mal-« heurs d'une guerre sans fin. » Le ber Rigaut suivit les Bordelois jusqu'aux lisses et aux fossés. Il y eut encore plus de dix têtes tranchées à l'entrée du pont; mais du haut des murs pleuvoient les pierres et les carreaux : Beraut fut atteint d'une flèche empennée qui pénétra dans son corps et le fit tomber pour ne plus se relever. Il étoit cousin de Rigaut, neveu du vilain Hervis. Ils réunissent les deux corps de Beraut et de Garnier qui furent tristement ramenés au Plesséis. Hélas! ils auroient donné toutes leurs proies pour les rendre à la vie.

Hervis manda l'abbé de Saint-Seurin, et fit poser sur deux bierres les enfans richement couverts. Audegon vint pleurer sur les deux bons varlets : « Garnerin, mon fils, « se peut-il que vous me soyez enlevé! quel deuil pour « moi de survivre à tout mon fier lignage! Terre, ouvre-« toi! viens me recevoir; je ne tiens plus au monde : quelle « joie peut-il encore me donner? » Arrive l'abbé de Saint-Seurin, accompagné de dix moines. « Sire, » lui dit Hervis, « je t'ai mandé pour que tu enterres deux var-« lets devant le maître-autel de Saint-Seurin : si tu y con-« sens, je te donnerai grande part à mon trésor. — A votre « volonté! » répondit l'Abbé. Et, tout de suite, levant les corps, il les fit conduire au moutier de Saint-Seurin, et les déposa à la place que le père avoit désignée. Dans le même temps, ceux de Bordeaux inhumoient leurs morts, et le moutier de Saint-Sauveur recevoit le corps du preux vassal Jofroi de Lusignan.

VII

GUILLAUME DE BLANCAFORT ET TIEBAUT DU PLESSIS GUETTÉS ET TUÉS DANS LE VALLON DE TORFOU.

Nous allons maintenant parler de Guillaume de Blancafort. Comment, à l'expiration des trèves, pourra-t-il écraser ses ennemis ? Voici le moyen qu'il employa : il chargea quatre roncins d'un grand trésor, rassembla trente-six chevaliers et prit avec eux le chemin de France. Ils chevauchèrent, hauberts vêtus, heaumes lacés et les bonnes épées aux flancs ; car ils étoient en défiance du loherain Garin. Arrivés à Paris, ils montèrent les degrés marberins du palais, et Guillaume abordant le Roi : « Dieu, » lui dit-il, « qui fut mis en croix, vous garde, Sire ! — Ainsi que toi, « sire Guillaume ! Je m'émerveille de te voir aller par che-
« mins, quand la trève est si près d'expirer, et quand
« tu as tant d'ennemis dans ton voisinage. Tu le sais pour-
« tant ; s'ils te tenoient jamais, tout l'or du monde ne te
« sauveroit pas. Dis d'où tu viens, où tu vas et ce que tu
« demandes. — Vous allez le savoir, Sire : j'ai vu avec
« peine que les guerres vous avoient grandement appauvri,
« tandis que j'avois abondance et richesse de toutes choses.
« Je suis votre homme et je vous dois faire part de mon
« avoir. J'ai donc pris avec moi un trésor d'or et d'argent
« que quatre roncins ont eu grand'peine à porter ; de plus,
« cent hauberts, cent heaumes vernis et cent chevaux arabes ;
« et tout cela je vous l'offre à la seule condition, droit Empe-
« reur, que, durant l'espace d'un an, vous ne porterez pas

« aide aux loherains Garin, Gerin, Hernaut et Girbert, et
« que vous nous laisserez conduire la guerre comme nous
« l'entendrons, quel que soit le gain ou la perte. Y consen-
« tez-vous? »

Le Roi se taisoit; mais il étoit aisé de voir que le trésor
excitoit grandement sa convoitise. « Sire roi, » continue
Guillaume, « vous savez combien nous sommes enforcés
« d'amis et quel est notre grand lignage. Nous tenons à de-
« meurer vos hommes, à ne jamais vous faire défaut. Si vous
« avez querelle à soutenir, nous vous amènerons vingt
« mille fervêtus, et sous le ciel il n'y aura pas un vassal
« que nous ne fassions repentir de vous avoir méfait en la
« moindre chose. Ces offres ne sont pas, assurément, de celles
« qu'on doive refuser. »

Le Roi n'hésita plus; il jura de n'accorder aucun secours
aux Loherains, et il fit déposer dans ses coffres les riches
présens de Guillaume de Blancafort. Ce fut pour la franche
Empérière une grande douleur de voir ainsi le roi Pepin
abandonner ses amis. Elle accourut, le visage décoloré :
« Par Dieu! sire Roi, » s'écria-t-elle, « c'est mal à vous de
« mettre en oubli Hernaut et Gerin, vos nouveaux che-
« valiers. Ne sont-ils pas les fils du duc Begon qui vous
« avoit autrefois conquis Flandres et Hainaut, qui avoit con-
« duit à Paris Richart de Normandie pour vous faire hom-
« mage? N'est-ce pas Garin et son frère qui allèrent dé-
« fendre mon père? N'est-ce pas Fromont et tous ses
« parens qui refusèrent de combattre? Et voilà comme
« vous les payez de tant de travaux entrepris pour vous ser-
« vir! Ah! Guillaume, mauvais traître et foi menti! Com-
« ment osez-vous encore paroître à la cour du Roi? Ou-
« bliez-vous que les Loherains sont de mon lignage? Ha!
« plaise à Dieu que votre félonie soit bientôt suivie de la
« mort que vous méritez! »

Le Roi l'entend et frémit de rage. Il lève le gant, le laisse retomber sur le nez de Blanchefleur, en fait jaillir quatre gouttes de sang : « Que vous importe, » cria-t-il, « ce que « mes barons peuvent avoir à demander? — Sire, » répond la Reine, « je vous remercie! vous pouvez redou- « bler, vous êtes le maître, et moi votre servante, hélas ! « pour mon malheur. » Tout en sanglotant, elle retourne dans ses chambres : ce fut pour y appeler son chapelain Tierri : « Faites-moi tout de suite des lettres scellées « pour Jofroi l'angevin, Huon de Cambrai, Hernaïs d'Or- « léans et le bourgoin Auberi : mandez un messager. » Le messager arrive : « Ami, je veux te confier une chose que « je ne dirois à nul autre qui vive ; il faut te pourvoir d'un « bon cheval et t'en aller à Metz : là tu verras le duc Garin, « Girbert, Hernaut et Gerin ; tu leur diras que Guillaume « de Blancafort est à la cour, qu'il a tant donné et promis « que Pepin est convenu de n'aider dans leur guerre Hernaut, « ni Gerin, ni Garin, ni Girbert ; il ne prendra parti ni pour « les uns ni pour les autres. Dis-leur encore que Guillaume « doit, pour revenir en son pays, suivre le chemin d'Or- « léans ; il a pour l'accompagner trente-six hommes. S'ils « n'ont pas soin d'occuper les passages, s'ils le laissent ren- « trer à Blancafort, la Reine en vérité les aura toujours en « grand mépris. »

Le messager se met au chemin, arrive bientôt dans la cité de Metz. Il descend au degré de marbre, monte au palais, voit Garin, le salue et lui tend le bref de la Reine. Garin savoit de lettres, comme ayant été mis dans son enfance à l'école, où il avoit appris et roman et latin. Il lut et entendit l'écrit, et mandant aussitôt Girbert, Hernaut, Gerin et Do le veneur : « Voici, » leur dit-il, « grandes merveilles ; l'empereur « Pepin nous abandonne. Guillaume de Blancafort est à la « cour ; il a tant donné et promis, que le Roi s'est engagé à

« ne plus nous aider, moi, mon fils ni mes neveux. Or
« Guillaume va retourner en son pays ; il passera par Or-
« léans. Que me conseillez-vous ?

« — Par Dieu ! » dit Girbert, « il faut vêtir le haubert,
« lacer le heaume et ceindre nos bonnes épées. — J'ai, « dit
Gerin, « été nourri en douce France ; il n'y a pas un taillis,
« un guichet, un sentier que nous ne connoissions, Hernau-
« din et moi. Montons, cher sire ; allons guetter Guillaume
« de Blancafort. Si Dieu veut qu'il s'embatte sur nous, nous
« aurons raison du plus félon de nos ennemis et nous tran-
« cherons d'un seul coup le plus large pan de notre guerre.
« — Je m'y accorde donc, » dit le duc Garin.

Ils mangent un peu après midi, donnent l'avoine à leurs
chevaux arabes et se couchent pour dormir. Le soir venu,
ils se lèvent, demandent le vin et sortent de la cité de Metz.
Ils ne sont que trente, mais tous chevaliers de premier choix.
Guidés par Do le veneur, ils arrivent 'a nuit suivante à Bar-
le-Duc, passent devant Vitry, entrent en Champagne, côtoient
la grande ville de Troyes, longent la forêt d'Ervi et, remon-
tant au-dessus d'Auxerre, atteignent Joigny, puis le Gatinois
par Ferrières, Château-Landon, Étampes. A partir de là, ils
suivent la route de Paris, et c'est au delà d'Etrechi, dans la
gorge de Torfou, qu'ils dressent leur embuscade. Les uns
se tapissent sous les roches, ou se placent dans quelques-uns
des nombreux et beaux jardins qu'on rencontre là de tous
côtés. Garin a soin de poster un chevalier sur le tertre
voisin de Montlhéry pour les avertir de tout ce qu'il décou-
vrira. Ces dispositions prises, ils attendent l'arrivée de leur
ennemi.

Or quand Guillaume de Blancafort vint prendre congé de
l'Empereur, celui-ci appelant Bancelin, un chamberlan élevé
dans la maison de Charles Martel : « Vassal, » lui dit-il,
« vous allez monter ; je vous charge de conduire le marquis

« Guillaume et de le couvrir de mon nom contre tout « ennemi. Si d'aventure vous rencontrez Garin, son fils, les « fils de son frère Begon ou ses autres neveux, Jofroi d'An-« jou, le preux Rigaut, le bourgoin Auberi, en un mot « quelqu'un du lignage loherain, vous leur direz que j'ai « mis Guillaume sous ma garde et que j'ai juré, sur la « châsse du bon saint Denis, de voir un ennemi mortel « dans celui qui oseroit mettre la main sur Guillaume avant « son retour à Blancafort. — Je ferai, » dit Bancelin, « ce « qu'il vous plaît d'attendre de moi. »

Ils sortent de Paris ; le comte Guillaume, tout en chevauchant sous la garde du Roi, avoit endossé le blanc haubert sous la chappe fourrée ; il avoit garni sa tête d'un chapeau de fer et ses flancs d'une bonne épée. Son coursier, présent d'un roi d'Espagne, étoit le plus rapide qu'on pût trouver en quarante pays. Mais les chevaliers qui l'accompagnoient avoient remis leurs armes aux varlets, qui en avoient chargé les roncins. Pour se garantir de la poussière, ils chevauchoient les chaperons baissés sur le visage, tandis que les varlets, répandus dans les terres, chantoient gaiement les airs nouveaux qu'ils avoient appris à Paris.

Le chevalier posé par Garin à l'avant de la voie les aperçut comme ils étoient encore assez éloignés. Il se hâta de revenir à Garin : Voici nos ennemis ! » dit-il ; « je les ai « fort bien reconnus. » Garin, à ces mots, sentit le sang lui monter au visage. « Sainte-Marie ! » dit-il, « je promets « d'accroître de soixante hommes le fief de celui qui me « vengera de Guillaume. A cheval ! à cheval ! » Et tout en s'armant, Garin fit une belle oraison : « Dieu du paradis, « qui souffris d'être mis en croix et ressuscitas le troisième « jour ! aussi vrai comme tu fis cela, défends aujourd'hui nos « corps et confonds tout le parage et les amis de Fro-« mont. Voilà l'un des frères de Fromont le puissant qui

« me vient croiser le chemin ; Dieu, venge-moi du traître
« glouton ! je vous en prie aussi, sainte Marie, dame du
« paradis ! »

Or, le preux Bancelin, chamberlan du Roi, chevauchoit à
l'avance de ceux qu'il étoit chargé de garder. Il reconnut
aisément le lôherain Garin et, venant droit à lui : « Sire
« vassal, » dit-il, « l'empereur Pepin a pris en garde le
« marquis Guillaume pour tout le chemin qui conduit à
« Blancafort : n'allez pas lui faire la moindre injure, le Roi
« ne le pardonneroit jamais, et vous en perdriez tous les
« fiefs que vous tenez de lui.

« — Silence, glouton, » répond Girbert ; « le roi de
« France s'imagine nous lier les mains ; et quand ceux-là
« tuent nos parens et nos amis, il pense les couvrir et les dé-
« fendre contre nous. Par le saint sépulcre ! il n'en sera pas
« ainsi. » Comme il contestoit avec Bancelin, voilà qu'Hernaut voit poindre, du bois qui longeoit le grand chemin, le traître Tiebaut du Plessis, l'auteur de la trahison dont le duc Begon étoit tombé victime ; son cœur tressaillit en pensant que le jour étoit venu de venger son père. Il s'élance de ce côté et, sans donner à Tiebaut le temps de se reconnoître, il l'atteint du fer de son épieu et le fait tomber mort aux pieds de son cheval. Guillaume arrive trop tard pour défendre son neveu ; au moins jure-t-il de le venger : il brandit son épée nue et se précipite sur Hernaut, mais il ne peut entamer l'écu ni traverser les mailles du haubert. Tous deux, fortement armés, ne semblent avoir rien à craindre du tranchant de l'épée ni de la pointe de l'épieu. Enfin, ils se prennent au corps et tombent en même temps de leurs chevaux. Mais Hernaut, plus jeune et plus agile, est le premier à se relever, et frappant à coups redoublés sur le heaume de son ennemi, il écartelle l'écu, fausse les doubles mailles du haubert, fait pénétrer l'épieu dans les chairs

et retient Guillaume à demi renversé ruisselant de sang : « Traître ! » crioit-il, « voici ton dernier jour. A la male « heure as-tu porté le grand trésor à Pepin : tout l'or du « monde ne te sauveroit pas de la mort. — Chevalier, » s'écria Guillaume éperdu d'épouvante, « pour Dieu ne me « tue pas : j'ai pour frère Fromont le puissant ; je suis riche « de terre et d'avoir ; mes terres et mon avoir te seront « abandonnés. J'entrerai dans un moutier et je me ferai « moine, je passerai le reste de mes jours à prier pour « vous et pour moi. — Tu parles pour néant. » Mais, en ce moment, le Marquis voit venir à lui le cheval d'un de ses hommes déjà mis à mort par les chevaliers loherains ; il rassemble ses forces, se relève, saisit le cheval par le frein, monte sur les arçons et s'enfuit de grande vitesse. Il eût échappé, sans le loherain Garin qui lui ferma le passage. Garin fit tomber sa bonne épée sur le chapeau de fer battu, trop foible pour résister ; la lame pénétra dans le crâne et la mort suivit de près. Mais ce n'étoit pas encore assez pour la vengeance. De son épée, le Loherain ouvre le corps du Marquis, en tire le cœur, les poumons et le foie ; Hernaut s'empare du cœur qu'il coupe en quatre morceaux, et tous deux, le père et le neveu, parsèment le chemin de ces lambeaux de chair encore palpitante.

Que vous dirai-je ? De tous les compagnons de Guillaume un seul fut épargné, par pitié de son grand âge et de sa décrépitude. Garin le fit approcher : « Ami, beau frère, « écoute-moi : tu vas promettre de te rendre à Lens et d'y « conduire le corps de Guillaume de Blancafort. Tu diras « à Fromont le puissant que je lui envoie son frère bien-« aimé, le meilleur de son lignage. Tu lui diras de le rece-« voir en échange de Begon de Belin, et que maintenant s'il « veut entendre à la paix, je ne l'en dédirai plus. »

Alors ils prennent le corps du Marquis, le placent sur un

grand cheval, l'attachent à fortes courroies par les jambes, et à l'aide d'un bâton le maintiennent droit sur la selle dorée, comme s'il eût encore été plein de vie. Cela fait, le vieux chevalier monta en croupe derrière le corps qu'il aidoit à maintenir, et suivit en gémissant le chemin de la cité de Lens, où résidoit le puissant Fromont.

VIII

PEPIN ET FROMONT APPRENNENT LA MORT DE GUILLAUME. — GARIN EN GASCOGNE.

Ainsi mourut Guillaume de Blancafort; au moins son corps fut-il rendu au comte Fromont de Lens. Mais les corps des chevaliers tués par les Loherains furent abandonnés dans les champs et devinrent, quoique baptisés, la pâture des chiens et des loups. Le bon duc Garin rapporta de Torfou un grand échec de palefrois, de destriers arabes, de gras sommiers chargés de vair et gris, de précieux hanaps et de belles coupes d'or. Son premier soin fut de choisir les quatre plus beaux destriers et de les envoyer à la Reine, qui les reçut de la plus grande joie du monde.

En même temps revenoit à Paris le chamberlan Bancelin. Il alla se présenter au Roi qui, le voyant sitôt revenir, voulut savoir où il avoit laissé Guillaume le marquis. « En nom « de Dieu, Sire, il a été surpris; il est mort. — Se peut-il, « diable? » s'écria le Roi. — Bancelin reprit : « Il chevau- « choit tranquillement sous notre garde, lui et sa riche « compagnie, quand je reconnus un peu au delà de Mont- « lhery le loherain Garin, son fils et ses deux neveux. Je « m'avançai vers le Duc; je lui dis que Guillaume de Blan- « cafort étoit en votre conduit, et qu'il se gardât de l'atta-

« quer. Peu s'en fallut qu'il ne me frappât le premier ; Guillaume et ses trente-six chevaliers furent tous mis à mort,
« à commencer par Tiebaut du Plessis, qui tomba percé de
« l'épieu du jeune Hernaudin.

« — Et ce fut raison, » dit aussitôt l'Empérière ; « Tie-
« baut avoit fait la trahison, brassé la mort du duc Begon de
« Belin. — Paix ! dame, » reprit le Roi ; « vous pourriez
« bien être pour quelque chose en tout cela ; mais, sachez-le
« bien, j'en jure le corps de saint Denis : de ma vie je ne
« pardonnerai au Ioherain Garin la mort d'un baron que
« j'avois pris en garde. Berart, allez saisir le château de
« Belin, Montesclavorin, la Valdonne ; jamais les deux ne-
« veux de Garin ne tiendront terre de moi. Je les donnerai
« au puissant Fromont, pour le consoler de la mort de Guil-
« laume le marquis. — Vous avez tort, » dit l'Empérière ;
« au lieu de vous en prendre à l'héritage de deux enfans,
« que n'allez-vous plutôt saisir la ville de Metz ? — Vous
« raillez à contretemps, Blanchefleur ; vous savez bien que
« je l'essaierois en vain. Mais en dépit de tout ce que vous
« avez pu jurer et promettre, il en sera ce que j'ai dit. —
« Oh ! je sais, » dit Blanchefleur, « que vous avez un vrai
« cœur de mâtin, et que c'est bien mal employer son temps
« de vous servir. Dieu ! que ne suis-je encore en Mau-
« rienne ! au moins pourrois-je m'y venger de mes vrais en-
« nemis. Mais quant à Garin, ne pensez pas le dépouiller ;
« non, de par le Dieu qui n'a jamais menti ! Promettez-lui
« tant que vous voudrez une haine sans fin, il n'en restera
« pas moins au-dessus de ses ennemis : et je m'en réjouirai,
« car il a le cœur noble et loyal ; jamais il n'a donné
« l'exemple de la trahison. Mais vos Bordelois sont tous
« felons, voleurs, ennemis de Dieu : le plus grand chagrin
« de Fromont, c'est de n'avoir pas encore vendu Jésus. Ah
« Roi, qu'avez-vous fait ? n'est-ce pas renoncer à Dieu que

« de faire ainsi défaut aux barons qui vous ont le mieux dé-
« fendu ?—Dame, vous perdez belle occasion de vous taire. »
Ce fut la seule réponse de Pepin.

Mais Garin, vengé de Guillaume de Blancafort et de Tiebaut du Plessis, ses deux mortels ennemis, revint à Étampes, passa la Beausse, arriva à Orléans et apprit à la belle Heluïs, à Jofroi, à Hernaïs, le succès de sa chevauchée; puis il envoya ses lettres au bourgoin Auberi, à Salomon de Bretagne, pour les inviter à venir le joindre le plus tôt qu'ils pourront à Blaives; lui-même arriva dans cette ville avec Girbert, Gerin et Hernaut. Le premier soin de Gerin fut de prendre la féauté des hommes de la grande terre du duc Milon. Le lendemain arriva le chamberlan du roi Pepin; il étoit chargé de saisir l'héritage. « Qu'est-ce diable ? » dit le duc Garin aux hommes du Roi, « je veux bien vous donner
« le temps de déguerpir, si vous tenez à votre vie. Mais nous
« n'accordons pas au Roi le droit de dépouiller ses princes,
« quand ils n'ont pas méfait. Dites-lui que s'il s'est allié à
« Fromont, il n'a qu'à se mettre en garde; nous pourrons
« troubler ses veilles et lui causer bien des ennuis!

Le chamberlan du Roi revint à Paris. « Eh bien! Berart, »
dit Pepin, « pourquoi n'êtes-vous pas sur les terres dont je
« vous ai donné la garde ? — En nom de Dieu, Sire, ces terres
« ne sont pas vôtres; Hernaut et Gerin les ont retenues et
« nous en ont chassé. — Ah! » dit la Reine, « vous avez de-
« mandé qu'on vous servît tels morceaux. — Taisez-vous,
« dame. Par saint Denis! dussiez-vous enrager, je saurai
« bien les en faire repentir. — Cela, » dit l'Emperière, « est
« bien possible, et je n'entends pas me prendre avec vous de
« querelle. Mais enfin, toujours faut-il s'en tenir au droit,
« si l'on ne veut pas renoncer à Dieu. »

Cependant Hernaïs, Auberi, Jofroi, Salomon arrivent à Blaives; le vaillant Duc réunit et loue tant de chalans et de nefs que tout le port en est encombré. Au lever du soleil ils entrent dans le grand fleuve et mettent quatre jours à passer les hommes et le grand charroi. De l'autre côté de la rive les attendoit le ber Rigaut avec Gui de Bigorre, Gasse, Landri, six cents bons chevaliers et un millier d'arbalestiers.

Rigaut alla d'abord baiser Gerin et son frère Hernaut. « Vous êtes les bien venus » dit-il ; « car depuis votre départ nous avons eu grandement à souffrir. Les Bordelois « nous ont serrés de près, nous étions en trop petit nom« bre ; nous n'avons pu leur résister. L'autre jour ils ont « tué mon frère Garnier qui, s'il eût vécu, auroit été bon « chevalier. Nous ne tenons plus à rien ; et si nous venions « à mourir, mon père Hervis resteroit seul par delà Bor« deaux. C'est votre terre ; vous êtes tenus de la défendre.

« — Telle est aussi notre intention, » répond Hernaut. « Mais, » dit Gerin, « il n'y a pas à perdre de temps. Voilà « tous nos hommes passés ; il faut prendre nos dispositions. « Vous, vilain Hervis, vous ferez un cri sur la terre dont « notre père vous a saisi ; vos gens fourniront l'ost de pain, « du vin et des denrées dont nous avons besoin. Une fois « dans le jeu nous devons tous le bien tenir, et, par l'apôtre « que les pèlerins réclament ! on verra si je crains de me « lever matin. »

Quand l'ost se fut reposé une seule nuit, Garin, son fils et ses neveux préparèrent tout pour le départ. L'avant-garde marcha avec les fils du vilain Hervis, avec Guirré qui tenoit Gironville. Auberi, Jofroi d'Anjou, Garnier de Paris furent à l'arrière-garde, et l'on plaça dans le milieu tout le charroi. A peine paroissent-ils en Gascogne que tous les habitans sont frappés d'épouvante. Les vilains s'enfuient, les maisons, les fermes, les villages sont livrés aux flammes ; Garin ne trouve pas un château qui lui résiste. Il emporte la bonne ville d'Aix, en fait réparer les murs et creuser les fossés, y laisse une bonne garde, puis il ruine Morlans et Ortès. Quand le pays fut conquis, l'armée revint mettre le siège devant Bordeaux, où nous laisserons les Loherains pour parler du vieux chevalier qui conduisoit à Lens le corps de Guillaume de Blancafort.

Le fils de Guillaume (il avoit le même nom que son cousin et le même surnom que son oncle Guillaume), l'orgueilleux Fromondin étoit alors penché sur le pont tournant du château. Il avoit sur le poing un épervier et, tout en lui faisant gorge de l'aile d'un poulet, il regarde devant lui, voit approcher le Gascon, le reconnoît et s'émerveille de l'étrange fardeau dont il s'est embarrassé. « D'où viens-tu, « sire vieillard, » lui demande-t-il, « et comment le fait mon « cher père, le marquis Guillaume? — Je vais vous le dire. « A la male heure a-t-il porté les présens au Roi ; Garin et « son fils Girbert l'ont mis à mort. Il fut par eux rencontré « sous Torfou, comme nous venions de quitter Paris : de « tous ceux qui chevauchoient avec lui, je suis le seul qu'ils « épargnèrent, par pitié de mon grand âge. Mais ils me « firent promettre de vous ramener mon seigneur Guil- « laume; venez le prendre, je sens que je ne pourrois le « soutenir plus longtemps. »

Fromondin à ces paroles eut peine à conserver sa raison ; il jette l'épervier, s'approche vivement du corps qu'il saisit dans ses bras et qu'il dépose doucement à terre. Alors, il presse de ses lèvres le visage sanglant et les yeux troubles de son père, jusqu'à ce qu'il tombe sur lui pâmé. Plusieurs chevaliers avoient suivi Fromondin du regard, ils ne savent ce qui lui a pris et s'imaginent qu'il a été frappé de mort subite. Ils courent çà et là, pleurant, jetant de hauts cris, si bien que la rumeur gagne les chambres où se tenoit le comte Fromont. « A vos armes, chevaliers! au bruit que l'on « fait, ce doit être une bataille ennemie qui s'est appro-

« chée des murs. N'en laissons pas retourner un seul.

« — Ce n'est pas une bataille ennemie, » dit alors le comte Savari ; « c'est tout une autre affaire : c'est votre « frère Guillaume de Blancafort que l'on vous amène mort. » Qui pourroit dire la surprise et la douleur de Fromont ? Il sort du palais, arrive où son frère étoit étendu, le corps traversé de larges blessures. Il se pâme sur lui et, quand il put parler : « Ah ! » dit-il, « que vous fûtes à la male « heure, franc et gentil chevalier ! Qui vous tua ne sera ja- « mais mon ami. A Dieu ne plaise qu'il soit parlé d'accord « avant que la vengeance en soit prise et que j'aie fendu « le meurtrier jusqu'à la poitrine.

« Sire, » dit alors le vieux chevalier gascon, « Garin de « Metz m'a fait promettre de vous dire que le marquis Guil- « laume est l'échange de Begon de Belin, dont la mort lui « causa si grand deuil ; frère pour frère : et que maintenant « il peut entendre à la paix. »

Fromont ne répondit pas ; avant tout il falloit s'occuper du service de celui qu'on pleuroit. On le transporte dans le palais, on l'embaume, puis on l'étend sur une bierre. On le couvre d'un paile brun de Sardaigne, on l'entoure de cierges allumés. Arrive la grande presse des prêtres re- vêtus qui recommandent l'âme à Dieu ; il est veillé toute la nuit, et le lendemain, au point du jour, il est porté au mou- tier de Sainte-Urgale. L'Abbé chanta la messe ; c'est au milieu des larmes et des cris qu'on enfouit le corps, non loin de l'endroit où reposoient déjà plusieurs des enfans ou neveux du puissant Fromont.

Le service achevé, on revint au palais pour y continuer le deuil et les larmes.

Guillaume de Montclin dit : « Sire Fromont, jamais long « deuil n'a fait le moindre profit : nous devons tous mourir ; « il n'est pas un parrain qui puisse en garantir son filleul.

« Or, quand il vous arriva de renvoyer au loherain Garin
« le corps du palaisin Begon, les pleurs et les cris furent
« aussi grands autour de sa bierre qu'aujourd'hui, dans
« votre cité de Lens, autour de mon cher frère Guillaume.
« Prenons donc reconfort. Et puisque nous avons perdu le
« marquis de Blancafort, Eudon de Saint-Quentin et plu-
« sieurs de vos enfans, nous pouvons envoyer à Garin un
« message pour lui demander trève, accepter l'échange qu'il
« nous propose et redevenir bons amis pour l'avenir. En
« vérité, si cette guerre dure encore longuement, nous au-
« rons bien d'autres sujets de cris et de pleurs.

« Ah ! » s'écria Fromont, joignant les pieds et rougissant
de colère, « qu'oses-tu bien dire là, fils de putain ! c'est à
« Paris qu'il falloit consentir à l'accord. Mais je le savois
« bien ; tel qui se montre le premier à conseiller la guerre
« est le dernier à prendre l'écu. — Écoutez-moi plutôt,
« cher oncle, » dit alors l'orgueilleux Fromondin, le fils
du marquis Guillaume, « plût à Dieu que votre grand
« sens accrût le mien : mais si vous consentiez à me rece-
« voir pour tenir les terres et les hommes de mon cher
« père, j'ai bon espoir qu'avant deux ans je saurois bien
« vous rendre le loherain Garin, mort ou navré, ou pour
« le moins prisonnier.

« — Ainsi t'aide Dieu, cher neveu ! » dit Fromont. « Que
« tous les hommes de la terre de mon cher frère le sachent
« bien, je donne le fief de Guillaume le marquis à mon
« neveu Fromondin ; et je veux que les hommes de la
« terre le servent comme leur seigneur, dans la guerre que
« nous avons à soutenir ! »

Les chevaliers gascons arrivèrent et firent ce que le
comte puissant demandoit d'eux.

IX

FROMONDIN L'ORGUEILLEUX EN VERMANDOIS. — MORT DE HUON
DE CAMBRAI. — DÉSOLATION EN LOHERAINE.

Fromondin de Blancafort eut bientôt réuni quinze mille de ses amis qu'il se hâta de conduire devant Cambrai. A l'avant-garde étoient Bernart de Naisil, Forcon, Huon, Guichart et Jocelin, Galeran et Gaudin son frère, Anjorran de Couci, Clarembaut de Vendeuil. Les boutefeux et les fourrageurs s'avancèrent les premiers dans la campagne, surprenant les proies, tuant les pâtres et brûlant les métairies. Huon de Cambrai se ressouvint qu'autrefois Fromont, Bauduin, Isoré l'avoient ainsi mis en échec dans sa bonne cité, et comment il avoit rudement châtié les fourrageurs. Il sortit avec quatre-vingts chevaliers, fondit sur les pillards, en tua plus de soixante et refoula les autres sur la grande bataille. Fromondin, témoin de la poursuite, au lieu de l'arrêter, alla poster ses hommes dans le vallon qu'ils venoient de dépasser et par lequel ils devoient revenir. Voilà donc Huon de Cambrai cerné par ses mortels ennemis. Quand les fourrageurs eurent disparu, il reprend le chemin de la ville et vient justement tomber sur l'embûche que Fromondin avoit dressée. Le héros se défendit comme un lion furieux : vingt fois son branc d'acier tomba sur les heaumes qu'il ouvroit et dont il faisoit jaillir mille étincelles. Il vit tomber tous ses compagnons autour de lui : quand l'écu échappa de ses mains, il pressa de l'éperon son grand cheval qui fléchit, tomba et se releva sans lui faire abandonner la selle dorée; mais Fromondin et l'orgueilleux Guillaume arrivèrent pour lui fermer le passage et achever le coursier. Huon tenant de ses deux mains le branc acéré frappoit encore autour de lui. « Ber, » lui cria l'orgueilleux Fromondin, « rends-toi ; j'aurois regret de te voir « mourir. » — Huon dit : « Promettez de me laisser la vie, « et je consens à baisser mon épieu. — J'y engage ma « foi, » dit Fromondin. Huon alors tendit son glaive: il fut désarmé. Mais voilà que survient Bernart de Naisil : « Comment, neveu, » dit-il, « Huon vit encore? — Oui, « cher sire ; je l'ai reçu prisonnier et je lui ai garanti qu'on « ne le tueroit pas. — Mauvaise garantie. » Et sans donner à Fromondin le temps de l'arrêter, le traître lève son épieu sur Huon de Cambrai et lui ouvre la tête. « Ah! Fromondin, » s'écria-t-il, « tu m'as trahi ! beau sire Dieu de vérité, je « suis un grand pécheur, aie merci de mon âme! » Ce disant, il tendit la main, prit entre ses doigts trois brins d'herbe, fit sur eux le signe de la croix, les mit à ses lèvres et les reçut pour *corpus Domini*. L'âme aussitôt s'en alla et le corps s'étendit. Grande fut la colère de Fromondin : « Bernart, » dit-il, « vous m'avez honni ; vous avez tué le « meilleur homme qui jamais ait vécu. — Il avoit déjà trop « duré, » répondit Bernart, « et plût à Dieu qu'il en fût « ainsi de tout son lignage ; la guerre entre nous seroit plus « tôt assouvie. »

Voilà le preux sire de Cambrai parti pour l'autre siècle : mais Fromondin ne pouvoit espérer d'emporter la forte ville de Cambrai, elle étoit trop bien défendue. Le camp fut levé, et l'armée, après avoir brûlé, dépouillé les campagnes, entra dans le Hainaut où nulle résistance ne fut opposée à ses ravages ; car Gautier, le frère de Huon de Cambrai, étoit avec tous ses chevaliers dans l'ost du loherain Garin, en Gascogne.

De Hainaut Fromondin conduit l'armée devant Verdun que tenoit le riche Lancelin. Lancelin étoit homme du bon duc de Metz ; mais il lui en coûta peu de mentir sa foi au profit de ses parens et de ses amis. Ils tendirent leurs tentes et pavillons le long de la rivière de Meuse qu'ils passèrent le lendemain matin. Les voilà donc en Loheraine, brûlant, dévastant, dépouillant les campagnes, et répandant l'épouvante jusque dans le val de Metz. Un messager se rendit en Gascogne pour apprendre à Garin que la terre de son héritage étoit devenue la proie du puissant Fromont, et que le bon vassal Huon de Cambrai avoit perdu la vie. « Seigneurs barons, » dit le Duc à ses amis, « l'évêque « Lancelin a livré passage à l'ost de Fromont. Puisse Dieu « me permettre de venger Huon en châtiant le faux moine « et le traître évêque!

« — Le meilleur parti, » dit le duc Auberi, « seroit de « quitter la terre de Gascogne où nous avons trop sé- « journé. Nous avons assez fait de mal aux Bordelois : lais- « sons ici ceux que Begon, mon cher oncle, a casés et établis, « Rigaut, Forqueré, le vilain Hervis aux grenons fleuris, « Fouché le maire et ses quatorze fils; ce sont des bons « chevaliers, ils sauront bien se défendre. Vous, bel oncle, « vous manderez Ori l'allemand, Gerart de Liége, les deux « Tierri des monts d'Aussai et d'Ardenne ; vous les semon- « drez de vous joindre devant le Neufchastel. Nous retour- « nerons tous en Loheraine, et bientôt Fromont souhaitera « de n'y avoir jamais mis le pied.

« Le conseil est fort bon, » dit le duc Garin, « demain « nous quitterons ce pays. » On donna une dernière alerte aux Bordelois; puis, à peine rentrés au camp, on abattit les trefs, on replia les tentes et pavillons, on troussa les sommiers chargés des plus riches proies, et l'on prit le chemin de Blaives. Hervis, Rigaut, Fouquier et ses fils prirent congé des Loherains : ceux-ci, après avoir passé le grand fleuve de Gironde, ravagèrent le pays de Berri. Puis ils franchirent la Loire, gagnèrent Chenevières, ville anciennement ruinée par les Sarrasins, couverte alors de bruyères, et prirent gîte dans la ville de Sens : le lendemain, ils furent à Troyes. En entrant sur le grand fief d'Auberi, Garin défendit d'y prendre la moindre chose; ils atteignirent Bar-sur-Aube et Vignori qui se dresse sur un tertre : ils passèrent la Marne, traversèrent Rimancourt et firent une halte à Saint-Belin : de là, ils envoyèrent leurs fourrageurs et boutefeux dans toute la campagne de Chaumont. Le sac du Bassigny dura trois jours : ils en rapportèrent de grandes et plantureuses proies, trouvées dans les châteaux, donjons et fortes maisons du pays.

Pendant que les Loherains laissoient ainsi de larges traces de leur passage en Bassigny, l'allemand Ori, Tierri des monts d'Aussai, Gerart de Liége étoient entrés dans Metz; Garin et tous les hommes qu'il ramenoit de Gascogne les y retrouvèrent au terme de leur grande chevauchée. Si la grande cité n'eut rien à craindre des gens de Fromont, tout le reste de la contrée fut abandonné à leur fureur. Le riche et noble fief de Garin devint une terre inculte, abandonnée, sauvage. Depuis les temps des guerres de Girart de Roussillon contre Charles Martel, jamais le pays de douce France ne fut aussi complétement ruiné, d'un côté par les Loherains, de l'autre par les Bordelois. Dans les villes, dans les bourgs, dans les métairies, on ne voyoit plus de moulins tourner, les cheminées ne fumoient plus; les coqs avoient cessé leurs chants et les grands chiens leurs abois. L'herbe croissoit dans les maisons et même entre les pavés de chaque église; car les prouvaires avoient abandonné le service de Dieu et les crucifix brisés gisoient sur la terre. Le pèlerin eût fait six journées sans trouver qui lui donnât un tronçon de pain ou une goutte de vin. Les francs hommes n'avoient plus de procès avec leurs voisins; les ronces, les épines croissoient à la place des anciens villages. Ah! maudit l'empereur Pepin qui souffre ainsi la ruine des domaines qui tiennent de lui; à la male heure avoit-il reçu les dons de Guillaume de Blancafort!

LIVRE VII

LA MORT DE GARIN

Un jour Fromondin prit son oncle à conseil. « Voilà, » lui dit-il, « longtemps que nous sommes en ce pays de « Loheraine : nous l'avons ruiné, brûlé, sans y trouver « grand profit : car la cité de Metz n'a pas même été assié- « gée par notre armée. Voyez si nous ne pourrions pas mieux « faire. Il y a près de Metz une colline aride qui est cou- « ronnée d'un petit bois : si nous ménagions dans ce breuil « un, deux ou trois bons aguets; si dans chacun de ces « aguets nous tenions trois mille fervêtus, je pourrois aller « pourchasser la proie jusqu'aux portes de la ville; et si le « duc Garin venoit à me poursuivre jusqu'à ces aguets, il « ne nous échapperoit plus. — Par saint Denis! » dit Fro- mont, « voilà vraiment un bon conseil; il faut le suivre. »

Fromondin avertit aussitôt une partie des chevaliers de l'ost de prendre les armes, de vêtir les hauberts, lacer les heaumes, ceindre les épées, empoigner les épieux, enseller les destriers. On part de Verdun vers le milieu du jour; on arrive dans le bois de Valgelin avant le nouveau soleil, et Fromondin choisit aussitôt le couvert où ses chevaliers devront se tenir cachés, en attendant un signal pour fondre sur leur mortel ennemi.

Et quand l'aube commençoit à crever la nuit, Fromondin s'arme et fait armer vingt chevaliers : dix pour frapper de la pointe des épieux ou du branc des épées; les dix autres pour chasser et recueillir la proie. Ils arrivent devant Metz au moment où finissoit la messe du matin, et comme les bourgeois rentroient des moutiers dans leurs logis. Fromondin se mêle à eux comme s'il appartenoit, lui et ses chevaliers, à la mesnie du duc Garin. Ils passent ainsi la porte : alors Fromondin fait tomber son épieu sur la tête d'un bourgeois et le tue; ses chevaliers en traitent vingt autres de même; puis ils reviennent à la porte et la repassent avant qu'on l'ait refermée. La cloche d'alarme retentit et l'effroi se répand dans la ville.

Garin, en ce moment, se déjeunoit en petite compagnie; car il aimoit à manger de grand matin. Le sénéchal qui le servoit de ses viandes entend un grand bruit, avance la tête en dehors de la fenêtre, voit près des murailles étinceler le feu des heaumes et distingue le pennon, le cheval noir de l'orgueilleux Fromondin. Il avertit le duc Garin dont le visage rougit aussitôt de colère. « Appelez-moi, » dit-il, « Girbert, Hernaut et Gerin : armez-vous, beau fils
« et beaux neveux, faites armer vos chevaliers; et si l'on
« vient à joindre l'orgueilleux Fromondin, j'entends qu'on
« ne le ramène pas vivant; j'accroîtrai de vingt hommes le
« fief de celui qui le tuera. » Les paroles de Garin éveillent la convoitise des chevaliers; ils lacent les heaumes à la hâte, le plus grand nombre ne prend pas même le temps de vêtir le haubert. Garin les trouve aussitôt que lui aux

portes de la ville. Mais Fromondin, qui ne les attendoit pas si tôt, soutint leur effort avant d'avoir pu se rapprocher du breuil. La lutte fut acharnée : il y eut maint épieu rompu, maint écu fendu, maint heaume entr'ouvert. Que vous dirai-je? Si bien firent les trois cousins, et le loherain Garin avant tous les autres, que des vingt chevaliers de Fromondin quinze demeurèrent étendus sans vie dans la campagne. Fromondin s'éloignoit de toute la vitesse de son cheval; mais Garin le suivit de près et le frappa de telle force sur l'écu qui couvroit son bras gauche que l'épieu en fut brisé. Le Bordelois cependant tint bon sur les étriers et n'en fuyoit que plus vite. Garin lui crioit : « Es-tu bien « cet orgueilleux Fromondin qui prenois sur toi le faix de « la guerre? On te disoit le meilleur de ta race : retourne « donc, glouton! ou, si tu n'oses te mesurer avec moi, tiens- « toi pour le plus couard des hommes. Car c'est moi qui « arrachai la vie à Guillaume de Blancafort, ton cher père; « je l'ai percé moi-même de part en part, je l'ai pourfendu, « je lui ai ouvert le corps, j'ai arraché son cœur, ses pou- « mons, ses entrailles; je les ai semées sur le grand chemin. « Venge donc ton père, lâche et renié fils de putain! »

Et Fromondin fuyoit toujours; l'effroi, l'épouvante l'avoit saisi, il craignoit de ne pas arriver au breuil. Mais tout en enfonçant l'éperon dans les flancs de son coursier, il soulève sa ventaille et porte son bon cor à ses lèvres : Clarel rendit trois sons perçans. — « Entendez-vous? » se dirent les chevaliers du breuil; « c'est le son d'alarme et « de détresse. — Sire Fromont, » dit Guillaume, « j'en- « tends trois voix de Clarel, il faut que Fromondin soit « poursuivi par Garin; il faut qu'il soit en grand péril. « Courons tous à son secours. » Aussitôt six mille fer- vêtus s'élancent du côté d'où les sons sembloient partir; ils aperçoivent, ils rejoignent Fromondin que Garin avoit cessé de poursuivre. Le Loherain étoit descendu et reprenoit haleine sous un pin feuillu où son fils et ses neveux venoient de le retrouver. « Ah! nous sommes « en mauvais point, » dit-il tout à coup ; « regardez de- « vant et derrière vous : combien de heaumes et d'en- « seignes! C'est la grande bataille de Fromont; il y en a « plus de cent contre dix des nôtres; leurs chevaux sont « frais et reposés, nos gens sont épuisés de lassitude; ne « leur donnons pas le temps de se mettre en rang ; il faut « les prévenir : attaquons cette échelle qui nous sépare de « la maison de mon forestier David, essayons au moins de « nous ouvrir passage jusque-là. » Il dit et fait placer en avant les mieux armés, les mieux préparés à traverser la bataille ennemie ; puis, levant la main et signant de la croix son visage, il se recommande au roi du paradis et au baron saint Denis. La rencontre fut des plus meurtrières : la terre se couvrit en un instant de lances dépécées, d'écus brisés ; les chevaliers tomboient les uns sur les autres : au milieu des cris multipliés, le comte Fromont s'arrêtant devant Garin : « Par Dieu, Loherain, » lui dit-il, « il vous faut mourir ; l'heure est venue de venger la mort « de mon cher frère Guillaume, que vous avez guetté et « tué sous Montlhéry. » Garin frémissant de colère pique son cheval de l'éperon d'or, couvre sa poitrine de l'écu, brandit la hante de l'épieu et va frapper son puissant ennemi. L'écu de Fromont se brise, mais Garin ne rompt pas les mailles du haubert ; avec ce qui lui restoit du bois de l'épieu, il le frappe de nouveau, le jette à terre, et il alloit le percer de son épée quand accourent pour le délivrer Guillaume le marquis, Forcon, Rocelin, Aimeri de Touart, Eudon de Saint-Quentin et le jeune Bauduin de Flandres dont le père avoit été jadis tué par Begon. Grâce à tous ces barons, Fromont échappe à la fureur de Garin ; on le remonte sur un cheval frais, il se rejette aussitôt parmi les Lohcrains, abat, navre ou tue ceux qui ne savent pas éviter son atteinte. Fromondin n'étoit pas moins redoutable : « Frappez comme moi, francs chevaliers! » crioit-il aux siens, « n'en laissez pas retourner un seul. Où donc « êtes-vous allés, Hernaut et Gerin? Ne pourrai-je venger « sur vous la mort de mon père Guillaume? » Girbert entend ces paroles, et à son tour : « Es-tu donc, » dit-il, « cet orgueilleux Fromondin qui prenois sur toi le faix de « la guerre? Eh bien, si tu es le meilleur de ta race, viens « ici; je t'attends. Je suis Girbert, le fils du bon duc Garin; « tu ne me crois pas, je pense, indigne de lutter avec « toi. — Tu auras donc la joute, » répond Fromondin; « tout l'or que Dieu fit ne t'en défendroit pas. »

Ils poussent leurs chevaux l'un sur l'autre; les grands coups succèdent sur les écus bombés d'où jaillissent les étincelles et la flamme; ils s'en débarrassent quand ils les voient écartelés. Les hauberts résistent mieux; mais un double coup d'épieu atteint en même temps les deux champions, qui rudement soulevés de cheval tombent sur le sable. Ils se relèvent, laissent l'épieu, brandissent l'épée et s'escriment à qui mieux mieux sur le heaume fortement trempé. Cependant approchoit la presse des Bordelois : Girbert eut à regretter le bon coursier qu'il venoit de quitter; il se défendoit pourtant, tout en cédant le terrain. Après un dernier coup sur la ventaille de Fromondin qui en demeure étourdi, il retourne vers les siens; mais Fromondin, revenant à lui, le poursuit, le rejoint et fait tomber sur sa tête le terrible branc d'acier. Girbert, au lieu de répondre par un autre coup d'épée, lui cingle son écu en pleine poitrine et le renverse à terre, le dos en avant et les jambes levées. Il s'agenouille sur lui, et déjà délaçoit le heaume pour lui trancher la tête, quand survint l'orgueiljeux Guillaume qui brandit sur lui la forte alumelle de son épieu ; le fils du Loherain pare adroitement le coup, et de sa bonne épée fait deux tronçons de l'épieu de son nouvel ennemi. Alors Garin arrive, délivre son fils, fend l'écu de Guillaume, et sans pénétrer dans les doubles mailles de son haubert, le jette à bas de son cheval, sur lequel remonte aussitôt le bon vassal Girbert.

Mais que servent tant de beaux coups d'épieu et de lame acérée ? qu'importe le nombre des chevaliers immolés de la main d'Hernaut, de Gerin, de Girbert et du loherain Garin? Les Bordelois étoient trop nombreux, tout le mauvais succès devoit retomber sur les Loherains. Le plus grand nombre d'entre eux n'avoit pas, on l'a vu, pris le temps de vêtir le haubert; ceux qui avoient mis le plus de hâte à sortir de la ville étoient les plus jeunes et les moins accoutumés au jeu de la guerre. Or vous le savez bien, seigneurs qui m'écoutez, gens désarmés ne résistent pas au tranchant du fer. Tous furent tués l'un après l'autre, à l'exception de quatre-vingts des mieux armés qui se réunirent autour des quatre vassaux, Garin, Girbert, Hernaut et Gerin. Jamais guerriers ne quittèrent le champ plus vaillamment; il falloit les voir s'arrêter et retourner pour frapper ceux qui les approchoient de trop près. Sans doute ils seroient parvenus à rentrer dans Metz si d'autres batailles qui n'avoient pas encore combattu ne leur avoient pas fermé tout moyen de retraite. Garin ayant fait arrêter l'enfant Girbert, le preux Hernaut et le bon vassal Gerin : « Seigneurs, » dit-il, « nous sommes en grand danger. Voici « d'un côté la bataille de Fromont, de l'autre celle de son « neveu ; puis voilà Guillaume de Montclin, et devant nous « je ne sais combien de mille fervêtus. C'est à chacun de « vous, maintenant, à éviter, s'il en est encore temps, la « presse de tant d'ennemis. Pour moi, je le sens, je dois

« aujourd'hui cesser de vivre. Girbert, cher fils, quittez
« votre cheval et prenez le mien, plus fort, plus léger, plus
« rapide. Ah beau sire Dieu, qui souffris pour nous le
« supplice de la croix, qui fus mis en sépulcre et ressuscitas
« le troisième jour! tu as pris d'abord le droit chemin d'en-
« fer, pour ravir à l'Antechrist les saintes âmes de tes
« amis; tu remplis de ta vertu les douze apôtres, et quand
« tu leur apparus en Jérusalem, tu les confortas et leur
« dis : *Pax vobis!* Aussi vrai que cela est, daigne avoir,
« sire Dieu, merci de mon âme, et prendre en ta garde Gir-
« bert le palaisin, le preux Hernaut et le bon vassal Gerin. »

Cela dit, le loherain Garin bat trois fois sa poitrine;
Girbert son cher fils le regarde et pleure amèrement; mais
Hernaut : « Ah ! sire Girbert, confortez-vous. Pourquoi
« soupirer et vous désoler? Grands et petits, ne faudra-t-il
« pas mourir? Quel fils en défendra le père, quel parrain le
« filleul? Prions seulement le roi de paradis, qui créa le
« ciel et la terre, de nous faire sortir à honneur de ce mau-
« vais pas. »

C'est dans le val qui a pour nom Gelin que le loherain
Garin se voyoit ainsi durement environné de ses mortels
ennemis. La lutte se renouvelle terrible; chacun de nos
vassaux abat son chevalier; le duc Garin va tout seul heurter
contre une échelle entière; sept tombent avant que son
écu soit brisé; puis il tire du fourreau sa bonne épée.
Aux coups qu'il donnoit à droite et à gauche, on eût dit un
charpentier travaillant de la cognée sur un abatis de bois.
Il fait la voie dans leurs rangs et n'arrête son cheval que
quand il les a tous dépassés; mais en reprenant haleine il
se voit séparé de ses derniers compagnons, et, pour comble
de douleur, le soleil venant le frapper en plein visage
l'éblouit au point de lui cacher et ceux qui l'attaquoient et
ceux qui pouvoient le défendre.

Guillaume de Montclin, le jeune Fromondin de Poitiers, le comte Forcon et l'autre Fromondin forment bientôt une forte muraille autour de lui. « Par Dieu, Garin ! » dit le seigneur de Montclin, « vous êtes mon compère, je ne l'ai « pas oublié; mais vous m'aviez promis un des marchés « de la noble cité de Metz, où je n'ai jamais pris la valeur « d'un épi de blé. Vous allez payer votre arriéré. Il n'y a « Dieu ni homme qui pourroit vous laisser l'âme dans le « corps. »

Quatorze bras se lèvent alors sur le noble et vaillant fils du duc Hervis de Metz. Ils ne s'humilient pas devant sa grande prouesse : le haubert treillisé du héros cède à l'ardeur de l'acier des glaives; quatre épieux s'ouvrent un chemin dans sa poitrine et ne lui laissent qu'un souffle de vie à peine sensible. Hélas! c'étoit le seigneur-lige de tous ceux qui le frappèrent; tous, hommes de Guillaume ou de l'évêque Lancelin, lui avoient juré féauté; Garin tomba au milieu d'eux, comme le chêne au milieu du bois menu.

Cependant, les trois cousins, réduits à sept hommes de quatre-vingts qu'ils étoient, et ne voyant plus de quel côté Garin avoit pu tourner, se rapprochèrent de la cité et repassèrent la porte, trompant ainsi la poursuite du vieux Fromont. Les bons sergens couvroient les murailles; les flèches et les carreaux tombèrent comme une pluie d'avril sur les Bordelois qui vouloient suivre le fils et les neveux de Garin. Il fallut que Fromont fît rebrousser les enseignes pour reprendre le chemin de Verdun. Pour le duc Garin, il demeura dans le Valgelin jusqu'au moment où la campagne fut entièrement délivrée des batailles ennemies; même longtemps après, aucun de ceux qu'on avoit chargés d'aller à la découverte, n'osoit s'aventurer au delà des fossés de la ville.

Enfin, cinq moines bénis, envoyés par Girbert à la recherche du vaillant duc, le reconnurent, le levèrent pieusement et le rapportèrent dans un drap de lin. On ouvrit le corps, on l'embauma, on l'étendit sur une bierre, enveloppé d'un paile alexandrin; autour de lui furent posés les candélabres et les cierges ardens; grand fut alors le concours des clercs chantant belles oraisons pour l'âme du noble prince. Le Loherain fut porté dans un moutier de haute antiquité que lui-même avoit restauré, et qu'il avoit garni de bons moines et des prêtres ordonnés. Que dirai-je de plus? On l'inhuma devant l'autel, et sur son corps fut posé un grand cercueil de marbre richement entaillé.

(REMARQUE DU TRADUCTEUR. — C'est ainsi que la plus ancienne chanson a raconté la mort du duc Garin de Metz: mais, plus tard, un autre récit fit généralement oublier la première tradition, en prolongeant, d'une façon peu intéressante, les événemens de la troisième guerre. Toutefois, pour ne rien omettre du texte imprimé, nous allons résumer rapidement cette partie interpolée de la vénérable chanson de geste.

Garin venoit de lever le siége de Bordeaux et retournoit en Loheraine, quand le Roi, pour venger le meurtre de Guillaume de Blancafort, fait saisir l'héritage de Begon. Comment Rigaut et le vilain Hervis se laissent-ils dépouiller des fiefs qu'ils avoient à garder pour Hernaut, on ne le devine pas. Fouchier le Maire devient, pour Pepin, chatelain de Gironville. Garin, repassant par Blaives, va prendre et brûler Bourges. En revenant dans ses terres, il emporte le château de Samoigne (aujourd'hui Samognies), et s'arrête devant Verdun. Pendant le siége de Verdun, il fait une chevauchée vers Naisil dont il prend et abat le château, déjà précédemment détruit par Begon. Il en est de même du château de Montclin (aujourd'hui Montsec), que Begon avoit renversé, et que Garin n'avoit plus besoin d'assiéger et de détruire.

Un grand et terrible combat est livré sous les murs de Verdun, entre le lignage et les vassaux de Garin, le lignage et les vassaux de Fromont. D'un côté les Loherains, Allemands, Avalois, Liégeois, Luxembourgeois, Hainuiers, Troyens, Bourguignons, Manceaux, Angevins; de l'autre, les Flamands, Artésiens, Franc-Comtois, Vermandisiens, Poitevins et Saintongeois. Là furent tués, du parti des Bordelois, Fauconnet de Naisil et Huon de Rethel, par Girbert; Landri le chataigne de la Valdone par Ori l'allemand; Thomas de Fère ou de Marle et Clarembaut de Vendeuil par Garin; Henri de Grantpré, par Auberi; Anseaume de Chauni, d'abord fait prisonnier, est *détrenché* par l'ordre de Garin, pour venger la mort de Huon de Cambrai; Anjorran de Couci est gravement blessé; Bernart de Naisil est laissé pour mort sur le champ de bataille : mais les moines de Saint-Vannes de Verdun le recueillent et, le croyant près de sa fin, lui font prendre les draps de moine. La chanson de Girbert racontera plaisamment son *moniage* et comment il sortit de l'abbaye pour recommencer sa méchante vie : mais tout cela pourroit bien être la transposition d'un récit qui remontoit à des temps plus anciens. On a vu précédemment, en effet, la reine Blanchefleur reprocher à Bernart d'avoir été moine et d'avoir honteusement quitté l'abbaye. « De l'abbaie, mauvais moines issi... » Le second récit de la mort de Garin nous offrira un second exemple de double emploi tout aussi facile à reconnoître.

Du côté des Loherains, Ori l'allemand, Tierri d'Alsace et Gerart de Liége sont tués par Guillaume de Montclin, par

Bernart de Naisil et par le vieux Fromont. Les Loherains furent inhumés à Saint-Vannes de Verdun, et les Bordelois dans l'église Saint-Pol de la même ville.

Un autre couplet qui semble encore ajouté au xiie siècle, fait ici marier la fille et héritière de Huon de Cambrai à Milon de Lavardin, chevalier dont on n'a pas jusque-là dit un seul mot. Ce long silence prouveroit assez bien déjà l'interpolation. Il en est de Milon de Lavardin comme de Henri de Montaigu dans le premier livre. « De ce lignage, » ajoute le poëte, « vint plus tard Raoul de Cambrai, fils de « la sœur du roi Loys ; lequel Raoul soutint la guerre contre « les quatre fils d'Herbert, et fut tué par Bernier. » Mais si, comme j'en ai la conviction, l'interpolation est réelle, il n'en faudra rien conclure pour l'antériorité de la chanson de *Raoul de Cambrai* sur celle des *Loherains*. — Fromont retourne en Artois sur l'avis que Gautier de Hainaut a pris l'Écluse et Douai, mis le siége devant Lens et traité la Flandre comme lui-même venoit de traiter la Loheraine. Il se désole, regrette trente fils morts dans les guerres, et qu'il avoit engendrés « en hautes dames et filles de mar- « quis. » On ne dit rien de ses représailles sur Gautier de Hainaut.

Vient ensuite un remaniement confus de la guerre de Bourgogne, auparavant provoquée par Bernart de Naisil et terminée par Begon de Belin. C'est Renaut de Bagé, Hervis et Macaire de Lyon, Jocelin de Mâcon et Garin de Valence qui font le dégât sur les terres de Guichart de Beaujeu. Garin et Auberi marchent contre eux : nouveau ravage du Bassigny ; nouveau passage à Langres, à Grantcey, au chastel de Tri ou Thil-Chastel ; nouveau siége et nouvelle destruction du château de Bagé ; nouveaux ravages du Lyonnois et du Maconnois.

Tous ces récits, évidentes contrefaçons d'une partie de

ceux du second livre, n'auroient pas été reproduits avec leurs fastidieux développemens, sans nuire à la véritable légende. Le style d'ailleurs n'a plus l'allure, la rudesse concise de tout ce qui précède; l'intérêt s'affaisse au lieu de grandir, tout enfin avertit de la discordance de la chanson. Nous avons dû laisser également, et comme un remaniement de l'Introduction, les couplets dans lesquels Garin, pour avoir les moyens de payer ses soudoiers, va proposer au roi Pepin de lui rendre la cité de Metz. Hervis avoit déjà fait au même roi la même offre, avoit obtenu le même refus, et s'étoit adressé au même roi de Cologne, pour lui demander et obtenir de lui, aux mêmes conditions, le même engagement. Cet épisode doit donc être regardé comme un fragment de quelque autre chanson de geste, plus ancienne apparemment que celles d'Hervis et même de Garin, et mal rattachée à l'une et à l'autre. Il a pourtant son intérêt, mais c'étoit assez de l'avoir admis une fois.

Garin, grâce aux secours du roi de Cologne, réunit quarante mille hommes de guerre avec lesquels il prend et ruine Verdun, Clermont assis sur une roche, le bourg de Grantpré, Rethel, les domaines d'Anjorran de Couci, Fère, Vendeuil, le château de Chauni, Ham, Saint-Quentin, Nesle, Péronne et tout le Vermandois. De là, le Loherain passe en Ponthieu, en Flandres, bien que Gautier de Hainaut lui en eût déjà épargné la peine; il met en charbon Boulogne, Abbeville. Amiens lui résiste, mais il est plus heureux dans ses tentatives sur Boves, sur Montdidier, sur Roie; enfin, il achève cette hideuse chevauchée par la ruine du Beauvaisis.

Le roi Pepin, effrayé des succès de Garin, se repent de l'avoir éconduit. Il envoie la Reine au devant du duc de Metz pour essayer de l'apaiser. Blanchefleur sort du palais accompagnée de cent chevaliers et de trois pucelles; elle rencontre Garin à l'entrée du Petit pont, et le voyant assez bien disposé à reconnoître l'autorité du Roi, elle le ramène au Palais. Pepin lui fait grand accueil ; il consent à lui rendre le château de Belin, la Valdone et Montesclavorin, en échange d'une forte somme d'argent. Alors Garin se dirige avec un ost considérable vers les provinces méridionales. Cette dernière chevauchée est encore un remaniement des précédentes, d'autant plus malheureux qu'il ne s'accordera plus à la chanson de Girbert le loherain, telle qu'elle est conservée dans toutes les leçons. Comment douter de l'interpolation ? Quoi qu'il en soit, Garin passe à Orléans, entre en Berri, abat encore Bourges et Limoges, traverse la Gironde devant Blaives, prend Bordeaux, ruine tout le Bordelois, et, satisfait d'avoir installé ses deux neveux dans les anciens domaines de leur père, donne congé à ses soudoiers et revient en Loheraine.

Je le répète, tous ces derniers épisodes sont autant d'additions fâcheuses dues à d'ignorans jongleurs, et qu'on ne sauroit reproduire sans briser la sage ordonnance de la chanson véritable. Il doit suffire assurément d'en trouver ici une analyse exacte, quoique fort rapide. Mais il n'en est pas de même du second récit de la mort de Garin : la tradition, pour être moins ancienne que celle que nous avons plus haut reproduite, d'après le curieux manuscrit du collége de Navarre, a pourtant son cachet d'originalité, et rappelle les meilleurs temps de notre grande poésie héroïque. Dans les deux récits, il ne faut pas l'oublier, le lieu de la scène est le même : c'est le bois, le breuil ou breuillet de Val-Gelin, ou Genin, et ce nom, on ne peut guère le méconnoître dans celui de *Genivaux,* encore aujourd'hui petit bois de la campagne de Metz. La carte de Cassini y marque une masure appelée *Malmaison,* et un petit écart désigné sous le nom de *Bois de la Jurée.* Ces noms reviennent-ils à ceux de *Maison de plaids* et de *Bois de la paix jurée?* nous n'osons l'affirmer, tant qu'une charte ancienne n'aura pas donné une certaine force aux conjectures qu'on seroit tenté d'en tirer. Une dernière observation : Garin va désigner l'orgueilleux Guillaume comme *damoisel de Montclin;* or, Montclin, aujourd'hui Montsec, est sur le territoire de Commerci ; et la seule ville qui donnoit encore au XVIIIe siècle, au moins à ma connoissance, le titre particulier de *damoiseau* à ses seigneurs, étoit précisément Commerci.)

Le loherain Garin, revenu de Gascogne en Loheraine, fut trois ans sans provoquer ou soutenir la guerre : puis il sentit un aiguillon de repentir entrer dans son cœur : jour et nuit ses pleurs couloient en pensant à toutes les terres qu'il avoit ruinées, à tous les hommes qu'il avoit dépouillés de ce qu'ils avoient reçu en droit héritage. Il envoie donc de saints abbés et des moines bénis vers le comte Fromont pour lui proposer une trêve ; afin de rendre la paix durable, il consentoit à relever les murs et la grande tour de Montclin. Les trèves furent consenties : Guillaume, l'orgueilleux de Montclin, reprit possession de son château, en promettant de faire au duc Garin nouvel hommage. Un jour fut assigné pour conclure la paix et jurer une amitié inviolable; le bois de Valgelin fut indiqué pour le rendez-vous des deux baronnages.

Or il y avoit dans Valgelin une chapelle que desservoit un saint ermite. Ce fut près de ce lieu consacré que les barons arrivèrent : d'un côté le loherain Garin, Girbert, Hernaut et Gérin, et leurs vassaux au nombre de plus de mille; de l'autre Fromont et Fromondin, l'évêque Lancelin de Verdun, le comte Guillaume sire de Montclin, Aimon de

Bordeaux, Bouchart et Harduin, les jouvenceaux de leur lignage et plus de trois mille chevaliers montés sur de bons chevaux et couverts de leurs meilleures armes.

Le duc Garin au cœur loyal prit la parole :

« Écoutez-moi, francs et nobles chevaliers, et vous, sire
« Guillaume, damoisel de Montclin, qui êtes mon homme
« lige, mon compère et puissant ami. Chers Seigneurs, vous
« savez que pour racheter mes péchés, j'ai pris la croix et
« veux m'en aller au pays des Sarrasins. Si je vous ai méfaits autrefois, je vous en réclame le pardon, pour l'amour
« de Dieu. Mon fils Girbert gardera ma terre, et, s'il a besoin de votre aide, je vous prie de la lui accorder en
« francs et nobles chevaliers. Puis, si Dieu me permet de
« revenir, je ferai tout ce que vous pourrez souhaiter et réclamer de moi.

« — Comment diable ! » dit alors vivement Guillaume,
« pourquoi tant attendre ? Avez-vous donc oublié, quand
« vous avez tenu sur les fons mon fils Garin, la promesse
« que vous lui fîtes de l'un des marchés de Metz ? or jamais
« il n'en fut saisi.

« — Eh bien ! » répondit doucement Garin, « Girbert mon
« fils tiendra ce que j'ai promis. » Alors un vavasseur s'avisa de dire quelque chose à l'appui des paroles de Guillaume et de Garin. « C'est, » dit-il, « une vérité que le lohe-
« rain Garin promit à votre fils un des jours du marché de
« Metz, celui que vous jugeriez le meilleur : mercredi,
« lundi ou samedi. »

Guillaume, à ces mots, rougit de colère : « De quel droit,
« misérable chétif, te viens-tu mêler à nos plaids ? — Sire, »
répond le vavasseur, « je puis bien parler des droits du
« duc Garin. » Mais Guillaume, sans ajouter un mot, tire
l'épée au pont d'or, en frappe le vavasseur et le pourfend
de la tête à la poitrine. Le vavasseur vint rouler mort aux

pieds de Garin. « Par Dieu! » s'écria le Duc, « vous mé-
« prenez grandement, vassal, quand vous osez tuer mon
« homme sous mes propres yeux. — Défends-le donc, ou
« plutôt pense toi-même à te défendre. — Se peut-il, com-
« père! au nom du Dieu vivant, vous savez que je suis
« croisé et que j'ai fait vœu d'aller au service de Dieu. Si
« vous me frappez en trahison, vous en perdez à jamais le
« paradis, et l'on dira, à la honte de tout votre lignage, que
« vous aurez tué votre compère. »

Disant cela, le Loherain saute à cheval sans demander
congé, accompagné d'Hernaut, de Gerin, de Girbert et de
tous les siens. Mais le comte Lancelin se mit à crier :
« Nous sommes perdus s'il nous échappe. » Garin auroit
pourtant sans encombre repassé la porte de Metz, si Fromondin n'eût pas à l'avance posé plus de deux cents
chevaliers fervêtus dans une embuscade. Le combat s'engagea violent et terrible; il y eut bien des épieux brisés, bien des écus fendus, bien des chevaliers abattus,
morts ou blessés. Mais que peuvent gens désarmés
contre fervêtus? De tous ceux qui accompagnoient Garin,
dix seulement échappèrent; les autres ne virent pas la
journée suivante. Garin, facilement abattu de cheval, com-
prit qu'il lui falloit mourir : il se défendit pourtant comme
le plus hardi chevalier du monde, coupant autour de lui
bras, poings, visages et poitrines. Oh! s'il avoit eu le bon
haubert et le heaume bruni, cent chevaliers ne l'auroient
pas effrayé. Hernaut, Gerin et Girbert lui servirent longtemps de rempart. Enfin, le Duc se sentant foiblir et chanceler : « Cher fils et beaux neveux, » leur dit-il, « hâ-
« tez-vous, fuyez; vous pouvez encore éviter la mort, si
« d'autres échelles ne vous ferment le chemin. — Que dites-
« vous, cher père? » répond Girbert, « comment vous
« laisser en tel danger sans renoncer au paradis? En quelle

« cour oserions-nous jamais paroître? —Vous le ferez pour-
« tant, sire fils. Allez avertir les gens de Metz de venir à
« mon secours. » Ainsi parvint-il à les faire retourner en
grande hâte vers la ville.

Garin à pied, l'épée nue et l'écu tantôt sur la poitrine, tantôt rejeté sur le dos, arrivoit à la porte de la chapelle; il
entra dans le moutier, alla déposer son écu sur l'autel et
réclamant le Dieu qui ne mentit jamais : « Sire, » dit-il, « je
« vous ai souvent offensé, et j'en ai grand regret. Mais vous
« avez pardonné à Longis le coup de lance qui vous donna
« la mort; préservez-moi aujourd'hui! Vous savez que si je
« l'avois pu, j'aurois été vous servir et vous venger des
« felons Sarrasins. »

Au même instant entroient dans le moutier le comte Lancelin, l'orgueilleux Guillaume, Fromont, son fils et tout
leur parage. L'enceinte étroite ne peut les contenir : Guillaume de Montclin fait le premier pénétrer dans la poitrine
du héros le fer tranchant de son épée poitevine; Garin fléchit, tombe à genoux et tenant des deux mains le terrible
branc d'acier, fait repentir plusieurs de l'avoir assailli de
trop près. Enfin Guillaume, Fromont, Fromondin, Aimon de
Bordeaux, Harduin, Lancelin, le frappent en même temps
et le font tomber au pied de l'autel pour ne plus se relever.
Dieu veuille recevoir son âme, et lui faire rémission de
tous ses méfaits!

Il est couché au milieu d'eux, comme un grand chêne
au milieu du bois menu. Fromont et les siens se hâtèrent
de quitter le moutier pour retourner par devers Verdun;
car ceux de Metz avoient levé le cri. Le premier de ceux
qui arrivèrent fut un vavasseur, maire du loherain Garin. Il
voit son seigneur étendu sur la terre au pied de l'autel,
quand son âme n'étoit pas encore partie. Mais le bon maire,
le croyant bien mort et vrai martir, eut la pensée d'en

rapporter une sainte relique ; il leva donc la hache qu'il tenoit entre ses mains, et coupa le bras droit du bon Duc, pour le conserver dans une belle châsse d'argent. Garin sentit la grande douleur du coup ; il entr'ouvrit les yeux : « Ah ! beau frère, » dit-il foiblement, « pourquoi m'as-tu « tué ! » Le maire l'entend, et peu s'en fallut qu'il ne mourût de regret lui-même : « Merci, mon cher seigneur ! » cria-t-il en s'agenouillant, « Dieu m'est témoin que je le « faisois pour le bien. — Je te pardonne ma mort, beau « frère. » Alors l'âme s'en alla et le corps s'étendit.

Vint ensuite l'ermite qui, prenant l'encensoir et le psautier, fit les recommandises. Pour le bon maire, en s'éloignant il emporta le bras de Garin, dont il ne voulut pas se dessaisir. Girbert, Hernaut et Gerin revinrent dans la chapelle. En leur présence on creusa devant l'autel une fosse, et l'on y déposa le corps du noble Duc, aux pieds du Crucifix. Comme ils revenoient en grande douleur, ils croisèrent la foule des bourgeois de Metz qui demandoient nouvelles de Garin : « Bonnes gens, » dit Girbert, « mon cher père est « mort ! » Hélas ! quelle pitié de voir alors Béatris s'arracher les cheveux, égratigner son visage ! « A la male heure « avez-vous été, » dit-elle, « franc et noble chevalier ! Vous « étiez mon Seigneur, mon véritable ami ! » Puis la bien faite Aëlis vint joindre son désespoir à celui de Béatris.

Seigneurs, qui avez écouté la Chanson, sachez que les deux sœurs vécurent seulement trois jours après Garin le loherain. On les déposa dans un cercueil de marbre vert et noir, et elles furent ensevelies dans la grande église de Saint-Arnoul de Metz.

ANALYSE

DES DERNIÈRES PARTIES DE LA CHANSON DE GESTE
DES LOHERAINS [1].

Dans la geste précédente, le meurtre d'Hardré amène et prépare la mort de Bégon et de Garin, enfans d'Hervis de Metz. C'est aux Loherains maintenant à prendre leur revanche; car dans cette longue histoire, il ne peut être question de pardon ou d'oubli. Crime pour crime, mort pour mort, telle est la seule règle dont les deux partis reconnoissent la justice.

L'assassinat de Garin eût livré Metz aux Bordelois, si Girbert n'avoit aussitôt conseillé aux bourgeois de la ville de former une *commune* et de se défendre eux-mêmes, tandis qu'il s'éloigneroit et qu'il iroit demander secours ou chercher fortune auprès de Pepin. Comme il se rendoit à Paris avec ses deux cousins, les fils de Bégon de Belin, ils apprennent que Lancelin, un des meurtriers de Garin, est

---

[1]. Cette analyse est empruntée en grande partie au XXIIe tome de l'*Histoire littéraire de la France*, p. 367. J'ai fait pourtant d'importantes modifications à ce premier travail.

allé chasser loin de sa ville de Verdun dans la forêt de Foug, non loin de Flavigni ; ils se détournent de leur chemin, avec l'espoir de le surprendre ; et en effet, l'ayant atteint à l'endroit encore aujourd'hui nommé les Quatre-Vans, Girbert lui tranche la tête, jette ses entrailles à la rivière et disperse sur la route ses membres coupés en morceaux.

Les trois vengeurs de Garin continuent leur chemin vers Paris. Le Roi, par la faveur de l'Emperière, les accueille et consent à les entretenir. Girbert devient brenier ou veneur, puis fauconnier, puis sénéchal de la table. Cette dernière charge lui vaut quatre-vingts livres par semaine :

>   Girbert les donc as chevaliers de pris,
>   As vavassors, as dames as clers vis,[1]
>   Pour marier les pucieles gentis.

Mais il a son père à venger, et la Reine le lui rappelle. Pour lutter contre les Bordelois avec plus d'avantage, Girbert et Gérin vont d'abord prendre les « soudées » du roi Anséis, que les païens avoient attaqué. Cologne est délivrée par leur prouesse, et Girbert conquiert le bon cheval Fleuri, qui dès lors est associé à sa gloire. Cependant la fille et la femme d'Anséis étoient tombées en même temps amoureuses du fils de Garin, et celui-ci répondoit à leurs avances très-claires avec une extrême froideur. Cela ne faisoit pas le compte de son cousin Gérin qui, pour mieux assurer le succès de leurs vengeances contre les Bordelois, eût voulu que Girbert consentît à épouser la jeune princesse.

>   A la fenestre fu la fille Anséis,
>   Gent ot le cor et coloré le vis,

---

1. Aux beaux, aux radieux visages.

Blanche la char comme la flor de lis.
Et dist Gerins : « Regar, Girbert cosin,
« Sainte Marie ! com bele dame a ci !
— « Deus ! » dist Girbers, « quel cheval est Floris !
« Ainc[1] de mes ieus tel coréor ne vi.....

— « Deus ! » dist Gerins, « com très bele pucele !
« Vairs a les ieus[2] et la color novelle ;
« Moult est vilains qui d'amor ne l'apelle.
— « Voir, » dist Girbers, « n'a tel cheval en terre
« Com est Fleuris, li destriers de Castelle... »

Enfin le bon Anséis, fermant les yeux sur la passion de sa femme et de sa fille, consent à rendre à Girbert l'ancien héritage de Garin, la ville de Metz. C'étoit assez, avec le concours ardent de l'Emperière, pour recommencer la guerre contre les Bordelois. Le vieux Fromont, après une longue résistance, abandonne Bordeaux aux Loherains, et se sauve en Espagne dans une pauvre barque de marchands qui partoient pour ce pays. On le conduit devant Marsile et, prenant alors le rôle de Ganelon, il offre au roi sarrasin de le rendre aisément maître de la France entière. Cependant la paix se faisoit entre les enfans de Fromont restés en France et les Loherains : Fromondin rentroit en possession de Bordeaux, et la belle Ludie, sœur de Fromondin, devenoit, par son mariage avec Hernaut, le lien de la franche et sincère réconciliation des deux grandes familles.

Ludie est introduite heureusement sur la scène. Durant le dernier siége de Bordeaux par les Royaux et les Loherains, Fromont, afin d'entraîner Hernaut dans un piége, lui avoit fait proposer la main de sa fille. La belle Ludie ne voulut pas consentir à cette perfidie ; et comme Hernaut se disposoit à accepter le rendez-vous, elle prend une feuille

1. Jamais. 2. Bleus elle a les yeux.

de parchemin, écrit quelques mots et roule la feuille autour d'une flèche qu'elle fait lancer dans le donjon de Giron‑ville :

> Or escoutés de la bele au chief blonc ;
> De parchemin trencha un quarignon [1],
> Puis a escrite toute la traïson.
> Par devant li appela un garcon,
> Tendi sa main, si a pris le bougon [2],
> Puis a le brief loié au fer en son [3]...
> Destent la corde, laist aler le bougon ;
> A pou ne fiert [4] Hernaut par le menton,
> Qui consilloit entre lui et Doon.

Comme Do ou Doon le veneur avoit été (ainsi que son oncle le loherain Garin), mis à l'école dans son enfance, et qu'il n'avoit pas oublié tout à fait « les maistres arts, » il lit aisément l'avis que leur envoyoit la belle Ludie ; c'est ainsi que longtems avant les premiers essais d'accommodement, Hernaut le poitevin se sentoit prévenu en faveur de la sœur de Fromondin. Le mariage et la paix sont conclus le même jour à Bordeaux ; chacun des guerriers retourne dans ses domaines, le Roi à Laon, Girbert et Gérin à Metz, Guillaume à Montclin, Hernaut à Blaives.

Un an s'écoule ; Hernaut et tous ses amis sont invités à une fête dans Bordeaux, et là assaillis à l'improviste par les bourgeois de la ville. Do le veneur est tué, Ludie retenue captive de son frère. Les Loherains demandent satisfaction, Fromondin la refuse. Ils vont implorer de nouveau le se‑cours de Pepin contre les traîtres bordelois : le Roi de France perd enfin patience :

> « Deus, » dist li Rois, « peres omnipotent,
> « Ainc ne vi guerre tant durast longement...
> « Laissiés la terre, à maufès la commant [5],

---

1. Un carré de parchemin.   2. La flèche, le trait.   3. Au sommet.
4. Peu s'en faut que le trait ne frappe.   5. Je la voue, je la donne au diable.

« Venés o moi, n'i soiés demorant,
« Toute ma terre arés à vo talent[1]... »
Et la Roïne fors d'une cambre issant
Devant le Roy, sur le marbre luisant,
S'ala couchier à genous maintenant....
« Sire, » dist ele, « merci por Deu le grant!
« Molt oi grant joie, sachiés à enscient[2],
« Quant devine vostre, à vo comandement;
« Mieus en doit estre à trestous mes parens.
« Mais de çou, sire, te prouve malement
« Quant d'un glouton ne leur fais vengement. »
Dist Pepins : « Dame, trop parlés baudement[3];
« Mien enscient, n'a mie encor un an
« Que je reving de Bourdele la grant.
« D'autre ost à faire n'ai ores nul talant.
« A cent déables ceste guerre comant;
« Quant commença, nos estiemes enfans,
« Tant a duré que vieus sui et crolans.
« D'ore en avant vos en otroi le gant[4],
« Gueroyez, dame, tout à vostre talent.
— « Sire, » dist ele, « trop parlez malement :
« Femme ne doit guerroier de noient;
« Se je fuisse home à porter garnemens,
« Par cil apostre que quierent penéant[5]!
« Je les féisse morir honteusement. »
Par le palais s'en ont ri li auquant[6].

Mais toute femme qu'elle soit, elle fait elle-même un grand appel à la chevalerie de France. Cependant que vingt mille guerriers chevauchent vers la Gascogne, Fromondin se présente devant Belin dans les Landes; il y surprend Hernaut qui, forcé de lâcher pied, cherche un asile dans l'église de la ville, dédiée à saint Martin. A défaut de son épée brisée, il saisit un crucifix et le place devant sa poitrine, foible obstacle à la rage du Bordelois; il regarde autour de lui :

Lors vit un huis d'une tour defferme,

---

1. A vos souhaits. 2. Sciemment. 3. Trop librement.
4. Je vous en donne le gant, le pouvoir.
5. Que réclament les pénitents, les pèlerins. 6. Maints, bien des gens.

Par où on suet[1] là deseure monter
Pour le moustier couvrir et ratourner.

Il s'y précipite, referme sur lui la porte avec des barres de fer, et monte sur la voûte de l'autel. Fromondin fait alors apporter des fascines; les poutres s'allument, l'église est embrasée, et la fumée gagne le réduit où se trouve Hernaut :

> Or est Hernaus deseur le crucefis,
> Son dos tourna vers la gent Fromondin,
> Et son escu devant la flamme mist.
> A haute vois escria Fromondins :
> « Traiés, archiers[2], qui me volés servir;
> « Qui m'ochira mon mortel anemi,
> « Tous mes avoirs li soit à bandon mis...
>   « Saint Martin, sire, » dist Hernaus li marchis,
> « Digne confés, poi avés Dieu servi,
> « Quant moi ne vous ne poés garandir.
> « Ne vous verrai jamais, sire Gerin;
> « Com estes loing, Girbert, sire cousins !
> « Dieus, moie coupe[3] de çou que je mefis !
> « Or sai-je bien que mes cors est fenis. »
>   Li fus est grans, et tele flame en ist
> Que tout li tolt[4] le véoir et l'oïr.
> Faut-li l'alaine, et li cuers li menti[5].

Il tombe au milieu des Bordelois, qui se placent entre lui et Fromondin; laissé pour mort on l'abandonne sous les débris de l'église. Pendant qu'il revient à lui, l'armée de la Reine arrive. Fromondin, à son tour vaincu, fugitif, prend le parti d'entrer dans un monastère et d'y faire profession. La façon dont lui-même implore et obtient la vie de la pitié de Girbert, forme un heureux contraste avec la férocité qu'il venoit de montrer à l'égard d'Hernaut :

> L'espée hauce Girbers li fius Garin :
> Voit-le Fromons, paour ot de morir;

---

1. On avait coutume.   2. Lancez vos flèches.   3. *Meâ culpâ.*
4. Qu'il lui ravit la vue et l'ouïe.   5. Lui manqua.

En crois se couche devant le fil Garin :
« Sire Girbert, ensi fu Dieus ocis,
« A icelle hore que Longis le feri;
« Quant sanc et aigue de son costé issi,
« Clama sa coupe, et Dieus merci li fist.
« La moie vie me sauve! je t'en pri,
« Ne tolir Dieu! çou qu'il a en moi mis;
« Merchi pour Dieu te demant et depri.
« Moine serai el moustier Saint Seurin,
« Lairai Ludie, ma terre et mon païs... »
Ot-le Girbers, pleure des ieus del vis :
« Levés-vous ent, de la mort vous respit. »
Et Fromondins s'espée li rendist.

Mais le nouveau moine ne devoit pas longtemps édifier le couvent. A peine est-il remis de ses blessures, qu'il fronce les sourcils, roule les yeux d'une façon terrible. En voyant arriver le prieur avec le manteau noir qu'il doit revêtir et les ciseaux qui doivent le tondre, il s'écrie furieux :

« Coment déable! tient-me il por bregier[2]?
« Cuide-il ores cloiches doie sachier[3]?
« S'avec les angles estoie hebergiés
« Et je véisse enfer desveroillé,
« De paradis certes istroie gié,
« Et m'en iroie en enfer hebergier
« Avoec déables et avoec aversiers,
« Ains que laissasse au conte Hernaut mon fié. »

L'Abbé, tremblant de peur, se hâte de lui ouvrir les portes de l'abbaye, et le premier usage que Fromondin fait de sa liberté est de convoquer tous ses amis et de les conduire au-devant des Loherains. Nous passerons ici bien des récits de siéges, de combats et de parlemens, qui finissent à l'avantage d'Hernaut et de Girbert; mais voici venir d'Espagne le vieux Fromont, conduisant une armée innombrable

1. Ne veuille enlever à Dieu... 2. Me prend-il pour un gardeur de moutons?
3. Croit-il que je doive tirer les cloches?

de mécréans devant Bordeaux ; heureusement ils y rencontrent les deux armées de Girbert duc de Metz et de la reine de France. Les Sarrasins, repoussés au delà des Pyrénées, se vengent de leur défaite sur le vieux Fromont que l'Aumaçor (Almansor) fait mourir de sa propre main. Son cadavre, retrouvé près de Gironville, est recueilli par son fils et déposé à Saint-Seurin, dans un modeste cercueil de marbre blanc.

Ici, le poëte nous laisse un instant respirer. Gérin, qui a épousé Béatris, fille d'Anséis, hérite du royaume de Cologne ; Girbert, marié à la fille d'Yon de Provence, devient lui-même roi de Provence. On rend Bordeaux à Fromondin, qui reconnoît pour suzerain Hernaut le poitevin, époux de sa sœur Ludie. La paix se maintient ainsi pendant plusieurs années. Mais un jour de Pentecôte, Girbert, que Fromondin recevoit dans Bordeaux, témoigne le désir de voir le tombeau du vieux Fromont :

> Li rois Girbers fu plains de grant voidie [1] ;
> A Fromondin prist maintenant à dire :
> « Où gist Fromons ? dites le moi, biaus sire. »
> Dist Fromondins : « Nel vous celerai mie,
> « Devant l'autel Saint Seurin le nobile. »
> Lors prist Girbert par la mance d'ermine,
> Dusc'à la tombe au viel Fromont le guie [2].
> Et dist Girbers : « Chi ne remenra mie,
> « Nous li ferons sepulture plus riche. »

Girbert avoit ses vues particulières. Quelques jours après, comme on exhumoit le corps, il suit des yeux le crâne de l'ancien ennemi de sa race, et ordonne à son écuyer Mauvoisin de le dérober :

> « Tenés, » fait-il, « faites le m'estoier [3] ;
> « Por çou qu'il fu tousjours si bon guerrier,

---

1. Malice, ruse. 2. Le guide. 3. Faites-le-moi monter.

« Si m'aïst Diex, le ferai essauchier;
» Car une coupe toute ouvrée d'ormier [1]
« En ferai faire, dont Fromondins li fiers
« Me servira devant moi au mangier. »
Dist Mauvoisins : « Bien fait à otrier. »
L'autre ossemente, sans point de delaier,
A fait Girbers en un sarcu couchier,
Sur sis colombes de marbre bien taillié.

Et dès que Girbert est rentré dans sa ville d'Aix :

« U est le tiest[2]? » dit-il à Mauvoisin.
Dist Mauvoisins : » Biau sire, vés-le chi. »
Dont sousleva le mantel sebelin,
Le hanepier[3] qu'ot en son geron mis
Prent, si le done Girbert le fil Garin.
Girbers le prent, s'en a jeté un ris.

On fait venir un orfévre, qui d'abord jure de garder le secret sur l'ouvrage dont on va le charger; et l'artiste, sans perdre de temps,

Le hanepier para et eschavi,
Puis l'a ouvré moult biel à flours de lis;
El pié desous, où li fons est assis,
Fist un guichet moult rice à couléis,
Par où l'en puet le hanepier choisir[4];
Tant i ot pieres n'en sai conte tenir.

Voilà Girbert heureux; il pourra savourer le vin et le piment dans le crâne de son ennemi. A la prochaine grande fête, il convoque ses parens et ses hommes. Gérin de Cologne, Hernaut de Poitou, Fromondin de Bordeaux arrivent des premiers. On se met à table; suivant l'usage, Fromondin remplit la coupe des trois cousins. Girbert, appelant Mauvoisin :

« Ami, » dist il, « alez de maintenant,
« Si m'aportés ma coupe d'or luisant;

---

1. D'or pur. 2. Le crâne. 3. Le crâne. 4. Apercevoir.

« S'en servira Fromondins de piment... »
　La coppe prist li vassaus Fromondins,
Si en servi Girbert le fil Garin
A son mengier, et Hernaut et Gerin,
Et la Roïne, qui avoit lou cuer fin.

Le lendemain, Fromondin emplit encore la coupe, et boit lui-même à la prospérité des Loherains. Mais au moment de demander congé, un varlet le prend à part, lui apprend que la coupe renferme ce que Dante eût appelé « *il teschio misero* » de son père, et que Girbert avoit convoqué tous ses amis pour se donner le plaisir de voir Fromondin lui verser le vin et le piment dans cette coupe. A l'instant même, le Bordelois, pâle de rage, retourne vers Girbert :

« Sire Girbers, envers moi entendés :
« Par cele foi que vous à Dieu devez,
« Je vous requiers que dites verité :
« En ce palais m'a-l'en dit et conté
« Qu'en cele cope dont je sers de claré
« Avez enclos dedans et saélé
« Lou hanepier mon père lou barbé. »
　Girbers l'entent, moult en est aïrés,
Si li respont par grant humilité :
« Fromondin, sire, merci ! por l'amor Dé,
« Je ne lou fis por nule mauvaisté... »
　Dist Fromondins : « Moult grant tort en avés,
« En mon domage quant vous glorifiez.
« Vostre home estoie huimais, bien le savez,
« Et ge et nos estiens accordé ;
« Li vostre homage soient quite clamé ! »
Lors prent deus peus de l'ermin engoulé[1] ;
Au Roi les a emmi le vis geté :
« Girbers, » dit-il, « or soiés défiés ! »

Et sur-le-champ il monte à cheval et court prévenir tous ses parens et amis de l'affront qu'ils viennent de recevoir ; affront qui ne peut être expié que par la mort de tous les Loherains.

---

1. Deux poils de l'hermine à franges rouges.

Plus nous avançons, et plus le récit deviendra lugubre. Fromondin est entré dans Gironville; sa sœur Ludie, femme d'Hernaut, qu'il y retient prisonnière avec deux de ses enfans, vient se jeter à ses pieds, le conjurant d'accepter les réparations que lui offre Girbert : trois forts destriers chargés d'or, trente heaumes et trente hauberts, enfin la coupe d'or, sujet de la dernière querelle. Toutes les prières sont inutiles, ou plutôt ne font que redoubler la rage de l'offensé :

> A un deis s'est Fromondins acoutés,
> En tel pensé a longement esté :
> Les deus enfans Hernaut a là trové,
> Et mal esprit li est el cors entrés.
> Ses filleus furent, en font[1] les ot levés.
> Par les deus piés a les enfans combrés[2],
> A un piler de fin marbre listé
> Les a amdui si fierement hurté,
> Que il les a amdui ecervelez.
> Quant a ce fet li felons parjurés,
> Par les fenestres les geta el fossé.
> Voit-le Ludie, si comence à plorer :
> « Taisiés vous, seur, » dist Fromons li dervés,
> « Ou par la foi que je doi Deu porter,
> « Se plus vous voi ne crier ne plorer,
> « De vous méisme ferai-je autretel. »
> La dame l'ot, s'a Fromondin douté,
> Que le visage li voit tout enflambé.
> Dedens sa chambre s'est alée enfermer ;
> Là va son deul de ses enfans mener.
> Et Fromondins s'est assis au dîner ;
> Por les enfans que il avoit tués,
> A maintenant son deul entroblié.

La reprise de la guerre n'est pas favorable à Fromondin, qui ne peut conserver Gironville, et se voit une dernière fois dépouillé de tout l'héritage de ses ancêtres. Obligé de fuir pour sauver sa vie, il se dirige vers les Pyrénées.

---

1. Sur les saints fonds. 2. Cambrés.

Quand il a gagné Pampelune, accompagné d'un seul écuyer, il fait un retour sur lui-même :

> Au mostier va le Dieu servisse oïr,
> Devant l'image s'estoit à genous mis,
> Si li remembre de Bordiaus, son païs,
> De ses nevens que il avoit ocis ;
> Bati sa corpe[1], et cria Dieu merci.
> En ce penser li fu or talent pris
> Que il vora hermite devenir.

A quatre lieues de Pampelune, dans la forêt de Gal, demeuroit un saint homme qui depuis plus de trente ans faisoit une pénitence austère. C'est à lui que Fromondin se présente et qu'il fait l'aveu de tous ses crimes. L'ermite épouvanté lui promet cependant miséricorde, pourvu qu'il consacre le reste de sa vie à prier et à pleurer. Fromondin veut demeurer avec l'ermite, et plusieurs années s'écoulent sans qu'il paroisse se démentir. L'ermite qui l'avoit confessé meurt ; Fromondin l'ensevelit de ses propres mains, et reste dans la cellule avec l'écuyer qui l'avoit suivi.

Or, un jour il prend envie à Gérin, roi de Cologne, de visiter Saint-Jacques de Compostelle. Il fait ses adieux à sa femme, passe à Aix chez le roi Girbert qu'il emmène avec lui. Arrivés à Pampelune, les deux cousins, suivant le commun usage, veulent se disposer par la confession à visiter monseigneur Saint-Jacques. Ils demandent s'il n'y a pas dans le pays quelque saint homme qui puisse leur donner une bonne absolution ; on leur indique l'ermite du bois de Gal ; ils en sont reconnus. Alors le vieux sang bordelois se ranime. Les voilà donc, ceux qui jouissent du fief héréditaire ; ceux qui ont forcé le vieux Fromont à renier le Christ ; ceux qui ont eu sa vie ; celles d'Isoré, de Guillaume de Monclin, de Bernart de Naisil et de tant d'autres héros !

---

1. Battit sa poitrine ; dit son *meâ culpâ*.

Fromondin n'hésite pas un instant : « Frères, » leur dit-il, « je ne suis pas en état de grâce ; revenez dans quelques « jours, et je vous remettrai vos péchés. » Ce qui lui manquoit c'étoit deux bons coutelas, qu'il fait aussitôt venir de la ville. Par malheur pour lui, l'écuyer chargé de cette emplette se prend de pitié pour les Loherains. Il demande à leur parler : « Savez-vous, » leur dit-il, « quel est le vieil « ermite qui doit vous confesser? c'est Fromondin de Bor- « deaux. » Il ne dit rien de plus, le nom de Fromondin suffisoit. Girbert et Gérin, sous leurs manteaux fourrés, revêtent la cuirasse et ceignent le branc acéré. L'écuyer les voyant approcher :

> « Baron, mes sires vous a par moi mandés ;
> « En ceste chambre chascun à part venés,
> « N'est pas hetiez[1] mes sires, Dieus le scet. »
> — « Voir? » dist Gerins, « et je premiers irai. »
> A icest mot est en la chambre entrés,
> Et les dui autres se sont après bouté.
> A genouillons s'est lez lui acoutez ;
> Fromondins a Gerin araisonné :
> « Dites, vassal, de quel terre estes nés ? »
> Et cil a dit : « De moult lointain regné. »
> Quequ'il parloit, li autre ont regardé,
> Fromondin voient qu'a le coutel levé.
> Girbers saut ens, et s'est haut escriés :
> « Par Dieu, traïstre, mar l'osastes penser,
> « De vostre corps sera chier comparé. »
> Dist Fromondins : « Quant mi jor sont alé ,
> « Je ne veul estre jamais emprisonés,
> « C'est à bon droit ; or m'ociez, por Dé,
> « Et neporquant, Girbers, foi que doi Dé,
> « Tu en seras à la parfin tués. »

La prédiction n'arrête pas le bras de Girbert, qui plonge son glaive dans la poitrine du malheureux bordelois :

> Mort le tresbuche, et puis l'a ramponé.....
> Puis Fromondin ont jus l'autel porté ;

1. N'est pas en bonne santé.

> Iluec le font belement enterrer,
> Es chevaus montent, atant s'en sont torné.

La plupart des manuscrits s'arrêtent à la mort de Fromondin : Girbert retourne à Aix, capitale de son royaume ; Mauvoisin, à Saint-Gilles dont il est devenu comte en épousant la fille de Raimont; Hernaut le poitevin, à Gironville, et Gérin, de Loheraine, à Metz. Un de ces manuscrits finit même avec ces mots : « Ci defaut li romans des « Loherans. » Un autre, avec ce vers :

> Allés-vous en, li romans est fenis.

Un autre ajoute les deux suivans :

> Des Loherains ne porés plus oïr,
> S'on ne le vuet controuver et mentir.

Cependant plusieurs poëtes du XIIe siècle ont voulu poursuivre encore plus loin cette longue histoire. Comment les parens de Fromont auront-ils accueilli la nouvelle de ce qui s'étoit passé dans l'ermitage du bois de Pampelune? quelle vengeance en auront-ils voulu tirer? Tel est le sujet de la dernière chanson, qui a été traitée de plusieurs manières différentes.

Dans une de ces continuations, les parens de Fromondin, restés, malgré leurs longs désastres, maîtres de la Flandre et de la plus grande partie de l'Artois, se soulèvent en masse contre les Loherains, et vont ravager le royaume de Cologne, le Hainaut et la Picardie. C'est un cadre qui permet à l'auteur de prodiguer les récits de combats, de fêtes et de conseils. Ainsi à l'occasion de la chevalerie donnée aux enfans de Girbert par le roi Pepin :

> Grans fu la feste, mès pleniers i ot tant
> Moult à envis les iroie contant.
> Bondissent timbre, et font feste moult grant

Harpes et gigues et jugléor chantant;
En lor vieles vont les lais vielant
Que en Bertaigne firent jà li amant;
Del Chevrefoil vont le sonet disant
Que Tristans fist que Yseut ama tant.
Que vos diroie? il n'est nus clers lisans,
Qui de la feste puist dire le semblant;
Onques n'i ot menestreus ne serjans
Qui celui jor ne fust riches manans;
Tant vont li prince et vair et gris donant,
Robes de soie et à or et argent.....
Huit jors toz plains va la feste durant.

La guerre finit par un accord dont la reine de France est arbitre. Durant les préliminaires de conciliation, Eudon, comte de Flandres, ayant taxé de guet-apens la mort de Fromondin, Mauvoisin, comte de Saint-Gilles, n'avoit pu s'empêcher de fermer la bouche au calomniateur par un violent coup de poing. La paix avoit pourtant été conclue; mais après dix-sept ans, le souvenir de l'affront reçu se représente à la pensée d'Eudon de Flandres, et la guerre recommence par le siége de Cambrai. On voit à cette occasion paroître sur la scène Raoul, fils du seigneur de Cambrai, et son écuyer Bernier; il y a même un assez long épisode sur la grande querelle de Raoul et de Bernier, et sur la mort de Raoul de Cambrai; légende qui a plus heureusement inspiré un autre trouvère. Enfin, la paix se conclut encore, et le poëte prend congé des auditeurs après avoir redit en peu de mots la mort du roi Girbert, tué par son neveu Loeis, fils de Hernaut le Poitevin. Girbert, selon lui, eut deux fils nommés Yon et Garin. De celui-ci naquirent Aimer, père d'Olivier, Mile de Pouille, Hernaut de Beaulande et Girart de Viane. C'est ainsi que la dernière branche de la geste loheraine est le début de la geste d'Aimeri de Narbonne.

La seconde rédaction est sans contredit la plus remarquable. Après avoir rendu les honneurs funèbres à Fromondin, Girbert, Gérin et Mauvoisin avoient pris la route de Bordeaux ; ils y trouvent Hernaut et Ludie, qui les reçoivent avec de grands témoignages d'amitié. Le lendemain, Hernaut, à la prière de Girbert, convoque tous les parens et amis qu'ils avoient dans le pays : il leur raconte les circonstances du voyage de Saint-Jacques, et comment ils avoient prévenu la trahison de Fromondin :

> « Là l'ocheïsmes, et si est enfouis.
> « Or, povés estre mais asséur tos dis. »
> Ot le Ludie, li sans li est fuïs ;
> Pasmée chiet ens el palais voutis,
> Et quant revint si a gieté deus cris :
> « Girbers, » dist ele, « que est cou que tu dis?...
> « Huimais estiés uns de mes boins amis ;
> « Or estes vous mes morteus anemis,
> « Et serés mais dusqu'al jour del juis. »

C'est en vain que Girbert, Hernaut et Gérin tentent de l'apaiser ; plus ils s'humilient devant elle, et plus elle jure de tirer une vengeance terrible de la mort de son frère. Dès ce moment, plus de rapports avec Hernaut ; elle n'est plus sa femme ; elle fait préparer dans une chambre deux lits pour ses enfans et un autre pour elle. « Il ne faut pas, » dit ici le poëte, « tenir grand compte d'un courroux de « femme ; mais une fois qu'elle hait véritablement, sa fu- « reur est plus terrible que le poison, et son esprit invente « des crimes qui auroient fait reculer Caïn. » Girbert, la nuit suivante, a un songe funeste ; il lui semble voir se dresser devant lui le vieux Fromont, son fils Fromondin, Aimon de Bordeaux, Bernart de Naisil, Guillaume de Blancafort et Guillaume de Montclin ; tous le menacent, armés de leurs épieux ; il n'est secouru ni par ses cousins, ni par la Reine. En s'éveillant, il raconte le songe à Hernaut, qui cherche inutilement à le rassurer. Le signal de la chasse est donné; Girbert n'y prend pas de part, et reste plongé dans une profonde tristesse. Ludie cependant avoit longuement entretenu ses deux enfans, Louis et Manessier. Par leur mère, ils étoient de la race des Fromont qui, durant plusieurs générations, avoient été souverains de Gascogne, d'Artois et de Flandres, quand les Loherains n'étoient que des marchands et des vilains. Or Garin, son fils et ses neveux ne se sont pas contentés d'usurper tous leurs domaines; Girbert a voulu que le noble Fromondin le servît à table dans le crâne du vieux Fromont, leur aïeul; puis il est allé le chercher dans un ermitage où il prioit Dieu, et là, devant un autel, il l'a assassiné. « Que ferez-vous, mes « beaux enfans? » s'écrie-t-elle. « Ne vengerez-vous pas « votre mère et les plus nobles de vos ancêtres? »

>Dist Manessiers : « Dame, pour Dieu merci !
>« Moult est preudons Girbers je vous affi,
>« Grans deus seroit se l'ocions ensi. »

Louis répond à peu près de même, et Ludie désespéroit de les attirer à ses fins, quand Girbert demande à lui parler, et vient de nouveau la conjurer de ne pas donner suite à ses projets de vengeance :

>Mais ele jure saint Pol et saint Denis,
>Que tous jours mais sera ses anemis,
>Et volentiers li fera encor pis
>Que n'ot ses freres, quant li bers fu ocis.
>Girbers l'entent, à pou n'enrage vis,
>Traite a l'espée, l'a par les caviaus pris,
>Jà li trenchast le tiest, ce m'est avis,
>Quant en sa chambre prist Ludie à foïr.

En se sauvant elle avoit frappé de sa tête les murailles; elle rappelle ses fils, et paroît devant eux ensanglantée. A cette vue les deux enfans poussent des cris de rage, ils immoleront celui qui osa frapper leur mère. En effet, dès le jour même, comme Girbert jouoit aux échecs dans la salle voisine, Manessier se précipite sur l'échiquier de métal, le soulève et le fait retomber sur la tête du Roi. Louis en même temps lui plonge son glaive dans le cœur.

Le crime accompli, les deux enfans se hâtent de quitter Bordeaux. Avec leur mère et bon nombre de serviteurs dévoués, ils s'enferment dans Gironville. Hernaut revient de la chasse, et apprend la mort de son cousin ; il mande tous les chevaliers de la grande famille lorraine, et la guerre recommence plus terrible que jamais.

Girbert fut enterré, dit-on, à Saint-Seurin de Bordeaux. Il est bien difficile de ne pas admettre que cet ancien cimetière, situé en dehors des murs de la ville, et dont on fait remonter l'origine aux premiers temps du christianisme, n'ait pas en effet reçu bien des tombes mémorables, dont il ne seroit pas impossible de retrouver de précieux fragmens [1] :

> A Saint Seurin est Girbers entierés,
> Jouste Rigaut, qui moult fu redoutés ;
> Li chimentiers fut moult lonc et moult lés,
> A cascun home fu uns arbres plantés ;
> De l'une part fu li grans parentés
> Del duc Begon qu'el boz fu mors gités,
> Et sur chascun fu un marbre posés,
> De lettres fu chascuns avironés.
> De seur Girbert fu escrit autretel
> Coment il fu par ses neveus tués.

Ces détails nous préparent à une autre scène, non moins

---

[1] Les fouilles nouvellement faites dans les cryptes de Saint-Seurin, sous la direction de la Société archéologique de Bordeaux, et de M. l'abbé Cirot de La Ville, professeur à la Faculté de théologie, ont mis à découvert un grand nombre de tombeaux qui semblent remonter à l'époque mérovingienne. Un monument soutenu sur plusieurs colonnes de marbre répond même assez bien à la description que fait un des chantres Lohérains de la tombe du vieux Fromont. Nouvelle preuve que tous les récits de cette grande épopée reposent sur des souvenirs tradionnels, dont les dates diverses sont maintenant bien difficiles à retrouver.

grandiose, non moins épique, non moins admirable. Gérin arrive à Bordeaux avant de connoître la mort de Girbert, et son premier soin est de visiter, accompagné de Seguin et de Mauvoisin, le grand cimetière où déjà reposoit une partie de sa famille. Sur une longue rangée étoient les barons bordelois tués dans les guerres précédentes ; sur l'autre, les Loherains : et d'abord Bégon, le père de Gérin ; puis Tierri d'Alsace ou des monts d'Aussai ; Do le veneur, père de Mauvoisin ; Auberi le Bourgoin ; Rigaut du Plesséis et ses cinq frères. Gerin arrive enfin à la tombe de Girbert :

> « Dieus, » dist Gerins, « peres qui ne menti,
> « Com chieus est grans ki jouste Rigaut gist !
> « Il est plus lonc ke tout chil ki sont chi,
> « Et plus honestes et de cors et de vis !
> — « Si m'aït Dieus, » çou a dit Malvoisins,
> « Chieus hons fu riches, bien le sachiés de fi,
> « Mais je ne sai se il nous appartint. »
> Dont vont au cief, ci ont les lettres lit ;
> Che dist la lettre : *Li rois Girbers gist chi,*
> *Que si nevou orent andoi ocis,*
> *Li fil Hernaut, Manessiers, Loeys ;*
> *Che fist Ludie faire, li Andecris* [1] ;
> *Priés por moy qui lisiés cest escrit !*
> Gerins l'entent, li sans li est fuïs,
> Cinq fois se pasme, ne se puet astenir.....
> Grans fu li deus qui là fu demenés,
> Quant li vassaus Seguins est escriés :
> « Certes, » dist il, « moult grant tort en avés ;
> « Estes-vous femme, que tant ensi plourés ?
> « Li mort sont mort, et del siecle passés.
> « Jà savés-vous, et si est verités,
> « Que dueil n'est riens, mais del vengier pensés. »

La vengeance de la mort de Girbert ne se fait pas longtemps attendre. Louis, à la suite d'un grand combat, tombe entre les mains de son père, qui l'auroit livré aux bourreaux, si le fils de Do le veneur n'avoit pas été fait pri-

---

1. L'Antechrist.

sonnier par les Bordelois. En attendant, il le fait venir devant lui :

> Si aïrés fu vers lui sans detris,
> Qu'il le pila don pié en mi le vis.
> « Mauvais traïstres, » dist Hernaus li marchis,
> « Que t'ot mefait Girbers li palasins,
> « Quant le feris del coutiel ens el pis?
> « Tu en pendras là sus en cel larris [1],
> « Qu'on te verra par trestout le païs,
> « Ne tes lignages n'en estordera vis,
> « Tu ne ta mere la male meretris.
> — « Çou n'est pas voir! » chou a dit Loéys,
> « Preude feme est et de cors et de vis,
> « Courtoise et france, et gentile à devis ;
> « De sains, de saintes est estraite ses lins ;
> « Mais vos taions [2] qui ot à non Hervis
> « Fu uns vilains entullés [3] com mastins,
> « Estrais d'usure et montés en haut pris, etc. »

Manessier, le second fils, est à son tour pris quelques jours plus tard. Ludie, prévoyant que le père seroit inflexible, lui propose une sorte d'accommodement du haut des tours de Gironville :

> Hernaus commence vers la tour à garder,
> Et vit Ludie as fenestres ester ;
> Tant estoit bele et tant ot le vis cler
> Qu'on se péust en sa face mirer.
> Aval regarde, vit son seignor passer
> « A! Hernaus, sire, laissiés m'à vous parler,
> « Ber, car me fetes Manessier ramener,
> « Ou Loéys, lequel que vous volés.
> « Je vous ferai Doon desprisonner,
> « Et bien dui cens qu'on me fist amener.
> — « Voir ! » dist Hernaus, « nel lairoie eschaper,
> « Pour trestout l'or qui est dechà la mer. »
> La chiere baisse, si comence à plorer.

Ce dernier trait nous attendrit, et le poëte a soin de mettre

---

1. En cette pleine terre.   2. Votre aïeul.   3. Grossier.

encore ainsi plusieurs fois en présence Hernaut et Ludie, qui regrettent bien d'être séparés par la haine de leurs familles, mais qui n'ont aucun repentir de ce qu'ils ont fait. Les deux jeunes meurtriers de Girbert se recommandent eux-mêmes à notre intérêt par l'amour aveugle qu'ils portent à leur mère : quand Manessier vient rejoindre son frère en prison, les premières paroles de Louis sont pour elle :

> « Que fait ma mere, cui Dieus puist honorer?
> — « Certes, biau frere, ne fine de plorer,
> « Puis qu'on te fist çà dedans amener. »
> Loéys l'ot, ne pot un mot sonner.

Mais le moment de mourir approche. Hernaut veut d'abord charger le maire de Bordeaux de pendre ses enfans ; le maire refuse : il est, dit-il, homme du Roi, non pas du comte Hernaut. Ce passage ne manque pas d'importance pour l'étude des anciennes coutumes municipales :

> Oudin le maire fist devant lui mander,
> Et de la vile les jugeurs asambler :
> « Oudins, biaus sire, vous avés à garder
> « Tous les tor aits de Bordele sur mer ;
> « Les maufaiteurs si faites essorber[1],
> « Chiaus qui mesfont qu'on les doie tuer ;
> « Je vous veul ore par amour comander
> « Que de mes fis me faites delivrer... »
> Che dist Oudins : « Or nous laissiés ester ;
> « De vous n'avons nule riens à garder...
> « Nel devriez à nul hom comander. »
> Hernaus l'entent, le sens quida desver,
> Par mautalent comença à jurer :
> « Par cele foi que je doi Dieu porter,
> « Se ne cuidoie le roy Pepin irier,
> « Tout vous feroie à martire livrer ;
> « Mais de s'amour ne me veul desevrer. »

La commune de Bordeaux étoit donc, avant la fin du XIIe siè-

1. Aveugler.

cle, sous la tutelle directe du roi de France. Ainsi du moins le croyoit l'auteur de cette dernière branche des Loherains.

Le supplice des deux enfans d'Hernaut le poitevin termine réellement le poëme. Les continuations essayées vers la fin du xiiᵉ siècle par des trouvères malhabiles ne méritent pas de nous arrêter, tant elles sont dépourvues de toute espèce d'intérêt et d'originalité. La chanson n'étoit déjà que trop longue, à cause des éternelles descriptions de combats que les copistes se sont efforcés, comme à l'envi, de multiplier. Mais, dégagée des lieux communs dont on l'a surchargée, l'épopée loheraine est assurément une des plus intéressantes que puisse offrir la littérature d'aucun peuple. Tous les faits, quelque nombreux qu'ils soient, se déduisent les uns des autres, et la mort des enfans d'Hernaut n'est, après tout, que la conséquence rigoureuse de l'ancien meurtre d'Hardré, leur aïeul maternel. Ces longs récits de la haine invétérée de deux grandes familles sont-ils sortis de l'imagination des trouvères? Nous ne le pensons pas. Les Bordelois représentent plus d'une fois ces premiers souverains de l'Aquitaine, les Hunaud, les Loup, les Waifre, déshérités par les Carlovingiens. Entre le vieux Fromont, qui appelle en France les Sarrasins, et le comte Eudes de l'histoire authentique, les rapports sont incontestables. Le duc Girbert ou Gillebert de Loheraine tient une place assez considérable dans l'histoire du xᵉ siècle, et le moine Richer, nouvellement mis en lumière par M. Pertz, le représente tel à peu près qu'on le trouve dans la Chanson de geste. Mais si les chroniques ont, en quelques lignes, résumé ces grandes et terribles luttes, les poëmes sont tombés dans le défaut contraire. A force d'accumuler les traditions que le temps rendoit de jour en jour plus incertaines, ils ont laissé échapper le fil conducteur de l'histoire, et les préoccupations du conteur venant à la traverse du récit des événements mémorables des époques précédentes, on vit les guerres civiles qui amenèrent la chute de la dynastie carlovingienne, les haines de race qui séparèrent, dès le xie siècle, les Flamands d'origine wallone et ceux de sang tudesque, se mêler confusément au récit des premières guerres d'Aquitaine. Suivant plusieurs jongleurs, copistes de manuscrits, la guerre jadis allumée entre les enfans d'Hervis de Metz se continuoit encore de leur temps en Flandre :

> Car la haïne dure encor par verté,
> Par Loheraine et par Braibant dalés ;
> Ne faura jà, jel vos dis por verté,
> Car ensi l'a dame-Deus estoré.

Si les confusions de la chronologie empêchent l'historien de chercher un point d'appui dans les Chansons de geste, en revanche ces monumens de notre grande et primitive poésie nous représentent, mieux que les pâles chroniques contemporaines, les anciennes mœurs et les rudes conditions de la civilisation féodale. La geste loheraine seroit d'un secours inappréciable pour la topographie du Bordelois, de la Loheraine, de l'Artois et de la Picardie. On reconnoîtroit facilement la place d'un grand nombre de châteaux, de bourgs, de villages, aujourd'hui disparus, et jadis témoins de grands crimes et de grandes prouesses. Quand bien même le fond des événemens seroit de pure invention, ce que je n'admets aucunement, le soin que le poëte a mis à décrire ce théâtre imaginaire viendroit encore en aide à l'histoire ; c'est d'ailleurs un mérite de la geste loheraine, qu'on ne retrouve pas dans les autres compositions du même genre.

Trois auteurs ont, pour le moins, concouru à cette immense composition. La première geste, celle d'Hervis, est anonyme ; l'auteur sans doute étoit Loherain, et il a dû vivre vers le milieu du xii° siècle, lorsque ces poëmes commençoient à être lus autant qu'écoutés ; lorsqu'il falloit accumuler les incidens singuliers et merveilleux pour retenir l'attention publique.

La seconde geste, celle de Garin le Loherain, a pour auteur Jean de Flagy, dont plusieurs leçons ont mentionné le nom. Cet habile trouvère étoit né sans doute à Flagy, village des frontières d'Artois et de Picardie. Il s'est arrêté, avec une brusquerie sans doute involontaire, au commencement du récit de la reprise des guerres, après la mort de Garin. Plusieurs manuscrits indiquent par une grande lettre plus ou moins ornée l'entrée du continuateur ; d'autres, avant les nouveaux récits, portent les mots : « *Ci faut la chanson Jehan de Flagy.* »

Non que Jean de Flagy soit le premier créateur de cette œuvre ; il n'a fait, au moins le croyons-nous, que coordonner des récits qu'il entendoit chanter autour de lui, avec plus ou moins de suite et d'intelligence. Il adoucit la rudesse primitive de ces fameux récits, rudesse qu'on retrouve dans plusieurs des couplets qui suivent le texte de Jean de Flagy, et qui semblent accuser une versification plus ancienne que le xii° siècle. D'ailleurs, on ne peut expliquer que par le désir de respecter toutes les formes de la tradition courante, les couplets qui, répétés sur d'autres assonances, ne sont en effet que les variantes d'un seul récit, quoiqu'on les ait déplacés et transportés de l'un à l'autre des personnages. J'en indiquerai quelques exemples : Garin, au début de la chanson qui lui est consacrée, reproche à l'aïeul de Fromont le meurtre de son parrain Garlain dans un moutier : or c'est lui-même qui, plus tard, sera frappé mortellement dans une chapelle par Guillaume de

Montclin son compère. — Hervis, éconduit par Pepin, va demander aide à Anséis, roi de Cologne : le même récit sera répété, pour le rapporter à Garin ; plus tard encore il sera renouvelé pour le compte de Girbert fils de Garin. Assurément on reconnoît là une seule légende primitive dont les variantes auront donné naissance aux trois récits ; et l'on ne croira jamais qu'un auteur original ait fait un triple emploi de ce genre ; c'est donc bien l'indice d'une tradition plus ancienne. La même observation trouve son application dans la plupart des textes conservés de nos premières chansons héroïques ; et qu'en conclure, si ce n'est l'existence de courts et primordiaux récits, nés à la suite des événemens et avec lesquels, au XIIe siècle, on aura disposé les grandes chansons de geste? J'ai longtemps hésité, dans l'*Histoire littéraire de la France,* à me ranger de cette opinion ; puis l'examen des gestes d'Amile et Amis, et de Horn m'avoit contraint à reconnoître cette antériorité des plus courtes chansons de geste sur les plus longues : je saisis avec bonheur l'occasion de faire amende honorable, en apportant de nouvelles preuves à l'appui du sentiment exprimé longtemps avant moi par M. Fauriel, par M. Barrois, et surtout par mon honorable ami M. Ferdinand Wolf, dans son excellente introduction à la *Primavera y flor de Romances;* Berlin, 1856, f° LXXV.

La chanson de geste de Garin, œuvre de Jean de Flagy, a été complétement tirée de l'oubli des manuscrits. La première partie parut en 1833 ; la seconde fut imprimée deux années plus tard, et poursuivit le récit jusqu'à la mort de Bégon de Belin. Un philologue distingué, un savant du premier ordre, un excellent littérateur, M. Edelestand du Méril, s'est chargé de faire connoître la dernière partie, et il a accompagné l'édition qu'il en a donnée d'une longue et docte préface, dans laquelle il a surtout fait remarquer le caractère original et primitif de la légende lorraine. Un supplément au Glossaire de la langue romane, renfermant tous les mots du Garin omis ou mal interprétés par Roquefort, ajoute encore au mérite de cette publication, qui laisse pourtant quelque chose à désirer quant au système d'accentuation admis par l'éditeur.

La chanson de Garin a été réduite en prose dans le XIVe siècle et dans le XVe. Un manuscrit de l'Arsenal renferme la première traduction ; un autre manuscrit, aujourd'hui possédé par M. Émery de Metz, nous a conservé la seconde.

Voici la liste des manuscrits que j'ai consultés pour rendre ma traduction aussi complète et aussi exacte que j'ai pu la faire.

1° Bibliothèque de l'Arsenal, n° 180, in-4°, vélin, XIIe siècle. Il renferme l'ouvrage de Jean de Flagy. Je ne l'ai pas connu quand j'ai publié mon *texte* de la chanson de Garin le Loherain. Je le regrette, car il renferme une des meilleures leçons, et j'aurois évité avec lui plus d'une méprise.

2° Bibliothèque de l'Arsenal, n° 181, velin. C'est un médiocre in-folio de cent quatre-vingt-huit feuillets, écrit au commencement du XIVe siècle, et qui a fait partie, avant 1794, de la collection du collége de Navarre. Il contient toutes les branches de la Chanson, c'est-à-dire environ cinquante-six mille vers. Il présente des variantes nombreuses et généralement importantes. J'y ai trouvé pour ma traduction bien des ressources dont je n'avois pas assez profité dans l'édition du texte original.

3° Bibliothèque impériale, fonds de Saint-Germain,

n° 1244, grand in-4°, vélin du XIIIᵉ siècle, contenant la première branche d'Hervis et tout le travail de Jean de Flagy.

4° *Ibid.*, n° 2041, in-4°, vélin, XIIIᵉ siècle. Ce volume est mutilé, et dans les dix-huit cahiers de huit feuillets qui restent, il ne contient qu'une partie du travail de Jean de Flagy.

5° Ancien fonds, n° 7533, in-4°, vélin, XIIIᵉ siècle. Il contient tout l'ouvrage de Jean de Flagy et de son premier continuateur jusqu'à la mort de Fromondin.

6° N° 7533 $^{2\cdot 2}$, ancienne bibliothèque de Colbert, in-4°, vélin, XIIIᵉ siècle. Il commence également avec le Garin, et s'arrête à la mort de Fromondin. C'est un texte assez incorrect, et malheureusement celui que du Cange a cité dans tous ses ouvrages.

7° N° 7542 $^{3\cdot 3}$, in-4°, vélin, XIIᵉ siècle. Volume mutilé, mais écrit avec soin ; les variantes en sont très-bonnes. Dans l'intérieur du volume, il y a plusieurs lacunes ; la dernière feuille enlevée devoit terminer la troisième geste.

8° N° 7608, in-4°, vélin, XIIIᵉ siècle. Beau manuscrit, mais assez incorrect, qui contient la deuxième geste et la troisième, un peu au delà de la mort de Fromondin.

9° N° 7628 ², provenant de Philibert de la Marre, in-4°, XIIᵉ siècle. Il contient la deuxième et la troisième geste ; très-bon texte.

10° N° 7991 ⁵, provenant de la même bibliothèque. Très-défectueux. Il ne reste que la dernière partie de l'ouvrage de Jean de Flagy.

11° N° 9654 3·3·4, in-4°, vélin, xiie siècle. Manuscrit qui paroît avoir été exécuté en Angleterre. Il contient, non-seulement l'ouvrage entier de Jean de Flagy, mais les dernières continuations. Il est précieux pour les variantes nombreuses et souvent très-importantes qu'il renferme.

12° N° 60 (anc. n. 2728), fonds de la Vallière, in-4°, vélin, xiiie siècle. Il ne contient que la dernière continuation, à partir de la mort de Fromondin.

Un dernier mot sur la façon dont j'ai compris le devoir d'un traducteur.

J'aurois voulu, tout en conservant un grand nombre d'anciens gallicismes, n'employer que des mots d'un usage assez général pour n'embarrasser aucun lecteur sérieux.

J'aurois voulu ne rappeler que des idées, des sentimens et des formes dont l'expression se trouvoit dans le texte original.

J'ai quelquefois transposé des phrases de mon texte ; il m'est arrivé de passer rapidement sur les doubles emplois, de compléter un sens et un récit, à l'aide de vers placés soit un peu plus haut soit un peu plus bas. Mais je ne crois pas avoir écrit une ligne qui ne m'ait semblé le juste équivalent de l'original. J'ai fait de grands efforts pour arriver à rendre le reflet de l'ancien poëme ; et peut-être ceux qui voudront bien rapprocher la traduction de l'original me tiendront-ils compte de ces efforts.

Ce n'est pas assurément chose facile de transposer les habitudes de langage du xiie siècle dans celles du xixe. Je l'ai tenté ; d'autres feront mieux assurément. Mais enfin pour bien saisir le vrai caractère de la bonne langue française, je crois qu'on ne sauroit mieux faire que de lutter corps à corps avec les monumens primitifs de notre poésie nationale. Demandez à nos élèves de rhétorique la traduction d'une lettre de Cicéron, et celle d'un couplet de Jean de Flagy; le plus difficile pour eux ne sera pas de faire passer dans notre français toute la moelle de l'orateur latin. Pourquoi? parce que les habitudes du siècle de Cicéron avoient avec les habitudes de notre siècle de nombreux points de contact qui ne se retrouvent plus dans les temps carlovingiens. Toutefois, cette grande difficulté n'empêchera pas le rhétoricien de reconnoître dans l'œuvre de Jean de Flagy la source d'une foule de tournures pittoresques et de précieux idiotismes dont la perte lui semblera regrettable. J'avoue, pour mon compte, que je traduirois peut-être assez mal les *Épitres de Cicéron;* et ce n'est pas une raison de penser que je me sois bien tiré de la traduction du *Garin;* mais tous mes vœux seront remplis si je parviens à conquérir à la vieille épopée loheraine quelques lecteurs doués du sentiment littéraire. Les lecteurs de cet ordre ne courent pas les rues, comme l'atteste assez bien l'abandon presque général auquel la critique française dévoue tout ce qui n'appartient pas précisément au théâtre, aux romans et à la politique du jour.

FIN

TABLE

DES NOMS DE LIEUX ET DE PERSONNES [1]

A

Abbeville, 57.

ACART ou ACHART DE RIVIERS accompagne Blanchefleur à Paris, 125, 207.

Aélis (la bien faite, la gente), sœur du preu Gaudin, et femme d'Hervis; mère de Garin, de Begon et de sept filles, 19. — AÉLIS DE COLOGNE, 20.

Aélis (la bien faite), fille de Milon de Blaives, mariée à Garin, meurt trois jours après Garin, 162, 340.

AIMERI ou AMAURI DE TOUARS (le vicomte) accompagne Fromont à Paris, 126, 207.

AIMON, frère d'Hardré, 35; — DE BORDEAUX, 37.

Aire, ville d'Artois, 56.

Aisne (l'), rivière, 119.

Aix, en Gascogne. — Piniaus d'Aix, 173.

Aix-la-Chapelle. Ville qui semble la limite de l'empire français, 33.

ALART DE NEVERS, 44.

ALEAUME D'AVIGNON, 44; aux cheveux blancs, 126.

ALEAUME DE RIBEMONT, le vieux, le fleuri; parent de Fromont, 55.

ALEAUME et GUICHART DE BEAUJEU, 207.

ALEAUME, seigneur de Ponthieu, 15.

ALEAUME DE LA ROCHE, chevalier de Fromont; aux cheveux blancs, 207.

Alexandrie. Le fer et l'enseigne d'A., 258.

ALLEMANS; hommes de Pepin ou d'Hervis de Metz, 10; d'Anséis, 24.

ALORI (le comte), 41; oncle de Gereaume, 218; cousin de Fromont, tué par Rigaut, 256.

Alsace ou Monts d'Aussai. Inféodée à Tierri, 125.

---

1. On ne rappelle ici que la première page où les noms et les attributs se trouvent.

AMAURI DE BOURGES, chevalier bordelois, 173.

AMAURI, seigneur de NEVERS, 15; renversé par Fromont de la Tour-d'Ordres, 109.

AMAURI, conseiller de Pepin à Montloon, 21; le comte A., 30.

AMAURI, fils de Dreux d'Amiens, 61; tué par Auberi, 213.

Amiens. Inféodée au comte Droon, 54; son antique palais, 58.

ANGEVINS, 22.

ANJORRAN DE COUCI répond à l'appel de Fromont, 61.

Anjou. Province inféodée à Jofroi, neveu de Garin, 20.

ANSBAUME DE CHAUNI. Tué par Garin, 332.

ANSÉIS, roi de Cologne, reçoit l'hommage de Metz, entre dans cette ville et la garde jusqu'à ce que Garin la reprenne, 22.

Anserville. Aujourd'hui Ancerville-sur-Nied, à quatre lieues de Metz, 24.

ANTECHRIST (l'), 329.

APOLIN. Dieu des Sarrasins, des Vaudres ou Payens, 13. (Nos poëtes nomment souvent trois idoles païennes: Apolin, Mahon et Tervagant. C'est peut-être un souvenir exact bien que non réfléchi des trois groupes religieux contre lesquels avoit lutté, au moins en Europe, le christianisme : *Apollin* ou Apollon, le paganisme; *Mahon* ou Mahomet; *Tervagant* ou Thor et Wodan, le druidisme.)

AQUITAINS. Les barons du midi de la France, 1.

Ardennes. Forêt, 261.

Argonne. Pays qui sépare la Lorraine de la Champagne, 261; le bois d'A., 298.

Arles. Assiégée par les Sarrasins, 29.

Arras, 57.

Artois. Grand fief des Bordelois, 1; inféodé à Perron, 61.

ARTUS; le roi qu'attendent les Bretons, 100.

Aspremont. Inféodée à Thibaut, 104.

ASSELIN. Médecin de Salerne, 172.

AUBERI LE BOURGOIN, fils de Basin de Genève et de la seconde fille du duc Hervis, 20.

AUCAIRE. Roi sarrasin, tué par Hervis de Metz, 12.

Aunis. Inféodé à Gosse, 126; à Forcon, 207. Voyez *Val d'One.*

Auvergne. Province envahie par les Sarrasins, 29; inféodée à Jocelin, 79, à tort surnommé d'Avignon, 74.

Auxerre, 306.

Avalois. Les habitans des Pays-Bas, ou pays d'*Aval,* 33.

Avignon. Fief d'Aleaume, 44.

B

BANCELIN DE NEVERS, 44; accompagne Fromont à Paris, 126; le courtois B., 161; chambellan de Pepin, 306.

BANCELIN. Abbé de Gorze, 298.

Bar-le-Duc. Inféodée à Henri, 104.

Bar-sur-Aube, 320.

BASIN DE GENEVE, époux de la seconde fille d'Hervis de Metz, et père du bourgoin Auberi, 20.

Bassigny (le), pays dont Chaumont est la capitale, 71.

BAUDRI, homme de Rigaut, 301.

BAUDUIN DE FLANDRES (le comte), 40; tué par Begon de Belin, 213.

BAVAROIS. Hommes de Pepin ou des ducs de Metz, 10.

Béarn ou *Biais.* Inféodé à Guy, 126.

BÉATRIS, seconde fille de Milon de Blaives, mariée à Begon de Belin, 161 ; meurt trois jours après Garin, 340.

Beaujeu. Ville inféodée à Guichart, 72.

Beaune. En Bourgogne, 80.

Beausse (la), 183.

Beauvais, 53 ; son comte (Huon) répond à l'appel de Fromont, 61, 205.

BEGON de Belin (le duc), 1 ; — fils d'Hervis, frère de Garin, époux de Béatris de Blaives, père d'Hernaut et de Gerin ; tué par les Bordelois, 245. — Begonnet, 25.

Belin (le château de). Fief et résidence de Begon, 42 ; église de Saint-Martin, 179.

Belleville. Ses vallons ; à quatre lieues de Beaujeu, 77.

Benevent (l'or de), 47.

BERART, chambellan de Pepin, 312.

BERAUT, cousin de Rigaut, 299 ; tué devant Bordeaux, 302.

BERENGER. Tué par Godin, 12.

BERENGIER, maître de Garin et de Begon, 24.

BERENGIER DE CHAUNI, parent de Fromont, 55 ; ou BERENGIER LE GRIS, 290 ; tué par le vilain Hervis, 301.

BERENGIER, chevalier du flamand Bauduin, 57 ; Berengier d'Autri, 166.

BERENGIER LE GRIS, bourgeois de Valenciennes, 236.

BERNART DE NAISIL, frère d'Hardré, oncle de Fromont de Lens, 17.

BERNIER. Celui qui tua Raoul de Cambrai, 333.

Berri, province de laquelle dépendoit Bourges, 163.

Berruiers. Requis par Pepin, 33.

BERTRAND GOSSELIN, hôte du duc Hervis à Cologne, 23.

Besançon. Inféodée à Hatte et Jocelin, 126.

Biais ou *Béarn.* Inféodé à Guy, 74.

Bigorre. Son seigneur vient se joindre à Begon, 74 ; ses barons, 126.

Blaives. Blaye, inféodée au duc Milon, 161 ; moutier de Saint-Martin, 163.

Blancafort. Vers Bordeaux, résidence de Guillaume le Marquis, frère de Fromont, 44.

BLANCHART. Nom d'un chien limier, 238.

BLANCHEFLEUR, fille du roi Tierri de Maurienne, 42 ; fiancée à Garin. — Mariée à Pepin. — Au cler visage, 43.

Blazy. Château de Gascogne donné par Begon à Do le Veneur, 124.

Bondi. Près Paris, 278.

Bordeaux. Palais occupé par Fromont ; les *loges* de ce palais, 73 ; inféodé par Fromont à Aimon, 126 ; monastère et église de Saint-Seurin, 163 ; chapelle Saint-Martin, près de la ville, 218 ; moutier de Saint-Sauveur, 303.

BORDELOIS (les). La race des anciens sires de Bordeaux, issus du comte Hardré, 1.

BOUCHART, frère d'Hardré, 35 ; le preux, 37 ; « au grenon fleuri, » 229.

Boulogne. Seigneurie, 57 ; possédée par Fromont de la Tour d'Ordres, puis par son fils Guillaume, 126.

Bourbon-Lanceys ou *Lanci.* A dix lieues d'Autun ; ses anciens bains, 76.

Bourges. Son archevêque dépendant du Berri, 163 ; Amauri de B., 173 ; Garnier de B. — Saint - Ostrille église, 294.

Bourgogne. Semble rappeler l'ancien

royaume de Bourgogne, dont Arles avoit été la capitale, 33.

Boves. En Picardie, près d'Amiens; inféodée à Robert, 61.

Brabançons. Suivent Gautier de Hainaut, 88.

Brabant (le comté de), 57.

BRAINE ou BRIENNE (le comte de) accompagne Fromont à Paris, 126.

Bretagne. Province soumise à Salomon, parent d'Hervis, 20.

Brie (la). Province, 278.

Brosses (les). Dans le Bordelois, 222.

BRUIANT, un des chefs des Vandres, tué par Hervis, 16.

Bruières. Au delà de Soissons, où campoient les Flamans révoltés, 27.

BUGIBUS et NOIRON, démons d'enfer, 13.

BUTOR. Seigneur des Lutis, tué par Hervis, 16.

C

Cahours. Près de Blanc, en Poitou, 184.

Cambrai. Inféodée à Huon, neveu de Garin, 20; la grande salle du Palais, 68; la grande tour, 89.

Cambresis (le). Territoire de Cambrai, 60.

CAORSINS. Les habitans du Querci, 189.

Castel-Sorin. Le seigneur de cette ville se joint à Begon, 74.

Chagni. A deux lieues de Beaune, 80.

Challon ou *Challons-sur-Saône*, 80. Le sire de C., 207.

Châlons. En Champagne, 19.

Chambelin. Lieu assez proche de Valenciennes, 252.

Champagne. Province, 44.

CHAMPENOIS. Hommes de Huon de Troyes, 109.

CHARBOUCLE, tué par Hervis, 8.

CHARLES MARTEL, roi ou empereur de France, blessé par les Vandres, meurt à Paris; père de Pepin, 3.

Chartres. « Ori de C., » 167.

Château-Landon, dans l'Ile de France, 306.

Château-Thierri, 292.

Chateauvillain. Pris par Begon, 85.

Chatel-Baugé ou *Bagé*. Ville inféodée à Renaut, à deux lieues de Mâcon, 72, 80.

Châtel-Odon ou *Hatton-Chastel.* Près de Montsec ou Montclin, 98.

Chauni. Entre Coucy et Noyon, 54; fief de Berengier, 55; d'Anseaume, 332.

Chauvignon, sur une roche élevée, entre Roye et Soissons, 52.

Chenevières, vers Châtillon-sur-Loing, ville ruinée, 320.

Choisy. Aujourd'hui Choisy-le-Roi, où Hervis atteint les Sarrasins, 8.

CLAREL, nom du cor de Fromondin l'orgueilleux, 325.

CLAREMBAUT DE VENDEUIL répond à l'appel de Fromont, 61; tué par Garin, 332.

Cleri ou *Clairi* (sur Somme), 236, 290.

Clermont, en Picardie, inféodée à Roger, 61.

Clermont (-Ferrant). Inféodée au comte Jocelin, frère de Manuel-Galopin, 79.

Cluni, Abbaye, 29.

CLUNY (l'abbé de) est d'avis de secourir les hommes d'armes, 5.

Cologne. Résidence du preux Gaudin, beau-frère de Garin, 20; royaume d'Anséis; palais de ce prince, 23. (Ce nom de ville semble représenter le royaume d'Allemagne : ainsi *Ori* est de *Cologne* ou l'*Allemand*; Gaudin est de *Cologne,* Anséis de *Co-*

logne), 39. — Epée venue de C., 145.

CONSTANTIN. Son trésor, 277.

Couci. En Picardie, inféodé à Anjorran, 61.

Crepi. En Picardie, 253.

Crevecœur, à une lieue de Cambrai. Sa grande place, 62.

Crosant. Sur la limite du Berri et de la Marche, 184.

D

Dampierre-en-Estenois. A deux lieues de Sainte-Menehould, 103.

DAVID, chambellan de Pepin, 183, et de Blanchefleur, 255.

DAVID, forestier de Garin, 226.

Dijon, 72.

Do ou DOON LE VENEUR, frère du vilain Hervis, 20.

Douai, 61.

DROON, DREUX ou DROÉS d'Amiens, parent de Fromont, 54.

Dun. A six lieues de Verdun, inféodée à Tiebaut d'Aspremont, 104.

E

ELINAND, chevalier bordelois, 169.

Ervi (la forêt d'), 306.

Escaut, fleuve, 236.

Esclavonie (manteau fourré venu d'), 237.

ESCLAVONS et VANDRES. Slaves, 9.

Espagne, royaume soumis aux Sarrasins, 29; mulets d'Espagne, 113.

Estenois, pays contigu à l'Argonne, 103.

ESTOURMI, chevalier du flamand Bauduin, 57; frère de Tiebaut du sis, 166, 173; « de Bourges, » 243.

Etampes, 86.

Etrechi. Vers Montlheri, 306.

EUDON, conseiller de Pepin à Montloon, 21.

EUDON ou ODON (le comte) DE SAINT-QUENTIN, parent de Fromont, 54, 206; tué par Rigaut, 290.

EUDON, sire de Grantcey; Auberi lui pardonne, 83.

F

FAUCON ou FAUCONNET, FOUQUES, FORQUES, FOURCON, fils de Bernart de Naisil et frère de Rocelin, 211, 218; tué par Girbert, 332.

Ferrières, dans l'Orléanois, 306.

FLAMANS (les). Ceux d'outre le Rhin, 26.

FORCON ou FOUQUES, au lieu de Faucon, fils de Bernart de Naisil, 197, 211; *Voy.* FAUCON, 290.

FORQUERÉ, parent de Bégon, 319.

FORSIN, hôte de Bernart de Naisil dans Lagni, 149.

Fosses, ville ruinée par les Sarrasins, entre Louvres et Luzarches, 7.

FOUCART D'ESTRABOURG ou de Strasbourg (peut-être désigné à tort comme fils d'Odin de Luxembourg), 125.

FOUCART ET JOCELIN répondent à l'appel de Fromont, 61, 108; (lisez: FAUCON et ROCELIN, fils de Bernart de Naisil), 126.

FOUCART, truand de Paris, envoyé comme espion par Isoré, 114.

FOUCHIER DE NANTES, cousin d'Hervis; tué par Godin, 13.

FOUCHIER (le Normand), tué par Garnerin, 300.

FOUCHIER, fils de Tierri, 216.

FOUCON (le preux) ou FORCON D'AUNIS, 207; tué par Hugon, fils d'Aimon, 258.

Fouqueré, frère de Garnier de Bourges, tué par Rigaut, 295.

Fouqueré de Pierrelate, 44, le petit; accompagne à Paris Blanchefleur, 126; tué par Amauri d'Amiens, 213.

Fouquier, conseiller de Pepin, 30.

Fouquier, Fouchier ou Foucher, second frère du vilain Hervis, ses quatorze fils, 125; Foucher le Maire, 157; Fouché, 319.

France. Tantôt le royaume entier, tantôt l'Ile-de-France seulement, « l'honneur de *douce France*, » 69.

Francs (les) ou François. Les hommes du roi Pepin, 1.

Froberge. Nom de l'épée de Begon, plus tard donnée à Rigaut, 111.

Fromondin, fils du comte Fromont de Lens, 59.

Fromondin de Blancafort (l'orgueilleux), 314.

Fromont, de Lens, le comte; suzerain de tous les barons de sa race; fils d'Hardré, époux d'Helissent de Ponthieu, père de Fromondin, de Ludie et de quatorze enfans naturels, 17; Fromondin, 26; le puissant (*poestis*), 65.

Fromont de la Tour d'Ordre ou de Boulogne, frère de Fromont de Lens, 61; tué par Begon, 109.

Furon (le val de), en Bourgogne, 82.

G

Gacelin, l'un des deux châtelains de Blancafort, 224.

Galeran d'Autry, hôte d'Helissent de Pontieu dans Amiens, 58; d'Isoré, dans Saint-Quentin, 117.

Garin (le duc), de Metz, fils d'Hervis, frère de Begon, époux d'Aélis de Blaives, père de Girbert; tué par les Bordelois, 340.

Garin l'Orphelin ou l'Orphenin. Sans doute le père de Gautier de Hainaut, surnommé de même, 22.

Garin, nouveau né, fils de Guillaume de Montclin, 231.

Garin de Valence. Du parti des Bordelois, 333.

Garlain, aïeul de Fromont, autrefois frappé par Hervis, 47.

Garnier de Bourges, frère de Fouqueré, 294.

Garnier de Montdidier répond à l'appel de Fromont, 61; Gerart, 126.

Garnier de Paris ou de Dreux, ou de Braine, fils de la septième fille du duc Hervis et frère de Huon du Mans, 20, 40.

Garnier de Valence (le comte) accompagne Bernart de Naisil, 81.

Garnier, frère de Rigaut, 219. Garnerin, tué par Jofroi de Lusignan, 300.

Gascogne, province qui, après la mort du comte Yves, est donnée en fief à Begon, 26. « Le duché de Gascogne la Grande, » 46.

Gasse, homme de Rigaut, 313.

Gatinois (le), pays de l'île de France, 306.

Gaudemont, en Pevèle, 239.

Gaudin (le preux), frère d'Aélis femme d'Hervis, 19; père de Jofroi, 29.

Gaules (les) appauvries par les Clercs, envahies par les Vandres, 4.

Gautier, chevalier bordelois, 169.

Gautier de Haynaut, dit l'*Orphenin*, fils de la cinquième fille du duc Hervis, frère de Huon de Cambrai, 20.

Gautier le Toulousain se joint à Begon, 74.

GAUTIER, hôte de Rigaut à Blaives, 256.

Genèvre, soumise à Basin, père d'Auberi le bourgoin, 20.

Genivaux, bois de la campagne de Metz. *Malmaison, — Bois de la Jurée*, 335.

GÉRART, tué par Godin, 12.

GÉRART DE LIÉGE, fils de la quatrième fille du duc Hervis, 20. Tué par Guillaume de Montclin, 332.

GÉRART, cousin d'Amauri de Nevers, tué, 109.

GÉRART DE MONTDIDIER ou GARNIER accompagne Fromont à Paris, 126. Gérart et Jocelin de M., 206.

GÉRART, chevalier bordelois tué par Guirre, 258.

GÉRAUME (dant) le Gris, envoyé en message vers Pepin, 200. Neveu d'Alori, 218.

GÉRIN, deuxième fils de Begon, 164.

Germaise sur le Rhin, Germesheim, à une lieue de Philipsbourg, 152.

GIRART DE ROUSSILLON, ancien adversaire de Charles Martel, 1.

GIRART ET HARDUIN DE LUXEMBOURG, sans doute fils d'Odin, 125.

GIRBERT DE METZ, fils du loherain Garin.

Gironde (la), fleuve, 179.

Gironville, à la pointe de terre où se réunissent la Garonne et la Gironde, 74.

GODEFROI, abattu par Morant, 300.

GODIN, souverain seigneur des Vandres, « à la tête de màtin », tué par Hervis de Metz, 12.

Gohiè e ou *Goelle*, partie du Hainaut, 240.

GOLIAS, roi de Pinconie, tué par Hervis, 16.

Gondrecourt, à huit lieues de Bar-le-Duc, 93.

GONDRIN accompagne à Paris Blanchefleur, 126; de Limoges, 207.

Gorze, abbaye près de Metz, 19.

GOSSE D'AUNIS accompagne Fromont à Paris, 126; abattu par le vilain Hervis, 170.

Gournai, en Picardie, soumise à Hugon, 61.

Grantcey, château à neuf lieues de Dijon, inféodé à Eudon, 82.

Grandmont (abbaye de), fondée en 1060, à cinq lieues de Limoges, 74, 179. Jean de Flagy dit :

Dont ert li lieus et povres et petis,

dans le temps où la chanson primitive, celle que lui-même rajeunissoit, avoit été composée.

Grantpré, en Picardie, château inféodé à Henri, 61; abattu, 104.

GUY DE BIAIS se réunit à Begon, 74. Ou de *Béarn*, ou de Bigorre, 126.

GUI DE BIGORRE, p. ê. le même que de *Biais*, 313.

GUI ou GUY DE SURGIERE et son fils (Simon) accompagnent Fromont à Paris, 126, 206.

GUICHART DE BEAUJEU, attaqué par Hervis de Lyon, vengé par Begon, 72.

GUILLAUME DE BLANCAFORT, fils d'Hardré, compain de Begon, 26. Le marquis tué par Garin, 309.

GUILLAUME DE BOULOGNE, frère d'Isoré, 123.

GUILLAUME DE MONTCLIN, frère de Fromont, 61.

GUILLAUME DE POITIERS, frère de Fromont, 123; tué par Begon, 212.

GUIMART, chevalier du flamand Bauduin, 57.

GUINEMANT, abattu par Morant, 300.

Guines, soumise à Fromont de Lens, 61.

GUIRON ou GUIRRE, fils aîné de Fouquier le maire de Gironville, 125, 313.

H

Hainaut (le), province inféodée à Gautier l'orphenin, neveu de Garin, 20.
Hainuiers, habitans du Hainaut, 90.
Ham (sur Somme), surpris par Begon, 118.
Hanse, à quatre lieues de Lyon, inféodée à Séguin, pillée par Begon, 76.
HARDRÉ, comte du Palais, maître ou maire du roi Pepin, père de Fromont de Lens, de Fromont de la Tour d'Ordre, de Guillaume de Blancafort, d'Harduin ; tué par Hernaïs d'Orléans ; le *fleuri*, 21 ; au poil fleuri, 44.
HARDUIN (le comte), fils d'Hardré, 37 ; tué par Rigaut, 258.
HASBIGNONS (les), les habitans du Hasbaing, pays de Flandres, 210.
HATTE ET JOCELIN DE BESANÇON accompagnent Blanchefleur à Paris, 126.
HATTON accompagne Fromont à Paris, 126.
HEBERT DE ROIE ou HERBERT répond à l'appel de Fromont, 61, 206.
HELISSENT, dame de Ponthieu, sœur de Bauduin de Flandre, mariée à Fromont ; au cler visage, 55, 57.
HELOÏS, sœur de Fromont, 161.
HELUÏS ou HELOÏS ou HELUYS (la belle), dame de Péviers, fille d'Hervis de Metz, mère d'Hernaïs d'Orléans et d'Odon, évêque d'Orléans, 20, 51.
HELUÏS, femme ou maîtresse de Bernart de Naisil, 130.
HENRI, archevêque de Reims, 128.

HENRI, évêque de Châlons, oncle de Garin et de Begon, 25.
HENRI DE BAR-LE-DUC conduit l'avant-garde de Begon, 104.
HENRI DE GRANTPRÉ répond à l'appel de Fromont, 61 ; tué par Auberi, 332.
HENRI DE TOULOUSE accompagne Begon à Paris, 126.
HENRI, chapelain de Fromont, 121 ; de Pepin, à Orléans, 180.
HERBERT D'HIRESSON, parent de Fromont, 55.
HERBERT DE VERMANDOIS, ses quatre fils, 333.
HERNAÏS D'OLÉANS (le duc), fils de la belle Héluïs dame de Péviers ; tue Hardré, 20. Le preux, cousin germain ou plutôt neveu de Garin, 51.
HERNAUT, fils aîné de Begon, 164.
HERVIS le loherain, duc de Metz, père de Garin, de Begon, d'Héluïs, et des mères d'Auberi le bourgoin, de Huon de Cambrai, de Gerart de Liége, de Huon du Mans, de Gautier l'Orphenin, et de Jofroi d'Anjou, 1.
HERVIS (le vilain), frère consanguin d'Hervis de Metz, 12. Garde de l'Enseigne. — Le *preux*, le *bâtard* Hervis, 40.
HERVIS DE LYON, mandé par Bernart de Naisil, 72.
Hireson, ou Hirson, en Picardie, fief d'Herbert, 55.
HOEL DE NANTES ou HUNAUT, de la race loheraine, frère de Landri, 20.
HONGRES ou *Vandres*, 16.
HUGON, tué par Godin, 12.
HUGON DE GOURNAI, convoqué par Fromont, 61.
HUGON, fils d'Aimon, tue Foucon, 258.
HUNAUT DE NANTES ou plutôt HOEL, 207.

ET DE PERSONNES.

Huon de Beauvais (le comte), chevalier de Fromont, 206.
Huon de Cambrai, fils de la cinquième fille du duc Hervis, et frère de Gautier de Haynaut, 20; tué par Bernart de Naisil, 318.
Huon de Rethel, chevalier de Fromont, 206; tué par Girbert, 332.
Huon de Saint-Mihiel vient à Paris avec les Loherains, 125; *au poil fleuri*, 207.
Huon de Troyes, jeune bachelier, 39, 207.
Huon de Valence, tué par Rigaut, 301.
Huon du Mans, fils de la septième fille du duc Hervis, et frère de Garnier de Paris, 20.

I

Isoré le Gris de Boulogne, fils de Fromont le Gris de la Tour d'Ordre. Tué par Begon, 62.
Issoudun, en Berry, 74.

J

Jocelin (le jeune), fils de Fromont, tué dans le palais du Roi, 140.
Jocelin (le comte), 31. Le preux, 40, 157.
Jocelin d'Avignon, ou plutôt de Clermont ou d'Auvergne, se réunit à Begon, 74.
Jocelin de Clermont ou d'Auvergne, 79.
Jocelin de Macon, mandé par Bernart de Naisil, 72.
Jocelin de Montdidier, 206.
Jocelin, châtelain de Château-Thierri, parent de Rigaut, 292.

Jocelin, écuyer de Begon, 212.
Jocelin de Salebruge ou de Saarbruck, du baronnage loherain, 125.
Joceran, conseiller de Pepin à Laon, 44. — Joceran et Gondrin de Limoges, 206.
Jofrès, un des deux châtelains de Blancafort, 224.
Jofroi, fils ou neveu de Gaudin, envoyé par le roi Tierri vers Pepin, 29, 42.
Jofroi d'Anjou, fils de la sixième fille du duc Hervis, 20.
Jofroi de Lusignan accompagne Fromont à Paris, 126, tué par Rigaut, 301.
Jofroi et Savari de Mauléon, 207.
Joigni, en Champagne, 306.
Julius Cesar, fondateur de Naisil, 155.

L

Lagny sur Marne. Les Vandres atteints près du Pont-Gibert, 8.
Laigni, Ligni en Barrois, à deux lieues de Naisil, 153.
Lancelin, comte ou évêque de Verdun, 61.
Landes (les) de Gascogne, 165.
Landri, tué par Godin, 12.
Landri, frère de Hunaut ou Hoel de Nantes, de la race loheraine, 20; conseiller de Pépin à Laon, 44; chevalier de Begon, 169.
Landri, chevalier de Bauduin le flamand, 57.
Landri de la Vald'one (le châtelain, chataine ou chatagne) accompagne Fromont à Paris, 126; frère de Piniau d'Aix, 173, 207; tué par Ori l'allemand, 332.
Landri de Metz, chapelain de Pepin, 181.

LANDRI, homme de Rigaut, 313.
LANDRI, médecin de Salerne, 113.
Langennière ou *Langennerie,* ou Chevilly, dans l'Orléanois, 183.
Langres, ville, chambre du roi Pepin, 29, 72.
Laon ou *Mantlaon,* séjour habituel de Pepin, 44; abbaye de Saint-Vincent, 51, 87.
Laonnois, territoire de Laon, 52.
Lecluse, ville de Flandres, 333.
Lens en Artois. Titre du comte Hardré et de son fils Fromont, 17; moutier de Sainte-Urgale, 315.
Lesperon, dans les Landes, 199.
Liége. Inféodée à Gerart, neveu de Garin, 20.
LIETRIS, abbé de Saint-Amant, neveu de Garin, 230.
Limoges (Joceran et Gondrin de), 207.
LOHERAINS (les). La race des ducs de Metz. La postérité et les parens d'*Hervis,* 1.
Loire, fleuve, 184.
LONGIS, 339.
LOYS (le roi), frère de la mère de Raoul de Cambrai, 333.
Lucembourg, Luxembourg, inféodée au duc Odin, 88; Girart et Harduin ses fils, 125.
Lusignan, inféodée à Jofroi, 126.
LUTIS (les) ou Lithuaniens. Butor leur seigneur, 16.
Lyon sur le Rhône. Siège d'un concile, 4; son « palais que firent les Sarrasins, » 33; inféodée à Hervis, 72.
Lys (la) rivière, limite des domaines du flamand Bauduin, 60.

M

MACAIRE DE LYON, 333.
Macon, inféodée à Jocelin, 72.

MANCEAUX, 22.
MANESSIER, chevalier bordelois, 169, 248.
Mans (le), inféodé à Huon, neveu de Garin, 20.
MANUEL GALOPIN ou TRANCHEBISE, messager, truand, frère du comte Jocelin d'Auvergne, 176.
Marle en Vermandois, inféodé à Thomas, 61.
Marne, rivière, 8.
MARSOUFLE, un des chefs des Vandres, tué par Hervis de Metz, 15.
Mauléon, inféodé à Savari, 126.
Maurienne. Province aujourd'hui fondue dans la Savoie, 29. — La *vallée* de M., 30.
MAUVOISIN, fils de Do le veneur, 125.
Mauvoisin en Bigorre, 234.
Melun, 264.
Metz, successivement possédée par Hervis, par son fils Garin et par son petit-fils Girbert; relevant du roi de France. Hervis et ses fils en transportent la suzeraineté au roi de Cologne; Garin en restitue l'hommage au roi de France, 1. 28. — Église de *Saint-Arnoul,* 20. — Le val de Metz, 21. — La tour de Metz, 28.
Meuse (la), rivière, 283.
MILON DE BLAIVES, duc de Saintonge, père d'Aélis et de Béatrix; aux grenons fleuris, 161.
MILON DE LAVARDIN, épouse la fille de Hubn de Cambrai, 333.
Montaigu, sur la roche élevée, à quatre lieues de Laon, 104.
Montclin, aujourd'hui Montsec, près de Commerci, inféodé à Guillaume l'orgueilleux, 61; sur une roche aiguë, 98.
Montdidier, seigneurie, 57; inféodée à Garnier, 61; à Gerart, 126.

Montsec, autrefois Montclin, vers Commerci, 336.
Montreuil en Ponthieu, 57.
Montleheri ou *Montlheri*, entre Paris et Orléans. — Le Roi en donne le fief à Hernaïs, 53.
Montmartre, 284.
Montmelian, forêt près de Senlis, 46.
Montmort en Champagne, 278.
Monts d'Aussay (les), l'Alsace. Les montagnes d'Alsace, soumises à Tierri, frère d'Hervis de Metz, 37.
Montlaon ou Laon, séjour habituel du roi Pepin, 21; « le tertre de M. », 52.
MORANT ou MORANDIN, frère de Rigaut, 219.
Moret, ville de l'Ile-de-France, 17.
Morlans, en Gascogne, 314.
MOYSE, 11.

N

Nantes, inféodée à Hoel ou Hunaut, parent du duc Hervis, 20.
Naisil, l'ancien *Nasium*, vers Toul, sur l'Ornain, 70.
NAMUROIS, suivent Gautier de Hainaut, 88.
Nesle, en Picardie, inféodée à Tierri, 61.
Neufchastel-sous-Cher, en Berry, 256.
Neufchastel (le), entre Reims et Rethel, 104.
Neufchastel (le), en Lorraine, 319.
NEVELON, chevalier du flamand Bauduin, 57; tué par Morant, 258.
Nevers, fief d'Amauri, 15; résidence d'Alart et de Bancelin, 44.

O

ODIN DE LUCEMBOURG (le bon duc), son fils, 88.

ODON, évêque d'Orléans, fils de belle Heluïs, 20.
Oise (l'), rivière, 88.
ORI L'ALLEMAND, fils de la troisième fille du duc Hervis, 20. — Ori de Cologne, 30; tué par Guillaume de Montclin, 332.
ORI DE CHARTRES, vassal de Begon, 167.
Orléans. Son évêque Odon, et son seigneur Hernaïs, 20. — Église de Sainte-Croix, 180.
Ornain (l'), rivière qui passe à Naisil, 70.
Ortès, en Béarn, 314.
Ostrevant (l'), pays entre l'Artois et le Hainaut, 236.
OUDIN, prévôt de Belin, 256.
Outre le Rhin (ceux d'). Les habitans des provinces transrhénanes, 26.

P

PAPE (le) ou l'apostole de Rome, 6.
Paris, menacé par les Vandres, 4. — Le bourg Saint-Marceau, 7. — Saint Paul. — Garnier de P., neveu de Garin, 20. — L'abbaye de Saint-Germain, 126. — Saint-Magloire, 130. — Notre-Dame, 144. — Le petit pont, 335.
PAYENS, confondus avec les Vandres, les Sarrasins, 4.
PEPIN ou PEPINET, fils de Charles-Martel, roi de France, 9.
Peronne, 95.
PERRON D'ARTOIS répond à l'appel de Fromont, 61.
PERSANS. Peuples mécréans, 30.
Peviers ou *Pithiviers*, sa grande tour élevée par Heloïs, fille du duc Hervis, 20.
Picardie. Nom de province, inusité au XIe siècle, 1.

Pierrelate, résidence de Fouqueré, 44.
Pierrepont. Entre Laon et Montaigu, 104.
Plesséis (le) ou *Plessis*, semble être aujourd'hui Pilessis, près de Bordeaux, 124.
Pincon, chevalier d'Aimon de Bordeaux, 169.
Pinconie. Semble être la Pannonie. Son roi Golias, 16.
Pinel (le val), près de Lyon, 77.
Piniaus d'Aix, chevalier bordelois, frère de Landri, 173.
Poitevins. A la cour de Pepin, 30 ; « les airs poitevins, » 261.
Poitiers. Fers de lance et brans d'épée sortis de ses forges, 112 ; inféodée à Guillaume, 126 ; « hache poitevine, » 228.
Ponçon de Sorbri, tué par Morant, 301.
Pont-Gibert (le). Par deçà Lagny, sur la Marne, 8.
Ponthieu. Aleaume, son seigneur, 15 ; Helissent, sa fille ou sa veuve, hérite de la terre, 55.
Possesse. Entre Châlons et Bar-le-Duc, 283.
Provence. Occupée par les Quatre Rois, 30.
Purle ou *Pevele* (le bois de), vers Valenciennes, 234.
Puis-de-Monci, fief donné à Do le Veneur, 125.
Puis-Saint-Vincent, vers la Tête de Buch, semble être frontière de l'empire Franc.

Q

Quatre Rois (les). Les chefs sarrasins qui envahissent la Provence et la Maurienne, 29. —(Par *rois*, je pense qu'il faut entendre ici conducteurs d'armée. Dans la plus ancienne des romances faites sur les Infans de Lara, don Rodrigue fait demander à Almanzor de Cordoue sept rois, pour surprendre les Infans :

Que le envie siete *reyes*
A campos de Palamar...

(*Primavera y flor de romances*, publicada por F. Wolf e C. Hoffmann. I. p. 86.)
Querci, province envahie par les Sarrasins, 29.
Quinquenart, chef vandre, 16.

R

Raimont-Berangier, dépouillé de Soissons par Fromont, 48.
Raoul de Cambrai, fils de la sœur du roi Loys, 333.
Rebais. Entre Lagny et Château-Thierry, 149.
Reims, prise par les Vandres, 4 ; l'archevêque de Reims, 5.
Renaut de Chastel-Baugé, ou Bagé, mandé par Bernart de Naisil, 72.
Renaut de Toul va à Paris avec les Loherains, 125.
Renier d'Auvillars, un des barons de Begon, 77.
Renier, chevalier de Fromont, 247.
Rethel. Pris par les écuyers et sergens de Begon, 104 ; inféodé à Huon, 206.
Rhin (Ceux d'outre le), 26.
Rhône (le), fleuve qui arrose Lyon, 4.
Ribemont, fief d'Aleaume, 55 ; ruiné, 104.
Rigaut, fils du vilain Hervis et d'Audegon fille d'Heluïs, 124.
Riviers. Inféodée à Acart, 126.
Robert de Boves répond à l'appel

de Fromont, 61; abattu par Morant, 300.

ROCELIN (*Voy.* Foucart) renverse Huon de Troyes, 109; fils de Bernart de Naisil, 126.

Roche (la). Inféodée à Simon, 126; peut être plus tard, la Rochefoucauld.

Roche-Caïn (la). Au delà de Romans, vers la Maurienne, 36.

ROGER DE CLERMONT répond à l'appel de Fromont, 61.

Roie. Sur la route de Laon à Soissons, 53; inféodée à Hebert, 61.

Romancourt ou *Rimaucourt,* près de Rynel. « Les portes et murailles « font croire qu'elle fut autrefois « une grande ville, » dit Duchesne, Antiq. des villes de France. — 95, 320.

Romans, en Dauphiné, 36.

Rome (l'apostole de), 4.

Rosoy, en Tiérache, ruiné, 104.

Rumigny. Ruiné; entre Couci et Ribemont, 104.

Rynel (le vau), à cinq lieues de Chaumont, 93.

S

Saint-Amant-en-Pevèle, abbaye du Hainaut, 230.

SAINT-ARCHEDECLIN. Le marié des noces de Cana, 30.

Saint-Belin ou *Saint-Blin,* entre Romancourt et Rynel, 95.

SAINT-BENOIT (les moines de) reçoivent les héritages des Francs, 1.

Saint-Bertin (les alleux), vers Valenciennes, 234.

SAINT DENIS vient combattre près de Begon, 40.

Saint-Denis. Attaqué par les Vandres, son moutier, 7; l'enseigne Saint-Denis 27; son bourg, 86; « le roi de Saint-Denis, » 175.

Saint-Dié (le val). Saint-Diez, en Lorraine, « où l'argent gît, » 163.

SAINT ÉTIENNE, martyr (le bras de), relique sur laquelle Tierri de Maurienne fait jurer ses barons, 41; sa fête à Metz, 261.

SAINT FIRMIN, une de ses dents, relique, 279.

SAINT GEORGES vient combattre près de Begon, 40.

Saint-Gille en Provence, 153.

Saint-Jacques en Galice, 266.

Saint-Ladre. Près de Metz, brisé par Bernart de Naisil, 152.

SAINT LOUP, évêque de Troyes, 11; tué, 16.

Saint-Macaire, en Limousin, 294.

SAINT MAURICE DE CHABLAIS, martyrisé par les Vandres avec sept mille de ses compagnons, 4; combat près de Begon, 40.

SAINT MEMMIE mis à mort par les Vandres, 4.

Saint-Michel en péril de mer. Le Mont-Saint-Michel, 152.

Saint-Mihiel. En Lorraine, inféodée à Huon, 127, 283.

SAINT NICAISE mis à mort par les Vandres, 4.

Saint-Omer, ville inféodée au flamand Bauduin, 56.

Saint-Quentin, ville soumise au comte Eudon, 54; son palais, 55; son bourg, 61; la porte Laudri, 116.

Saint-Romacle (près d'Arras). Guérit les hydropiques, 115.

Saint-Valentin (le port), sur la Gironde, 265.

Saint-Valery (sur Somme), 57.

Saint-Vincent (le cap). C'est le cap Breton, dans les Landes, 184.

SAINTE MARIE, reine et mère de Jésus, 13.

Salerne, ville d'où viennent les bons médecins, 113.
Salomon, qui tient Bretagne, de la race des Loherains, 20.
Samogne. Aujourd'hui *Samognies*, en Lorraine, 331.
Sanson, tué par Tion, 258.
Sardaigne. Un paile brun de S., 315.
Sarrasins. Synonyme de Vandres, de Payens, 6; compagnons de Julius Cesar, 76.
Savari (le preux) répond à l'appel de Fromont, 61; S. de Mauléon, 126; Jofroi et Savari de M., 206; le comte S., 315.
Savari (le comte). Du parti loherain, renversé par Anjorran de Couci, 109, 126.
Seguin de Hanse ravage le Beaujolois, 76; tué par Rigaut, 259.
Seine, rivière, 149.
Senlis (la forêt de). Vers Montmelian, 25; ses heaumes gemmés, 116.
Sens, refuge des Vandres, 8.
Simon, chevalier de Begon, 169; fils de Gui de Surgieres, 207.
Simon, fils d'Amauri de Nevers, tué par Garin, 188.
Simon de la Roche accompagne Fromont à Paris, 126.
Soissons, ville prise par les Vandres, reconquise par Hervis, enlevée par Garin à Fromont, gardée par Pepin, 7; le val de S., 9; son église de Saint-Drosin ou Drausin, 14; son château, 52.
Somme, rivière, 236.
Surgière. Dans l'Aunis, inféodée à Gui, 126.

T

Teri-sous-Mouson, en Lorraine, 298.
Thomas de Marle répond à l'appel de Fromont, 61; ou T. de Fère, tué par Garin, 332.
Tiebaut ou Thibaut d'Aspremont, seigneur de Dun, 104, 207.
Tiebaut du Plessis, neveu de Fromont, 160; tué par Hernaut, 308.
Tierache, province du domaine de Pepin, 26; ruinée, 104.
Tierri, roi de Maurienne, tué par les Sarrasins; père de Blanchefleur, 29.
Tierri des Monts-d'Aussay ou d'Alsace, 37. Tué par Guillaume de Montclin, 332.
Tierri de Nesle répond à l'appel de Fromont, 61.
Tierri de Lusignan, tué par Garnerin, 300.
Tierri, frère d'Eudon de Toul, 300.
Tierri, chapelain de Blanchefleur, 305.
Tierri de Neuveville, chevalier de Begon, 187.
Tierri de Vienne, du parti des Loherains, 207.
Tierri, chevalier d'Aimon de Bordeaux, 169; de Toul, frère d'Eudon, 300.
Tilchastel ou « Chastel de Tri, » entre Grantcey et Dijon, 82; sur la rivière de Til ou Tille, 83.
Tion, frère de Rigaut, 256; tué par Aimon, 258.
Tonnerre (le sire de), du parti des Loherains, 207.
Torfou (la vallée de), près de Montlhéri, 271.
Touart, inféodé au vicomte Aimeri, 126.
Toul, ville assiégée, prise et pillée par Bernart de Naisil, 71; inféodée à Renaut, 125.
Toulouse, inféodée à Gautier, 74; à Henri, 126. Selle travaillée à T, 199.
Tour d'Ordres (la), près de Boulogne-sur-Mer; inféodée à Fromont le

gris, frère de Fromont de Lens, 61.

Tournu ou *Tournus*, abbaye dépendant de Cluny, 79.

Trèves sur le Rhin, ou plutôt sur la Moselle, 23. (Leçon douteuse.)

Troyes, ville assiégée par les Vandres, 7. Son église de Saint-Pierre où le duc Hervis dépose le grand crucifix reconquis sur les Vandres, 16; soumise à Huon, 39.

Tri (le Chastel de), ou Tri-Chastel, 72.

V

Vald'one (la), c'est, je crois, l'Aunis (Val d'Aunis), qu'on a souvent écrit *Onis*, inféodée au châtaine Landri, 126. La carte de Peutinger et Antonin écrivent : *Avedonacum*.

Val Dormant (le bois de), entre Épernai et Château-Thierry, 46.

Valence, en Dauphiné, inféodée à Garnier, 81.

Valentin, Valenciennes, 236.

Valgelin, aujourd'hui Genivaux, près de Metz, 324.

Val-Perdu (le), fief donné à Do le Veneur, 125.

Val-Profonde, ville de Maurienne où se tenoit le roi Tierri; assiégée par les Sarrasins, délivrée par Garin, 29.

Vandres (les) ravagent les Gaules ou la France; exterminés par Charles Martel et Hervis, 3.

Vaunuble, dans le Bordelois, 260.

Vausoire ou *Valsore*, château voisin de Château-Thierry, 149, 219.

Vendeuil, en Picardie, inféodée à Clarembaut, 88.

Verdun, évêché, 19. Mont et abbaye de Saint-Vanne, 98, 332. Église de Saint-Pol, 332.

Vergi, château en Bourgogne, 81.

Vermandois, fief des Bordelois.

Vernis, Varney sur l'Ornain, à une lieue de Bar-le-Duc, 153.

Vertus, en Champagne, 278.

Vianne ou Vienne, en Dauphiné, 36.

Vicogne (bois de) vers Valenciennes, 234.

Vignori, sur un tertre, 320.

Vitri, en Champagne, 306.

Y

Yonne, rivière, 10.

Yse, l'Isère, rivière, 36.

Yves (le comte) de Gascogne. Sa mort annoncée au Roi, 26.

TABLE

DES MOTS VIEILLIS OU DONT LE SENS A CHANGÉ [1]

Acier poitevin. Fer de lance fourbi à Poitiers, 13.
Adouber. Vêtir, donner des vêtemens et, en particulier, les insignes de la chevalerie : les éperons d'or, l'épée, l'écu, le heaume, le haubert, les fourrures de vair et de gris, 26. — « Les adoubemens du Seigneur Dieu, » 110.
Affubler. Attacher ; du latin *affibulari*. Affubler son manteau, 143.
Aguet appensé. Guet-apens, 167.
Aleu ou *alleu.* Domaine dont on confioit à un autre l'*honneur* ou la possession, 176.
Angevin. Denier angevin, ou maille angevine, monnoie de très-faible valeur, 5-6.
Apostole. Le Pape, 4.
Appeler. Accuser, demander en justice, appeler quelqu'un de meurtre, 145.
Arbalestier, 66. Je conserve la forme ancienne de ce mot, parce qu'elle est plus douce en même temps que plus conforme à l'analogie. *Arcubalista*, arbaleste.
Arcs turcois ou *turcs.* Sans doute de grands arcs que portoient les cavaliers turcs ou sarrasins, 15.
Arestel. Poignée ou entaille de l'épieu pour retenir la main, 108.
Arroi (bel ou mauvais). Équipage, tenue, ordre, arrangement, 33.
Aubier, partie blanche de l'arbre tenant à l'écorce, 244.
Auferans (les). Chevaux vigoureux, peut-être pour africains, arabes, 10.
Aviser. Prendre un avis, une résolution, 4.

B

Bachelier. Jeune chevalier, 12.
Bacon. Pièce de porc salé, 82.
Ban. Publication ; cri public. « *Jeter un ban,* » faire une publication, 98.

---

[1]. Nous ne renvoyons qu'à l'une des pages où se trouve chaque nom, dans sa forme ou acception particulière.

Barillet. Petit coffre ou caisse dans laquelle le messager enfermoit les lettres, 178.

Barnage ou *baronnage*, la réunion des grands, des chefs, des vassaux ou barons, 10.

Barons. Grands vassaux, seigneurs composant l'élite des guerriers et des tenanciers françois. « Les hauts barons, » 38; souvent synonyme de *maris*, 272.

Barres. Barrières qui deffendoient les approches d'un fort, ou d'une ville, 52.

Barrière (faire). Arrêter, 30.

Bataille. Bataillon, corps séparé d'une armée, 12. « Ils forment seize batailles, » 40.

Beau, pour *cher*, *digne*. « Beau neveu, bel oncle, belle sœur, » 63.

Behour, behourder. Tournois. S'exercer à la lutte, à la joûte, 27.

Biere ou *bierre*. Ce n'est pas comme aujourd'hui le cercueil, mais une large planche ou civière sur laquelle on rapportoit du combat les morts et les blessés; où on les exposoit, avant de les mettre au cercueil, 86.

Bliaud. Drap, tissu. « Un bliaud de samit, » 25; de soie, 162.

Bourgoin (le). Bourguignon, surnom d'Auberi, qui résidoit à Dijon, 34.

Branc ou *brand*. Lame du glaive ou de l'épée. « Le branc acéré, » 50. « *Brand lettré*, » sur lequel est tracé une inscription, ou le nom par lequel l'arme étoit désignée, 147.

Brandir. Dresser, lever le brand d'une épée, d'un épieu ou d'une lance, 8.

Bref. Lettre, charte, 263.

Brenier ou *braconnier*. Valet de braques, espèce de chiens, 238.

Breteches. Plate-forme ou galerie supérieure, derrière les créneaux d'une tour ou muraille, 53.

Briser. Renverser, mettre en débris, 152.

Brocher. Piquer des éperons, 8.

Brunir. Polir, fourbir, damasquiner. « Le fer bruni, » 65; « brunir les heaumes, » 179.

C

Carreau. Projectile en forme de dard court et effilé par le bout; lancé par l'arbalète, 24.

Ceintré (palais « *voutis* »). C'est-à-dire, je crois, voûté, construit de plein cintre, 145.

Cendal. Drap épais de soie ou de taffetas, employé pour les pennons et les coutes. « Cendal vermeil, » 36.

Chalans. Vaisseaux de transport, 312.

Chamberlan ou *chambellan*. Officier de service dans la *chambre* du Roi, 33.

Chansil. Surplis, chemise de toile de lin, 262; ou de serge, 273.

Chapelet. Couronne de fleurs, ou de pierres précieuses, 127.

Chaperon. La partie supérieure de la chappe, qui couvroit la tête ou qu'on rabattoit sur les épaules, 254.

Chappe. Vêtement assez analogue à la chappe de nos prêtres, si ce n'est qu'il avoit un chaperon, 190.

Charroi. Ce que nous appelons aujourd'hui les fourgons, le *train* d'une armée. « Conduire les proies au grand charroi, » 62.

Chartre. Prison. Du latin *carcer*, 52.

Chartrier, geôlier, 141.

Chataine ou *cataine*. Pour capitaine, châtelain ; titre du seigneur de la Valdone, 126.

Château de siège. Charpente mobile en forme de tour qu'on faisoit approcher des murs de la ville assiégée, 158.

Chausses. Houses ou vêtement militaire des jambes et des cuisses. « Lacer les chausses, » 61. « Blanches comme la fleur de lis, » 63. « Les chausses de fer, » 100.

Chef. Tête, de *caput*. « Poser sur le chef, » 17.

Chétif. Celui qui n'a rien ou ne devroit avoir rien en propre, qui est ou devroit être dépouillé, 4.

Chevalerie. Réunion des chevaliers, 34. — Vertu guerrière, 102. — Réception d'un varlet au rang de chevalier, 200.

Chevaux. Leurs noms particuliers. *Ferrant*, nourri à Cadix, 63. *Baucent*, 199. *Fleuri*, c'est-à-dire Blanc. (Ce deuxième nom, donné au cheval de Fromondin, n'auroit dû lui être conservé qu'en adoptant le nom de *Blanchart*, substitué dans plusieurs leçons à celui de *Baucent*.) 217.

Clameur. Plainte judiciaire. *Produire sa clameur*, 141.

Claré. Vin épicé et sucré, 32.

Clarentin (le port de), sur la Gironde, 236.

Cler visage. Visage frais, radieux, attrayant. *La Reine au cler visage*, 17.

Coiffe. La couverture de la tête, sur laquelle étoit posé le heaume. Souvent la partie supérieure du haubert, 13.

Coffre. Employé pour siége. « Assis sur un coffre, » 87.

Compain. Compagnon de table et de lit, 25.

Comte du Palais. Cette grande charge répondoit assez à celle du grand maître ou maire de la maison du Roi. Elle donnoit à celui qui en étoit revêtu la suprême influence sur tous les choix et sur toutes les faveurs du Roi. Synonyme : comte palatin ou *palaisin*. 73.

Conduit (en). Sous la conduite, 310.

Confès (Se rendre). Se soumettre à la confession, 18.

Corps saints. Les reliques de saints sur lesquelles on juroit. 146.

Cour. Réunion des Grands autour du Roi. « La cour fut grande, » 33.

Courgie. Verge pliante formée de la réunion de plusieurs tiges d'osier, 178.

Courtines. Rideaux, tentures, 222.

Coute. Couverture, étoffe qu'on plaçoit sur les bancs, ou sur laquelle on s'asseyoit à terre, 36. « Coute de cendal. »

Crever. « L'aube crève. » On dit aujourd'hui « entr'ouvre les portes du jour, » 89.

Cris de guerre: *Chastel! Metz! Nevers! l'enseigne Saint-Denis!* 40. *Cambrai!* 64. *Boulogne!* 101. *Naisil!* 154. *Bordeaux! Couci! Lens! Amiens! Chauni! Valsore! Clermont!* 219.

D

Damoisel. Petit, jeune ou futur seigneur. *Domicellus*, 17.

Dant. Qualité analogue, sans être synonyme, à celle de sire, seigneur. Se donnoit surtout à ceux qui tenoient quelque bénéfice ecclésiastique. « Dant Bernart, » 97 ; « dant archevêque, » 127.

Défendre. Faire opposition à; « défendre le don, » 46.
Défublée (la tête), découverte, sans coiffure attachée, 183.
Degrés. Marches d'escalier, 21; les degrés marberins, 145.
Demener joie ou deuil. Mener, témoigner, 11.
Destrier ou *dextrier.* Le cheval de guerre qu'on ne montoit qu'au moment de combattre, 10.
Deuil. Chagrin. « Démener grand deuil, » 25.
Dextre (en), c'est-à-dire de la main droite. D'où le nom de *dextrier,* donné au cheval de guerre ou de parade que les écuyers conduisoient par la bride, jusqu'au moment où le chevalier le montoit. 245.
Dieu de gloire, ou glorieux, — *Qui vit en trinité,* ou en trois personnes. — *Qui ne ment pas,* ou de vérité; — *né à Bethléem,* 10. — *Qui suscita Moïse,* 11; — *du Paradis,* 13; — *qui fut mis en croix,* 17.
Dresser (se). Se lever, 90.
Droit. Légitime, naturel, incontesté. « Droit empereur, » 30. (C'est le synonyme du *richt* anglois conservé.)

E

Eau (demander l'); pour laver les mains, avant de se ranger autour de la table du festin, 42.
Echec. Prise, butin, 10.
Echelle. Bataillon, corps séparé, aile, 11.
Ecrin. Coffre ou cabinet où l'on enfermoit les bijoux, les objets précieux, 78.

Ecu. Bouclier. — A la tête de mâtin, 12; enluminé d'or fin, 27, 112; richement peinturé, 34; d'azur, 40, d'azur bruni, 74; lion noir rampant sur or, 107, 186; listé, à tranches ou barres métalliques, 154; d'œuvre toulousaine, 211.
Ecuyer. Jeune homme d'armes, attaché le plus souvent au service particulier d'un chevalier, 67, 74. Voy. *Sergens.*
Effort. Entreprise, attaque, force. « Nous vous aiderons contre l'*effort* « des Quatre Rois, » 31. Repousser l'*effort,* 40.
Embattre (s'). Tomber, venir ou s'arrêter sur, 306.
Empereur. Synonyme de roi, comme *emperière,* de reine; employé indifféremment l'un pour l'autre, 31.
Emperière. Impératrice; synonyme de reine, 143.
Emprise. Tentative, entreprise, 65.
Enarmes. Les bandes par lesquelles le bras retenoit l'écu, 101.
Engins. Pièces de l'ancienne artillerie; machines à lancer et à rompre, 225.
En pieds (sauter — se dresser — se lever). S'élancer du siége qu'on occupe, 138.
Enseigne. Étendart, principale bannière, 12; l'enseigne Saint-Denis, 27.
Epieu. Courte lance. On confond ordinairement la lance et l'épieu, 8. Épieu *fourbi,* poli, aiguisé, damasquiné, 15; *bruni,* 58; *carré,* 154.
Epousé (être). Être marié, 59.
Epouser d'argent et d'or fin, c'est-à-dire en donnant pour gage le sou d'or et le denier d'argent, 20.
Escapins, escarpins. Chaussure molle comme nos mules ou pantoufles, 183, 246.

Eschargaite. Garde, veille, guet, 153.

Estayers. Les hommes des communes chargés de la défense des places assiégées, 256.

Estrelins. Ce mot désigne toujours l'or, ou la monnoie du meilleur aloi. « Deniers estrelins ; marcs estrelins, » 253.

Etendart. Enceinte retranchée qui servoit de point de mire et de réunion pour les combattans de chaque armée, 16, 207.

Etre. Aller, se porter. « Comment vous est-il ? » 55.

F

Faire (le). Aller, se porter. « Comment le font mes gens ? » 56.

Faire ainsi que gentil. Agir noblement, généreusement, 25.

(La Fontaine semble avoir oublié la nécessité du premier terme de comparaison, *ainsi*, dans ce vers souvent cité comme un gallicisme :

» Disant qu'il feroit que sage. »

Pour la correction, il eût fallu : *disant qu'il feroit ainsi que sage.* Notre texte porte : « Retiens-les, sire, *si feras que gentil.* »)

Faucon empenné. Oiseau de proie qui a pris sa croissance, 27.

Faudesteuil. Fauteuil, siége d'honneur, à bras, 284.

Féauté (prendre la). Recevoir le serment de fidélité et d'hommage, 28.

Felon. Féroce, cruel, déloyal, 21.

Fervêtus (les). Vêtus de fer, 32.

Feurre ou fourreau, 112.

Fief. Terre dont la possession étoit fondée sur l'hommage fait à un suzerain, roi, comte ou prélat. —

Recueillir, relever son fief, c'est faire, après le précédent possesseur, hommage de la terre. — En *être revêtu*, c'est avoir été reçu, admis à faire cet hommage, 53.

Fiévés. Possesseurs, investis de fiefs. « Comtes fiévés, » 146.

Fillolage. Don fait par le parrain à son filleul, 231.

Fleuri. Vieux, dont les cheveux, les grenons ont blanchi, 21.

Foi-mentir. Fausser les sermens prononcés, trahir sa foi, 188.

Forestier. Garde de forêts, 326.

Forfaire. Manquer à ses devoirs féodaux, 122.

Fournir bataille. Combattre, 14.

Fours et moulins (tout ce qu'il possédoit en), c'est-à-dire les droits qu'il avoit de posséder les moulins et les fours où tous les hommes de la terre devoient faire moudre leur blé et cuire leur pain, 3.

Franc. Généreux, libre, 18.

Fuerre. Paille, foin ou herbage dont on jonchoit les salles. — « Aller en fuerre, » ou en fourrage, pour *fourrager*, 115.

Fusil. Briquet, 242.

G

Gaber. Conter des choses plaisantes, 59.

Gaite (la). Sentinelle placée au haut des murs, 89.

Gars. Garçon, 140.

Gentil. Noble, bien né, 17.

Gentillesse. Générosité, 274.

Gîte (droit de). Droit de coucher dans une ville, une abbaye, un château, 53.

Glaive. Ordinairement l'épieu, 8 ; ou l'épée, 13.

Glouton. Homme sans honneur et sans foi, insolent, 7.
Gonfanon. Enseigne, bande de drap ou de cendal fixée à l'épieu, 11.
Graile ou *Grele.* Cor aigu, 39, 81.
Gré (venir à). Être agréable, 46.
Grenons. Moustaches. « Hardré aux blancs grenons, » 55.
Gris. Fourrure. « Un peliçon de gris, » 282.
Guet. Garde composée d'une partie de l'armée, chargée de veiller pendant que reposoit l'autre, 36.

H

Hante (la). Le manche, le bâton terminé par un fer ou acier, comme la lance et l'épieu, 13.
Haquenée. Cheval de luxe et de parade, 4.
Hardement. Hardiesse, résolution, audace, 56.
Harnois. L'équipement, l'attirail du cheval ou du cavalier, 221.
Haubergeon. Légère cotte de mailles, 265.
Haubert. Couverture du corps en mailles de fer ; — treillisé, — lacé par le dos, — blanc, 4. « Vêtir le haubert, » 39 ; le faire tourner, 40. « Fausser le haubert, » rompre, disjoindre ses mailles, 65. Le faire couler du dos, 78 ; « l'enrouler, » 179.
Heaume. Casque, souvent couvert de pierres précieuses, 4. « Lacer les heaumes brunis, » 39 ; vernis, 154 ; le cercle d'or du heaume, 40. « Fixer le heaume sur la ventaille, » 63. « Heaumes *fermés* sur le visage, » 90. Heaumes *poitevins,* 91 ; heaumes *dorés,* 100. Heaume gemmé, fait à Senlis, 117. *Embarrer* ou fendre *le cercle,* emporter le *nasal* que surmonte l'escarboucle, 147.
Heberges. Campement, réunion des tentes, 207.
Heros. Ce mot latin est rendu dans un lexique du xiiᵉ siècle par le mot alors françois *ber.* J'ai cru pouvoir traduire à mon tour le mot *ber* par celui de *heros,* 27.
Heure bonne. « L'heure fut bonne, » c'est-à-dire favorable ; expression employée pour marquer l'heure où la femme conçoit, 20.
Honneur. Possession, droit de posséder, 18. « L'honneur de ma terre, » 43. « Revêtir d'un honneur, » 46.

I

Injures. Glouton, 10 ; enfant de chien, 10. Issu de néant, 67. — Chétif, malheureux chétif, — fils de p... — couart, — cuer de mâtin, — felon, — cuivert, 146 ; glous, 149 ; couart renié, 147 ; truand, pautonnier, 165 ; « vilain ébahi, » 181 ; «traître-larron, » 183 ; « parjure, foi-menti,» 188.
Invocations. Par saint Sépulcre ! 6 ; par le Dieu vivant ! 31 ; par la châsse saint Landri ! 83 ; par le Dieu de vérité ! 86 ; sur le corps saint Remy ; saint Denis ! 85 ; par saint Denis ! 86 ; par le Seigneur crucifié ! 97 ; en nom de Dieu ! ou en nom Dieu ! 99 ; par les Saints Dieu ! 100 ; par celui qui de l'eau fit le vin ! 113 ; Sainte Marie ! 117 ; par saint Jacques ! 157 ; saint Martin ! 167 ; Dieu qui ne ment pas ! 179 ; le Dieu qui fit pardon à Longis ! 180 ; l'Apôtre que réclament les pèlerins ! 220.

J

Jante. Oie, 236.
Jeter un ris. Éclater de rire, 97. — *Jeter pour le vin.* Jeter les dés, 177.
Joie. « Faire grande joie à quelqu'un, » lui faire un joyeux accueil, 149.
Jonchée. Etalage de joncs, de paille, d'herbes ou de fleurs qui couvroient les dalles ou la terre des chambres. « Les bacheliers assis sur une fraîche jonchée, » 36.
Journée (accorder la). Donner la victoire, 38.

L

Langue (servir de). Payer, être brave en paroles, 209.
Lardier. L'endroit où l'on conserve le lard et les salaisons, 156.
Largesse. Distribution généreuse. « Largesse de vair et de gris, » 20.
Lettre (la). L'inscription, l'épitaphe, 18.
Lever. Elever. « Le cri levé, » 223.
Lisses. Enceintes formées de pieux ou de troncs d'arbre coupés. 150.
Loges. Galeries construites au pourtour du rez-de-chaussée d'un palais ; c'étoit une sorte de bas péristyle, 73.

M

Maille poitevine. Petite monnoie de cuivre, 41.
Maire ou *Maître.* Maire du Roi, — du palais, d'une ville, du domaine du Roi, 22.
Maison forte. Maison fortifiée, entourée de murs et de fossés, 80.
Malart. Canard sauvage, 236.
Male aventure. Malheur ou mauvaise chance, 8.
Mandement. Ordre, commandement, semonce, 69.
Manger (un). Droit du suzerain d'être nourri, lui et un certain nombre de ses hommes, par son vassal, 23. — Se mettre au manger ; se mettre à table, 29, 42.
Marberin, de marbre. Il est probable que le poëte donne aux grandes constructions en pierre cette épithète de *marberines.* « Le palais marberin, » 62.
Marc. Poids réel d'une demi-livre. « Vingt mille marcs pesés d'or » auroient répondu à une somme énorme de *deniers monnoyés,* 32.
Marche. Frontière, 4.
Marché. Foire ambulante qui suivoit les armées, 36.
Marquis. Titre donné assez généralement aux grands tenanciers, mais qui appartient particulièrement aux gouverneurs ou possesseurs des marches ou frontières. Begon *le marquis,* 42. — Guillaume de Blancafort, *le marquis.*
Mâtin de cuisine. Valet de cuisine, 57. (Au lieu de *mastins,* plusieurs leçons portent *amis :*

« Il la donroit à un de ses amis
« De sa cuisine, por les paons rostir.) »

Mauvais point (être en). Être malmené, réduit à l'extrémité, 22.
Méchant. Malheureux. Des *méchantes* nouvelles, 14.
Membré. Fameux (*memoratus*), 42.
Mener ou *demener joie.* Se livrer à la joie, 14.
Mentir la foi. Abjurer, répudier la foi, 28.

Meprendre. Errer, mal comprendre, mal interpréter, 46.

Merveilles. Choses à blâmer, douloureuses. « Voici merveilles. » — « Merveilles avez dit, » 55.

Merveilleuses paroles. Paroles difficiles à souffrir, fâcheuses, dont on a sujet d'être étonné, 37.

Mesnie. Les gens de la maison, attachés à quelqu'un, 19, 56.

Mettre « dans l'héritage, » c'est-à-dire en possession de l'héritage, 56.

Se mettre au retour. Retourner, 137.

Meuble. Terre qui est mouvante ou dans la mouvance d'un suzerain. « Fromont a saisi votre meuble, » 69.

Meurtrir. Commettre un meurtre, 55.

Mire. Médecin, 17. (*Medicus* a fait *mie*, *mège*, et peut-être *mire*.)

Moniage. Profession monacale, 250.

Monnoies. Livre parisis répond en nature à vingt francs environ, en réalité à plus de cent francs d'aujourd'hui. *Maille poitevine; — Angevin,* 5; *maille angevine,* 6, *parisis;* monnoies de la moindre valeur. — *denier d'or,* pièce de la dimension d'une pistole, 167; *besant,* quart de livre, 114; *livre estrelin* ou *d'estrelins,* c'est-à-dire du meilleur aloi, 127.

Monter en prix. Gagner, acquérir de la gloire, de l'honneur, de l'importance, 33.

Moutier. Maison, église ou monastère consacrés au service de Dieu, 4.

Mules ou *Mulets d'Arabie.* Montures des hommes d'armes, 4.

Musart. Insensé, sot, 121.

N

Navré. Très-gravement blessé, 22.

Nef (la). Le vaisseau qui contenoit la coupe et la boisson du Roi. La *nef d'or,* 138.

Nonchaloir. Négligence, insouciance. « Mettre en nonchaloir, » ne prendre pas souci, 209.

Nones (heure de). De trois heures de relevée à six, 74.

Nourriture. Domesticité, mesnie. « Chevalier de la nourriture de Begon, » 187.

O

Olifan. Espèce de trompe ou de cor, 10.

Orphenin. Orphelin. Surnom de plusieurs des anciens gouverneurs de Hainaut, 22.

Ost. Armée, 28.

Outrageux. Qui est porté à faire outrage. « Garin n'est pas d'un naturel outrageux, » 55.

P

Paile. Pièce de drap ordinairement précieux. Paile sarrasinois, 40; vert paile à rouelles, 144; paile d'Andres ou d'Andria, 175; paile brun de Sardaigne, 315.

Palaisin ou *Palatin,* comte du palais, titre donné à Hervis de Metz, 21.

Palefrois. Chevaux de luxe et de parade, 4, 126.

Parage. La réunion de ceux qui tiennent de près ou de loin à une race noble, 98.

Parfaire. Accomplir. « Parfaire un message, » 19.

Parler (en). Délibérer, prendre avis, 23.

Partir (se). Partir. « Se partir du siége, » 90.

Pavement. Le pavage des salles du palais, à Montlaon. « Arriver des degrés sur le *pavement,* » 45.

Pavillons. La partie solide des tentes, et que l'on confondoit parfois avec les tentes, 7. « Replier les pavillons, » 36; abattre les pavillons, 82; les piquer, 92.

Peinturé. Parsemé de peinture, 34.

Pelisson ou *peliçon.* Vêtement ordinairement en fourrure. Gris, 8; herminé, 141.

Pennon. Petite enseigne ou bannière attachée aux épieux, 12; doré, 154.

Pennonceaux ou pennons, 15.

Perriere. Machine à lancer des pierres, 224.

Perron. Escalier de pierre, 54.

Plaid. Cause, assise judiciaire. Le *plaid retenu,* 141.

Pleiger. Garantir, donner gage, 124.

Plenté (à). En abondance, 240.

Plouviner. Pleuvoir d'une pluie menue, 240.

Point (être en bon, en mauvais). Être en bonne ou mauvaise situation, 32.

Poitrail. Pièce de cuir, de drap bourré ou plaqué dont on couvroit la poitrine d'un cheval, 97.

Pommeau. Globe ou ornement de métal qui surmontoit les tentes, et sur lesquels on posoit souvent une aigle dorée, 89.

Pont. Poignet de l'épée. Le pont d'or fin, 13.

Ports (les). Les entrées, les frontières (le mot se rapporte surtout aux frontières d'Espagne), 29.

Poterne. Petite porte secrète, qui permettoit aux habitans d'une ville assiégée de sortir ou rentrer sans être aperçus, 92.

Pourpres de soie. Étoffes précieuses, 261.

Prendre à conseil. Tenir conseil avec, 23.

Preudhomme. Honnête, probe, 19; galant homme, 27.

Proie. L'assemblage des bestiaux qu'on se propose d'enlever. C'est plutôt la chose à prendre que la chose prise. « Faire main basse sur les *proies,* » 62.

Prouvaires (les). *Prouvères.* Prêtres, du latin *presbyter,* 4.

Pucelle. Femme non mariée, 19.

Pui. Montée, 11.

Q

Quarreaux. Coussins carrés sur lesquels on s'asseyoit, 197.

Queu. Officier de cuisine, 69.

Quitter. Abandonner, céder, 4.

R

Rasotté. Radotant, devenu fou, 198.

Récompense. Compensation, 23.

Recréant. Celui qui s'avoue vaincu et coupable, 143.

Recueillir. Accueillir, recevoir, 35.

Refroidir. Rafraîchir, reposer un coursier, 13.

Remembré ou *membré.* Digne de mémoire, fameux, 39.

Renge. Ceinturon ou plutôt anneau du ceinturon, 174.

Requérir. Réclamer, poursuivre. « Requérir ses ennemis, » 280.

Rescousse. Reprise, délivrance d'un guerrier entouré, ou pris, 211.

Retenir. Donner charge dans sa maison, 25.

Retournée. Retour, revenue, 8.
Riche. Puissant, fort, 9. « Riche d'argent et d'amis, » 21.
Roman. Langue parlée en France ; transformation de la langue romaine dans l'usage françois, 68.
Roncins. Chevaux de guerre et de charge, 4.
Royaux (les). Les hommes du Roi qui marchent sous la bannière de saint Denis, 40.

S

Sable. Fourrure noire. Mantel de sable, 141.
Sable-bis. Ciment. Le texte porte : « murs d'arène bis, » 228.
Saint-Martin le Bouillant (fête de), 67. Elle tombe le 4 juillet.
Samit. Drap de soie. « Un bliaud de samit, » 25 ; une robe de rouge samit, 127.
Semonce. Appel, citation d'un suzerain à ses hommes, 65.
Semondre. Citer, convoquer, 33.
Senechal. Tantôt c'est un grand officier chargé de l'administration, et de la conduite des hommes d'armes, 26 ; tantôt c'est un chambellan, un officier de service auprès d'un grand seigneur, 62.
Senestre. Gauche. « Le senestre côté, » 266.
Sept vingts ou cent quarante. Ces chiffres et quelques autres ont quelque chose de sacramentel. Les chevaliers sont très-fréquemment au nombre de quatorze, p. 50, ou de sept vingts, 49, 63, etc.
Sergens. Les guerriers plus tard désignés sous le nom d'*écuyers*, 11.
Siècle (le). Le monde. « Vous n'aimiez personne au *siècle* autant que moi, » 64.
Sommiers. Bêtes de somme, chevaux et mulets de transport. « Trousser les sommiers, » 36.
Son. Chant, air. « Chanter un son, » 32.
Soudoyés. Hommes d'armes retenus à prix convenu, 71.
Surpelis ou *surplis. Chainse* ou *chansil*, dans le texte, 273.
Sûr (tenir ou faire) quelqu'un. Garantir, donner sûreté, 23.
Surrexi. Ressuscité, 245.
Susciter. Faire arriver, protéger, 11.

T

Tache. Habitude bonne ou mauvaise, 279.
Targe. Grand bouclier oblong et bombé, 83.
Tierce (heure de), de neuf heures à midi.
Timbre. Instrument de musique guerrière. « Les timbres et les olifans, » 40.
Tourner en fuite. Tourner le dos, prendre la fuite, 13.
Tournois. Combat sérieux, Champ de bataille déterminé. *Demander et accorder le tournoi*, 200.
Trahis! trahis! Cri d'alarme pour avertir d'une surprise, d'un guet-apens, 24.
Tref. La tenture des tentes, posée sur le pavillon, 93.
Tresces. Sortes de danses en rond, 170.
Trois vertus du ciel (les). Le Père, le Fils, le Saint-Esprit, 245.
Trousser. Couvrir, charger. « On troussa les sommiers, » 36.

V

Vair et le gris (le). Riche fourrure, que donnoient aux nouveaux chevaliers, les riches hommes, 4. Distribution de vair et de gris 26.

Varlet, valet ou vallet. Peti chevalier, chevalier en expectative. *Vassaletus*, 100.

Vassal, vassaux. Chevaliers, 17. « Un hardi vassal, » 66.

Vaux. Vallées. « Par monts et par vaux, » 36.

Vavasseur. Bas vassal, des deux mots *vassus vassorum.* Quand le sire de Soissons étoit vassal du Roi, les vassaux de ce seigneur étoient à l'égard du Roi des vavasseurs, 53.

Veille d'armes. Nuit passée en prières dans une église, non pas avant, mais après avoir été fait chevalier, 205.

Venir avant. Avancer, approcher, 18.

Venir aux épées (en). En venir aux mains, 11.

Ventaille. Pièce dépendante du heaume et qu'on fixoit avant ou après avoir posé le heaume, 63.

Venteler. Flotter au vent, 12.

Vespres. La chute du jour, le commencement de la nuit, 10.

Vêtemens. Mantel de sable, — pelisson herminé, — affubler son manteau, 143; manteau de zibeline, 162; robes de samit, 199; cotelle ou surcot, que l'on mettoit sur le vêtement de guerre, 202; houses, couverture des jambes et des cuisses, *ibid.*

Voie (faire la). Ouvrir un chemin, 329.

W

Wissiers. Bâtimens de transport pour les chevaux, 193.

TABLE DES MATIÈRES

INTRODUCTION

HERVIS DE METZ

		Pages.
I.	Les Vandres. — Les clercs dépouillés.	3
II.	Délivrance de Paris.	7
III.	Délivrance de Sens.	9
IV.	Délivrance de Soissons. — La croix de Saint-Drausin.	11
V.	Délivrance de Troyes. — Le crucifix de Saint-Pierre.	14
VI.	Mort de Charles-Martel. — Couronnement de Pepin.	17
VII.	Mariage d'Hervis. — Ses enfans.	19
VIII.	Les Hongres devant Metz. — Hervis devient l'homme du roi Anséis.	21
IX.	Mort d'Hervis. — Garin et Begon à la cour de Pepin.	24

LIVRE PREMIER

VALPROFONDE ET LAON

I.	Les quatre rois en Maurienne.	29
II.	Délivrance de la Maurienne. — Mort du roi Tierri. — Première querelle.	35
III.	Fiançailles de Garin le loherain et de Blanchefleur de Maurienne.	42
IV.	Meurtre d'Hardré.	45

LIVRE II

LA PREMIÈRE GUERRE

I.	Garin prend Soissons que le Roi garde.	51
II.	Mariage de Fromont.	54
III.	Cambrai.	59
IV.	Recours au roi Pepin.	66
V.	Bernart de Naisil en Bourgogne.	70
VI.	Begon de Belin va secourir le bourgoin Auberi.	72
VII.	Chevauchée de Begon.—Prise de Lyon, de Macon et de Bagé. — Fuite de Bernart de Naisil.	76
VIII.	Prise de Grantcey, de Langres et de Chateauvilain.	82
IX.	Message à Fromont.—Départ de Cambrai. — Retour à Saint-Quentin.	86

		Pages.
X.	Siége de Saint-Quentin.	92
XI.	Suite de la chevauchée de Begon de Belin. — Prise de Naisil.	95
XII.	Fauconnet à Saint-Quentin. — Naissance de Fromondin.	99
XIII.	Suite de la chevauchée de Begon; son arrivée devant Saint-Quentin.	102
XIV.	Sortie des assiégés. — Isoré blessé; Fromont de la Tour d'Ordres tué par Begon.	107
XV.	Nouvelle sortie. — Begon de Belin blessé par Fromont de Lens.	111
XVI.	Nouveaux efforts. — Les fuerres d'Auberi le Bourgoin et de Begon de Belin.	115
XVII.	Pourparlers, trève; ajournement de Fromont.	119
XVIII.	Entrée dans Paris des Loherains et des Bordelois.	125
XIX.	Mariage de Pepin et de Blanchefleur.	128

LIVRE III

SECONDE GUERRE

I.	Les noces de Blanchefleur.	137
II.	Garin accusé par Bernart de Naisil.	140
III.	Combat de Begon et d'Isoré le Gris.	144
IV.	Fuite de Bernart de Naisil. — Ravage de la Loheraine. — Deuxième paix conclue; Fromont désavoue Bernart de Naisil.	149
V.	Siége, prise et destruction de Naisil.	153
VI.	Mariage des deux frères, Garin et Begon.	160

LIVRE IV

TROISIÈME GUERRE

I.	Begon et Béatris attaqués par les Bordelois dans les Landes.	165
II.	Begon assiégé dans Belin.	172
III.	Manuel Galopin, messager de Begon.	176
IV.	Grande querelle dans le palais d'Orléans.	180
V.	Levée du siége de Belin.	184
VI.	Bernart de Naisil à Lens. — Fromont de Lens à Bordeaux.	190
VII.	Suite du siége de Bordeaux. — Garin est blessé.	194
VIII.	La chevalerie de Fromondin. — Fromont fait demander le tournois au Roi.	199
IX.	Grand combat devant Bordeaux. — Mort de Guillaume de Poitou, d'Amauri d'Amiens et de Bauduin de Flandres.	206
X.	La chevalerie de Rigaut. — Second tournoi devant Bordeaux.	214
XI.	Les prisonniers de Rigaut. — Les quatre nefs marchandes. — Blancafort assiégé, pris et abattu.	221
XII.	Auberi le Bourgoin prisonnier. — Incendie de Bordeaux. — Fin de la troisième guerre.	225

LIVRE V

LA MORT DE BEGON

		Pages.
I.	Départ de Belin.	233
II.	Voyage. — Arrivée à Valentin. — La forêt de Vicogne.	236
III.	La chasse. — Mort du sanglier.	238
IV.	Mort de Begon de Belin.	241
V.	Le corps de Begon est ramené à Lens.	245
VI.	Rigaut et les compagnons du duc Begon.	251
VII.	Guerre de Rigaut dans le Bordelois.	256
VIII.	Le corps de Begon arrive à Metz et est reconduit à Belin.	261

LIVRE VI

LA VENGEANCE DE LA MORT DE BEGON

I.	Retour de l'abbé de Saint-Amand.	269
II.	Fromont à la cour de Garin.	273
III.	Girbert adoubé par le roi Pepin.	277
IV.	Le plaid de Garin et de Fromont à la cour du Roi.	284
V.	La guerre durant les trèves.	289
VI.	La chevalerie des enfans de Begon. — Combats devant Bordeaux.	297
VII.	Guillaume de Blancafort et Tiebaut du Plessis guettés et tués dans le vallon de Torfou.	303
VIII.	Pepin et Fromont apprennent la mort de Guillaume. — Garin en Gascogne.	310
IX.	Fromondin l'orgueilleux en Vermandois. — Mort de Huon de Cambrai. — Désolation en Loheraine.	317

LIVRE VII

La mort de Garin. 323

Analyse des dernières parties de la chanson de geste des Loherains. 341

Table des noms de lieux et de personnes. 371

Table des mots vieillis ou dont le sens a changé. 386

FIN DE LA TABLE DES MATIÈRES

ERRATA

Page 7, ligne 6, Fossés, *lisez :* Fosses.
— 37*p* — 10, Naisil. De... *lisez :* Naisil. — De...
— 61, — 16, Foucart et Jocelin, *lisez :* Faucon et Rocelin. (Il y a de l'incertitude sur tous ces noms de Faucon, Forcon, Fouque et Fourcart, Jocelin et Rocelin. Le plus souvent ils se rapportent aux deux fils de Bernart de Naisil.)
— 98, — pénultième, hâtoinet, *lisez :* hâtoient.
— 100, — 9, regretoit, *lisez :* regrettoit.
— 118, — 7, la rivière d'Aisne, *supprimez* d'Aisne, qui n'étoit pas dans le texte.
— 124, — 18, le Plessei, *lisez :* le Plesséis.
— 124, — 20, la culture et dépendante, *lisez :* la culture et dépendance.
— 125, — 17, Girart, *lisez :* Gerart.
— 127, — 26, les joues mêlées de rouge et de vermeil, *lisez :* les joues mêlées de blanc et de vermeil.
— 198, — 27, vos amis, *lisez :* nos amis.
— 200, — 25, don Geraume, *lisez :* dant Geraume. (Ces deux mots *don* et *dant* ont le même sens, mais le second étoit seul usité en France au XIIe siècle.)
— 217, — 24, Audegon est tante de Garin, *lisez :* est nièce de Garin.

PARIS. — IMPRIMERIE DE J. CLAYE, RUE SAINT-BENOIT, 7.

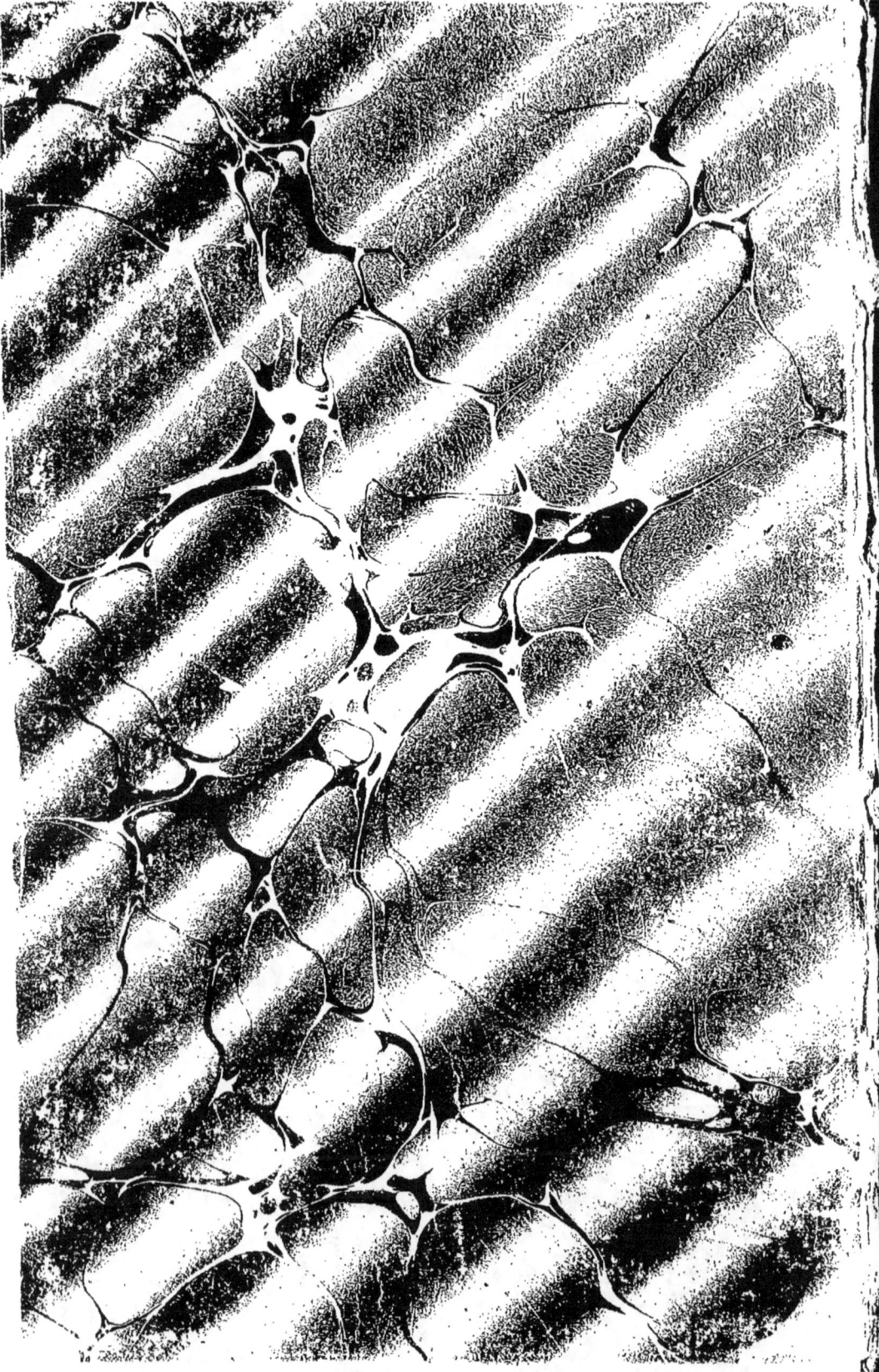

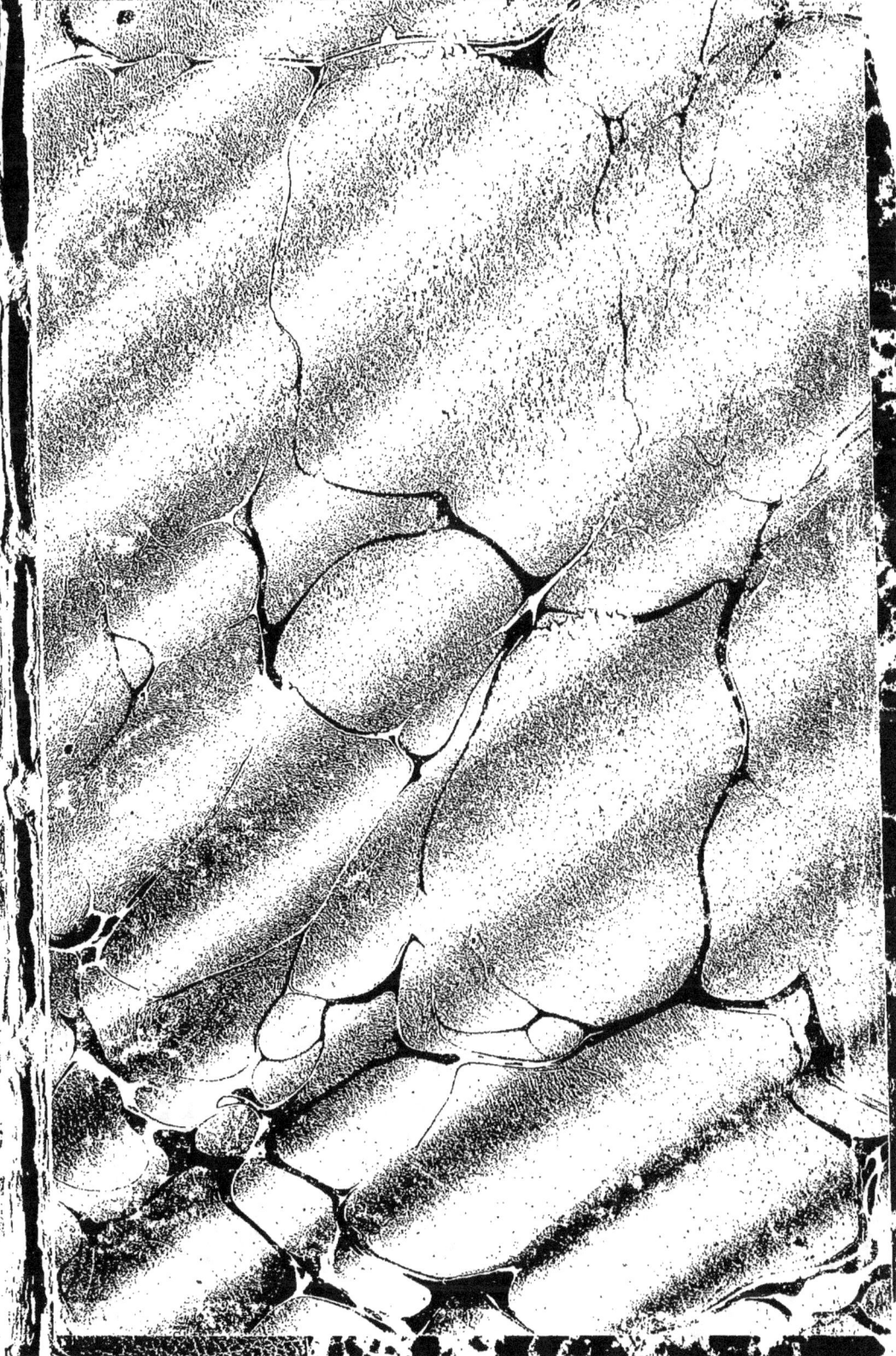

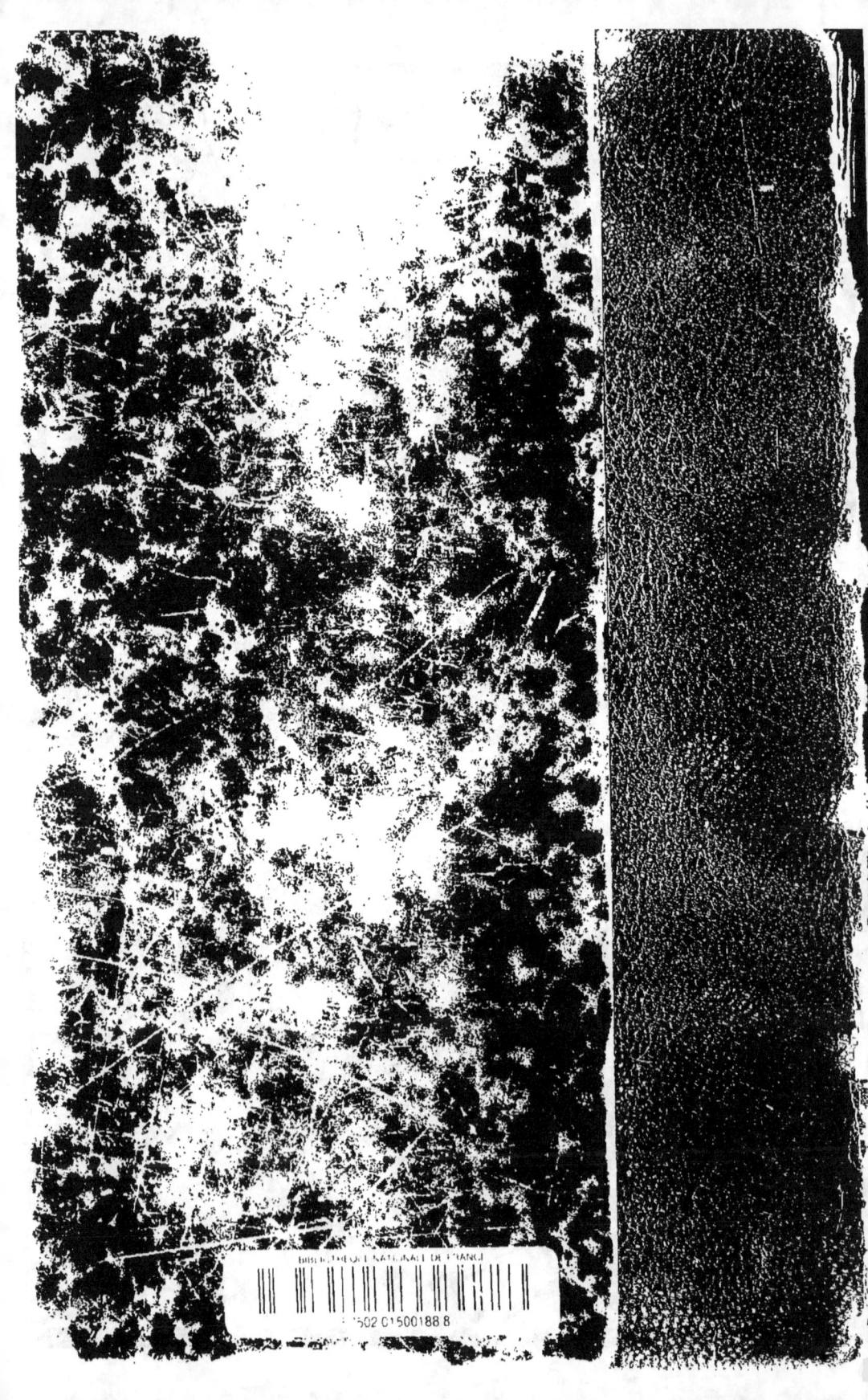

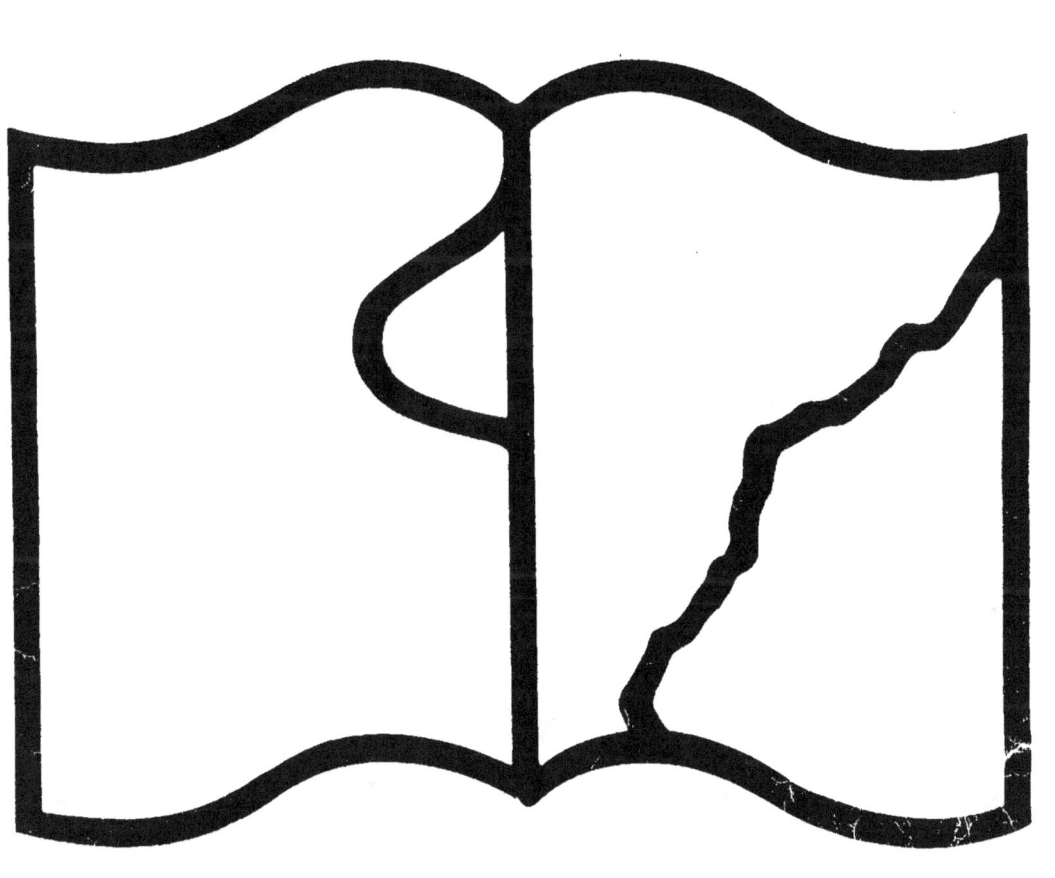

Texte détérioré — reliure défectueuse

NF Z 43-120-11

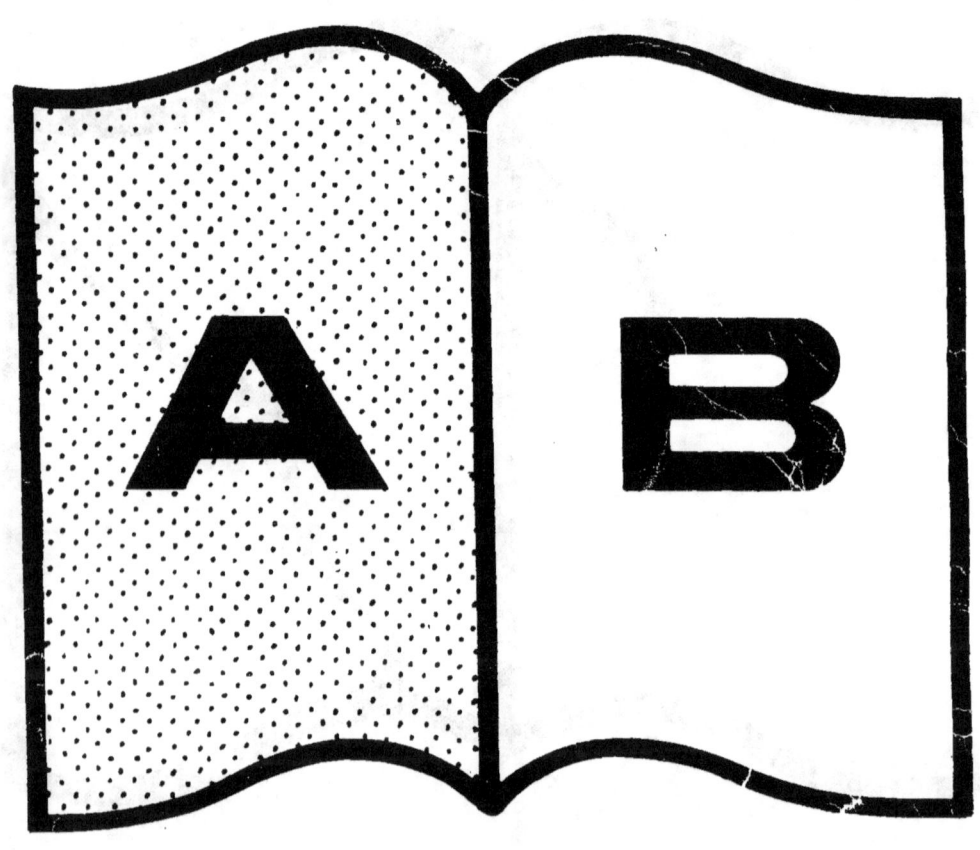

Contraste insuffisant

NF Z 43-120-14

www.ingramcontent.com/pod-product-compliance
Lightning Source LLC
Chambersburg PA
CBHW051835230426
43671CB00008B/964